智库丛书
Think Tank Series

国家发展与战略丛书
人大国发院智库丛书

中国小微经济发展研究报告（2021）
——促进中小微企业创新发展

Research Report on the Development of Small
and Micro Enterprises in China (2021)
——Promoting the Innovation of Micro, Small
and Medium Enterprises

刘元春　邵智宝　孙文凯　耿　黎　主编

中国社会科学出版社

图书在版编目（CIP）数据

中国小微经济发展研究报告.2021：促进中小微企业创新发展/刘元春等主编.—北京：中国社会科学出版社，2022.7
（国家发展与战略丛书）
ISBN 978-7-5227-0468-5

Ⅰ.①中… Ⅱ.①刘… Ⅲ.①中小企业—企业发展—研究报告—中国—2021 Ⅳ.①F279.243

中国版本图书馆 CIP 数据核字（2022）第 123890 号

出 版 人	赵剑英
责任编辑	黄 丹　郭曼曼
责任校对	季 静
责任印制	王 超

出　　版	中国社会科学出版社
社　　址	北京鼓楼西大街甲 158 号
邮　　编	100720
网　　址	http://www.csspw.cn
发 行 部	010-84083685
门 市 部	010-84029450
经　　销	新华书店及其他书店
印　　刷	北京明恒达印务有限公司
装　　订	廊坊市广阳区广增装订厂
版　　次	2022 年 7 月第 1 版
印　　次	2022 年 7 月第 1 次印刷
开　　本	710×1000　1/16
印　　张	29.25
插　　页	2
字　　数	366 千字
定　　价	158.00 元

凡购买中国社会科学出版社图书，如有质量问题请与本社营销中心联系调换
电话：010-84083683
版权所有　侵权必究

主　　编：刘元春　邵智宝　孙文凯　耿　黎

参与编写人（按姓氏拼音顺序）：

蔡　禹　曹　毅　杜帼男　何　薇　黄　蕾

李　焰　李　琼　李　全　牛衍宸　石　玥

孙文浩　唐思远　汪德华　王文靖　王秀平

姚芳菲　张大伟　张　琼　张伟娜　张文凯

张　展　张　政

目　录

第一章　经济增速放缓凸显创新价值……………………………（1）
　　一　中国经济由高速进入中速增长……………………………（1）
　　二　经济增长来源及其变化……………………………………（3）
　　三　投资对经济增长的贡献由正转负…………………………（5）
　　四　劳动人口下降导致劳动成本上升…………………………（8）
　　五　中国全要素生产率的增长率下降…………………………（11）
　　六　研发投入与专利申请增速下降……………………………（13）
　　七　长期产能过剩制约经济增长………………………………（14）
　　八　产业结构变化导致经济增长变慢…………………………（17）
　　九　城镇化减缓…………………………………………………（20）
　　十　三大需求对经济增长拉动减弱……………………………（22）

第二章　后疫情时期的小微经济发展状况……………………（26）
　　一　小微企业的数量和行业分布………………………………（26）
　　二　小微经济运行状况…………………………………………（31）

  三　小微企业盈利能力 ……………………………………（34）
  四　小微企业融资 …………………………………………（40）
  五　小微企业创新 …………………………………………（47）
  六　小微企业用工 …………………………………………（51）
  七　国外新冠肺炎疫情对中国小微企业的影响 …………（52）
  八　小微企业信心 …………………………………………（54）
  九　小微企业政策需求 ……………………………………（57）

第三章　中小企业创新效率及创新模式 ……………………（61）
  一　中小企业创新投入现状 ………………………………（62）
  二　中小企业创新绩效 ……………………………………（80）

第四章　影响中小微高新技术企业创新的因素研究 ………（87）
  一　高新技术企业创新现状 ………………………………（88）
  二　中小微高新技术企业创新对比及影响因素
    相关性分析 ……………………………………………（97）
  三　影响中小微高企创新因素的因果性分析 ……………（104）
  四　对中小微高企创新及影响因素简要总结 ……………（123）

第五章　影响中小企业创新的市场环境因素 ………………（125）
  一　高等教育及产学研结合 ………………………………（125）
  二　制度因素 ………………………………………………（138）
  三　垄断对中小企业创新和效益的影响 …………………（140）

第六章 适于中小企业创新的金融体系 (142)
一 中小企业创新中融资需求的特征 (143)
二 适于中小企业创新的金融体系 (150)
三 分析与评价 (194)
四 总结与政策建议 (204)

第七章 中国邮政储蓄银行数字普惠金融的"榕树模式" (207)
一 银行数字金融服务的内涵 (207)
二 数字普惠金融的技术应用 (212)
三 商业银行数字化转型助推小微金融服务 (216)
四 邮政储蓄银行数字普惠金融的"榕树模式" (219)

第八章 科技推动中小微企业创新发展 (224)
一 引言 (224)
二 科技推动中小微企业创新的背景研究 (225)
三 科技推动中小微企业创新的主要困难 (230)
四 科技赋能各环节是现阶段中小微企业创新的核心特点 (239)
五 结语 (251)

第九章 推动中小微企业创新的财税制度安排 (254)
一 中国中小微企业创新投入现状分析 (255)
二 中国促进中小微企业创新的财政税收政策 (256)
三 对支持中国中小微企业创新财税政策的总体评价 (272)
四 支持中小微企业创新的美国经验 (276)

五 完善促进中小微企业创新财政税收政策的建议…………（289）

第十章 推进人才向中小微企业流动…………………………（292）
一 中国中小企业人才供需现状分析……………………（293）
二 中国中小企业人才流动的现状及问题………………（302）
三 国外促进人才流动的经验与启示……………………（309）
四 中国促进人才向中小企业流动的机制与模式………（315）
五 中小企业人才不足对创新的约束分析………………（319）
六 推动中小企业吸引人才流入的对策建议……………（322）

第十一章 影响中小企业创新因素——基于问卷调查…………（327）
一 中小企业创新调查背景………………………………（327）
二 中小企业创新基本表现………………………………（328）
三 影响中小企业创新的因素……………………………（338）
四 创新的政策支持………………………………………（346）

第十二章 "专精特新"政策及总体效果………………………（353）
一 "专精特新""小巨人"企业培育背景 ………………（354）
二 "专精特新""小巨人"企业培育的相关政策………（362）
三 培育"专精特新""小巨人"企业的政策成效………（372）

第十三章 创新政策效果——基于某市企业的调查统计
分析………………………………………………（382）
一 调查研究背景…………………………………………（382）
二 政策利用及效果………………………………………（390）

三　政策建议……………………………………………………（402）

第十四章　国外促进中小企业创新政策……………………（403）
　一　美国促进中小企业创新的政策……………………………（404）
　二　日本促进中小企业创新的政策……………………………（409）
　三　英国促进中小企业创新的政策……………………………（418）
　四　意大利促进中小企业创新的政策…………………………（422）
　五　新加坡促进中小企业创新的政策…………………………（426）
　六　德国促进中小企业创新的政策……………………………（429）
　七　新冠肺炎疫情中支持中小企业的政策措施………………（432）

第十五章　完善中小企业创新的政策建议…………………（438）
　一　对金融体系的建议…………………………………………（438）
　二　对财税体系的建议…………………………………………（439）
　三　对人才市场的建议…………………………………………（441）
　四　对市场环境的建议…………………………………………（443）
　五　政策执行中的建议…………………………………………（444）

附录　中小企业创新调查问卷………………………………（446）

参考文献………………………………………………………（454）

第一章

经济增速放缓凸显创新价值

❖ 一 中国经济由高速进入中速增长

中国国内生产总值（GDP）增速已经从"高速"进入"中速"增长的新常态。自2001年加入WTO以来，在21世纪的前10年中国经济经历了高速增长——2001—2010年的平均GDP增速达到10.55%。然而，2010年后经济增长速度开始下降，2011年GDP增速为9%，2016年GDP增速为6.8%，2019年GDP增速降为6.1%（见图1-1-1）。2011—2019年的平均GDP增速降至7.34%。由于外部环境剧变和内部成本上升的影响，中国经济增速将进一步放缓，进入"中速"或"中低速"时代。

外部市场需求下降，逆全球化成为趋势。2008年国际金融危机爆发以来，单边主义、贸易保护主义、逆全球化思潮不断有新的表现，经济全球化进程受到严峻挑战，导致中国面临的外部贸易条件日益变差。2011年11月，奥巴马政府推出"亚太再平衡"（Rebalance to Asia）政策，显示美国打算把外交政策重心转向亚太地区。奥巴马政府还宣布美国将与另外八个亚太国家展开下一代贸易协议——《跨

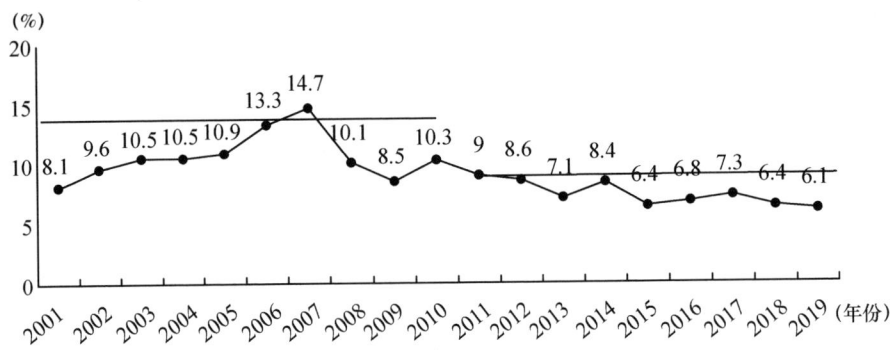

图1-1-1 中国经济增长率逐年降低

太平洋伙伴关系协定》（TPP）的谈判，中国被排除在TPP之外。2018年7月美国先对中国340亿美元的产品加收25%的关税，其后分别增加至额外的160亿美元和2000亿美元的商品，最后的总数高达5000多亿美元，等于2017年贸易战前一年美国从中国进口的总额，税率由10%至25%不等。由此掀开中美经贸摩擦的序幕。贸易条件恶化直接导致中国进出口额的下降，其中进出口占GDP比重从2010年的50.72%下降到2019年的35.84%。

生产成本的不断上升抑制了传统行业的比较优势，一是劳动成本上升。劳动年龄人口的绝对减少，劳动力供给趋紧，造成工资上涨没有得到劳动生产率提高支撑的局面。二是随着中国城镇化的快速推进以及商品房市场井喷式增长，地价因房价高涨而水涨船高。土地价格不断上涨导致企业用地成本明显提高。三是上游产业的原材料价格快速上涨。上游企业生产的中间品价格是下游生产投入要素的成本，即上游价格很大程度上决定了下游的生产成本。金融、电力和通信等生产性服务的可贸易性较差，国内下游企业对这类服务（可看作中间品）的需求主要来自国内上游企业。当上游部门继续享受垄断租金，从而使得下游部门的生产成本处于高位，所生产产品的价格随之居高不下，进而抑制下游产品的国际竞争力。

经济增长放缓背后也反映了经济运行的规律。根据世界银行增长与发展委员会的统计，第二次世界大战后连续25年保持7%以上高增长的国家只有13个。1950—1972年，日本GDP年均增速为9.7%，1973—1990年回落至4.26%，之后更是回落到1%以下，甚至是负增长；1961—1996年，韩国GDP年均增速为8.02%，之后回落到4%左右并保持很长时间；1952—1994年，中国台湾地区GDP年均增速8.62%，之后回落到4%左右。国际经验表明，当一个国家或地区经济发展经历了高速增长阶段后，都会出现增速换挡现象。中国经济经历多年的高增长后，必然会进入新的调整时期，增长速度放缓是由中国经济发展的内在规律决定的。

总之，2010年后，中国经济受到2008年国际金融危机余波影响，以及自身经济动力不足，传统拉动经济增长的边际效应递减，经济增速进入下行通道。因此，在经济进入下行通道的大背景下，亟待寻找新的增长点。

◇ 二 经济增长来源及其变化

为了深入分析中国经济增长放缓的原因，我们对经济增长来源进行分解。根据新古典经济增长理论，可以通过增长核算将经济增长分解为要素投入增长贡献的部分和全要素生产率提高贡献的部分，即经济增长可以归为资本投入、劳动力和技术进步的贡献。假定规模报酬不变，资本的产出弹性为0.5的条件下，可以利用增长核算公式计算得到资本和劳动对经济增长的贡献率，计算结果如图1-2-1所示。

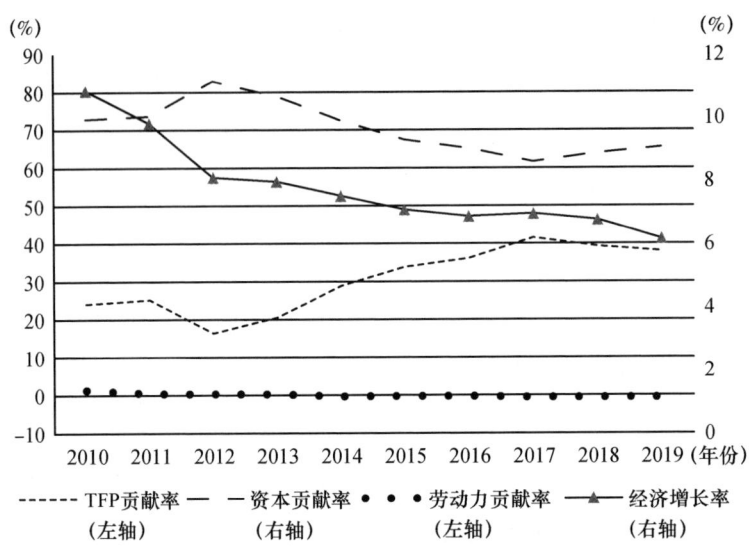

图1-2-1 经济增长率的来源

从图1-2-1可以发现，经济增长率主要来源于资本投入和技术进步（TFP），而劳动力贡献率非常小，且不断下降，在2013年后其贡献率为负。这与劳动年龄人口的绝对减少有关，劳动力供给趋紧，造成工资上涨，生产成本上升，对经济贡献相应地会降低。投资的贡献一直是中国经济增长的主要动力来源，2010—2019年资本贡献率一直保持在60%以上，并在2012年达到82.9%的峰值，之后开始缓慢下降。尽管如此，中国经济增长仍然是资本驱动型，属于"粗放式"增长模式。与资本投入对经济增长贡献形成鲜明对比的是技术进步贡献率：先下降，即从2010年的24.1%下降到2012年的16.4%，随后，从2012年的16.4%上升到2019年的38%。因此，中国经济增长由投资驱动逐渐向技术进步驱动为主转变，技术进步对经济的贡献日益增强。

◇ 三 投资对经济增长的贡献由正转负

1978年以来中国投资率与经济增长率保持了较长时间的同步波动关系，但2008年以后这一正相关关系迅速逆转（见图1-3-1）。数据显示：1978—2007年间投资率与官方及佩恩世界表（Penn World Table，PWT）所发布的经济增长率的相关系数分别为0.44和0.61；2008—2018年间中国经济增速明显放缓，但同时期固定资产投资与GDP之比迅速攀升，2016年至阶段性峰值81.34%之后于2017年和2018年有所回落，由此导致这11年间投资率与经济增长率（官方及PWT）的相关系数由正变负，分别变为-0.89和-0.73。与之相对应，同时期中国资本回报率震荡走高至2008年的24.75%，之后迅速走低至2016年的10.61%，2017—2018年回升至15%左右的水平。

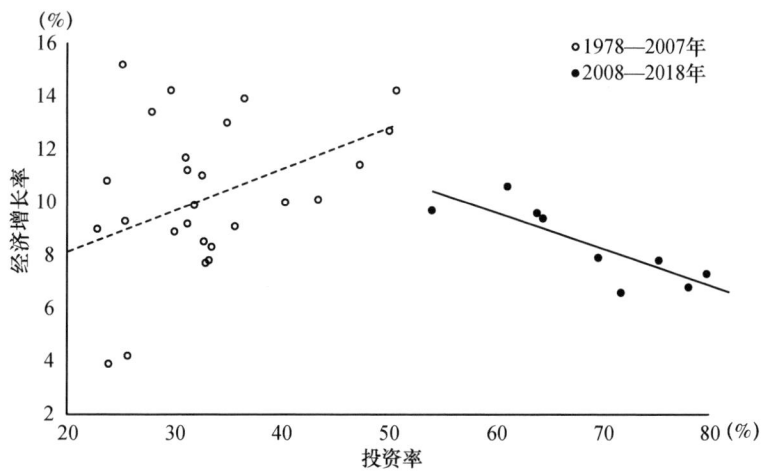

图1-3-1 中国1978—2018年投资率与经济增长率

在很长一段时间内，中国经济增长带有非常明显的投资驱动特征。其主要归根于以下两个方面的前提：一是以经济增长为主要考核指标的官员晋升机制，使得地方政府有非常强的动力促进其辖区内经济增长，而相比于消费和净出口而言，投资是最易受政府周期性调节和影响的因素；二是地方政府官员在政策实施方面具有相当大的自由裁量权，中国行之有效的科层问责制，更是有助于地方政府将其强有力的调配资源的能力不断转化为相应的投资实力。中国利用其异常高的储蓄率为投资动员了大量资源。中国在快速建设基本经济基础设施方面取得的成就令许多中低收入经济体羡慕不已。为了应对全球金融危机，中国实施了一项大型公共部门刺激计划，重点是基础设施和房地产投资。中国的投资现在正面临着回报递减的挑战，这反映在中国增量资本产出比的增加上。整个经济体增量资本产出比的增长代表着投资对增长贡献的下降，主要原因是基础设施和房地产的增量资本产出比增加，反映出在这些领域投资过度。

高投资率在积累更多资本的同时，对整体经济的生产效率产生了不利影响，并且这一负向影响主要表现在 2008 年之后。这一投资率上升导致整体经济效率下降的现象在一定程度上与"资本黄金律"（The Golden Rule）以及钱纳里结构标准的观点相呼应：投资并非越多越好[①]。当然，"投资率"与"整体经济效率"负相关并不完全与"投资率与经济增长正相关"的观点相悖，因为投资率上升完全有可能通过积累更多的物质资本存量，从而在抵消其对生产效率负面影响之后依然能够带来更高的产出水平。这一负相关关系只是提醒我们，

---

① 值得一提的是，"资本黄金律"是从更高的投资率对应于更高的收入水平但并不一定对应于更高的消费水平的角度，认为使得消费最大的投资率水平是一个比较适中的水平。与我们这里的讨论并不完全一致。

中国政府通过投资应对负面冲击以实现"保（稳）增长"目标时，有可能出现"以效率换投入的粗放式增长"格局。与白重恩和张琼（2014）的研究相似，我们采用"反事实分析法"（CFA）动态还原2008年以来扩大投资对经济增长率的影响。

假定2008—2018年各年投资率均维持在2007年水平上不变，而其他指标均取实际值；根据省际历史数据分析所得投资率对TFP增长率的影响系数估计2008年的TFP增长率，并重新估计2008年的物质资本存量，之后估计2008年的GDP；然后基于估计的2008年的GDP和假设的2009年的投资率计算2009年的TFP增长率，并重新估计2009年的物质资本存量水平，再之后估计2009年的GDP；以此类推；最后基于相应的反事实分析预测值，计算2008—2018年各年的经济增长率、资本产出比增长率和TFP增长率。图1-3-2分别给出了上述方法得到的"经济增长率""TFP增长率"以及"资本产出比增长率"CFA预测值（粗实线）与实际数据（细实线）的比较结果。

与白重恩和张琼（2014）相一致，图1-3-2左图首先表明2008年后大幅上升的投资率有效缓减了危机对经济增速的负面冲击，且以2009年最为明显：如果2008—2014年间投资率维持在2007年水平上不变，则此期间经济增长率将分别为7.56%、6.63%、8.32%、8.04%、6.76%、7.00%和7.15%，分别低于实际数据2.14、2.77、2.28、1.56、1.14、0.80和0.15个百分点。此外，在白重恩和张琼（2014）之外，我们发现这一"稳增长"效果在2015年之后完全消失：2015—2018年各年"反事实"经济增长率分别为6.99%、7.08%、7.46%和7.43%，分别高于实际值0.09、0.38、0.66和0.83个百分点。图1-3-2中图和右图则显示，投资率上升使得2008—2018年各年TFP增长率分别下降了0.04、0.28、0.39、0.48、

0.55、0.60、0.61、0.58、0.54、0.51 和 0.48 个百分点，同期资本产出比增长率则分别上升了 2.64、4.02、3.48、2.91、2.70、2.46、1.77、1.20、0.75、0.33 和 0.05 个百分点。

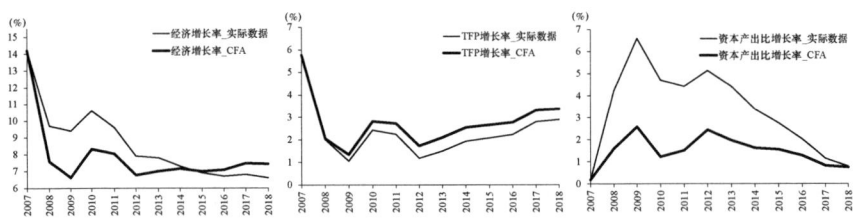

图 1-3-2　投资与经济增长：反事实模拟

综合而言，图 1-3-2 结果表明，2008—2018 年中国固定资产投资与 GDP 之比迅速攀升，2016 年到阶段性峰值 81.34% 之后于 2017 年和 2018 年逐步回落，虽然整体上有力地减缓了危机对中国经济的负面冲击，但却无异于"饮鸩止渴"：经济刺激计划等带来的大规模投资所带来的资本积累边际效应递减，但对"生产率"的负向影响持续保留；投资"稳增长"效果迅速消失，并最终损害了经济增长本身。因此，投资率于经济增长本身而言也应该保持在适中的"资本黄金律"水平。

◇ 四　劳动人口下降导致劳动成本上升

人口红利减少将影响中国经济发展，劳动力短缺现象日益加剧，企业用工成本显著提高；劳动力无限供给阶段结束，投资回报率下降；劳动力从农业向非农产业转移速度减缓，抑制了资源配置效率提高的速度。这些变化，意味着支撑经济高速增长的传统因素或消失或式微，潜在经济增长率下降。

从图1-4-1可知，劳动人口（15—65岁）在2013年触及峰值10.03亿后开始下降，从2013年的10.03亿下降到2019年的9.85亿，7年里劳动人口下降了1.79%。从增长率来看，劳动力增长率自2013年由正转负，而且下降速度会因老年化加快而加快。

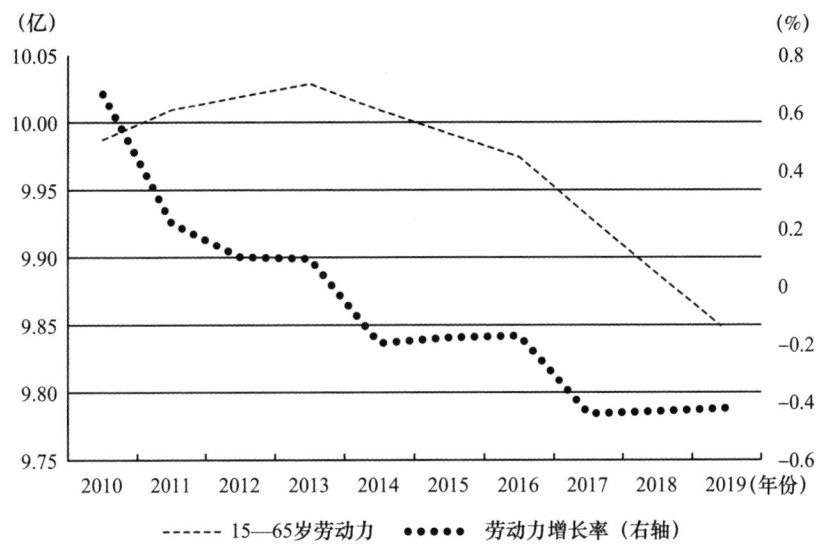

图1-4-1　近年中国劳动力增速不断下降

图1-4-2是城镇单位在岗职工平均年实际工资及增长率，可以看出城镇单位在岗职工平均年实际工资从2010年的36539元上升到72218.7元，9年里上升了近一倍，尽管每年增幅有些波动，但平均每年上涨近8%。

如果劳动力成本缓慢上升，企业可以根据劳动力成本变化逐步对劳动等生产要素进行重新配置，调整市场结构和技术结构，通过提高劳动生产率消化劳动力成本上升的影响。如果劳动力成本上升速度过

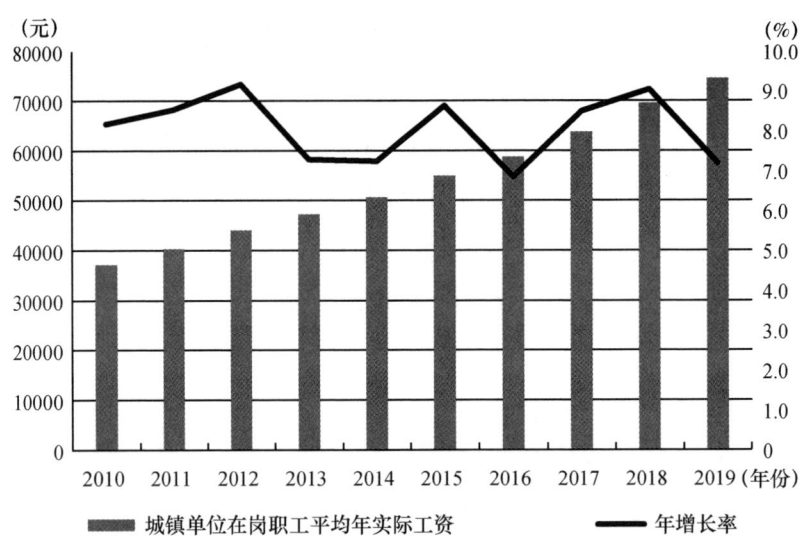

图1-4-2 在岗职工年实际工资及增长率

注：城镇单位在岗职工平均年实际工资用城市居民消费价格指数（2010年为基期）进行平减。

快，不能给企业调整留出时间和空间，就可能对很多企业形成负面的冲击，导致比较优势过快削弱，经济增长过快减速。从数量关系上看，单位劳动力成本上升是由于劳动力成本的增长速度快于劳动生产率的提高速度。劳动生产率之所以与劳动力成本脱节，与当前劳动力供求关系主导的特征有关。劳动年龄人口的绝对减少，劳动力供给趋紧，造成工资上涨没有得到劳动生产率提高的支撑的局面。由于刘易斯转折点的到来，中国已不能保证廉价劳动力的充足供应，劳动力市场中技术工人的稀缺又制约着制造业的升级与发展，工资水平的上涨使中国劳动力成本的比较优势逐渐丧失。因此中国劳动力成本在最近几年将会呈持续上升的趋势。特别地，劳动力成本的上升会对制造业结构升级产生影响，也就是劳动力成本的上升会促使劳动密集型制造业产值占比持续下降。

◇ 五 中国全要素生产率的增长率下降

全要素生产率不仅决定一国的生产水平，而且其增长率对提升一国的经济质量，实现经济赶超起到至关重要的作用。作为衡量经济效率和创新的指标，全要素生产率的增长速度经历了明显的放缓过程。

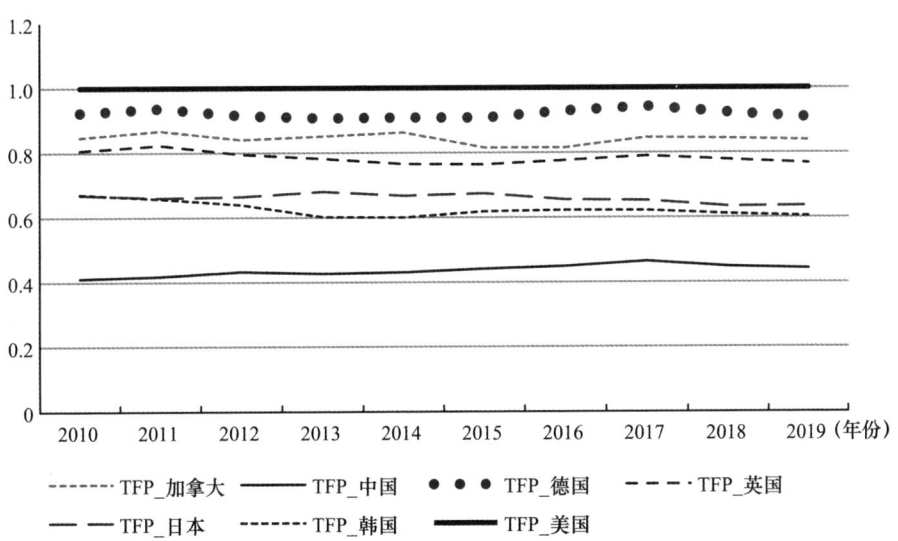

图1-5-1 2010—2019年中国及部分经合组织国家的全要素生产率比较（美国=1）

根据佩恩世界表（Penn World Table，PWT），目前中国的全要素生产率在0.4左右（以美国全要素生产率标准化为1）。从图1-5-1可以看出中国是经合组织国家的一半左右，因此，作为未来增长主要驱动力的全要素生产力仍有很大潜力。企业层面的数据表明，生产率增长放缓的原因是新企业对生产率增长的贡献下降，以及企业内部生产率提高的贡献率下降。在2008年国际金融危机之后，将资源重新配置给生产率更高的企业以及让生产率较低的企业退出市场这两个方面对生产率增长的贡献都微乎其微。相比之下，资源再配置通常是高收入经济体生产率增长的主要来源。

从图1-5-2全要素生产率（TFP）的增长率来看，中国TFP的增长率自2010年以后就处于下降趋势，并且波动较大，其中2012年和2018年TFP增长率为负。改革开放以来特别是加入WTO以来，中国通过积极扩大对外贸易规模，不断加大对FDI的吸引力度等措施，在提高经济发展水平的同时，也引进了国外的先进技术和管理经验，从而得以不断缩小与世界技术前沿的差距。但随着中国技术水平不断提升，中国获得国际先进技术的难度也在不断提高，对技术前沿的追赶速度放慢，从而对TFP产生负面影响。

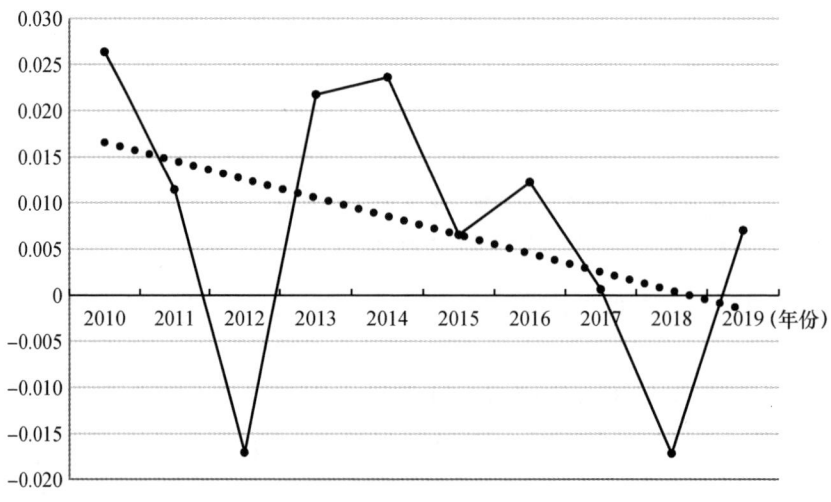

图1-5-2 中国2010—2019年全要素生产率的增长率

因此，如果中国经济要从注重量转变到注重质，那么落实创新发展理念，提升国家整体创新力，促进要素生产率增长就成为当前中国经济的首要任务。

◇ 六 研发投入与专利申请增速下降

与全球创新指数的改善形成对比的是，世界经济论坛（WEF）对中国创新的评估结果多年来几乎没有改善。2016—2019年，在世界经济论坛144个国家的总体竞争力排名中，中国排名均为第28位。在2016—2017年度技术就绪度排名中，中国排名第74位；在2010/2011年度，中国这两项指标的排名分别为第27位和第78位。

研发投入（R&D）是一国创新的必备条件，也是衡量经济发展

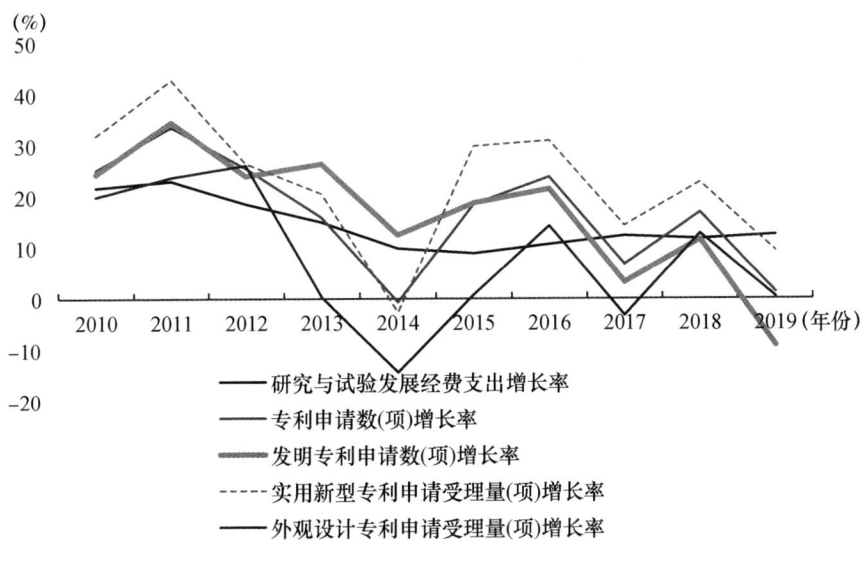

图1-6-1 研发投入和专利申请增速下降

方式转变和创新驱动的重要指标。根据《全国科技经费投入统计公报》的数据不难发现，中国研发投入增速自2010年后开始缓慢下降，从21.7%下降到2019年的12.5%。创新投入增速下降，必然导致创新产出增速的下降。

从创新产出来看，中国专利申请的增长率自2010年开始快速下降，从25.1%下降至2019年的1.3%，其中2014年为负增长。从专利申请的结构看，发明专利、实用新型专利和外观设计专利的增速都呈现下降趋势，其中发明专利下降最快，2019年为-9.1%，而发明专利被认为是创新的核心指标。

◇ 七　长期产能过剩制约经济增长

从2010年以来，中国诸多行业饱受产能过剩之苦，从传统的钢铁产业到光伏、风电等新兴产业，从上游的能源领域到下游的交通运输领域，部分行业的产能利用率都在持续下降，其中，过度竞争和重复建设是导致资源在行业间错配的重要原因。一方面，后发国家由于已经有先发国家的发展经验，因此全社会容易对行业良好的外部前景存在共识。大量企业在彼此信息不完全的情况下进行投资，形成"潮涌"，导致集中投资的行业出现市场价格下跌，过度竞争最终呈现为明显的产能过剩[①]。另一方面，产能过剩与产业促进政策有关，且由于政治体制原因，中央制定的产业政策，地方都必须落实，特别是稳增长的产业政策对应的是重大项目，项目意味着资源，因为地方竞相

---

① 林毅夫：《潮涌现象与发展中国家宏观经济理论的重新构建》，《经济研究》2007年第1期。

争取；其次产业政策退出机制欠缺，这使得市场无法出清。

判断产能过剩最重要的指标是产能利用率。产能利用率通常定义为实际产出与潜在产能的比例。通常80%的设备使用率被认为是工厂和设备的正常闲置。当产能利用率超过95%时，代表设备使用率接近全部；如果产能利用率在90%以下且持续下降，表示设备闲置过多，经济有衰退的现象。从图1-7-1可知，中国的工业产能利用率自2011年后处于下降趋势。尽管在2016年有所反弹，但产能利用率长期低于80%的正常闲置，长期处于75%左右，远远低于90%的合理水平。长期产能过剩意味着产能闲置和资源的浪费。微观层面会加大企业债务风险，宏观上加大通货风险，加大国际贸易摩擦，引发金融业系统性风险，制约经济增长。

根据世界钢铁协会数据，自1996年后中国钢铁产量均排在世界第一，中国粗钢产量占世界粗钢产量的比例逐年上升。2013年以后，

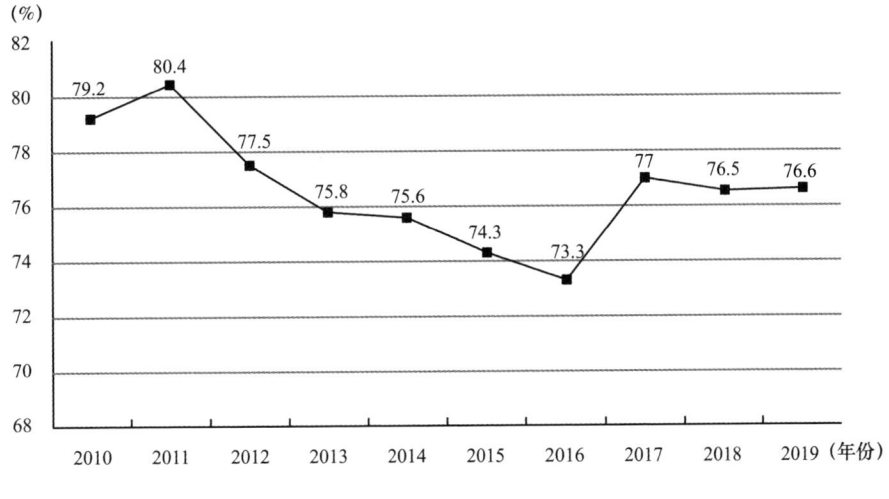

图1-7-1 中国2010—2019年工业产能利用率变化趋势

资料来源：国家统计局。

中国粗钢产量达到世界总量的一半。中国钢铁行业粗钢产量从2008年的5.12亿吨增长到2014年的8.22亿吨，而其间产能利用率却有所下降，2015年粗钢产能利用率仅为66.3%。①

中国半导体产业从不差钱到资源错配。2011年，国务院发布《国务院关于印发进一步鼓励软件产业和集成电路产业发展若干政策的通知》，2012年发布《国务院关于印发"十二五"国家战略性新兴产业发展规划的通知》，已被工业和信息化部、国家发展和改革委员会及商务部落地执行。国务院发文后，工信部、国家发改委及商务部积极跟进，各部委和省市进一步在半导体行业下的设计、制造、设备、封装测试等各环节落地执行。2014年9月，国家集成电路产业投资基金首期募资总规模1387.2亿元，企业、地方产业基金规模总计超过5000亿元的成绩，以半导体为核心的中国电子产业正步入大发展的战略变革期。随之而来的是投资标的身价的水涨船高。看似不差钱的中国半导体产业，存在结构性资源错配、支撑企业发展的研发资源缺失。一方面，热钱无法解决产业根本问题，人才挖脚不利于产业长远发展。另一方面，相关部门仍然以传统手段、方式（基金、科研项目）支持芯片产业，缺乏结构性突破，资源统筹能力弱，导致企业依靠自身实力的研发投入、规模化投入严重不足。总之，"一哄而上"投资热潮可能不利于半导体产业发展，并可能带来资源错配。②

---

① 孟昌、王莉莉：《产能利用率的省际差异及其与市场化水平的关系——基于钢铁行业规模以上企业数据DSBM方法的测算》，《产业经济评论》2021年第1期。

② 李娜：《中国半导体产业反思：不差钱与资源错配》，《第一财经日报》，2018年9月6日，https://www.yicai.com/news/100022155.html。

◇ 八 产业结构变化导致经济增长变慢

图1-8-1给出了三次产业自2010年以来的占比与增长率的变化情况。自2010年以后三次产业增加值增速都变慢。其中，工业的增长下降最大，从2010年的12.7%的增长率下降到2019年的4.9%，9年下降了7.8个百分点；服务业增速也显著下降，从2010年的9.7%下降到2019年的7.2%，下降了2.5个百分点。值得注意的是，2012年后，服务业占比超过工业，成为国民经济占比最多的产业。

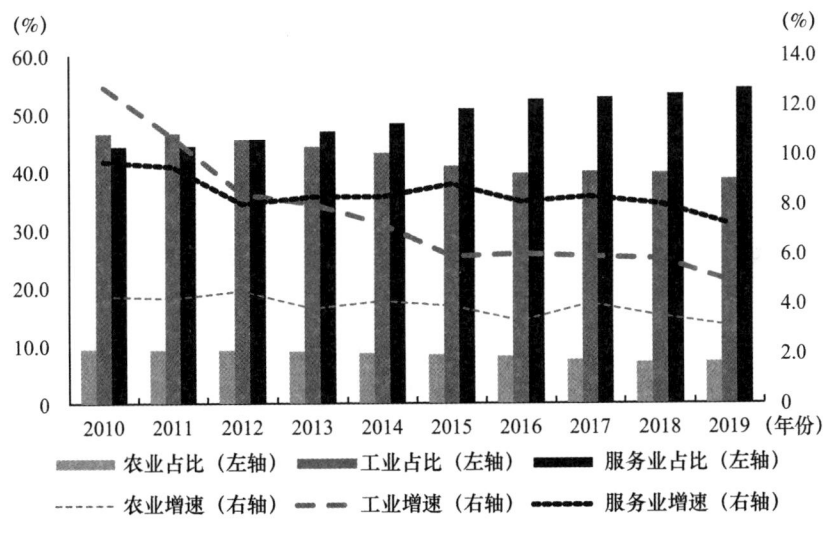

图1-8-1 2010—2019年三次产业比重及其增速

从表1-8-1可以看到，农业对GDP的贡献大约在4%，远远低于工业和服务业。农业是国民经济的基础。中国农户生产经营规模小，每个家庭户平均经营规模仅为0.47公顷耕地，这就极大地限制了农业生产发展的潜力。党的十八大报告指出："加快发展现代农业，增强农业综合生产能力，确保国家粮食安全和重要农产品有效供给。"尽管中国农业发展受到各种自然资源限制，如土地资源有限和水资源稀缺等，但是中国农业仍然在技术、渠道和品牌上有非常大提升空间。中国从世界农业大国迈向世界农业强国，农业转型的基本方向是向现代农业。这个过程必将大大促进农业对GDP的贡献。

工业生产明显放缓，第二产业对国民经济的贡献率自然会大幅下滑。2010年工业对当年GDP贡献率为57.4%。工业是国民经济的支柱产业。2010年之后，工业对GDP的贡献快速下降，2019年下降为32.6%，下降了24.8个百分点。

服务业对经济增长贡献率稳步提升。2010年，服务业对当年GDP贡献率仅为39%，低于第二产业18.4个百分点。2014年，随着城镇化的快速推进，企业、居民、政府等各部门对服务业需求日益旺盛，服务业对经济增长的贡献率不断提升。2010—2019年间，服务业对GDP的贡献率提升了24.5个百分点，达到了63.5%。其中2014年起，服务业对GDP贡献率就开始连续超过第二产业（见表1-8-1）。这一趋势在不断强化，服务业对GDP的贡献占据绝对主导地位。

表1-8-1　　　　　　　三次产业对GDP增长拉动与贡献

年份	农业对GDP增长的拉动	工业对GDP增长的拉动	服务业对GDP增长的拉动	农业对GDP贡献率	工业对GDP贡献率	服务业对GDP贡献率
2010	0.4	6.1	4.2	3.6	57.4	39.0
2011	0.4	5.0	4.2	4.1	52.0	43.9
2012	0.4	3.9	3.5	5.0	50.0	45.0
2013	0.3	3.8	3.7	4.2	48.5	47.2

续表

年份	农业对GDP增长的拉动	工业对GDP增长的拉动	服务业对GDP增长的拉动	农业对GDP贡献率	工业对GDP贡献率	服务业对GDP贡献率
2014	0.3	3.4	3.7	4.5	45.6	49.9
2015	0.3	2.8	3.9	4.4	39.7	55.9
2016	0.3	2.5	4.1	4.0	36.0	60.0
2017	0.3	2.4	4.2	4.6	34.2	61.1
2018	0.3	2.3	4.2	4.1	34.4	61.5
2019	0.2	1.9	3.8	3.9	32.6	63.5

上述变化的背后是制造业部门的生产效率往往高于服务业部门，制造业产品和服务业产品的相对价格发生变化。并且，随着居民收入的提高，消费者将更加偏好于服务业产品。例如，30年前录音机价格高昂，近年来月嫂、保姆家政服务业价格不断上涨，30年间居民对录音机需求日益萎缩，对家政服务业的需求日益增长。生产技术和需求结构的变化使得录音机相对于家政服务业的价格不断下降，最终导致GDP核算中生产电脑的增加值下降而家政服务业增加值上升，从而使第二、第三产业对国民经济的贡献发生变化。

由于服务业大部分属于非贸易品部门，第三产业的产品面临较少的国际竞争，其生产效率普遍低于以制造业为主的可贸易品部门。因此，工业单位投入量所创造的价值应该高于服务业业。另外，较高的劳动生产率意味着较高的工资水平。由于国内劳动力可以自由流动，因此服务业虽然生产效率偏低，但其工资水平与工业相同，这就会吸引更多劳动力流向服务业。可见，服务业生产效率偏低，而就业人数偏高，最终的结果就是经济资源从相对高效率的部门流向低效率的部门，对GDP贡献最大的产业其劳动生产率增速大幅下滑自然会压低整体经济增长。服务业劳动生产率偏低。

中国服务业占GDP比重和发展水平均低于发达国家，制造业低迷对整体经济拖累程度更为明显。我们用行业增加值占GDP比重来比较各国服务业的发展水平，2013年美国农业和工业增加值占GDP比重仅为21.5%，其中制造业占比为12.2%。而对比中国，2013年农业和工业增加值占GDP比重高达53.5%，仅制造业占比就达到30.1%。同期，韩国制造业增加值占比尽管达到31.8%，但其农业和工业增加值占GDP比重仅为40.9%，也就是说韩国服务业增加值GDP占比也高于中国。由此可见，中国服务业在GDP中的比重低于OECD发达国家的水平。

除此以外，中国现代服务业发展水平也偏低。与美国相比，在10个主要服务业行业中，中国仅在教育和物流两个行业的增加值占GDP比重超过美国，其余8个行业均落后于美国。其中，公共产品、金融和房地产业以及批发和零售业大幅落后于美国。换言之，中国服务业还集中于劳动密集型行业，人力资本密集型服务行业发展水平远低于国际先进水平。这种状况虽然有助于稳定就业市场形势，但对提升中国经济发展质量、加快经济结构转型的促进作用相对较弱。

综上，尽管中国第三产业对GDP的贡献率已经大幅超越第二产业，但由于劳动生产率和发展水平相对落后，因此第二产业的疲弱依然对整体经济产生明显的负面冲击。只有尽快提升第三产业生产效率、提高增加值规模，才能在经济结构转型过程中避免经济增速的明显放缓。

◇◇ 九　城镇化减缓

城镇化是影响生产力提升的一个重要因素，同时高质量的城镇化也是增加总需求的有效手段,城镇化也是国家现代化的重要标志。2019年年末,中国城镇常住人口84843万人,占总人口比重为62.70%,2020年达63.89%。过去10年来,中国城镇化率每年约提升1.5个百分点,中国规模城市总数达到世界首位。城镇化过程中,将带动住房和交通等基础设施的改善,进而带动传统行业的发展,如建筑、家具、装修等。新城市建设还会带动新兴产业的发展,如环保、节能等。服务业也会在城市化过程中得到发展,如零售业、餐饮、娱乐、服装、医疗、教育、通信等。

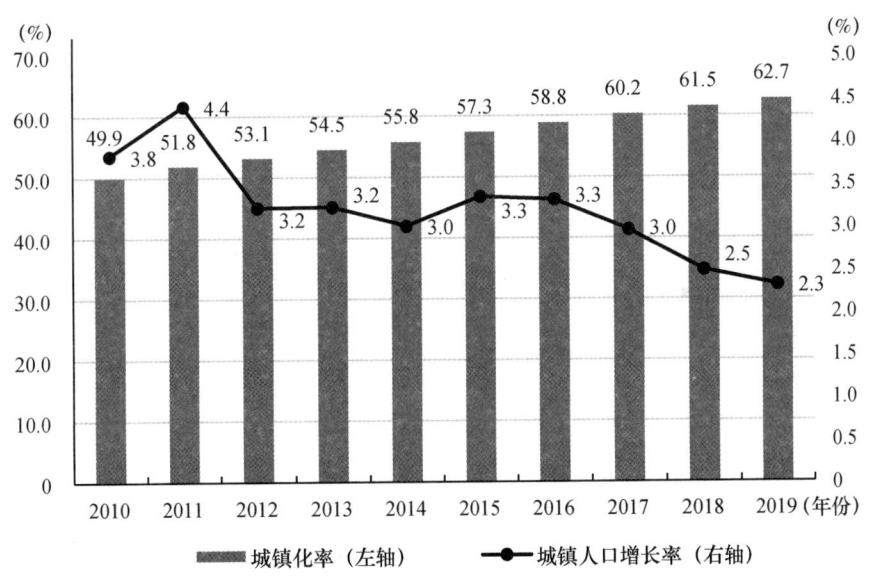

图1-9-1 2010—2019年中国城镇化率与城镇人口增长率

2017年年末,中国常住人口城镇化率首次超过60%,但仍远低于发达国家80%的平均水平(见图1-9-1)。如何抓住城镇化带来的机遇,为中国经济持续健康发展注入强劲动力?

从发达国家发展经验看,城镇化率超过60%以后,城镇化速度会出现一定程度的放缓，对经济增长的推动作用也将发生一些变化。过去，劳动力、资本等要素向城镇大规模集聚产生规模经济效应，驱动了生产效率提升和经济增长。但是，随着城镇化推进速度放缓，要素集聚速度会下降，城镇化对经济增长的驱动将从供给端转向供给、需求双驱动。挖掘城镇人口的消费潜力，将有助于缓解中国经济发展中出现的内需与外需、投资与消费等结构性失衡问题。而且，随着中国城镇化率超过60%，有必要也有条件下更大力气去解决城乡发展的不平衡不充分问题。

推动城镇化的关键是解决户籍问题和土地问题。以农业转移人口为重点，把促进有能力在城镇稳定就业和生活的常住人口有序实现市民化作为首要任务，积极稳妥推进土地管理制度改革，分类推进户籍制度改革，健全城市基础设施和公共服务设施，实现新型城镇化扩容提质增效全面发展。

在城镇化的过程中，要允许人口向超大城市之外的大中型城市集聚，以充分利用集聚效应带来的效率提升。很多研究表明，集聚效应能带来很显著的效率提升。也有研究表明中国除了超大城市之外，其他城市的规模还不到充分发挥集聚效应的水平。日本1950—1973年间高速增长的时期也是人口向大城市集聚的时期。20世纪70年代早期日本开始实施"国有土地平衡增长政策"，对农村地区提供各种补助，减缓了人口向大城市集聚的进程，随后经济增长速度就下了一个台阶。

◇ 十　三大需求对经济增长拉动减弱

从表1-10-1可以看出，2019年，最终消费支出对经济增长的平均贡献率为58.6%,资本形成总额平均贡献率为28.9%,货物和服务净出口贡献率平均为-1.9%,消费、投资和净出口"三驾马车"分别拉动经济增长平均为4.5、3.3和-0.2个百分点,表明2010年以来中国经济增长的需求动力主要源于消费和投资,净出口对经济增长的贡献率为负。

分年度来看,GDP增速换挡明显,同时亦表现出较为明显的需求动力转换特征。需求动力正由投资驱动向消费驱动转变,最终消费支出对经济增长的贡献率总体呈现上升趋势,资本形成总额对经济增长的贡献率总体呈现稳中趋降态势,货物和服务净出口对经济增长的贡献率总体呈现下降趋势,表明经济增长越来越依靠内需,尤其是消费的拉动作用进一步增强。党的十九大报告提出,要完善促进消费的体制机制,增强消费对经济发展的基础性作用,"十四五"及中长期培育和壮大国内潜力巨大的消费市场将成为推动新时代经济高质量发展的永恒的需求动力。

表1-10-1　　　　三大需求对经济增长的拉动与贡献

年份	最终消费支出对GDP增长贡献率（%）	最终消费支出对GDP增长拉动（%）	资本形成总额对GDP增长贡献率（%）	资本形成总额对GDP增长拉动（%）	货物和服务净出口对GDP增长贡献率（%）	货物和服务净出口对GDP增长拉动（%）
2010	47.4	5.0	63.4	6.7	-10.8	-1.1
2011	65.7	6.3	41.1	3.9	-6.8	-0.6
2012	55.4	4.4	42.1	3.3	2.5	0.2
2013	50.2	3.9	53.1	4.1	-3.3	-0.3
2014	56.3	4.2	45.0	3.3	-1.3	-0.1
2015	69.0	4.9	22.6	1.6	8.4	0.6

续表

年份	最终消费支出对GDP增长贡献率（％）	最终消费支出对GDP增长拉动（％）	资本形成总额对GDP增长贡献率（％）	资本形成总额对GDP增长拉动（％）	货物和服务净出口对GDP增长贡献率（％）	货物和服务净出口对GDP增长拉动（％）
2016	66.0	4.5	45.7	3.1	-11.7	-0.8
2017	55.9	3.9	39.5	2.7	4.7	0.3
2018	64.0	4.3	43.2	2.9	-7.2	-0.5
2019	58.6	3.5	28.9	1.7	12.6	0.7

投资、消费和出口三大需求协调拉动是经济高质量发展的关键所在，面对深刻变化的国内外环境，亟须坚持以供给侧结构性改革为主线，适度扩大总需求，实现更高层次的供需动态平衡，推动形成以国内大循环为主体、国内国际双循环相互促进的新发展格局。一是着力推动有效投资，充分发挥投资对经济增长的压舱石和顶梁柱作用。突出重大工程、重大项目在经济社会发展中的载体作用，组织实施一批具有全局带动性和目标导向性的重大工程以及基础设施、产业发展、科技创新、社会民生、生态环保等重大项目投资。同时，创新投融资方式，加强政府有关部门与金融机构、企业之间的对接，开展多种形式的银政、银企合作，支持符合条件的企业通过公司债、企业债、中期票据和短期融资券等方式融资。充分利用资本市场，抓好上市融资、再融资，扩大直接融资规模。加强政府与社会资本合作，稳步扩大社会投资。二是着力培育消费，积极发挥消费对经济增长的基础性和第一驱动力作用。落实职工带薪休假制度，鼓励错峰休假和弹性作息，实施促消费行动，挖掘需求潜力，优化消费环境，发展信息消费、服务消费、品牌消费等新兴消费，促进消费升级。同时，进一步

提高消费品供给质量，以满足人们消费结构升级为核心，从供给侧推动消费产品朝着品种多样、品质提升、品牌认可的方向发展，实现与消费者的多样化、个性化、品牌化等新需求精准对接，有效激发人们的潜在需求。三是着力提高特色优势产品的科技含量，增强出口对经济增长的支撑作用。充分发挥新型举国体制和全产业链优势，在高端数控机床、重点产业生产装备等领域组织实施一批重大技术装备攻关项目，带动核心技术、关键零部件取得突破，持续增强高铁、电力装备、新能源、通信设备等优势领域产品出口。

总之，中国经济已经步入中速增长的新常态。虽然经济增速在全球领先，但随着其自身人口老龄化持续加剧，高投资下的物质资本积累与人口红利中的劳动力增长已经有强弩之末的态势。后金融危机时代全球政治格局和国际力量对比变化明显，中国经济增长在全球范围内面临高端挤压和低端挤占的双重压力。既然"有形"资源的约束越来越紧，提升"无形"生产力即成为迫切所需。因此，如何提高技术进步，如何提升要素使用效率，实现经济从之前"粗放型"模式（依赖要素投入实现快速增长）向"集约型"模式（依靠新的增长动力实现高质量发展）转型，走科学的可持续发展道路，成为当前最紧迫的任务。

第二章

后疫情时期的小微经济发展状况

◇ 一 小微企业的数量和行业分布

小微企业从是否正式注册来看，分正式注册和非正式注册两种，正式注册的企业形式有股份制企业、合伙人制企业、独资企业和个体工商户；非正式注册的经营形式主要是个体农户。

国家统计局2017年公布了不同类型企业划型标准，但由于中国目前尚缺乏按照此界定对小微企业的完整统计数据，只能根据不同时期的不同资料来源分别进行分析。目前关于小微企业的政府部门统计数据主要来自国家统计局、国家市场监督管理总局和工业和信息化部。按照中国小微企业划型标准以及全国第三次和第四次经济普查数据测算，2013—2020年中国小微企业的数量估计见表2-1-1和图2-1-1。

表 2-1-1   中国各类型企业数量变动估计   （单位：个）

	2013年	2014年	2015年	2016年	2017年	2018年	2019年	2020年
大型企业	19310	34409	41372	49093	57237	65306	72143	80545
中型企业	144651	257753	309913	367751	428756	489204	540417	603356
小型企业	1436214	2559192	3077084	3651349	4257056	4857239	5365723	5990638
微型企业	53676526	66441136	74040631	82985807	93404951	104788251	117416718	131732461

注：此处微型企业包含了个体工商户。

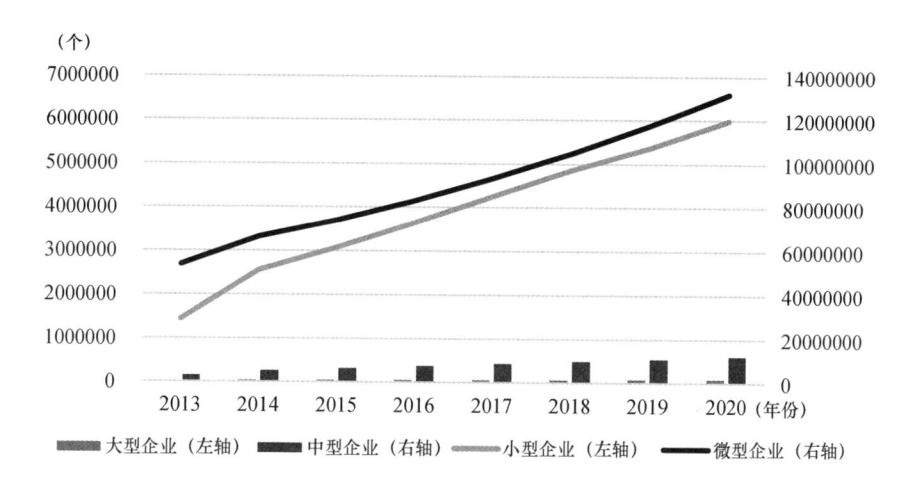

图 2-1-1 2013—2020年中国各类型企业数量变化趋势

资料来源：国家统计局2013年全国第三次经济普查、2018年全国第四次经济普查，国家市场监督管理总局、工业和信息化部《中国中小企业年鉴2017》及笔者估计。

从微型企业的典型——个体户的情况看（见图2-1-2），2006—2020年，中国的个体户户数从2464万增长到9287万，其中2020年新增1681.5万户。

新冠肺炎疫情期间小微主体仍然保持了较快的增长。国家统计局2021年2月发布报告称，2020年全年新登记市场主体2502万户，日均新登记企业2.2万户，以小微企业为主，年末市场主体总数达1.4

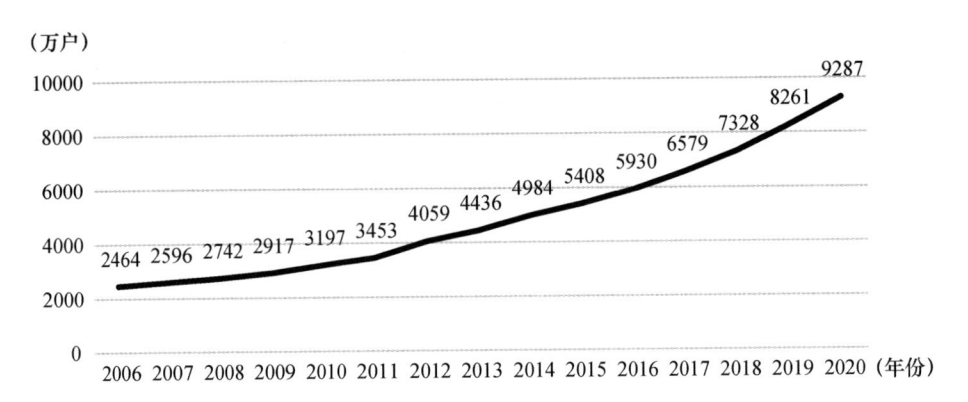

图 2-1-2　2006—2020 年中国个体工商户

资料来源：《中国统计年鉴》。

亿户。

根据第四次全国经济普查，小微企业行业分布主要集中在第三产业。中国小微企业行业分布如图 2-1-3、图 2-1-4 和图 2-1-5 所示。制造业和批发零售业的法人单位数远超其他行业。

小微企业吸纳就业作用明显，第四次经济普查的结果如图 2-1-6、图 2-1-7 和图 2-1-8 所示。2018 年年末，中小微企业吸纳就业人员 23300.4 万人，比 2013 年年末增加 1206.8 万人，增长 5.5%；占全部企业就业人员的比重为 79.4%，比 2013 年年末提高 0.1 个百分点。分行业来看，制造业和批发零售业在吸纳就业方面表现尤为突出。制造业的小型企业吸纳就业人员 43969377 人，批发零售业的小微企业吸纳就业人员 19009067 人。

图 2-1-3　第一产业的法人单位（个）

农、林、牧、渔业
- 大型企业：73
- 中型企业：5519
- 小型企业：22524
- 微型企业：33596

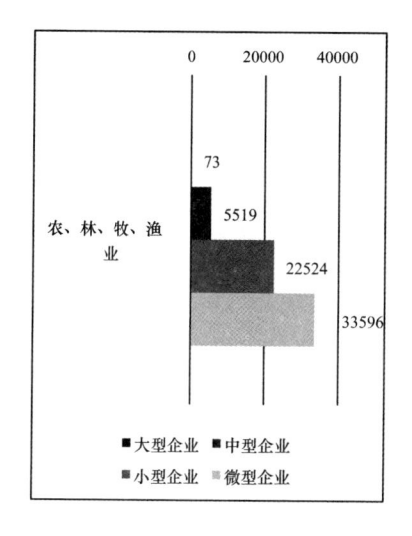

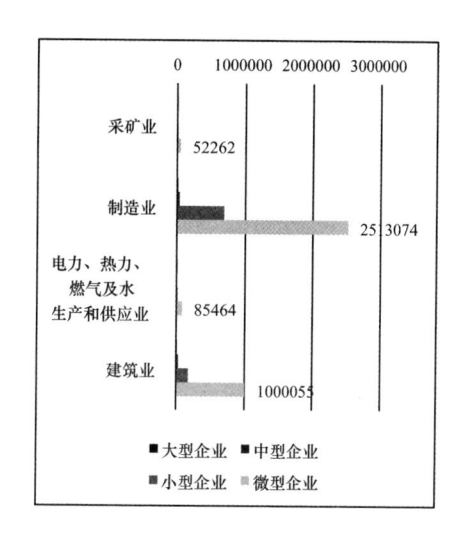

图 2-1-4　第二产业的法人单位（个）

采矿业
- 52262

制造业
- 253074

电力、热力、燃气及水生产和供应业
- 85464

建筑业
- 1000055

说明：此处微型企业不包含个体工商户。

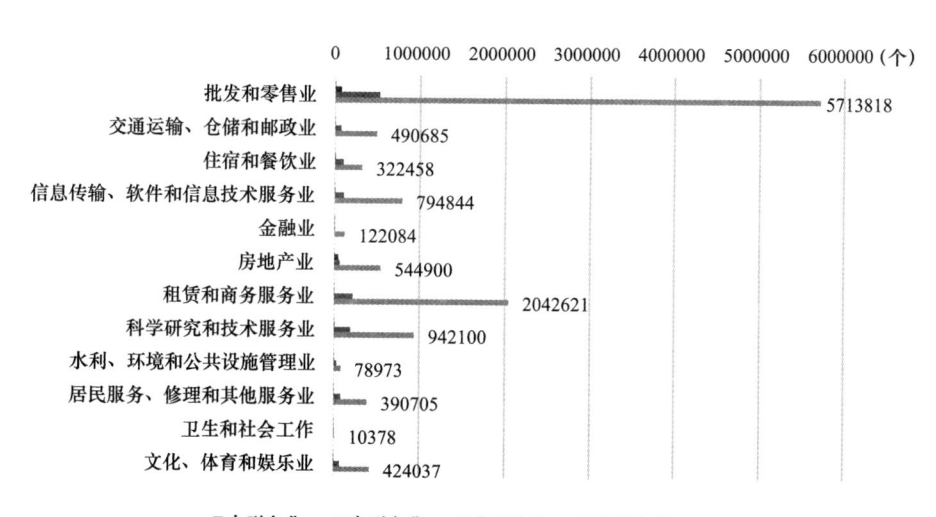

图 2-1-5　第三产业的法人单位

- 批发和零售业：5713818
- 交通运输、仓储和邮政业：490685
- 住宿和餐饮业：322458
- 信息传输、软件和信息技术服务业：794844
- 金融业：122084
- 房地产业：544900
- 租赁和商务服务业：2042621
- 科学研究和技术服务业：942100
- 水利、环境和公共设施管理业：78973
- 居民服务、修理和其他服务业：390705
- 卫生和社会工作：10378
- 文化、体育和娱乐业：424037

资料来源：国家统计局《2018年全国第四次经济普查》。

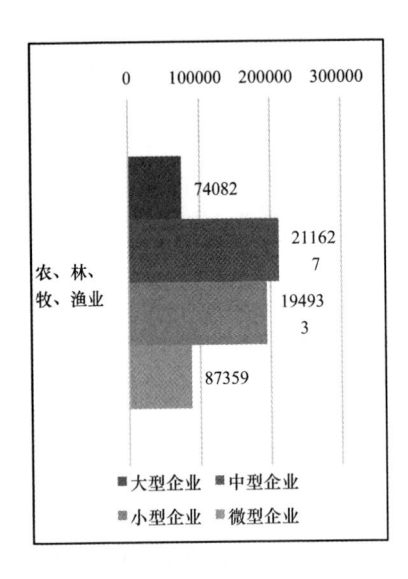

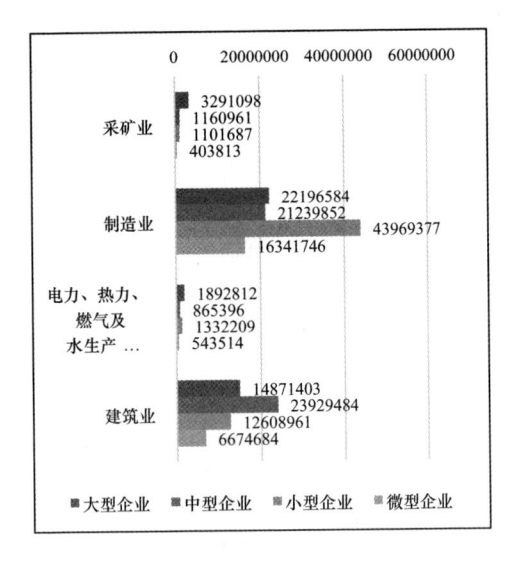

图2-1-6 第一产业的从业人员（人）　　图2-1-7 第二产业的从业人员（人）

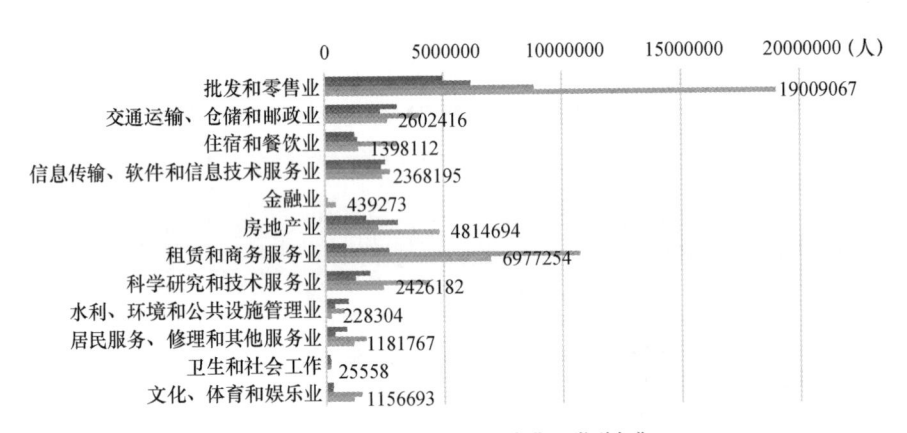

图2-1-8 第三产业的从业人员

资料来源：国家统计局《2018年全国第四次经济普查》。

◇ 二 小微经济运行状况

根据中国邮政储蓄银行的小微企业运行指数，疫情对小微企业的影响主要在2020年第一季度，小微企业面临停产停工、劳动力短缺、复工困难、订单下降、业务量减少、账款拖欠、资金回笼不畅、产品积压、网购分流等问题，企业生存状况不容乐观。针对实体经济特别是中小企业的困难，中共中央、国务院打出一套政策组合拳，降低税费负担，缓解生产经营困难，帮助企业渡过难关。

2020年第二季度后，在国家"六稳""六保"政策支持下，中小企业经营状况持续得到改善，国内统筹疫情防控和经济社会发展工作取得重大阶段性成果，复工复产复商复市有序推进，供需两侧持续回稳，主要经济指标持续改善，经济运行持续回升。第三、第四季度后，经济延续二季度以来稳步回升势头，供需两端主要指标持续改善，市场主体活力明显增强，经济企稳向好态势基本确立，复苏基础进一步巩固。但是全球疫情和世界经济形势依然严峻复杂，国内防范疫情反弹任务仍十分艰巨，国内稳就业稳企业保民生压力加大，经济稳定回升基础仍待夯实。中小企业生产经营困难仍较多，负担仍较重，融资难、成本上升、订单不足等问题依然存在。2021年上半年，小企业恢复程度仍落后于大型和中型企业。采购经理人指数、财新中国PMI、渣打银行的中小企业信心指数都表现出了同样的趋势。进入2021年下半年后，根据国家统计局最新PMI数据，由于疫情反复等因素，小企业景气度继续回落，经营仍面临较大压力。

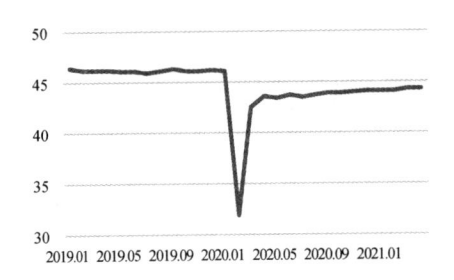

图 2-2-1　中国邮政储蓄银行小微企业运行指数

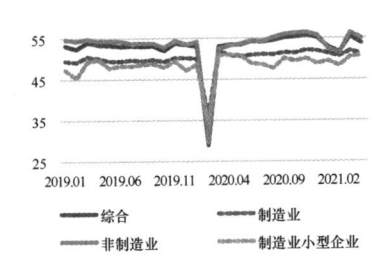

图 2-2-2　采购经理人指数

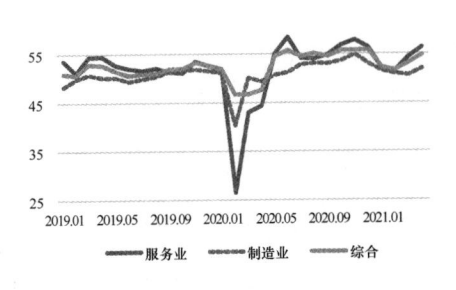

图 2-2-3　财新中国 PMI

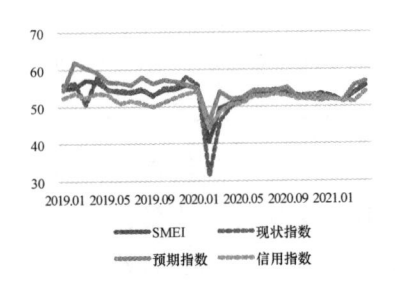

图 2-2-4　渣打银行中小企业信心指数

资料来源：中国邮政储蓄银行、国家统计局、财新网、渣打银行官网。

根据 CPA AUSTRALIA 的调查，中国 2020 年有 52.90% 的企业在成长，是近五年来最低，比 2019 年下降 28.1 个百分点（见表 2-2-1）。但是，中国保持增长的企业比例仍然高于亚太地区的平均水平，也高于很多发达国家的市场，澳大利亚该比例仅为 22.3%。

表 2-2-1　　　　　　　　过去 12 个月的经济增长情况

在过去 12 个月的经济增长情况	2020	2020 亚太平均水平	2020 中国排名	2019	2019 中国排名	2018	2017	2016
新冠肺炎疫情在过去 12 个月有较大负面影响	49.6%	57.1%	10/11					
已经从新冠肺炎疫情中恢复或期待将在 12 个月内恢复	51.2%	39.0%	2/11					
整体上在成长	52.9%	46.2%	5/11	81.0%	4/11	74%	79.5%	74.1%
增加雇佣员工规模	29.5%	24.8%	3/11	57.0%	1/11	39.7%	43.9%	38.8%
提高用户满意度	25.9%	22.6%	5/11	25.4%	7/11	36.1%	33.0%	36.1%
成本提高	23.9%	23.4%	5/11	26.9%	10/11	34.4%	36.0%	36.2%
需要外部资金	67.5%	57.6%	4/11	61.4%	3/11	79.6%	84.5%	80.7%
找到了新的用于企业成长的外部融资	43.2%	44.7%	7/11	53.0%	6/11	59.9%	69.3%	66.5%
找到了新的用于企业存活的外部融资	42.0%	41.0%	8/11	36.3%	3/11	32.9%	35.2%	38.3%
外部融资很简单	27.4%	34%	7/11	53.8%	1/11	35.4%	36.1%	40.3%
银行是主要外部融资渠道	30.4%	28.4%	6/11	18.8%	11/11	29.6%	31.3%	32.5%

资料来源：*CPA AUSTRALIA ASIA - PACIFIC SMALL BUSINESS SURVEY 2020 - 2021*，调查国家与地区有澳大利亚、中国内地、中国香港、中国台湾、印度、印度尼西亚、马来西亚、新西兰、菲律宾、新加坡、越南。

虽然国内新冠肺炎疫情已经得到明显控制，但部分地区疫情仍有偶发。2021年4月调查显示疫情对企业影响最大的是人员流动受限，42.9%的小微企业认为人员流动受限仍然对企业产生影响（见图2-2-5）。特别是旅游业受限仍然较明显，比例达到100%；制造业受人员流动影响最低，比例35.4%。从企业规模看，个体工商户受到人员流动限制更明显。2021年8月基于中国邮政储蓄银行小微企业调查系统发现，小微指数在连续平稳上升17个月后出现回落，疫情使得住宿、餐饮和交通运输业小微企业出现持续困难。

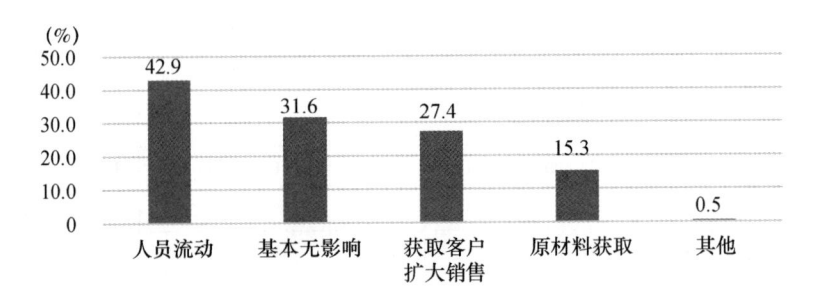

图2-2-5 当前的疫情防控对小微企业在哪些方面仍然产生影响

资料来源：中国邮政储蓄银行，2021年4月。

三 小微企业盈利能力

根据阿里研究院的统计，小微企业的销售额变化如图2-3-1所示。小微企业在2020年第一季度受到疫情严重的影响，有82.40%的企业表现出销售额下降的趋势。随着疫情的控制，中小微企业的经营改善、恢复速度正在加快。在2021年第一季度时，销售额持平和增长的企业分别占比18.1%和31.5%，销售额下降的企业占比

50.30%，季度同比和环比分别收窄了32.1和15.3个百分点（见图2-3-1）。

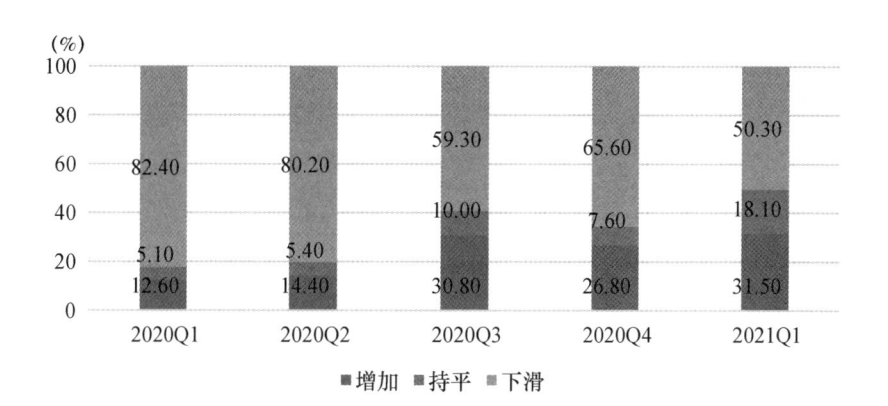

图2-3-1 各季度企业销售额的变化

资料来源：阿里研究院《2021年一季度中小微企业调研报告》。

从不同行业来看，信息服务、仓储物流和餐饮住宿等服务业行业的小微企业营收下滑明显。2020年8月的调查显示，信息服务、仓储物流和餐饮住宿收入下降的企业和占比分别达44%、42%和39%。值得注意的是，餐饮住宿业的大中型企业的收入下降占比55%，比小微企业的比例还高出15个百分点，可能是由于大中企业在前期的投入较多，沉没成本较高，这也显示出小微企业具有灵活性的优势（见图2-3-2）。在制造业企业中，大中型企业和小微企业的表现相似，收入下降的企业分别占比36.7%和37.7%。

从具体指标来看，根据中国邮政储蓄银行2021年4月的调查，超七成企业认为已经完全恢复正常运营，其中67.4%的企业营业额明显变好。利润指标变好比例相对较低，这主要是成本上升较明显。各行业营业额普遍好转，其中住宿餐饮业和旅游业营业额100%变好，

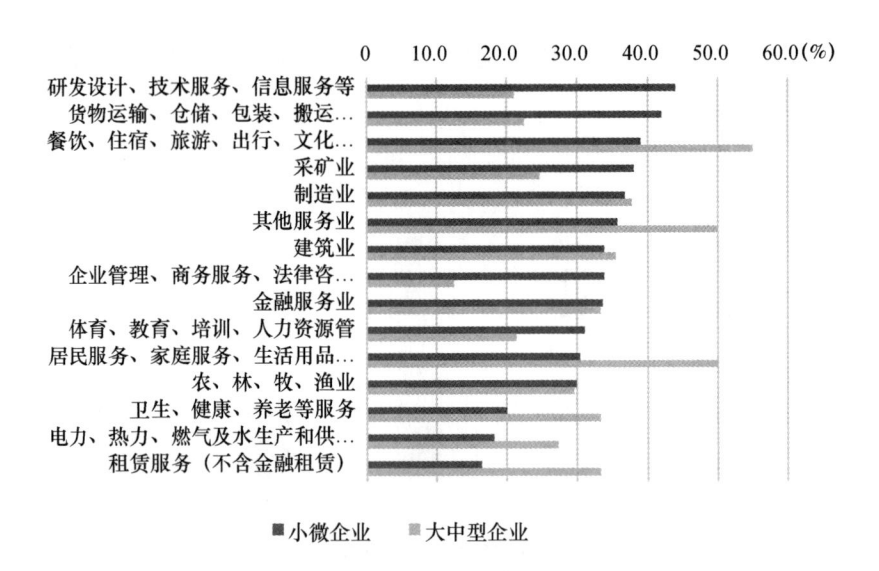

```
                                    0    10.0  20.0  30.0  40.0  50.0  60.0(%)
       研发设计、技术服务、信息服务等
           货物运输、仓储、包装、搬运…
          餐饮、住宿、旅游、出行、文化…
                              采矿业
                              制造业
                            其他服务业
                              建筑业
       企业管理、商务服务、法律咨…
                           金融服务业
       体育、教育、培训、人力资源管…
       居民服务、家庭服务、生活用品…
                         农、林、牧、渔业
              卫生、健康、养老等服务
       电力、热力、燃气及水生产和供…
           租赁服务（不含金融租赁）

                        ■ 小微企业    ■ 大中型企业
```

图 2-3-2　各行业营业收入同比下降的企业占比

资料来源：智联研究院《后疫情时代小微企业经营发展报告》。

净利润也大幅上升。在地区上，各地区小微企业复苏具有普遍性，华北地区73.8%的企业营业额明显增加，比例稍高。从企业规模看，个体工商户营业额和净利润好转情况好于小企业。

虽然生产恢复较快，但需求的恢复仍滞后于生产。从时间趋势来看，2020年下半年后，小微企业的经营压力主要来自市场需求、成本压力和偿债压力。经营成本上升带来的压力持续升高，市场需求不足所带来的压力相对下降。小微经营者的偿债压力和因为政策不确定性带来的压力也相对提高。

另外，招聘难度相比新冠肺炎疫情期间明显变大，反映了用工问题是小微企业的最大困难。从企业规模看，个体工商户由于雇用人数少，使得其招聘难度低于小企业。另外，仍有超一成企业认为回款周期、净利润、毛利润、营业额都变差。

2020年下半年以来，对小微企业产生较大影响的是国际大宗商

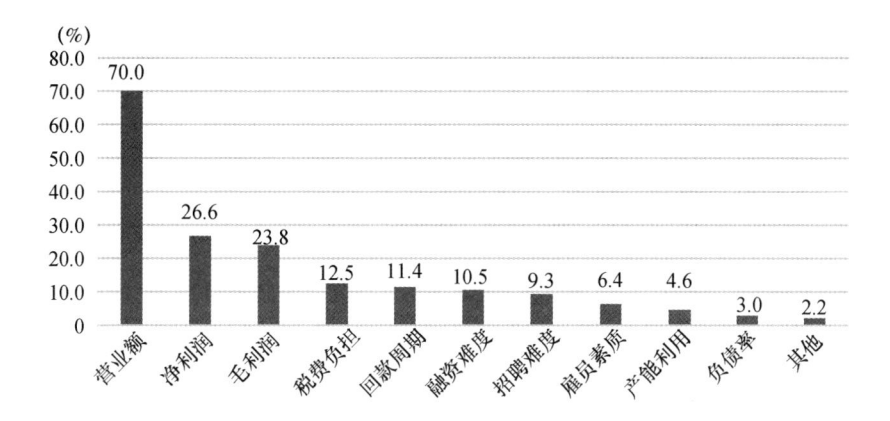

图 2-3-3 相较于 2020 年同期疫情期间，多数企业营业额明显变好

营业额 70.0；净利润 26.6；毛利润 23.8；税费负担 12.5；回款周期 11.4；融资难度 10.5；招聘难度 9.3；雇员素质 6.4；产能利用 4.6；负债率 3.0；其他 2.2

资料来源：中国邮政储蓄银行，2021 年 4 月。

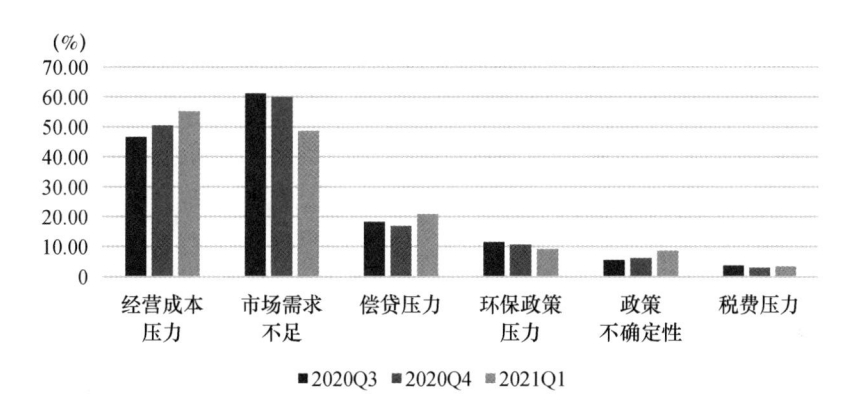

图 2-3-4 小微经营者面临的主要压力是需求不足

（2020Q3、2020Q4、2021Q1）经营成本压力、市场需求不足、偿贷压力、环保政策压力、政策不确定性、税费压力

资料来源：北京大学企业大数据研究中心《中国小微经营者调查报告》。

品价格持续上涨。至 2021 年 7 月初大宗商品价格指数相比 2021 年年初增幅近 30%，相比疫情前 2019 年最高点也超过 20%，且呈现高位上升势头。各类大宗商品指数和大宗商品价格总指数均呈现阶梯状上升趋势，原油、铁矿石、铜、农产品等价格再创近年来新高。原材料价格大幅攀升推动中国 PPI 持续快速上升，企业生产成本全面攀升。

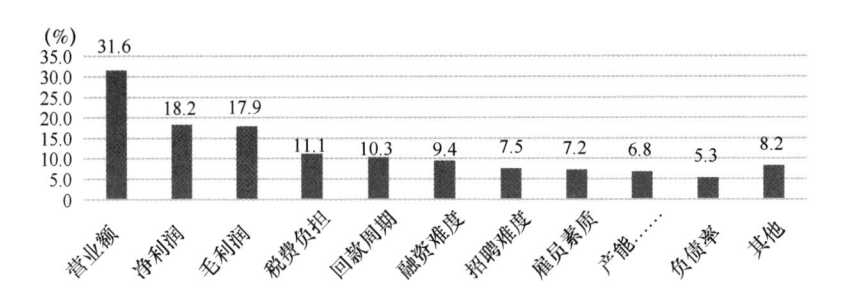

图 2-3-5 相较于2020年同期疫情期间，仍有部分企业经营变差

资料来源：中国邮政储蓄银行，2021年4月。

国家统计局数据显示，2021年6月PPI同比上涨8.8%（生产资料PPI同比上涨11.8%，大幅高于生活资料的0.3%），持续保持高位。从近一年的生产者购进价格指数走势来看，大部分月份，各类产品的生产者购进价格指数均位于100的临界值之上，意味着月度价格环比不断上升。大宗商品价格上涨带动企业原材料成本提高，但尚未转嫁成本到最终价格。本次原材料价格上涨属于输入型，在国内表现为企业投入价格上涨快于产出价格上涨，上游价格上涨速度快于下游价格上涨速度，生产资料价格上涨快于生活资料价格，生产者价格上涨快于消费者价格上涨。在此背景下，企业（特别是下游企业）承担较大的成本上涨压力和利润损失。大量的中小微企业集中在下游消费品制造业，竞争激烈，议价能力弱，利润挤压更加明显。

2021年5月底，笔者利用中国邮政储蓄银行调查系统对小微企业成本上涨带来的问题进行了专项调查，调查样本覆盖中国主要行业和区域。

调研结果显示，近五成（47.92%）小微企业表示与2020年同期相比原材料价格有所上涨，其中原材料价格同比上涨超过20%的企业占比达15.60%。从行业看，建筑业原材料价格上涨企业占比最高，达60.29%，价格上涨超过20%的企业占比为22.01%；其次是制造业，原材料价格上涨企业占比59.91%，价格上涨超过20%的企业占比为21.52%。从区域看，华东、中南地区进出口活跃程度高或重工业较为发达省份原材料价格上涨最为明显。

近六成（57.75%）企业原材料成本占企业营业成本的比例超过40%，制造业原材料成本占比20%以上的企业达42.72%，经营状况对原材料价格变动也更为敏感。调研结果显示，认为原材料价格上涨导致企业利润下降的企业占比达42.10%，同时也导致资金紧张企业比例达14.82%。行业中，制造业利润下降的企业占比最高，为54.11%，其次是建筑业，为48.55%，均显著高于其他行业。同时，制造业、建筑业因原材料价格上涨导致现金流紧张的问题也最为明显，制造业中认为资金链紧张的企业占比为24.40%，建筑业为21.67%。地区中，中南地区受原材料价格上涨冲击最大，利润下降企业占比最高，为56.07%。

从当前趋势看，影响大宗商品价格的因素短期仍将持续。第一，包括中国在内的全球经济复苏仍不完全，各国将维持宽松货币政策。虽然美国最近出现通胀现象，2021年6月CPI同比升幅5.4%，创下十年来新高，但其失业率仍达5.9%，滞涨的出现并没有给美国留出太多紧缩货币空间，拜登政府仍在推行大额度量化宽松政策。第二，主要国家随着疫情逐步控制，产能将继续恢复，大宗商品需求动力正逐渐从中国转向美欧，需求上升仍有较大空间。第三，中国国内产业政策也将持续影响相关原料价格。据笔者统计，国内主要机构观点，大部分认为2021年内大宗商品价格会持续在高位。但从长期看这些因素将恢复正常，一些国家推出的基建等刺激计划额外增加的需求有限,主要原料供应国恢复产能也将拉低原材料价格。据统计,当前巴西、智利等国新冠肺炎确诊人数大幅下降,如果新冠肺炎疫情不出现反复,供给端甚至能更快恢复。因此,企业应更关注短期应对计划。

◇ 四 小微企业融资

(一) 融资整体情况

按照工业和信息化部等四部委《关于印发中小企业划型标准规定的通知》(工信部联企业〔2011〕300号)有关小微企业划型标准,2020年银行业金融机构用于小微企业的贷款(包括小微企业贷款、个体工商户贷款和小微企业主贷款)余额42.7万亿元,较年初增加5.8万亿元。其中,单户授信总额1000万元及以下的普惠型小微企业贷款余额15.3万亿元,同比增长30.7%,全年增加3.6万亿元,同比增加1.59万亿元(见图2-4-1)。

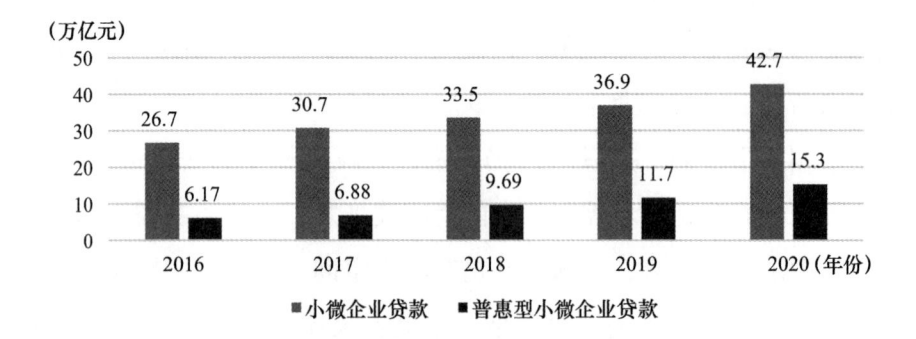

图2-4-1 小微企业贷款余额

资料来源:中国银行保险监督管理委员会。

小微企业贷款中,商业银行是主体力量,且占比不断提高(表2-4-1)。2020年年底已有近七成的贷款余额来自商业银行;商业银行中,国有商业银行贷款余额占商业银行小微企业全部贷款余额的31.65%,其次是股份制商业银行(18.11%)和城市商业银行(14.52%)。

表2-4-1　　　银行业金融机构用于小微企业的贷款情况表　　　(单位:亿元)

	2019年				2020年			
	一季度	二季度	三季度	四季度	一季度	二季度	三季度	四季度
合计	99693	106960	113081	116671	125542	137300	147615	152672
大型商业银行	25783	29117	31605	32571	37518	42617	47174	48328
股份制商业银行	18656	19801	20855	21612	22335	23759	25846	27660
城市商业银行	14852	15796	16643	17415	18401	20100	21362	22175
农村金融机构	39184	40748	42325	43207	45470	48659	50645	51782

资料来源:银保监会。

(二)现金流压力与融资

据北京大学企业大数据研究中心的统计,小微企业的融资主要目的是维持现金流(62%),其中包括维持日常运营流动资金的需求(50%)和偿还已有债务(12%)。

小微企业的现金流大多数可维持三个月以内,企业的现金流压力在持续加大。2020年第三季度现金流能维持三个月以上的企业占比31.4%,2021年一季度时该比例降至26.2%。这可能主要是三个因素导致:一是疫情期间的优惠政策正在陆续退出,二是小微企业的部分成本上升,三是应收账款拖欠问题仍然突出。至2020年12月12

日，全国应收账款余额 15.3 万亿元，同比增加 18.5%。小微企业融资并不少，但由于应收账款拖欠，导致流动资金紧张。

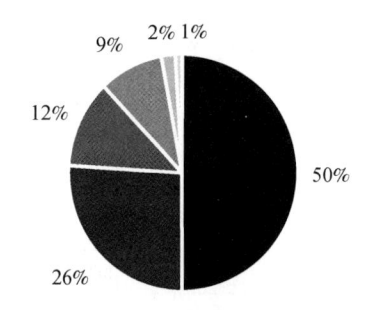

图 2-4-2 小微企业融资目的

资料来源：北京大学企业大数据研究中心《中国小微经营者调查报告》，2020 年 12 月。

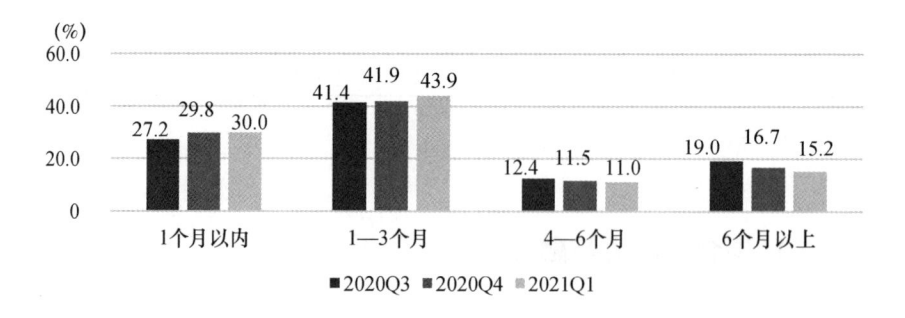

图 2-4-3 现金流维持情况

资料来源：北京大学企业大数据研究中心《中国小微经营者调查报告》。

根据中国邮政储蓄银行 2021 年 4 月的调查，小微企业成本上升压力突出。有 54.2% 的小微企业反映人工成本相比 2020 年同期有所增加，有 36.0% 的企业反映原材料成本上升。2021 年以来，铜、铝、塑料、钢材等大宗原材料价格基本恢复到历史高位，相较 2020 年平均涨幅在 15% 以上。原材料涨价原因有二：一方面近期企业生产需求旺盛；另一方面，受疫情影响，早期上游供给端不看好大宗原材料前

第二章　后疫情时期的小微经济发展状况 | 43

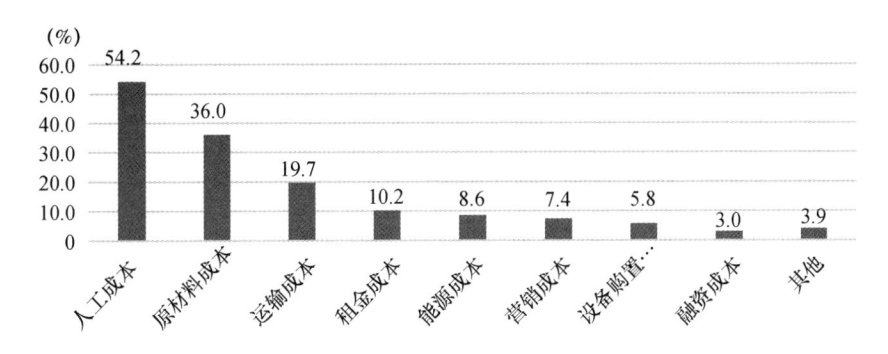

景，未提高产能，恢复期难以满足需求。

图 2-4-4　相较于去年同期疫情期间，现在的哪项成本高于疫情时期

资料来源：中国邮政储蓄银行，2021年4月。

相比于2020年同期疫情期间，企业成本下降最普遍的就是融资成本，比例达26.8%，其次是租金成本。各行业普遍认为融资成本下降是所有成本中最多的，只有批发零售业和住宿餐饮业认为租金成本下降多于融资成本下降。地区上，华北、西南和东北地区认为租金下降最多，其他地区认为融资成本下降最多。从企业规模看，个体工商户更多认为租金成本下降，小企业更多认为融资成本下降。

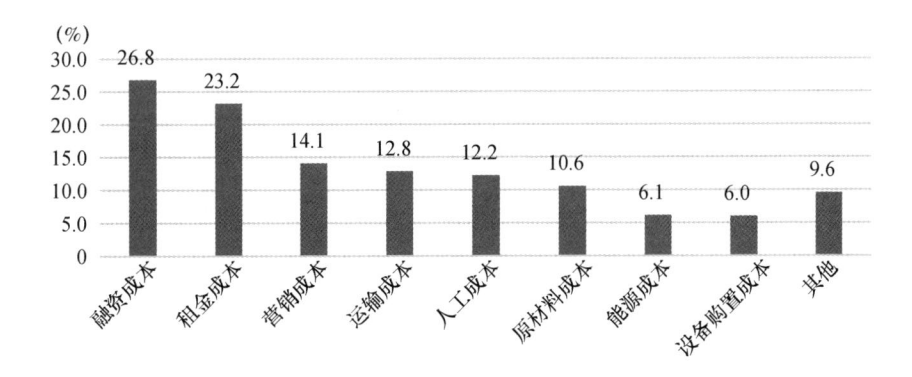

图 2-4-5　相较于2020年同期疫情期间，现在的哪项成本低于疫情时期

资料来源：中国邮政储蓄银行，2021年4月。

新冠肺炎疫情期间，政府加大了对小微企业的信贷支持，包括定向降准和增加再贷款再贴现额度、增加政策性银行专项贷款、对中小微企业贷款延期还本付息、支持金融机构发行小微金融债权、对金融机构贴息鼓励其降利率，小微企业融资变得更容易和成本更低。据中国邮政储蓄银行2021年4月的调查，有40.5%的小微企业认为融资环境明显好转，56.9%认为差不多（见图2-4-6）。所有行业企业融资环境都变得更好，旅游业100%的企业融资环境变好，相对差的是建筑业，但也只有5.3%的企业差于疫情前。各地区也普遍向好，相对差的是西北地区，但也只有2.6%的小微企业认为融资条件差于疫情前。从企业规模看，个体工商户与小企业差异不大。

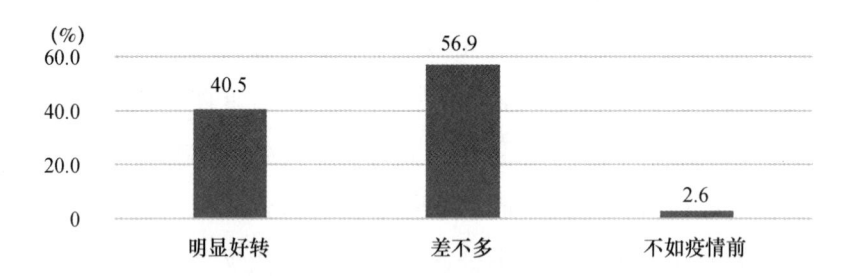

图2-4-6 贵公司面临融资环境是否相比疫情前有很大好转

资料来源：中国邮政储蓄银行，2021年4月。

据中国邮政储蓄银行调查，总计达84.5%的小微企业融资能够得到满足。行业中最差的建筑业也有77%的小微企业融资需求基本能够得到满足。地区中最差的西北地区也有76.1%的小微企业融资需求基本能够得到满足。

小微企业融资利率相比于上年同期调查变低。当前近90%的小微企业融资利率在基准利率1.5倍以下，2020年抽样调查这一比例略超80%。制造业这一比例最高，达93.4%；教育咨询业这一比例最低，

第二章 后疫情时期的小微经济发展状况

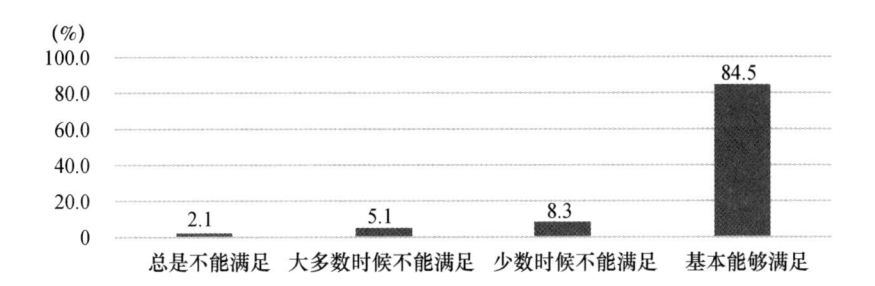

```
(%)
100.0
80.0                                          84.5
60.0
40.0
20.0        2.1        5.1        8.3
 0
         总是不能满足  大多数时候不能满足  少数时候不能满足  基本能够满足
```

图 2-4-7 企业融资需求是否得到满足

资料来源：中国邮政储蓄银行，2021 年 4 月。

但也达 72.3%。地区上，最差的西北地区小微企业融资利率基准利率在 1.5 倍以下的比例也达到 84.4%。从企业规模看，个体工商户融资利率超过基准利率 1.5 倍占比高于小微企业。

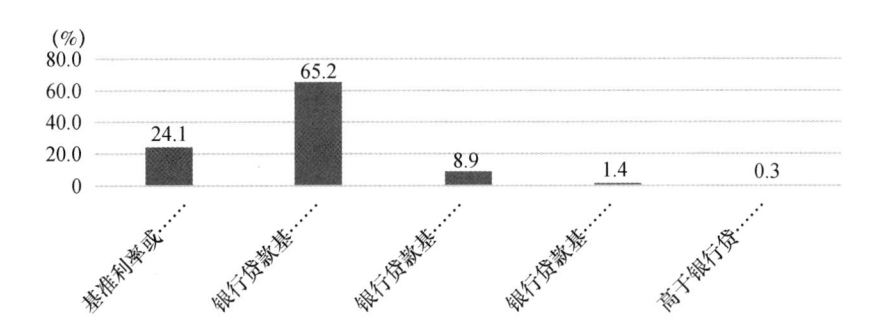

```
(%)
80.0
60.0              65.2
40.0
20.0   24.1
                           8.9
 0                                  1.4       0.3
     基准利率或…  银行贷款基…  银行贷款基…  银行贷款基…  高于银行贷…
```

图 2-4-8 公司融资利率水平

资料来源：中国邮政储蓄银行。

有两成小微企业认为抵押担保不足是企业融资难的重要原因。分别有超一成企业认为，贷款利率太高、申请手续太复杂、企业信用等级低给小微企业融资加大了难度（见图 2-4-9）。

从北京大学对小微企业融资途径的调查来看，银行的经营贷并不是小微企业融资的首选。企业选择最多的途径是线上渠道、非传统银

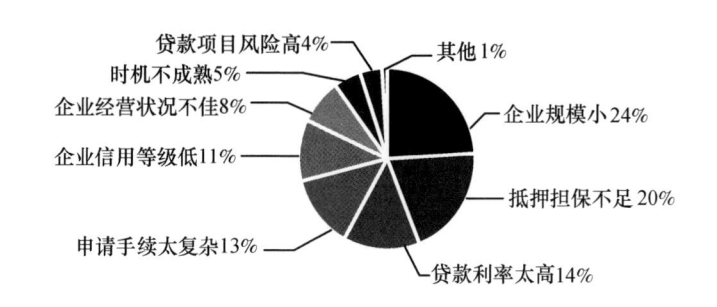

贷款项目风险高 4%　其他 1%
时机不成熟 5%
企业经营状况不佳 8%
企业信用等级低 11%
申请手续太复杂 13%
贷款利率太高 14%
抵押担保不足 20%
企业规模小 24%

图 2-4-9　融资难的原因

资料来源：北京大学企业大数据研究中心《中国小微经营者调查报告》。

行金融机构借款和通过亲朋好友借款，通过传统银行个人消费贷或使用信用卡的次之，使用传统银行进行经营性贷款的企业不足两成。这主要是由于以下两点原因造成：一是银行贷款仍然是以抵押贷款为主，大部分小微企业拿不到银行贷款，二是多层次资本市场不够健全。中国的金融业结构不完善，95%依靠间接融资，5%依靠直接融资。一些服务于中小微企业融资的小贷公司，由于融资难、风险高、税负重、监管错位等问题，发展受到影响。经过几年整顿，互联网金融风险大幅下降，全国实际运营的P2P网贷机构由高峰时约5000家，逐渐下降到2020年11月中旬完全归零。随着互联网金融逐步退出，民间借贷成为小微企业融资的重要方式。2020年8月20日，最高人民法院发布《关于审理民间借贷案件适用法律若干问题的规定》，提出以一年期贷款市场报价利率的4倍为民间借贷利率的司法保护上限。民间借贷利率大幅下调后，将使中小微企业融资渠道更加收紧。此调查结果与中国邮政储蓄银行调查的差异可能是来自样本群体不同。

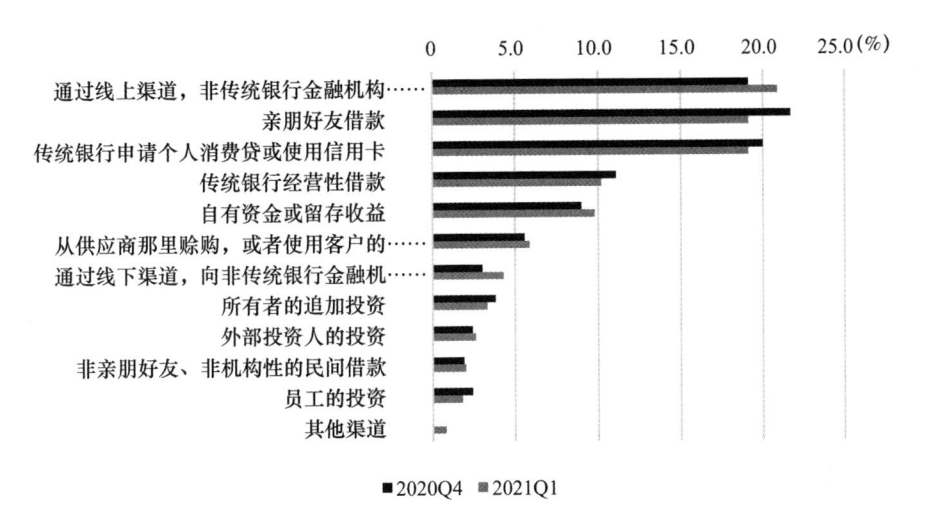

```
                        0      5.0    10.0   15.0    20.0   25.0(%)
通过线上渠道，非传统银行金融机构……
             亲朋好友借款
传统银行申请个人消费贷或使用信用卡
         传统银行经营性借款
           自有资金或留存收益
从供应商那里赊购，或者使用客户的……
通过线下渠道，向非传统银行金融机……
             所有者的追加投资
              外部投资人的投资
非亲朋好友、非机构性的民间借款
                员工的投资
                其他渠道

                    ■ 2020Q4   ■ 2021Q1
```

图 2-4-10　有融资需求的实际使用的融资渠道占比

资料来源：北京大学企业大数据研究中心《中国小微经营者调查报告》。

五　小微企业创新

中小微企业的创新能力在不断提升。"十三五"时期，民营高新技术企业的数量占全国高新技术企业的比重从2016年的87%提升到2020年的92.4%，民营高新技术企业销售收入占比从2016年的64.2%提升到2020年的70%。中小微企业创新活力迸发，26个省份为"专精特新"中小微企业提供专项资金支持，培育"专精特新""小巨人"企业4762家，省级"专精特新"中小微企业3万多家，纳入培育库11.3万家；培育入库科技型中小微企业22.3万家，其中，"专精特新""小巨人"企业平均研发强度6.6%，平均拥有发明专利12项，部分企业产品填补了国内空白。新一代信息技术应用能力进一步提高，小微企业两化融合发展水平从2015年的36.4提高到2020年的46.1。创新创业环境不断优化，培育212家"大众创业、万众创新"示范基地、343家国家小型微型企业创业创新示范基地、众创空间和孵化器，总数超1.4万家，支持30个城市打造"小微企业创业创新基地城市示范"，培育支持200家实体开发区打造大中小企业融通型等创新创业特色载体。"创客中国"中小企业创新创业大赛、"双创"活动周、中国创新创业大赛等活动深入开展。

数字经济全面提速，智能化、科技型产品较快增长，无人零售、直播带货等新模式不断涌现，有力支撑经济发展。2016—2019年，数字经济规模年均增长16.6%，由22.6万亿元增至35.8万亿元，占GDP比重达到36.2%。2020年，全国网上零售额同比增长10.9%，增速比1—11月下降0.6个百分点。据调查，有28.10%的中国小微企业将要增加线上业务，高于亚太地区平均水平3.5个百分点。另外，中国的线上销售、线上办公的水平也居亚太地区之首（见表2-5-1）。

表2-5-1　　　　　　　小微企业的数字化表现

适用技术	2020年	2020年亚太平均水平	2020年中国排名	2019年	2019年中国排名	2018年	2017年	2016年
没有线上销售	4.1%	22.6%	11/11	2.1%	11/11	5.4%	6.8%	7.7%
没有用线上办公	6.3%	18.3%	11/11	1.7%	11/11	3.7%	4.8%	2.9%
科技投资	57.0%	48.1%	4/11	56.6%	5/11	67.0%	74.1%	N/A

资料来源：CPA AUSTRALIA ASIA - PACIFIC SMALL BUSINESS SURVEY 2020 - 2021.

新冠肺炎疫情后有超七成（71.70%）的小微企业的经营投入主要目标是在推出新产品和服务上。另外，有近四成（38.70%）的企业表示想加快向线上转型、入驻更多的电商平台,还有超两成(23.40%)的企业想增加研发投入、加大数字化技术应用(见图2-5-1)。

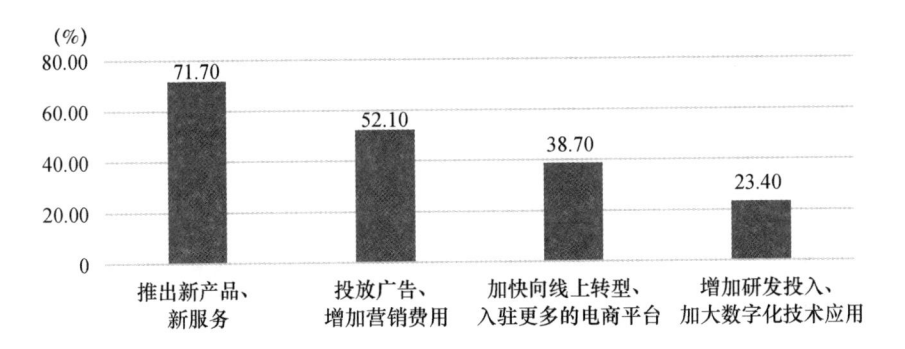

图2-5-1 小企业经营投入的主要目标方向

新冠肺炎疫情后小微企业的线上经营比例明显增加,2021年一季度有近六成(59.40%)的企业有线上经营,这比2020年增加了5.8个百分点,比疫情前的2019年增加了10.8个百分点(见图2-5-2)。

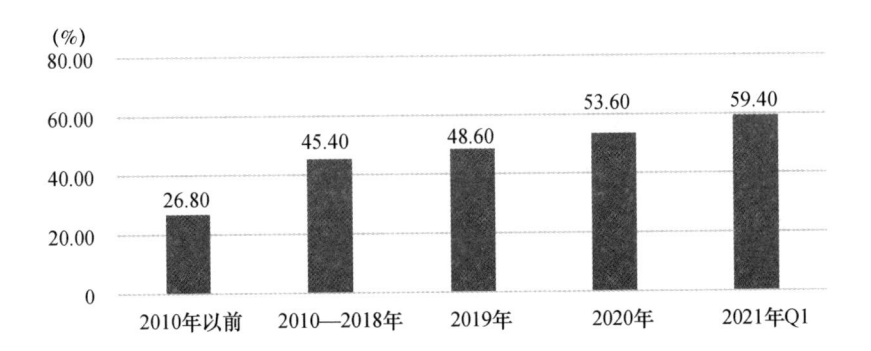

图2-5-2 新成立小微企业经营者有线上经营的比例不断增长

资料来源:北京大学企业大数据研究中心《中国小微经营者调查报告》。

另外，有近半数（47%）的企业引入了电子化信息系统辅助经营。在已经引入电子信息化系统的小微经营者中，有超六成（60.80%）引入了线上缴费系统，分别有三成左右的企业引入了销售管理信息系统、财务管理信息系统和员工管理信息系统。

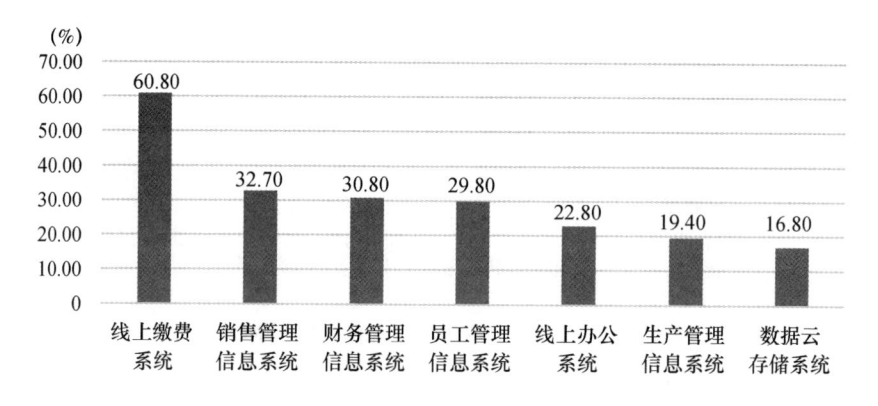

图 2-5-3　小微企业经营者引入电子信息化系统情况

资料来源：北京大学企业大数据研究中心《中国小微经营者调查报告》。

但是，小微企业创新和转型仍有几个问题值得关注。第一创新支持政策的落地效果明显弱于短期扶持政策。第二，产学研对接机制仍需健全，科研成果与企业实际需求不匹配，研究成果不能转化为企业生产力。第三，从小微企业自身来看，小微企业的创新回报周期长、容错率低。现在有关部门的一些项目下达到企业前，企业都会被要求做精准预算，上规模、有能力的企业相比小微企业更能获取项目支持。第四，小微企业创新要素支撑弱。当前创新要素在区域间分布不均衡，尤其是人才短缺这一核心要素成为制约中西部地区企业创新发展的重要瓶颈之一。

六 小微企业用工

新冠肺炎疫情造成了就业的大面积重新洗牌，部分抗压能力弱的中小微企业难以脱困，对农民工、城镇就业困难人员等市场边缘群体及灵活就业人员带来巨大压力，也带来一定的社会隐患。疫情后小微企业用工变化主要体现在以下三个方面。

第一，用工成本上升。据中国邮政储蓄银行统计，有超三成（31.6%）小微企业主反映招聘情况相较于疫情期间变差，在各行业和各地区基本相似。从企业规模看，个体工商户由于雇用人数少因此其招聘难度低于小企业。有近四成（39.6%）小微企业主反映的最大的问题仍是用工成本上升（见图2-6-1），制造业和建筑业同时面临的用工成本上升问题最为严峻，有近半数企业表示用工成本增加。

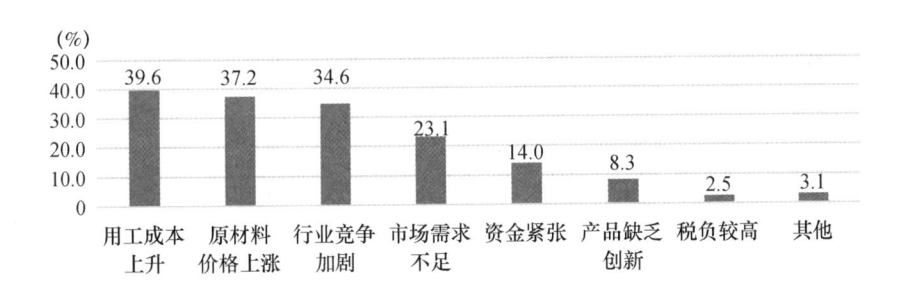

图2-6-1 小微企业面临的主要困难为用工等成本

资料来源：中国邮政储蓄银行，2021年4月。

第二，用工的结构性矛盾凸显。央视财经提供的数据显示，2020年中国求职人数从二季度的74.3万人下降到三季度的49.2万人；用人缺口也从二季度的 74.6 万人上升到 82.4 万人。一方面，疫情导致部分海外订单转移到国内，很多企业订单接不完，致使对人工需求提升。另一方面，由于服务业、制造业工作环境相对较差，工作量大，职业地位低，不受"打工人"青睐，而外卖员、主播、短视频制作者等新型职业受到年轻人青睐，导致产业一线工人短缺。还有产业升级致使技能人才需求大增。随着工业机器人的应用不断增多，技能人才稀缺问题越发突出。此外，根据一些研究机构的调研，智能制造等新兴产业已经创造出新的就业机会。

第三，灵活就业群体增加。中国劳动和社会科学保障研究院的研究表明，截至 2020 年 10 月，中国总体上有 1 亿人从事灵活性的就业，其中有 7800 万人是依托互联网的新就业形态。据阿里的调查，疫情后有 14% 的企业将通过增加兼职、劳务派遣、季节性零工和外包员工来满足用工需求。但是，灵活就业人群的增加带来了新的权益保障问题。一方面，灵活就业人员劳动关系认定难。吸纳大量灵活就业人员的新就业形态呈现平台化、去雇用化趋势，平台企业从其商业利益考虑，往往不与从业者签订劳动合同，而是签订合作协议、项目承揽协议等。平台企业与快递小哥、网络主播等网约工之间的劳动争议案件高发。另一方面，灵活就业人员工伤保险制度设计不健全。平台多以商业意外伤害保险替代工伤保险，灵活就业人员因工受伤后难以得到工伤赔偿和相关权益保障。

◇ 七 国外新冠肺炎疫情对中国小微企业的影响

2021 年上半年，国内外疫情防控和经济形势正在发生明显变化。

境外疫情呈加速扩散蔓延态势,世界经济贸易和金融市场受到严重冲击。据调查,有5.9%的小微企业业务与外贸有关,受到了国外疫情的直接负面影响,还有19.2%的小微企业业务虽与外贸无关但仍间接受到国外疫情的负面影响。

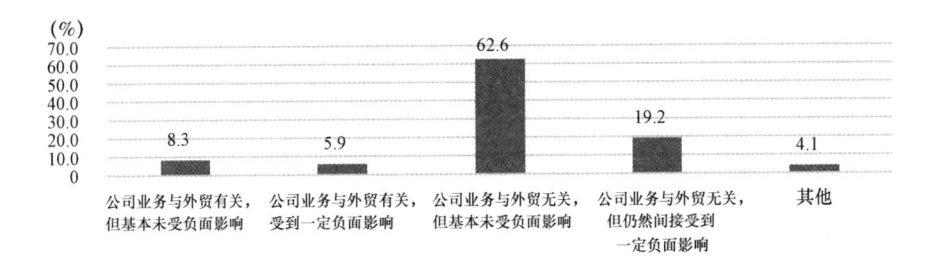

类别	比例(%)
公司业务与外贸有关,但基本未受负面影响	8.3
公司业务与外贸有关,受到一定负面影响	5.9
公司业务与外贸无关,但基本未受负面影响	62.6
公司业务与外贸无关,但仍然间接受到一定负面影响	19.2
其他	4.1

图2-7-1 小部分小微企业受到国外疫情影响

资料来源:中国邮政储蓄银行,2021年4月。

另外,从事外贸相关的小微企业在疫情下也面临着新的挑战:第一,外贸成本增加,人民币持续升值,运输费用升高;第二,全球产业链调整,一些核心零部件面临断供风险。

人民币持续升值抬高出口企业成本。人民币兑美元汇率从2020年5月底的7.17到12月末的6.52,上涨幅度超过9%。一些外贸企业海外市场定价周期较长,人民币持续升值带来较大成本压力。同时,国际航线运输效率低,运输费用升高。浙江省外贸"订单+清单"监测预警系统万家样本企业调查统计显示,38.8%的企业面临包括物流在内的综合成本上升等困难。为应对疫情冲击,早期国际船舶公司纷纷大幅削减航线运力;而疫情防控常态化后出口需求迅速反弹,海运市场出现供需失衡。

疫情加速了国际经贸规则重塑,呈现出区域内"高标准"和区域外"强排他"两个特征。这将会对全球产业链布局和流向产生重大影响，国际经贸合作向区域化演变，全球产业链调整提速。随着《区域全面经济伙伴关系协定》（RCEP）的签署，亚太区内贸易和投资往来有望得到进一步增强，加强区域贸易、开拓新市场以及强化供应链成为中国企业应对未来挑战和抓住增长机遇的重要策略。部分发达经济体在疫情期间要求关键战略物资供应链回流本土，这将影响中国产业链和供应链稳定。中国企业一些核心零部件高度依赖进口，产业链存在断供风险。企业大多开始推进核心零部件国产化替代，但"缺芯少魂"瓶颈仍普遍存在。据北京市经信委介绍，在高端通用芯片领域，国内中央处理器、图形处理器自给率不足1%；在高端模拟芯片领域，自给率不足5%；在电子设计自动化工具领域，长期被美国新思科技等3家公司垄断。因部分零部件国内难以找到替代品，一些企业对中美博弈担忧较重。

◇ 八 小微企业信心

受疫情影响，市场预期不稳，企业信心不足。据CPA AUSTRALIA的2020年调查，有60.20%的企业认为在未来半年会发展向好，这一比例也高于很多发达国家的水平（见表2-8-1）。但是，该比例仍低于疫情前近20个百分点，表明企业对市场前景仍存较大不确定性的担忧，民间投资活力尚未得到充分激发。

小微企业对整个行业景气度恢复情况的判断较为乐观，2021年4月，认为恢复到疫情前正常状态或更好的比重达到55%。制造业恢复相对快，61.6%的制造业企业认为行业景气恢复正常或更好。住宿餐饮业和旅游业恢复相对慢，住宿餐饮业这一比例只有42.2%，旅游业则没有企业认为行业景气已基本恢复。总体只有1.4%的企业认为行业景气度恢复不足五成，即使旅游业企业也普遍认为恢复五成以上（见图2-8-1）。

表2-8-1　　　　　　　　小微企业未来12个月的发展

未来12个月的发展	2020	2020亚太平均水平	2020中国排名	2019	2019中国排名	2018	2017	2016
期待在未来12个月会发展向好	60.20%	60.80%	6/11	79.4%	5/11	71.1%	78.1%	77.3%
期待在未来12个月当地经济会增长	66.50%	58.60%	6/11	82.6%	3/11	64.3%	76.7%	69.2%
提高雇员数量	41.50%	36.10%	5/11	63.2%	2/11	51.0%	51.5%	49.4%
引进新产品	21.70%	23.00%	6/11	45.6%	1/11	26.0%	27.2%	28.5%
开拓海外市场	11.20%	15.30%	7/11	23.7%	4/11	14.4%	17.2%	16.6%
寻找外部融资	33.00%	27.30%	4/11	33.8%	2/11	36.4%	39.8%	37.0%
会很容易获得融资	24.60%	28.00%	7/11	49.8%	1/11	33.8%	39.6%	42.7%

资料来源：CPA AUSTRALIA ASIA-PACIFIC SMALL BUSINESS SURVEY 2020-2021.

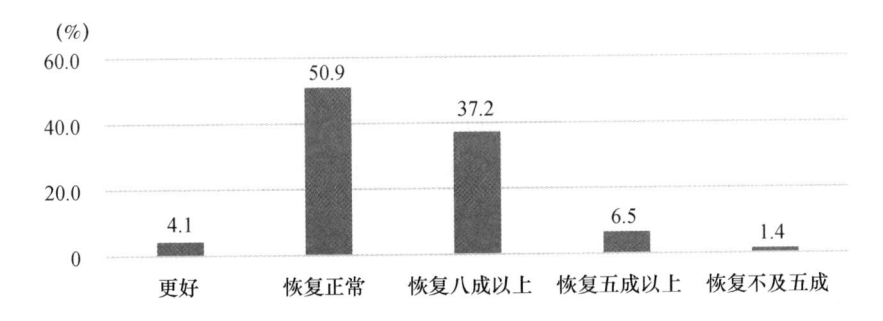

图2-8-1　行业景气度相比疫情前整体恢复感觉乐观

（更好 4.1；恢复正常 50.9；恢复八成以上 37.2；恢复五成以上 6.5；恢复不及五成 1.4）

资料来源：中国邮政储蓄银行，2021年4月。

企业是否对未来有信心体现在扩大规模方面。2021年4月，只有一小部分企业（12.9%）计划半年内扩大规模，66.8%没有计划（见图2-8-2）。制造业计划在半年内扩大规模占比最高，达到18.3%；地区中华北地区扩大规模计划的企业占比较高，达到17.8%。从企业规模看，个体工商户扩张意愿更低。

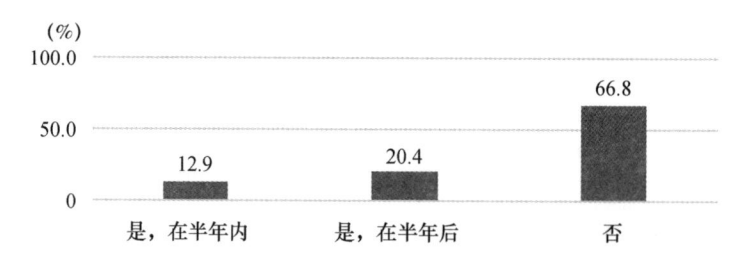

图2-8-2 企业是否有计划扩大规模、开拓市场

资料来源：中国邮政储蓄银行，2021年4月。

从用工预期来看，有近半数（46%）的企业有扩招计划，其中有超三成（32%）的企业表示将要增加正式员工，有14%的企业表示要增加兼职、劳务派遣、季节性零工和外包员工（见图2-8-3）。

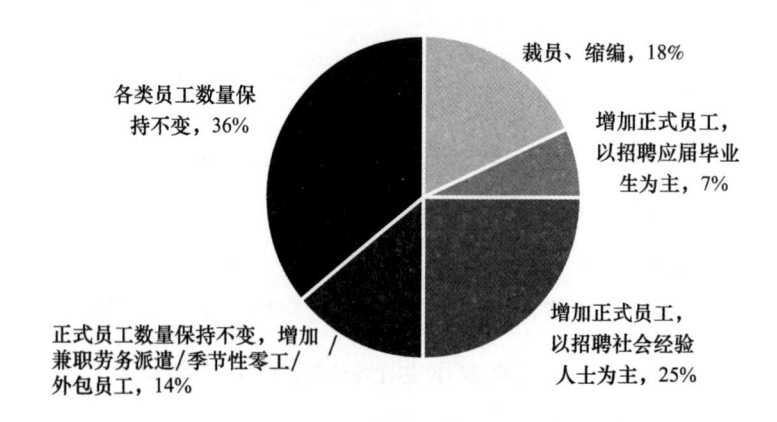

图2-8-3 2021年的用工预期

资料来源：阿里研究院《2021年一季度中小微企业调研报告》。

另一个反映企业未来信心的方面是提高产品价格。只有11.2%的小微企业计划半年内提高价格，79.6%的企业没有计划（见图2-8-4）。分行业看，制造业有19.4%的小微企业计划半年内上调价格，这更可能是反映其成本上升压力。在地区层面，各地区企业计划调价占比差异不大，最高的中南地区计划半年内提高价格的企业占比也只有12.9%。从企业规模看，个体工商户提价意愿更低。

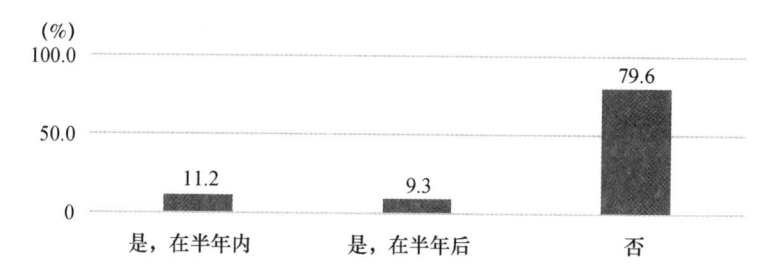

图2-8-4 企业是否有计划上调产品价格

资料来源：中国邮政储蓄银行，2021年4月。

◇ 九 小微企业政策需求

新冠肺炎疫情暴发以来，一系列惠企纾困政策落地见效。从金融政策看，截至2020年年底，银行已累计完成对6万多亿元贷款的延期还本付息，累计发放3万多亿元普惠小微信用贷款，支持3000余万户经营主体，实现金融系统向实体经济让利1.5万亿元目标。从社保政策看，社保"免减缓"政策成效持续显现。2020年，社保"免减缓降"政策为企业减负1.54万亿元。向608万户企业发放失业保险稳岗返还1042亿元。支出就业补助和专项奖补资金上千亿元。从财政政策看，2016年至2020年，新增的减税降费累计将达7.6万亿元。"十三五"期间,国家多次调整研发经费加计扣除政策。2016—2019年,享受研发费用加计扣除政策的企业累计84.3万户,累计申报研发投入5.2万亿元,共计减免企业所得税8730余亿元,有效支持了企业科技创新发展。世界银行发布的《全球营商环境报告》显示,中国的排名由2015年的第84位上升到2020年的第31位。中国中小微企业整体水平进一步提高,创新能力进一步增强,企业素质进一步提高,发展环境进一步改善。

但是在政策实施过程中,政策可获得性和申请的便利性影响政策落地效果。据阿里研究院2021年一季度调查统计,有36%的企业未了解到关于减税、降费、缓贷、社保等任何优惠政策,另有15.7%的企业表示,虽然了解了有关信息但未进行申报。表明政策可获得性和申请渠道的便利性,对政策的落地产生显著影响。

据另一个数据渠道——中国邮政储蓄银行小微调查显示,小微企业在疫情期间享受到惠及面最大的政策是减税和社保减免。仅有6.6%的小微企业了解政策但未享受到,8.7%的企业不了解政策。从行业看,制造业和建筑业受惠面最广,均有超过60%的企业享受了减税,超过30%企业享受了社保减免。地区层面,华东和中南地区享受

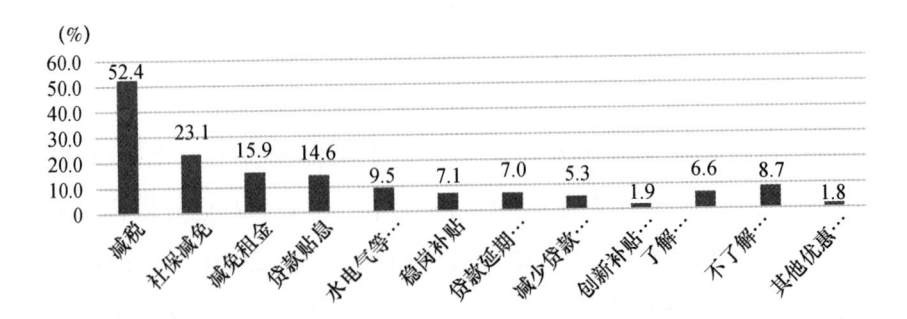

图2-9-1 近一年来企业在减税、降费、信贷、员工社保等方面享受的优惠政策

资料来源:中国邮政储蓄银行,2021年4月。

减税和社保减免的占比稍高。从企业规模看,个体工商户享受减税覆盖比例低于小企业。

另外,消费补贴对于市场需求的恢复和小微企业盈利能力的提高也起到了重要的作用。据北京大学企业大数据研究中心2020年第三季度的调查,消费券和消费补贴占比越高,企业的盈利能力越强。消费券或消费补贴占20%以上的企业盈利的比例比无补贴的企业高11.2个百分点,亏损低3.9个百分点。

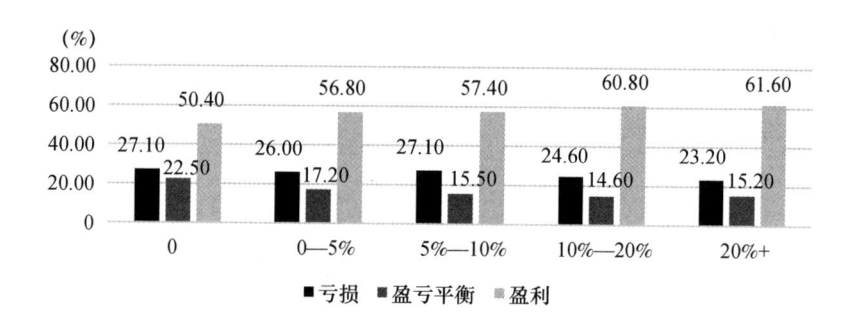

图2-9-2 盈利情况与消费券或消费补贴占比

资料来源:北京大学企业大数据研究中心《中国小微经营者调查报告》。

对于未来,企业最期待的优惠政策仍然是减税或延期缴税,融资更便利和融资成本更低的政策次之。制造业和建筑业对减税政策需求最高,均有近60%的企业希望继续减税。旅游业希望提高融资便利和降低融资成本比例最高,达100%。在地区层面,华北和东北对减税期待最高,超过50%。从企业规模看,个体工商户期待减免租金比例更高,小企业期待持续减税比例更高。

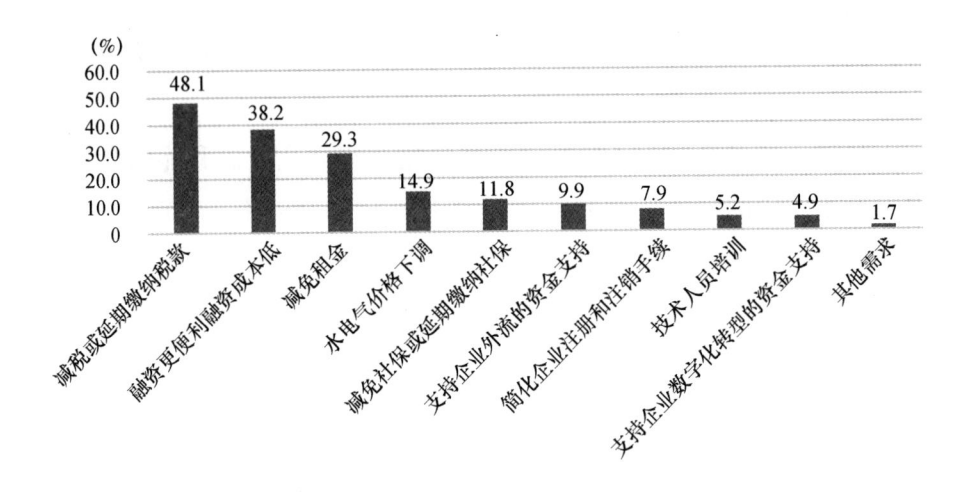

图 2-9-3　企业最迫切期待获得的优惠政策

资料来源：中国邮政储蓄银行，2021年4月。

第三章

中小企业创新效率及创新模式

随着经济发展模式和发展目标的转变,中国不断提高对企业创新的重视,《中国科技统计年鉴》自2017年起专门设立"企业创新活动"栏目来评价企业创新能力。当前,中小企业已经成为经济增长和技术创新的关键引擎。2019年4月,中共中央办公厅、国务院办公厅印发的《关于促进中小企业健康发展的指导意见》指出,中小企业是国民经济和社会发展的生力军,是扩大就业、改善民生、促进创业创新的重要力量。2019年,国家财政科技支出突破万亿元,占公共财政支出的比重达4.49%。然而,中小企业虽是创新创业的主力军,但是在研发资金投入数量、强度、稳定性,研发人员投入、研发成果产出、创新投入产出效率等方面,与大型企业均有较大差距。

为更加深入认识中小企业创新效率,探究中小企业创新模式,本章系统梳理了中小企业创新投入的现状、创新绩效,并以高新技术中小企业为例讨论了企业创新的模式,从而为中小企业提高创新效率、优化创新模式提供理论依据和数据支持。

◇ 一 中小企业创新投入现状

本节用2007—2020年深证A股原中小板的公司和创业板公司作为中小企业代表,分析中小企业创新投入情况和创新投入的绩效。所用中小企业公司的财务数据以及专利数据均来自Wind数据库和国泰安数据库。高技术企业相关数据使用2017—2019年科技部火炬中心的全国高新技术企业调查数据库数据。

(一) 中小企业整体创新投入现状

1. 中小企业研发支出

从中小企业的创新投入——研发支出额看,图3-1-1显示,2007—2020年中小企业平均研发支出在不断上升。2007年,上市公司中小企业的平均研发支出为1262.38万元;到2020年,中小企业的平均研发支出达15090.48万元,增长近10.95倍。这些优质公司研发投入增速高于社会平均增速。

如表3-1-1所示,分行业来看,2020年制造业中小企业的平均研发支出为15597.21万元。各行业中,平均研发支出水平最高的是交通运输、仓储和邮政业,2020年平均研发支出达41814.28万元;平均研发支出水平最低的是住宿和餐饮业,2020年平均研发支出仅251.49万元。

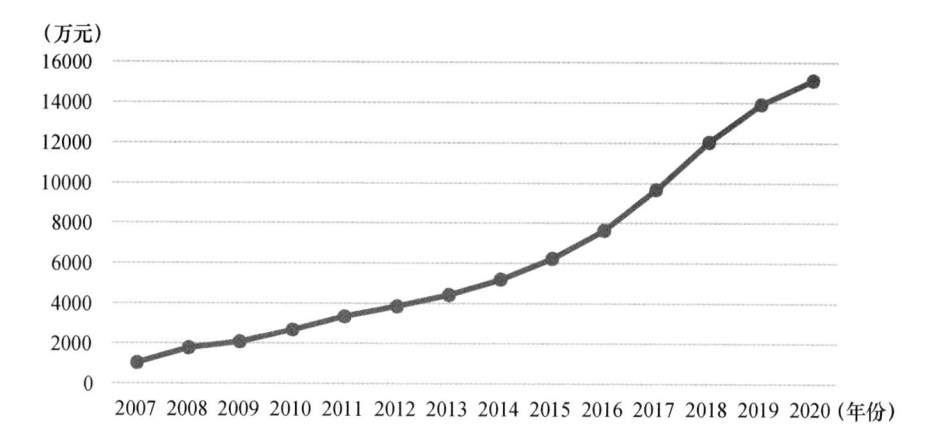

图3-1-1 2007—2020年上市中小企业平均研发支出不断增长

表3-1-1 分行业上市中小企业数量及2020年平均研发支出

行业	企业数量（家）	2020年平均研发支出（万元）
采矿业	14	8574.87
电力、热力、燃气及水生产和供应业	16	26613.73
房地产业	13	4572.65
建筑业	47	12624.57
交通运输、仓储和邮政业	17	41814.28
教育	6	4514.33
金融业	23	23409.70
居民服务、修理和其他服务业	1	703.22
科学研究和技术服务业	37	8841.46
农、林、牧、渔业	25	6334.72
批发和零售业	40	11375.85
水利、环境和公共设施管理业	39	5992.36
卫生和社会工作	7	11750.39
文化、体育和娱乐业	23	4503.81
信息传输、软件和信息技术服务业	224	17205.04

续表

行业	企业数量（家）	2020年平均研发支出（万元）
制造业	1386	15597.21
住宿和餐饮业	2	251.49
租赁和商务服务业	32	4628.40
总计	1952	15090.48

2. 中小企业研发投入强度

我们用研发支出占营业总收入的比例进行标准化衡量企业的研发投入强度，结果如图3-1-2所示。2007—2020年，上市中小企业的平均研发投入强度总体呈上升趋势。2007年，上市中小企业的平均研发支出占比为4.08%，2020年，中小企业的平均研发支出占比上升到6.16%。这都远高于社会平均研发投入强度。

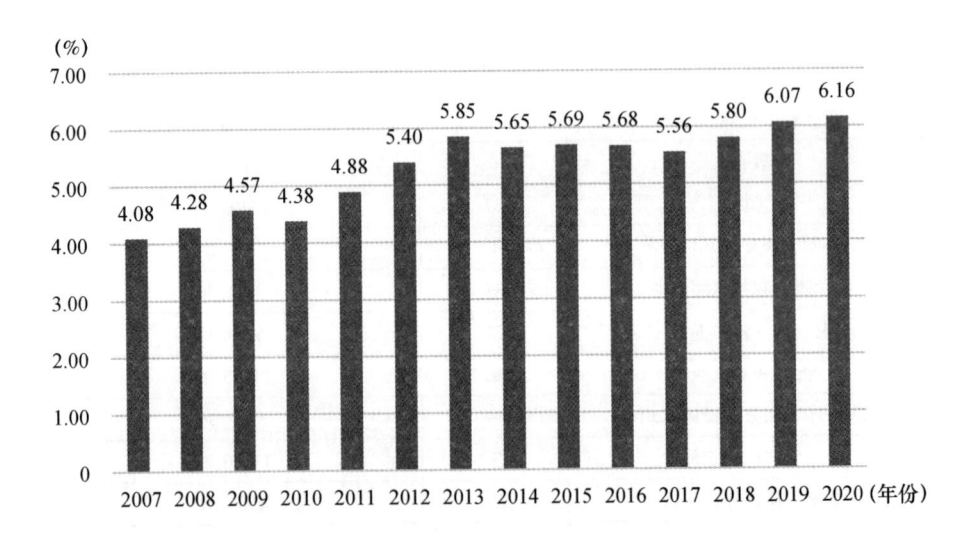

图3-1-2 2007—2020年上市中小企业平均研发投入强度不断增长

如图3-1-3所示，分行业来看，信息传输、软件和信息技术服务业的平均研发投入强度显著高于其他行业，2020年该行业的平均研发支出占比高达11.64%。批发和零售业及住宿和餐饮业的平均研发投入强度则明显低于其他行业，其2020年平均研发支出占比分别为0.63%和0.74%。

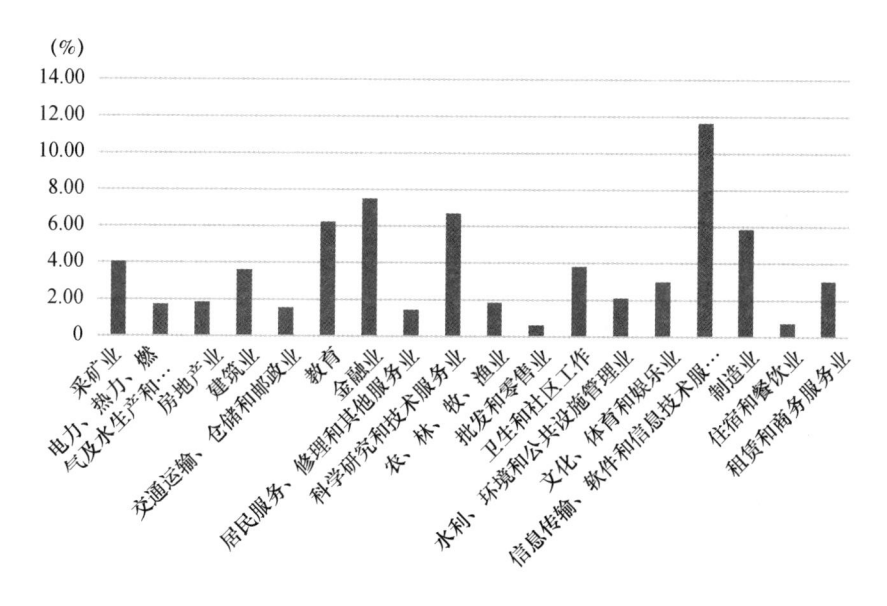

图3-1-3 分行业中小企业2020年平均研发投入强度

3. 小结

对优秀中小企业代表上市公司分析发现，从2007年到2020年，不论研发支出绝对额还是相对研发强度，上市中小企业的创新投入水平都在不断上升，说明企业越来越重视研发，政策激励效果明显。分行业来看，信息传输、软件和信息技术服务业企业是研发投入强度最大的，主要原因是较多高新技术企业集中在这一行业。

(二) 大中小企业创新投入对比分析

1. 人员与经费投入对比

中型企业人员与经费投入增长较快，但中型企业所获得的政府资金增长较缓。

根据《中国科技统计年鉴》统计数据，表3-1-2对比了中国中型企业与大型企业的研发人员与资金投入情况。可以看出，不论是十年前还是现在，中型企业研发人员和研发经费支出都低于大型企业，但中型企业投入的增速较快。2011年，大型企业研发人员数是中型企业的2.1倍，到2019年，仅为中型企业的1.4倍。研究人员正在逐步从大型企业流向中型企业，大型企业就职的研究人员从2011年的44.82万人减少至2019年的43.28万人，而中型企业的研究人员在这期间增加了8.03万人。从研究经费来看，中型企业与大型企业的差距也在缩小。2011年大型企业研发经费支出是中型企业的近3倍，这一差距在2019年缩小至2.07倍。政府资金对两类企业的资助与上述趋势相反：大型企业接受的政府资金，从2011年的153.89亿元增加至2019年的396.10亿元，增长1.57倍；中型企业的政府资金，仅从2011年的52.81亿元，增长至2019年的95.98亿元，增长了0.82倍（见表3-1-2）。

表 3-1-2　　　　　　　企业经费和人员投入对比　　　　（单位：亿元，万人）

年份	R&D 经费支出 大型企业	R&D 经费支出 中型企业	其中：政府资金 大型企业	其中：政府资金 中型企业	R&D 人员 大型企业	R&D 人员 中型企业	其中：研究人员 大型企业	其中：研究人员 中型企业
2011	3766.90	1263.80	153.89	52.81	138.89	66.29	44.82	15.16
2012	4452.94	1539.38	203.84	64.38	163.55	79.94	47.50	16.39
2013	4929.99	1814.07	220.99	77.43	174.91	88.49	49.33	17.65
2014	5284.52	2035.17	227.78	77.64	180.30	95.07	49.01	17.84
2015	5525.82	2266.62	268.28	80.46	174.76	95.33	47.34	20.72
2016	5718.91	2570.55	255.02	78.83	173.69	103.42	47.00	21.86
2017	6171.79	2804.40	253.62	75.41	172.69	107.88	44.10	21.36
2018	6593.53	2949.17	229.04	87.73	175.71	111.09	45.68	21.58
2019	6737.87	3259.07	396.10	95.98	163.11	116.11	43.28	23.19

资料来源：历年《中国科技统计年鉴》。

2. 创新投入稳定性对比

大中型企业创新投入比较稳定，小型企业与微型企业创新投入波动较大。

从表 3-1-3 来看，中国大中型企业创新投入规模大，且比较稳定，总创新费用和研发费用都在稳步增长。相比之下，微型企业和小型企业波动更大。微型企业创新费用从 2016 年的 84.3 亿元，下降至 2017 年的 58.4 亿元，2018 年暴增至 666.5 亿元，2019 年又回落至 198.3 亿元，微型企业的研发费用也呈现出类似趋势（见表 3-1-3）。整体看，小型企业总研发费用和中型企业相当，这得益于其庞大的数量。

表 3-1-3 企业创新投入及内部研发经费投入 （单位：亿元）

年份	创新费用支出合计				内部研发经费支出			
	微型企业	小型企业	中型企业	大型企业	微型企业	小型企业	中型企业	大型企业
2016	84.3	3665.0	3737.3	9992.6	39.6	2615.6	2570.6	5718.9
2017	58.4	4233.1	4158.9	10695.6	32.9	3003.9	2804.4	6171.8
2018	666.5	4195.9	4345.6	11653.6	477.4	2935.4	2949.7	6593.3
2019	198.3	5495.2	4789.6	12701.3	106.6	3867.6	3259.1	6737.9

资料来源：《中国科技统计年鉴（2017—2020）》。由于《中国科技统计年鉴》2017年才开始有"企业创新活动"这一栏目，故本文的统计只涵盖2016—2019年的数据。按规模分小型企业和微型企业仅包括规模（限额）以上小型企业和微型企业。

3. 创新成果对比

大型企业申请专利数增速较快，中型企业新开发项目数和新产品销售收入增速较快。

表 3-1-4 大中企业新产品开发、专利申请和新产品销售收入对比

年份	新产品开发项目数（万项）		专利申请数（万项）		新产品销售收入（亿元）	
	大型企业	中型企业	大型企业	中型企业	大型企业	中型企业
2011	9.84	7.77	15.91	10.66	71311.57	17338.66
2012	11.38	9.69	19.34	13.37	78036.64	20155.53
2013	11.81	10.44	21.73	14.25	87568.60	24993.30
2014	11.70	10.82	23.65	15.70	95878.95	27721.86
2015	8.29	9.36	24.53	14.97	98129.43	30947.15
2016	8.75	10.83	27.06	16.79	110315.71	37020.64
2017	9.46	12.79	31.31	18.32	119030.94	40926.01
2018	9.68	13.65	34.60	19.52	116484.06	42632.56
2019	10.11	15.20	35.54	21.90	118436.27	47653.59

资料来源：历年《中国科技统计年鉴》。

反映创新产出的专利成果如表3-1-4所示。可以看到，大型企业专利申请成功率更高，但新产品生产则中型企业更高。大型企业申请的专利数，从2011年的15.91万项增加至2019年的35.54万项，增长了1.23倍，中型企业申请的专利数增长较为缓慢，增长了1.05倍。开发新产品项目数，大型企业在2011—2019年间无太多变化，仅从9.84万项增加至10.11万项；中型企业增长明显：从2011年的7.77万项，增加至15.20万项。新产品销售收入，从2011年到2019年，大型企业仅增长0.66倍，中型企业新产品销售收入增长了1.75倍。这些信息可能反映了中型企业研发更有针对性和实用性。

4. 创新效率对比

规模越大的企业产品或工艺创新实现比例越高，微型企业面临的失败率更高。

表3-1-5　　　　　　　不同规模企业创新活动结果比较

	开展产品或工艺创新活动企业数（家）				实现产品或工艺创新企业数（家）			
	微型企业	小型企业	中型企业	大型企业	微型企业	小型企业	中型企业	大型企业
2016	5293	128886	45512	12524	4356	105671	38706	11025
2017	6066	135813	46387	12873	5040	113040	39721	11352
2018	21495	134061	44915	12887	16885	115203	39421	11603
2019	10763	179166	47967	13536	8021	144660	41475	12119
均值	10904.25	144481.50	46195.25	12955.00	8575.50	119643.50	39830.75	11524.75

资料来源：《中国科技统计年鉴（2017—2020）》。

表3-1-5展示了不同规模类型企业开展产品或工艺创新活动以及最终实现产品或工艺创新的情况。2016—2019年四年间，微型企业

开展产品或工艺创新活动的企业平均为10904.25家,最终实现产品或工艺创新的企业为8575.5家,产品或工艺创新实现率为78.64%,而小型企业、中型企业和大型企业的产品或工艺创新实现率分别为82.81%、86.22%和88.96%。整体来说,企业规模越大,产品或工艺创新实现率越高。这也意味着,针对性扶持创新能力较强的大中型企业在政策上更有效率。

(三) 中小高新技术企业创新投入分析

高新技术企业(简称高企)是中小企业的创新主力。2017—2019年,中小高新技术企业的数量规模呈现出逐年增加的变化趋势,从2017年的12万家增长到2019年的21万家(见图3-1-4)。本节接下来基于中小高企的创新水平、研发经费、融资渠道、税收减免以及人才结构的变化情况,展开深入的研究。

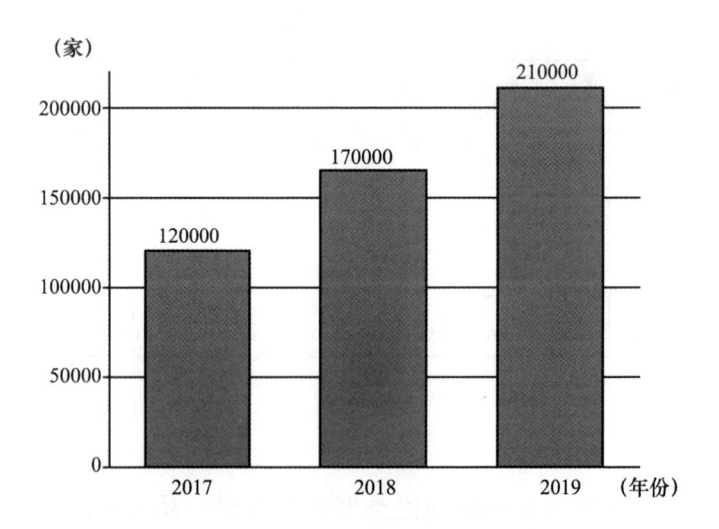

图3-1-4 中小高企数量的变化趋势

图 3-1-5 展示的是民营与非民营高企在 2017—2019 年的数量变化趋势。结果表明，民营中小高企的数量规模明显高于非民营中小高企。同时，民营中小高企的数量规模在 2018—2019 年期间得到大幅提升，从 2018 年的 83906 家上升到 2019 年的 192971 家，年增长率达 129.99%，而非民营中小高企数量从 2018 年的 9888 家上升到 2019 年的 18367 家，年增长率为 85.75%。可见，民营中小微高企是越来越重要的创新主力。

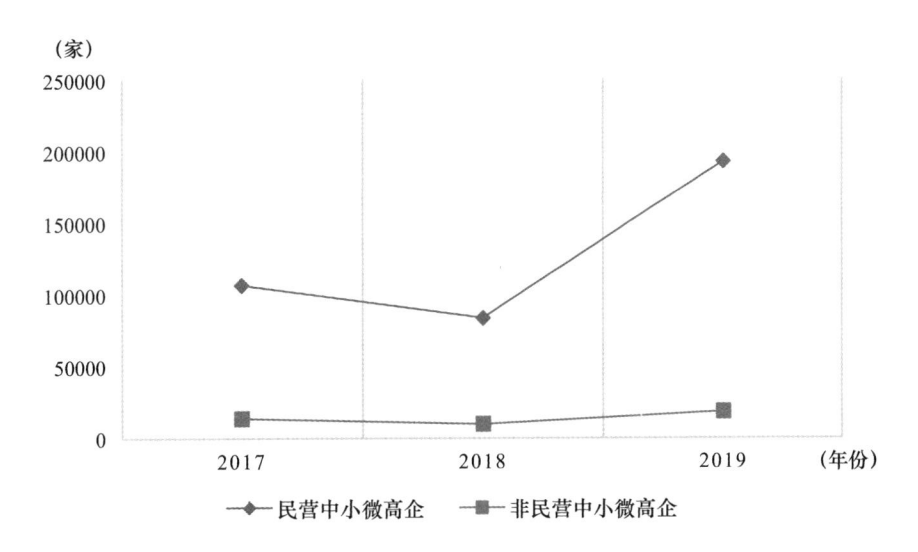

图 3-1-5 中小高企数量的变化趋势：基于民营和非民营企业

1. 中小高企的创新贡献

表 3-1-6 展示的是 2017—2019 年中小高企专利申请数量的变化情况。整体上中小高企专利申请数量在观察期内一直处于上升趋势，尤其是 2018—2019 年，中小高企专利申请数量的增长趋势更加明显。专利申请数量从 2017 年的 625581 件增加到 2019 年的 945155 件，年均增长率约 20%；国内发明专利申请数量从 2017 年的 211170

件增长到2019年的319487件，2019年的年增长率约为26.18%；欧美日发明专利申请数量从2017年的4839件增长到2019年的11874件，2019年的年增长率约为103.32%；PCT国际发明专利申请数量从2017年的7025件增长到2019年的13851件，2019年的年增长率约为45.11%。此外，从发明专利申请的数量看，中小高企发明专利申请数量主要在国内。但是不可忽视的是，近年来中小高企境外专利申请数量的增长率明显高于国内发明专利申请数量。

表3-1-6　　　　2017—2019年中小高企的专利申请数量　　　（单位：件，%）

年份	专利申请数量 数量	专利申请数量 年增长率	国内发明专利申请数量 数量	国内发明专利申请数量 年增长率	欧美日发明专利申请数量 数量	欧美日发明专利申请数量 年增长率	PCT国际发明专利申请数量 数量	PCT国际发明专利申请数量 年增长率
2017	625581		211170		4839		7025	
2018	793613	26.86	253205	19.91	5840	20.69	9545	35.87
2019	945155	19.10	319487	26.18	11874	103.32	13851	45.11

表3-1-7展示的是中小高企不同种类专利申请数量占全部高企比重的变化趋势。2017—2019年，中小高企专利申请数量占全部高企的比重存在逐年增长的变化态势，从2017年的64.49%上升到2019年的69.11%；国内发明专利申请数量占全部高企比重从2017年的57.01%上升到2019年的61.70%；欧美日发明专利申请数量占全部高企比重从2017年的22.39%上升到2019年的35.62%；PCT国际发明专利申请数量占全部高企比重从2017年的30.88%上升到2019年的37.81%。这说明中小企业在全部高企研发成果中贡献在增大。

表3-1-7 2017—2019年中小高企的专利申请数量占全部高企的比重　（单位：%）

年份＼指标	专利申请数量	国内发明专利申请数量	欧美日发明专利申请数量	PCT国际发明专利申请数量
2017	64.49	57.01	22.39	30.88
2018	66.50	58.14	22.40	29.73
2019	69.11	61.70	35.62	37.81

表3-1-8展示的是2017—2019年中小高企专利授权数量的变化情况。整体上中小高企专利授权数量在观察期内一直处于上升趋势。专利授权数量从2017年的386943件增长到2019年的646698件，2018年的年增长率高达39.97%。其中，发明专利授权数量从2017年的93232件增长到2019年的121995件，2018年的年增长率约为18.37%。国内发明专利授权数量从2017年的78151件增长到2019年的112201件，2019年的年增长率约为22.77%。境外发明专利授权数量从2017年的25284件增长到2019年的54168件，2019年的年增长率高达47.89%。此外，基于发明专利授权数量，中小高企发明专利授权数量主要来源于国内。但不可忽视的是，近年来中小高企境外专利授权数量增长率明显高于国内发明专利授权数量。

表3-1-8　　　　2017—2019年中小高企的专利授权数量　　　　（单位：件，%）

年份＼指标	专利授权数量 数量	专利授权数量 年增长率	发明专利授权数量 数量	发明专利授权数量 年增长率	国内发明专利授权数量 数量	国内发明专利授权数量 年增长率	境外发明专利授权数量 数量	境外发明专利授权数量 年增长率
2017	386943		93232		78151		25284	
2018	541588	39.97	110361	18.37	91394	16.95	36626	44.86
2019	646698	19.41	121995	10.54	112201	22.77	54168	47.89

表 3-1-9 展示了中小高企专利授权数量占全部高企比重的变化趋势。与中小高企专利申请数量占全部高企比重的变化趋势相一致，其专利授权数量占全部高企比重也呈现逐年上升的变化趋势。而且授权占比高于申请占比。具体来看：专利授权数量占全部高企比重从 2017 年的 67.53% 上升到 2019 年的 72.44%；发明专利授权数量占全部高企比重从 2017 年的 54.65% 上升到 2019 年的 55.60%；国内发明专利授权数量占全部高企比重从 2017 年的 56.52% 上升到 2019 年的 60.15%；境外发明专利授权数量比重从 2017 年的 29.75% 上升到 2019 年的 30.43%。

专利申请和授权数量主要体现中小高企的知识创新水平，使用新产品产值和新产品销售收入可以从结果角度测度企业的产品创新应用能力。表 3-1-10 展示的是 2017—2019 年期间中小高企新产品产值和新产品销售收入占营业收入比重的变化趋势，新产品产值和新产品销售收入占营业收入比重呈现逐年下降的变化趋势。具体来看，中小高企新产品产值占营业收入比重从 2017 年的 37.11% 下降到 2019 年的 34.89%；中小高企新产品销售收入占营业收入的比重从 2017 年的 36.73% 下降到 2019 年的 34.36%。

表 3-1-9 2017—2019 年中小高企的专利授权数量占全部高企的比重 （单位：%）

指标 年份	专利授权数量	发明专利授权数量	国内发明专利授权数量	境外发明专利授权数量
2017	67.53	54.65	56.52	29.75
2018	69.71	55.34	57.31	29.60
2019	72.44	55.60	60.15	30.43

表 3-1-10　　　2017—2019 年中小高企的新产品产值和
收入占营业收入的比重　　　　　（单位: %）

年份 \ 指标	新产品产值	新产品销售收入
2017	37.11	36.73
2018	36.59	35.84
2019	34.89	34.36

表 3-1-11 显示，无论是新产品产值还是新产品销售收入占全部高企的比重均呈现出逐年上升的变化趋势。新产品产值占全部高企的比重从 2017 年的 43.46% 上升到 2019 年的 46.79%；新产品销售收入占全部高企的比重从 2017 年的 43.29% 上升到 2019 年的 44.95%。说明近年来中小高企对中国创新驱动发展的贡献度在逐年增加。但是，中小企业新产品产值占比绝对值低于专利授权占比，意味着专利转化为生产能力有待提高。

表 3-1-11　　　2017—2019 年中小高企的新产品产值和收入
占全部高企的比重　　　　　（单位: %）

年份 \ 指标	新产品产值	新产品销售收入
2017	43.46	43.29
2018	44.60	44.02
2019	46.79	44.95

2. 中小高企科技研发投入情况

表 3-1-12 描述 2017—2019 年期间中小高企科技活动经费支出以及细分项目。可以看到，中小高企的科研活动经费规模占全部高企

比重逐年上升，从2017年的44.66%上升到2019年的49.75%。其中，来自政府部门的科技活动经费占全部高企的比重从2017年的39.03%上升到2019年的46.34%；直接投入费用占全部高企的比重从2017年的47.97%上升到2019年的48.81%；委托外单位科技活动经费占全部高企的比重从2017年的27.07%上升到2019年的29.53%。委托境内高校经费支出占全部高企的比重从2017年的44.05%上升到2019年的44.54%。但是，2017—2019年，委托境内研究机构经费支出占全部高企的比重从2017年的28.66%下降到2019年的20.93%；委托境内企业经费支出占全部高企的比重从2017年的37.72%下降到2019年的33.10%；委托境外机构经费支出占全部高企的比重从2017年的30.44%下降到2019年的16.69%。可见，近年中小高企的校企合作模式规模最大，已成为中小高企合作研发的主要形式。

表3-1-12　2017—2019年中小高企的研发经费支出占全部高企的比重　（单位：%）

年份\指标	科技活动经费	来自政府部门的科技活动经费	直接投入费用	委托外单位科技活动经费	委托境内研究机构	委托境内高校	委托境内企业	委托境外机构
2017	44.66	39.03	47.97	27.07	28.66	44.05	37.72	30.44
2018	44.87	42.13	47.05	25.86	22.89	41.34	35.41	28.30
2019	49.75	46.34	48.81	29.53	20.93	44.54	33.10	16.69

此外，图3-1-6展示的是中小高企的技术引进和技术改造经费支出情况。整体上，2017—2018年，中小高企技术引进和技术改造经费支出占全部高企比重的变化趋势，存在较大的差异。首先，2017—2019年，引进境外经费支出和引进境外技术消化吸收经费占全部高

企比重呈现上升趋势。具体来看：引进境外经费支出占全部高企比重从2017年的15.54%上升到2019年的16.76%；引进境外技术消化吸收经费支出占全部高企比重从2017年的18.32%上升到2019年的35.03%。其次，2017—2019年，购买境内技术经费支出占全部高企比重呈现逐年下降的趋势，从2017年的21.97%下降到2019年的17.60%。最后，2017—2019年，技术改造经费支出占全部高企比重的变化趋势基本保持不变，在36%上下浮动变化。因此，近年来，中小高企在技术引进方面基本稳定，而将科研经费重点投入到引进技术的消化吸收方面，逐渐改变中小高企"重引进，轻消化"的旧有研发模式。

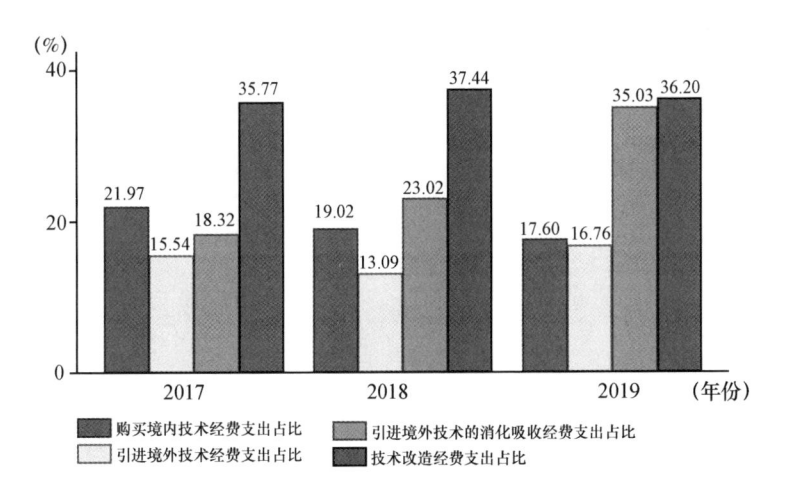

图3-1-6 2017—2019年中小高新技术企业研发经费占全部高企的比重

3. 中小高企劳动力要素吸纳与人才结构分布情况

"十四五"规划强调"强化企业创新主体地位，促进各类创新要素向企业集聚"，尤其要"支持创新型中小企业成长为创新重要发源地"。而引导高级劳动力要素向中小高企集聚，对激发中小高企的创新活力至关重要。首先,本节研究中小高企在2017—2019年期间劳动力要素吸纳水平的变化情况,结果如图3-1-7所示。整体上,2017—2018年,劳动力要素吸纳能力基本稳定。具体来看:中小高企期末从业人员占全部高企比重从2017年的55.44%上升到2019年的59.86%;中小高企新增从业人员占全部高企比重从2017年的53.15%上升到2019年的57.22%;中小高企吸纳高校应届毕业生占全部高企比重从2017年的51.29%上升到2019年的51.43%。

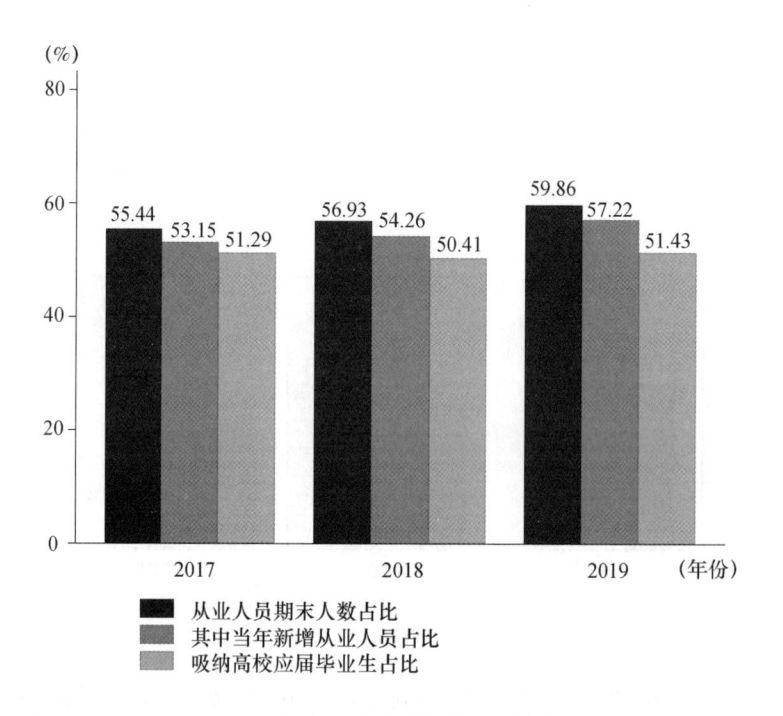

图3-1-7　2017—2019年中小高企吸纳劳动力就业占全部高企的比重

其次,图3-1-8展示的是中小高企留学归国和外籍人才2017—2019年的变化趋势。整体上,中小高企的留学归国人员占全部高企的比重逐年增加,但外籍人才占全部高企比重却呈现下降的趋势。具体来看，中小高企留学归国人员占全部高企比重从 2017 年的 47.75% 上升到 2019 年的 51.96%；外籍常驻人员占全部高企比重从 2017 年的 55.99% 下降到 2019 年的 55.00%；引进外籍专家占全部高企比重从 2017 年的 46.71% 上升到 2019 年的 48.69%。

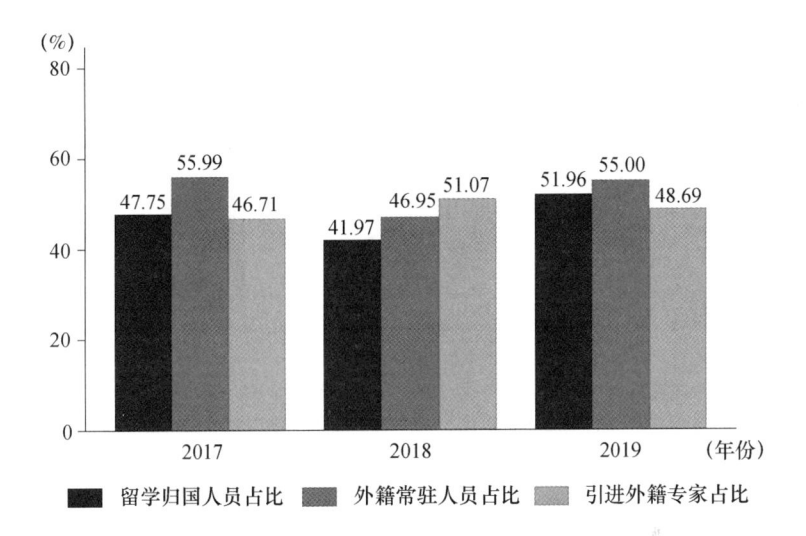

图 3-1-8　2017—2019 年中小高企留学与外籍人才占全部高企的比重

再次，本节研究中小高企在 2017—2019 年高学历劳动力要素吸纳程度占全部高企比重的变化趋势，结果如图 3-1-9 所示。整体上，中小高企高学历劳动力要素占全部高企比重在 2017—2018 年期间呈现逐年上升的变化趋势。具体来看，中小高企博士学历人员占全部高企比重从 2017 年的 57.21% 上升到 2019 年的 63.11%；硕士学历人员占全部高企比重从 2017 年的 39.68% 上升到 2019 年的 45.91%；本科学历人员占全部高企比重从 2017 年的 49.96% 上升到 2019 年的 54.87%；大专学历人员占全部高企比重从 2017 年的 58.23% 上升到 2019 年的 62.39%。

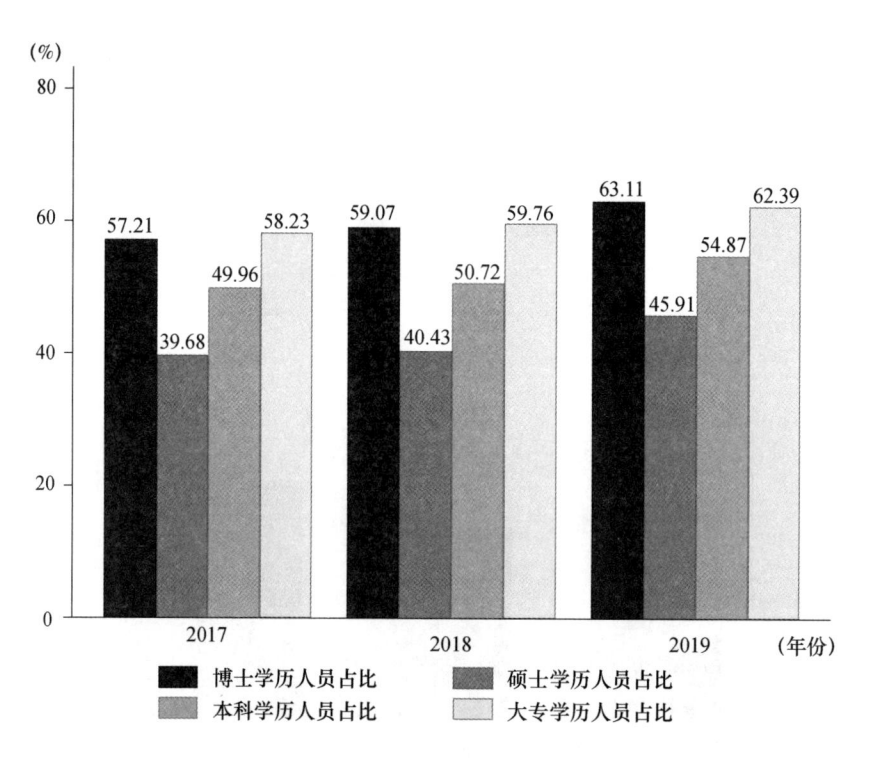

图 3-1-9　2017—2019 年中小高企高学历人才占全部高企的比重

◇ 二　中小企业创新绩效

（一）创新数量指标

企业进行研发投入的直接产出是专利，我们用专利申请量衡量中小企业的创新数量。为说明中小企业创新投入水平与专利产出间的关系，我们根据各年中小企业的研发支出占比，将各公司当年的创新投入水平均等划分为低、较低、中等、较高和高五个等级。

如图 3-2-1 所示，总体来看，中小企业的创新投入水平越高，其专利产出越多，但创新投入水平最高时专利产出反而下降。低创新投入水平下平均专利申请数为30.9个，较低创新投入水平下平均专利申请数为39.3个，中等创新投入水平下平均专利申请数为41.5个，较高创新投入水平下平均专利申请数为57.8个，高创新投入水平下平均专利申请数为45.8个，低于较高创新投入水平下平均专利申请数量，但高于中等创新投入水平下平均专利申请数量。

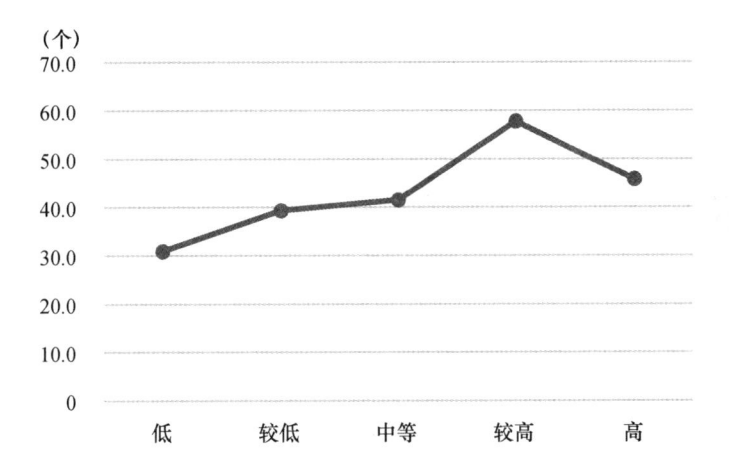

图3-2-1 不同创新投入水平下中小企业平均专利申请数

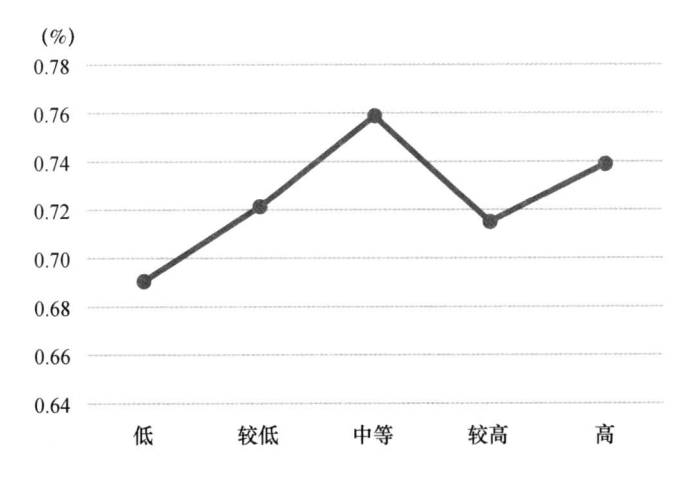

图3-2-2 不同创新投入水平下中小企业平均无形资产增加量占比

如图 3-2-2 所示，总体来看，中小企业的创新投入水平越高，其无形资产增加量占比越高。但与平均专利申请数量不同的是，无形资产增加量占比在中等创新投入水平下是最高的，而较高创新投入水平下无形资产增加量占比较低。

（二）创新质量指标

如图 3-2-3 所示，中小企业的创新投入水平越高，其发明专利申请数越多，说明创新质量越高。低创新投入水平下平均发明专利申请数为 10.5 个，较低创新投入水平下平均发明专利申请数为 13.1 个，中等创新投入水平下平均发明专利申请数为 16.2 个，较高创新投入水平下平均发明专利申请数为 24.1 个，高创新投入水平下平均发明专利申请数为 24.6 个。

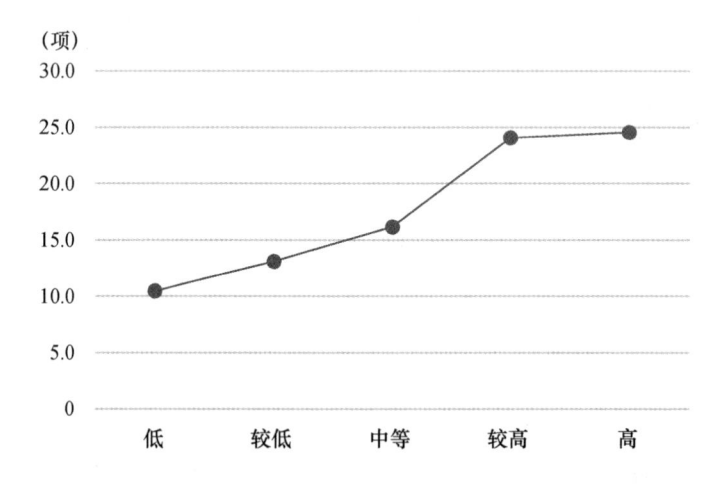

图 3-2-3　不同创新投入水平下中小企业平均发明专利申请数

如图 3-2-4 所示，总体来看，中小企业的创新投入水平越高，其实用新型专利申请数更多,但过高的创新投入水平下,实用新型专利申请的数量会明显下降。较高创新投入水平下的平均实用新型专利申请数最多,而高创新投入水平下平均实用新型专利申请数明显降低。

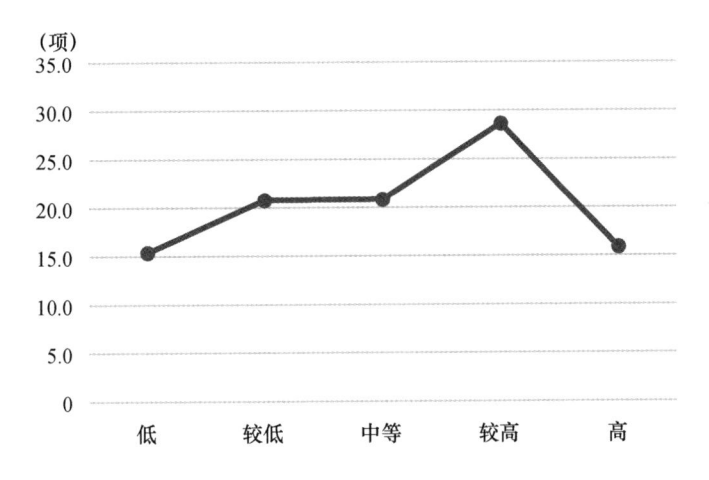

图3-2-4 不同创新投入水平下中小企业平均实用新型专利申请数

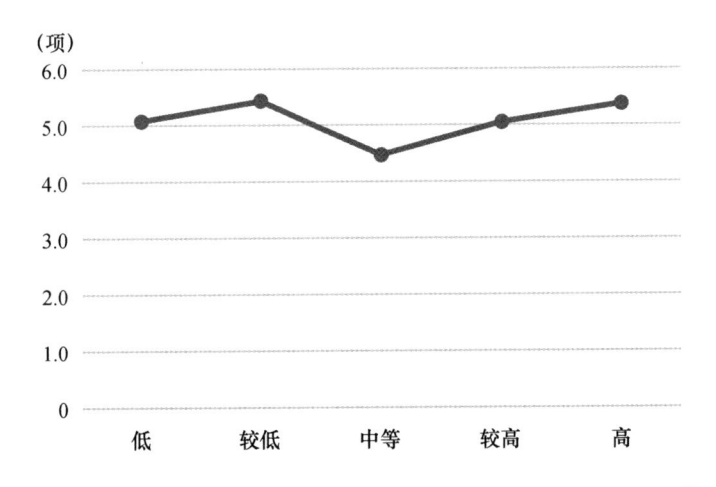

图3-2-5 不同创新投入水平下中小企业平均外观设计专利申请数

如图 3-2-5 所示，外观设计专利的申请数与创新投入水平之间的关系不明显。

以上说明，创新投入对高质量创新产出的影响更为明显，而不同创新投入水平下低质量的创新产出水平没有明显差异。

如图 3-2-6 所示，创新投入水平越高，专利申请中发明专利的占比越高，即创新质量越高。低创新投入水平下，平均发明专利占比为 39.65%；较低创新投入水平下，平均发明专利占比为 41.37%；中等创新投入水平下，平均发明专利占比为 42.33%；较高创新投入水平下，平均发明专利占比为 45.97%；高创新投入水平下，平均发明专利占比为 58.36%，较其他创新投入水平下的发明专利占比有明显提升。说明高创新投入的中小企业主要将资金投入高质量的创新活动中。

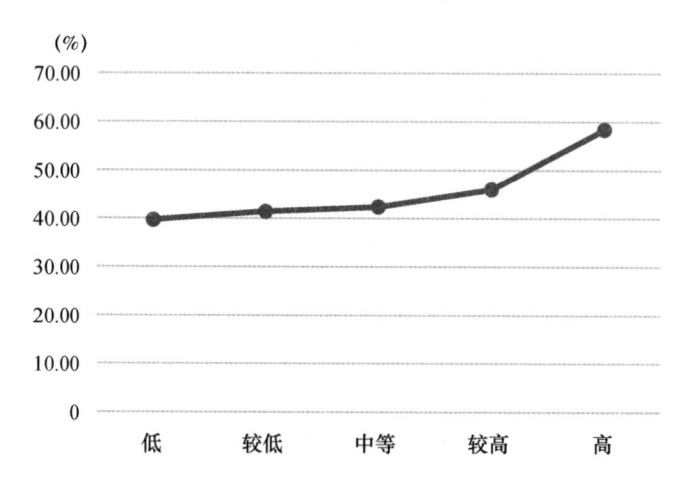

图 3-2-6　不同创新投入水平下中小企业平均发明专利占比

(三) 财务绩效

企业进行创新投入还可能对企业的财务绩效造成影响。以下分短期和长期分析中小企业创新投入对企业财务绩效的影响。

如图 3-2-7 所示，以不同创新投入水平下当年的净资产回报率（ROE）水平来衡量创新投入在短期对中小企业财务绩效的影响。总体来看，随着创新投入水平的提高，ROE 先上升后下降，说明投入大量资金在创新上可能使当年的业绩受到一定负面影响。

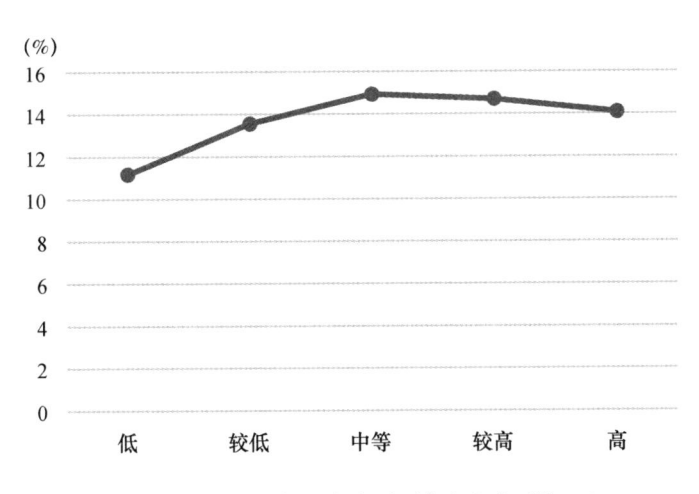

图 3-2-7 不同创新投入水平下中小企业平均 ROE

如图 3-2-8 所示，企业进行创新活动更多是未来企业的长期发展，所以在衡量中小企业创新投入对企业财务绩效的影响时应该考虑到长期影响。我们以企业 t+1 年至 t+5 年间归母净利润均值除以第 t 年末的总资产来衡量第 t 年创新投入后企业未来五年的财务绩效。越高的创新投入水平下，企业未来五年的财务绩效明显越高，说明创新的长期绩效影响较大。

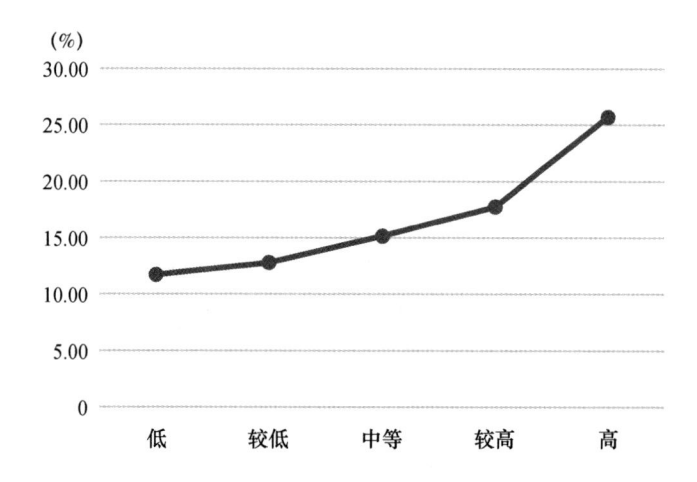

图 3-2-8　不同创新投入水平下中小企业未来五年的财务绩效

第四章

影响中小微高新技术企业创新的因素研究

2016年,科技部、财政部、国家税务总局废止了2008年《高新技术企业认定管理办法》(国科发火［2008］172号),同时出台了《高新技术企业认定管理办法》(国科发火［2016］32号),更新了高企(高新技术企业,简称"高企")认定标准。因此,本文使用2017—2019年科技部火炬中心的全国高新技术企业调查数据库数据,研究高企创新发展现状以及究竟何种因素是影响高企创新的关键因素,从而为政府制定合宜的高企认定标准提供重要的数据参考和针对性的政策建议。本章安排如下:第一节主要描述全部高企在创新贡献、研发投入、税收减免、融资渠道以及人才结构等维度,对2017—2019年高企发展情况进行定性描述;第二节主要针对中小微高企,基于定性描述和相关性研究,研究中小微高企的创新发展进程以及影响创新的关键因素;第三节主要基于因果视角,研究不同因素对高企创新的边际贡献。第四节简要总结。

一 高新技术企业创新现状

(一) 高企创新贡献

根据科技部高企数据库,表4-1-1展示了2017—2019年高企专利申请数量的上升趋势。所有高企专利申请数量从2017年的970042件增长到2019年的1367695件,2018年的年增长率高达23.01%;国内发明专利申请数量从2017年的370418件增加到2019年的517772件,2019年的年增长率达18.90%;欧美日发明专利申请数量从2017年的21613件增长到2019年的33336件,2019年的年增长率高达27.87%;PCT国际发明专利申请数量从2017年的22748件增长到2019年的36635件,2018年的年增长率高达41.12%。

表4-1-1　　2017—2019年高企专利申请数量　　(单位:件,%)

年份 \ 指标	专利申请数量 数量	专利申请数量 年增长率	国内发明专利申请数量 数量	国内发明专利申请数量 年增长率	欧美日发明专利申请数量 数量	欧美日发明专利申请数量 年增长率	PCT国际发明专利申请数量 数量	PCT国际发明专利申请数量 年增长率
2017	970042		370418		21613		22748	
2018	1193278	23.01	435475	17.56	26071	20.63	32103	41.12
2019	1367695	14.62	517772	18.90	33336	27.87	36635	14.12

表4-1-2展示的是2017—2019年,高企专利授权数量的上升趋势。专利授权数量从2017年的573035件增长到2019年的892775件;发明专利授权数量从2017年的170586件增加到2019年的

219409 件；国内发明专利授权数量从 2017 年的 138263 件增长到 2019 年的 186546 件；境外发明专利授权数量从 2017 年的 84994 件增长到 2019 年的 178016 件。

表 4-1-2　　　　2017—2019 年高企专利授权数量　　　（单位：件，%）

年份 \ 指标	专利授权数量 数量	专利授权数量 年增长率	发明专利授权数量 数量	发明专利授权数量 年增长率	国内发明专利授权数量 数量	国内发明专利授权数量 年增长率	境外发明专利授权数量 数量	境外发明专利授权数量 年增长率
2017	573035		170586		138263		84994	
2018	776888	35.57	199428	16.91	159472	15.34	123756	45.61
2019	892775	14.92	219409	10.02	186546	16.98	178016	43.84

表 4-1-3 展示 2017—2019 年高企新产品产值和新产品销售收入占营业收入比重的变化趋势。整体上，无论是新产品产值还是新产品销售收入，其占营业收入的变化基本稳定。具体来看：新产品产值占营业收入比重呈现出略微下降的变化趋势，从 2017 年的 37% 下降到 2019 年的 34%；新产品销售收入也呈现略微下降的变化趋势，从 2017 年的 36% 下降到 2019 年的 35%。

表 4-1-3　　　　2017—2019 年高企新产品产值和销售收入
占营业收入占比　　　　　　（单位：%）

年份 \ 指标	新产品产值	新产品销售收入
2017	37	36
2018	36	35
2019	34	35

（二）高企科技研发投入情况

研发投入是激发高企创新活力的重要因素，研究高企科研活动经费支出和细分项目的变化趋势，对分析高企创新产出的变化趋势具有重要意义。表4-1-4展示的是高企研发经费支出占营业收入比重的变化趋势。结果表明，2017—2019年，高企科技活动经费占营业收入比重呈现略微的下降趋势，从2017年的5.65下降到2019年的5.63。基于细分项目：直接投入占营业收入比重从2017年1.73%上升到2019年的2.00%；来自政府部门的科技活动经费占营业收入比重从2017年的0.22%下降到2019年的0.20%；委托外单位科技活动经费占营业收入比重从2017年的0.41%上升到2019年的0.49%；2017—2019年，委托境内研究机构经费投入占营业收入比重变动很小；委托境内高校经费投入占营业收入比重从2017年的0.02%下降到2019年的0.01%；委托境内企业经费占营业收入比重从2017年的0.17%上升到2019年的0.30%；委托境外机构经费占营业收入比重从2017年

表4-1-4　　2017—2019年高企研发经费支出占营业收入比重　　（单位：%）

指标 年份	科技活动经费占比	来自政府部门的科技活动经费占比	直接投入费用占比	委托外单位科技活动经费占比	委托境内研究机构占比	委托境内高校占比	委托境内企业占比	委托境外机构占比
2017	5.65	0.22	1.73	0.41	0.09	0.02	0.17	0.03
2018	5.46	0.21	2.00	0.44	0.09	0.02	0.20	0.03
2019	5.63	0.20	2.00	0.49	0.09	0.01	0.30	0.05

的 0.03% 上升到 2019 年的 0.05%。综上，2017—2019 年，相对于自主研发的创新发展模式，高企更倾向于进行合作研发，尤其是"企企合作"的研发模式是高企合作研发模式的主要形式。

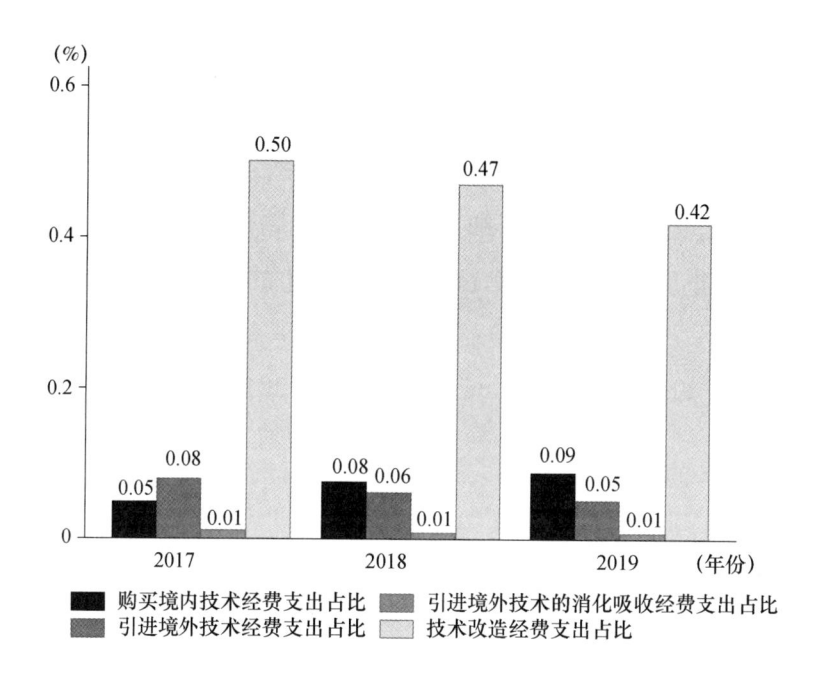

图 4-1-1 2017—2019 年高企技术引进和消化吸收经费占营业收入比重

图 4-1-1 显示，2017—2019 年购买境内技术经费支出占比投入占营业收入比重的上升趋势，从 2017 年的 0.05% 上升到 2019 年 0.09%。而高企引进境外技术经费占营业收入的比重却呈现出逐年下降的变化趋势，从 2017 年的 0.08% 下降到 2019 年 0.05%。同时，高企技术改造经费占营业收入比重也呈现逐年下滑的变化趋势，从 2017 年的 0.50% 下滑到 2019 年的 0.42%。此外，2017—2019 年，高企引进境外技术的消化吸收经费占营业收入比重基本不变，在 0.01% 上下浮动。综上，从图 4-1-1 可以看出：①2017—2019 年，相对于技术

引进，高企更加重视技术改造，改变了过去高企"重引进、轻吸收"的旧有研发模式；②2017—2019 年，相对于对外技术引进，高企更侧重加大引进国内技术。

（三）高企业税收减免情况

减税政府激发高企创新活力常用方式。图 4-1-2 展示了 2017—2019 年高企减免税总额及其细分项目的变化趋势。结果表明，2017—2019 年期间，高企减免税总额呈现上升的趋势，从 2017 年的 3997.87 亿元上升到 5482.00 亿元。其中，享受高新技术企业所得税减免额度从 2017 年的 1880.36 亿元上升到 2019 年的 2286.40 亿元；

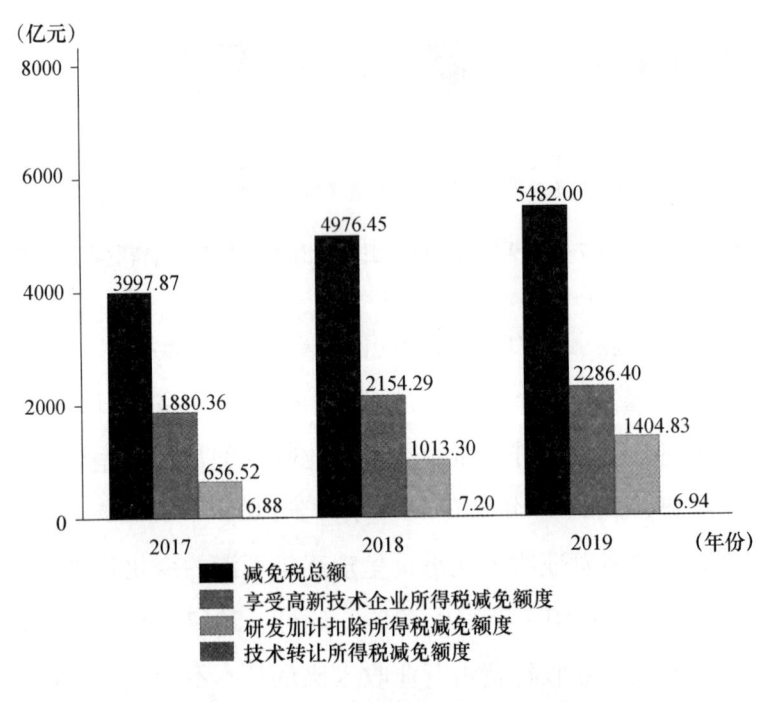

图 4-1-2 高企减税规模的变化趋势

研发加计扣除所得税减免额度从2017年的656.52亿元上升到2019年的1404.83亿元；技术转让所得税减免额度从2017年的6.88亿元上升到2019年的6.94亿元。综上，从图4-1-2可以看出：①2017—2019年，高企的减税额度呈现逐年上升的趋势；②在细分项目中，高新技术企业所得税减免是高企减税的主要形式。

（四）高企融资情况

融资约束一直是限制企业创新的重要因素。因此，表4-1-5展示的是，2017—2019年，高企不同融资渠道融资规模的变化趋势，整体来看，不同的高企融资渠道融资规模均呈现出明显的上升变化趋势。具体来看：银行贷款额度从2018年的44080.23亿元上升到2019年的57487.10亿元，2019年的年增长率为30.41%；银行贷款额度从2018年的26190.53亿元上升到2019年的37059.51亿元，年增长率为41.50%；企业上市融资股本从2017年的7178.81亿元上升到2019年的14586.09亿元，2018年的年增长率高达67.81%；境外上市融资股本从2017年的309.17亿元上升到2019年的882.71亿元，2019年的年均增长率高达172.06%；创业风投机构的投资额度从2017年的429.86亿元上升到2019年的1075.36亿元，2018年的年增长率为210.49%，在经历过2018年的高增长后，2019年的增长率略有下滑，年增长率约为-17.02%。综上，银行贷款仍然是高企主要的融资来源，而海外上市融资和风投资近年来增长速度较快，正在成为高企融资的新兴方式。

表4-1-5　　　　　2017—2019年高企业融资渠道和规模　　　（单位：亿元,%）

指标 年份	银行贷款额 数量	银行贷款额 年增长率	当年获得银行贷款金额 数量	当年获得银行贷款金额 年增长率	企业上市融资股本 数量	企业上市融资股本 年增长率	境外上市融资股本 数量	境外上市融资股本 年增长率	创业风投机构投资额 数量	创业风投机构投资额 年增长率
2017					7178.81		309.17		429.86	
2018	44080.23		26190.53		12046.47	67.81%	324.45	4.94%	1295.98	201.49%
2019	57487.10	30.41%	37059.51	41.50%	14586.09	21.08%	882.71	172.06%	1075.36	-17.02%

（五）高企劳动力要素吸纳与人才结构分布情况

图4-1-3显示了2017—2019年高企吸纳劳动力要素数量的变化趋势。整体上高企吸纳劳动力和人才的数量规模呈现逐渐上升的趋势。从业人员期末人数从2017年的2735.48万人上升到2019年的3436.99万人，其中，当年新增从业人员从2017年的436.80万人上升到2019年的535.20万人；高企吸纳高校应届毕业生人数从2017年的86.56万人增长到2019年的96.20万人，约占2019年应届毕业生的1/8。

图4-1-4反映了2017—2019年高企外籍人才数量的变化趋势。其中，高企外籍人才主要以留学归国人员为主，呈现逐年增加趋势，从2017年的10.36万人增加到2019年的14.38万人。在此期间，外籍常驻人员和外籍专家的数量规模基本稳定。外籍常驻人员从2017的4.95万人增加到2019年的5.29万人；引进外籍专家从2017年的1.57万人下降到2019年的1.40万人。

图4-1-5展示了2017—2019年高企高学历人才的变化趋势，整体上呈现出逐年上升的变化趋势。数量规模排名第一的本科学历人员，从2017年的665.10万人增长到2019年的855.59万人。排名第二的为大专学历人员，从2017年的595.17万人增长到2019年的

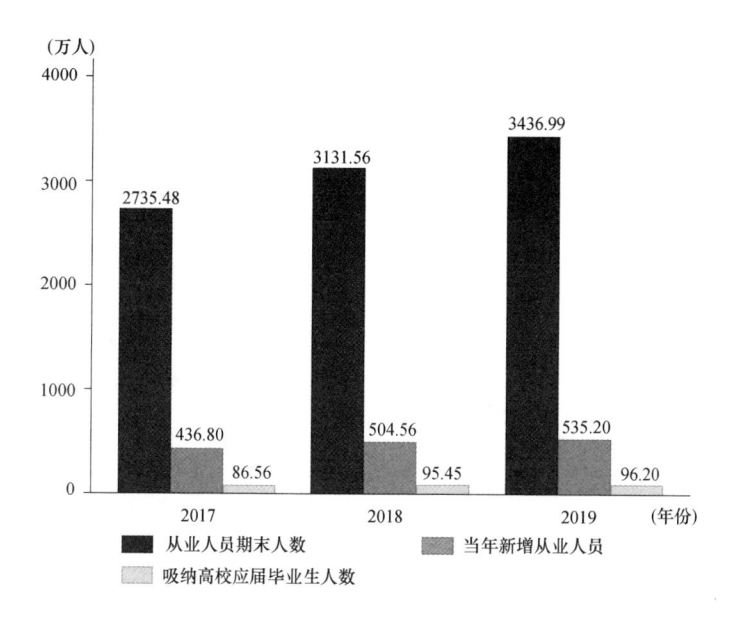

图 4-1-3 2017—2019 年高企吸纳劳动力要素数量的变化趋势

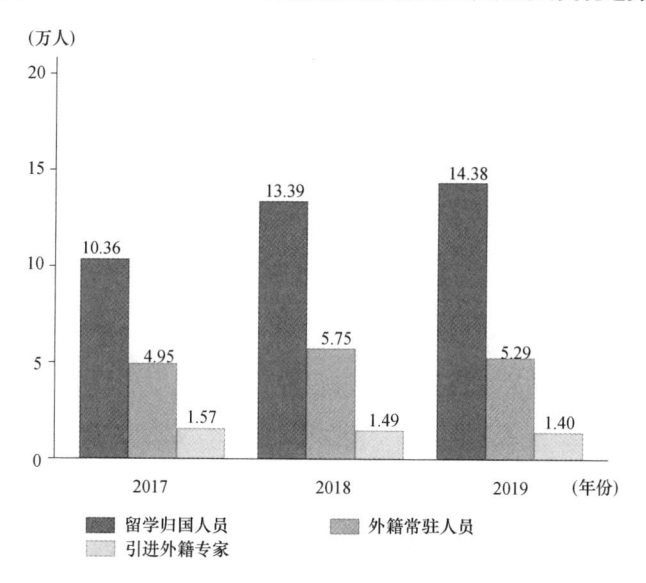

图 4-1-4 2017—2019 年高企外籍人才的变化趋势

727.69 万人；排名第三的为硕士学历人员，从 2017 年的 115.57 万人增长到 2019 年的 149.63 万人。

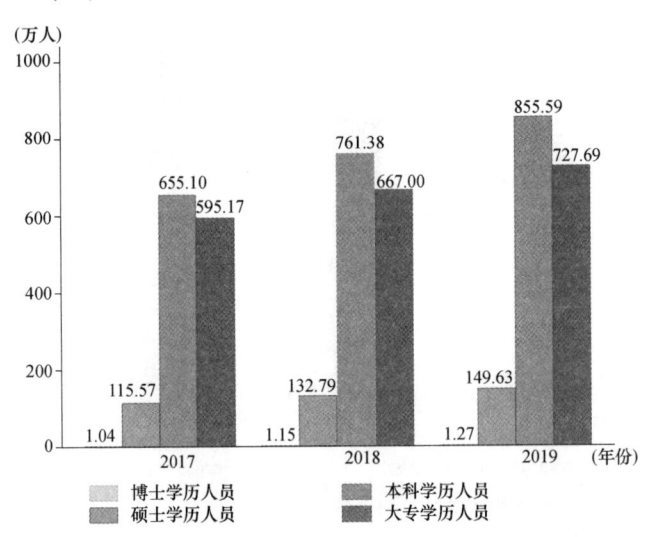

图 4-1-5　2017—2019 年高企高学历人才的变化趋势

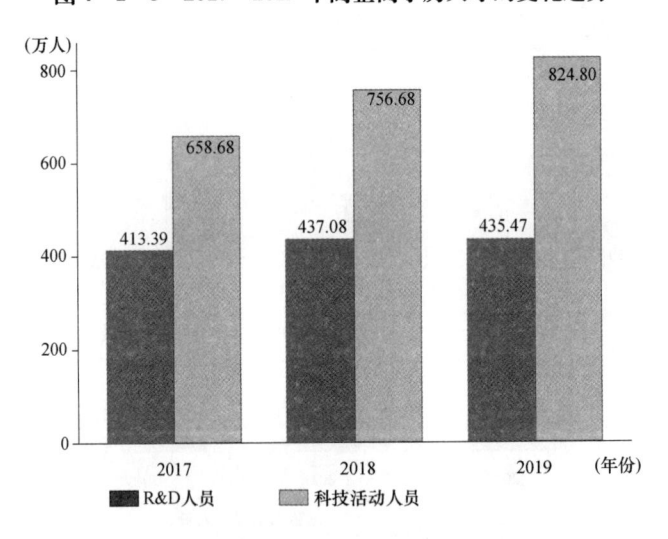

图 4-1-6　2017—2019 年高企高技能人才的变化趋势

图 4-1-6 展示 2017—2019 年高企研发和科技活动人员的上升趋势。R&D 人员从 2017 年的 413.39 万人增长到 2019 年的 435.47 万人；

科技活动人员从 2017 年的 658.68 万人增长到 2019 年的 824.80 万人。

◇ 二 中小微高新技术企业创新对比及影响因素相关性分析

(一) 大型高企和中小微高企户均专利比较分析

基于户均视角,本书重新将大型、中小微型高企的创新贡献进行对比分析。表 4-2-1 展示了 2017—2019 年大型高企户均专利申请数量的上升趋势。具体来看:专利申请数量从 2017 年的 56.83 件/家上升到 2019 年的 58.64 件/家;国内发明专利申请数量从 2017 年的 26.26 件/家上升到 2019 年的 27.52 件/家;欧美日发明专利申请数量从 2017 年的 2.80 件/家上升到 2019 年的 2.98 件/家;PCT 国际发明专利申请数量从 2017 年的 2.61 件/家上升到 2019 年的 3.16 件/家。可见,大型高企专利申请数量主要来源于国内,并且呈现出户均逐年上升的变化趋势。

表 4-2-1　　2017—2019 年大型高企户均专利申请数量　　(单位:件/家,%)

指标 年份	专利申请数量		国内发明专利 申请数量		欧美日发明 专利申请数量		PCT 国际发明 专利申请数量	
	数量	年增长率	数量	年增长率	数量	年增长率	数量	年增长率
2017	56.83		26.26		2.80		2.61	
2018	58.06	2.16	26.48	0.84	2.94	5.00	3.28	25.67
2019	58.64	1.00	27.52	3.93	2.98	1.36	3.16	-3.66

表4-2-2展示了2017—2019年中小微高企户均专利申请数量的变化趋势。整体上，中小微高企的专利申请户均数量呈现出略微下降的趋势。具体来看，专利申请数量从2017年的5.19件/家下降到2019年的4.47件/家；国内发明专利申请数量从2017年的1.75件/家下降到2019年的1.51件/家；欧美日发明专利申请数量从2017年的0.04件/家上升到2019年的0.05件/家；PCT国际发明专利申请数量从2017年的0.06件/家上升到2019年的0.07件/家。可见，中小微高企专利申请数量主要来源于国内，而近年来中小微高企国内户均专利申请数量呈现出逐年下滑的变化趋势，而境外户均专利申请数量却小幅上升。

表4-2-2　　2017—2019年中小微高企户均专利申请数量　　（单位：件，%）

年份\指标	专利申请数量		国内发明专利申请数量		欧美日发明专利申请数量		PCT国际发明专利申请数量	
	数量	年增长率	数量	年增长率	数量	年增长率	数量	年增长率
2017	5.19		1.75		0.04		0.06	
2018	4.80	-7.51	1.53	-12.57	0.04	0.00	0.06	0.00
2019	4.47	-6.88	1.51	-1.31	0.05	25.00	0.07	16.67

表4-2-3展示了2017—2019年大型高企户均专利授权数量的变化趋势。整体上，大型高企户均专利授权数量呈现出逐年上升的变化趋势；专利授权数量从2017年的30.77件/家上升到2019年的34.15件/家；发明专利授权数量从2017年的12.83件/家上升到2019年的13.52件/家；国内发明专利授权数量从2017年的9.98件/家上升到2019年的10.32件/家；境外发明专利授权数量从2017年的9.96件/家上升到2019年的17.19件/家。可见，大型高企发明专利授权数量主要来源于国外，并且国外专利授权数量的增长率明显高于

国内专利授权数量。

表 4-2-3　　　2017—2019 年大型高企户均专利授权数量　　（单位：件，%）

年份\指标	专利授权数量		发明专利授权数量		国内发明专利授权数量		境外发明专利授权数量	
	数量	年增长率	数量	年增长率	数量	年增长率	数量	年增长率
2017	30.77		12.83		9.98		9.96	
2018	34.18	11.08	12.94	0.86	9.89	-0.90	12.66	27.11
2019	34.15	-0.09	13.52	4.48	10.32	4.35	17.19	35.78

表 4-2-4 展示的是 2017—2019 年中小微高企户均专利授权数量的变化趋势。整体上，中小微高企户均专利授权数量和申请量类似，呈现出略微下降的变化趋势；专利授权数量从 2017 年的 3.21 件/家下降到 2019 年的 3.06 件/家；发明专利授权数量从 2017 年的 0.77 件/家下降到 2019 年的 0.58 件/家；国内发明专利授权数量从 2017 年的 0.65 件/家下降到 2019 年的 0.53 件/家；境外发明专利授权数量从 2017 年的 0.21 件/家上升到 2019 年的 0.26 件/家。可见，近年来，中小微高企的专利授权户均数量呈现出逐年下降的变化趋势，尤其是国内发明专利授权数量，这种下降趋势更加明显。

表 4-2-4　　　2017—2019 年中小微高企户均专利授权数量　　（单位：件，%）

年份\指标	专利授权数量		发明专利授权数量		国内发明专利授权数量		境外发明专利授权数量	
	数量	年增长率	数量	年增长率	数量	年增长率	数量	年增长率
2017	3.21		0.77		0.65		0.21	
2018	3.28	2.18	0.67	-12.99	0.55	-15.38	0.22	4.76
2019	3.06	6.71	0.58	-13.43	0.53	-3.64	0.26	18.18

（二）相关性描述

本书接下来从相关性的视角研究究竟研发经费投入、减税规模以及人才结构等因素与中小微高企创新究竟存在何种相关性。图4-2-1展示的是中小微高企科技活动经费和企业创新的相关性结果。图4-2-1（a）说明，中小微高企科技活动费用和企业新产品产值呈现明显正相关关系；图4-2-1（b）说明，中小微高企科技活动

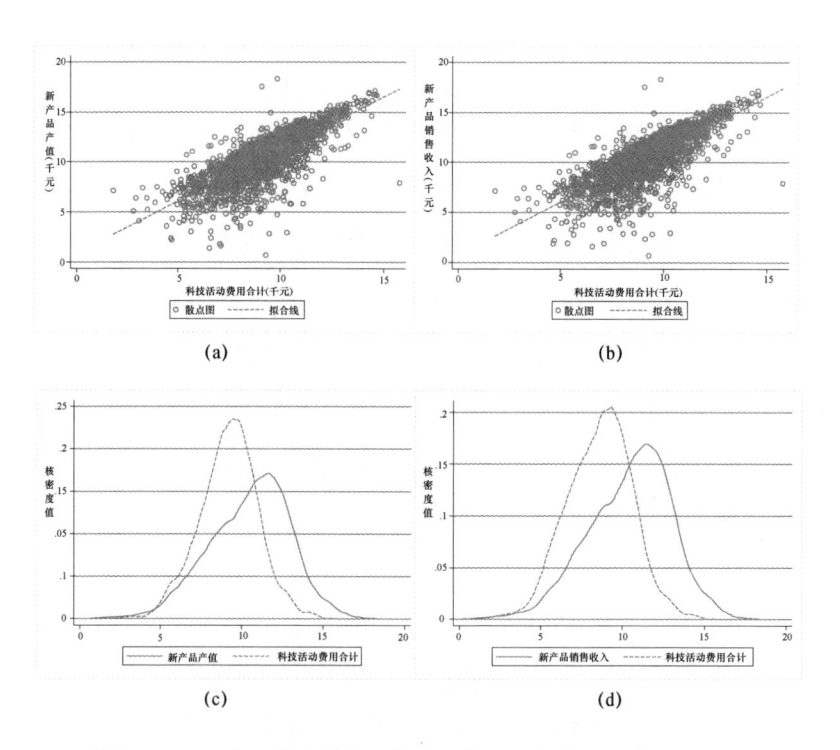

图4-2-1 中小微高企科技活动经费和企业创新的相关性较高

注：所有变量均进行加1取对数处理。若无特别说明，图4-2-2、图4-2-3、图4-2-4同。

费用和企业新产品销售收入呈现出明显的正相关关系。图4-2-1（c）和图4-2-1（d）使用核密度图，结果表明，中小微高企科技活动费用和企业创新产出水平均呈现出正态分布的分布特征，并且中小微高企创新产出水平相对于科技活动费用略向右偏，说明中小微高企的科技活动费用对企业创新产出的促进效应可能存在滞后性。因此，图4-2-1的结果表明，中小微高企科技活动经费的投入规模越高，其企业创新产出水平越高。

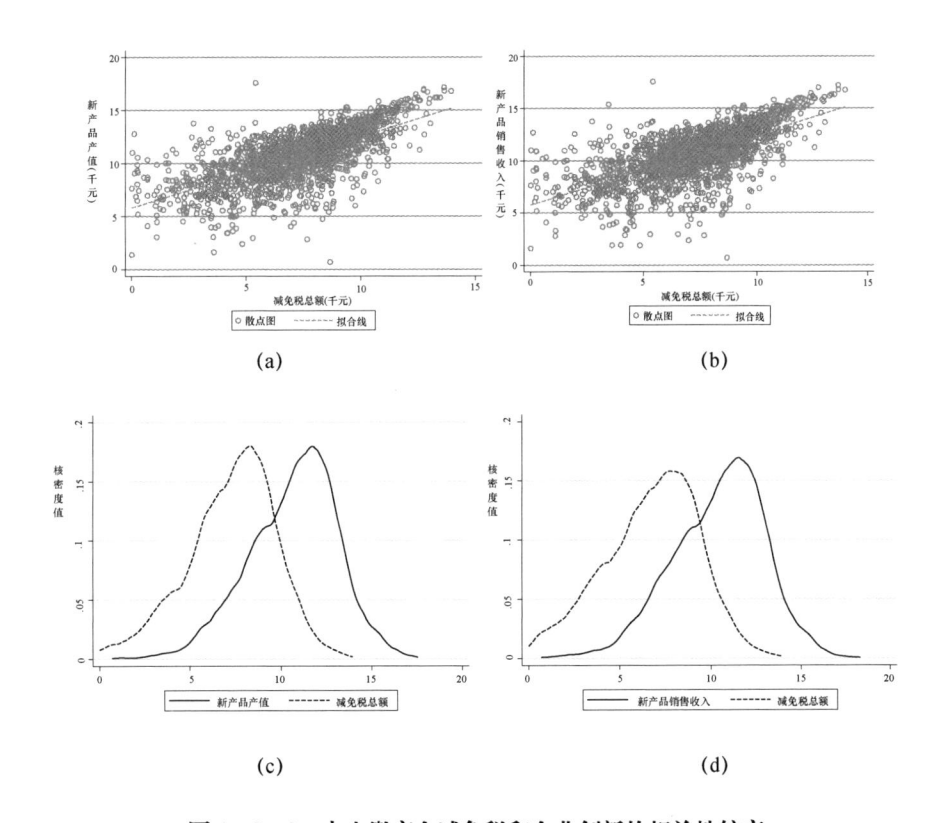

(a)

(b)

(c)

(d)

图4-2-2 中小微高企减免税和企业创新的相关性较高

图4-2-2展示的是中小微高企减免税和企业创新的相关性分析

结果。图4-2-2（a）说明，中小微高企减免税总额和新产品产值呈现出明显的线性正相关关系；图4-2-2（b）表明，中小微高企减免税总额和新产品销售收入呈现出明显的线性正相关关系；图4-2-2（c）表明，中小微高企减免税总额和新产品产值均呈现明显的正态分布的特征，并且中小微高企减税总额对新产品产值的促进效应可能存在滞后性；图4-2-2（d）表明，中小微高企减免税总额和新产品销售收入均呈现明显的正态分布的分布特征，并且中小微高企减税总额对新产品销售收入的促进效应可能存在滞后性。

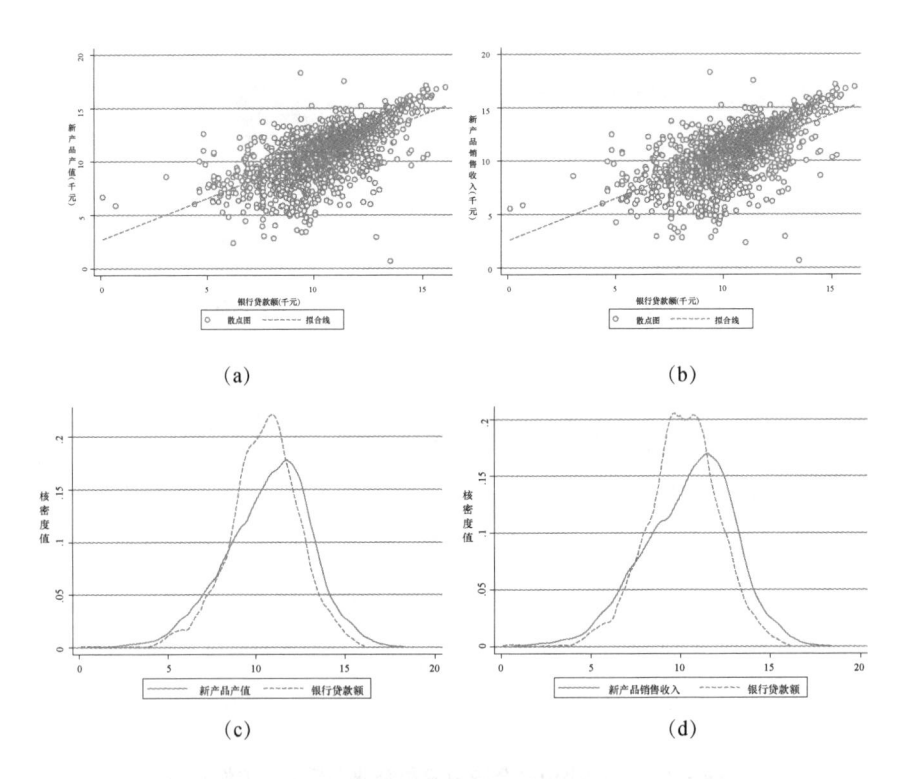

图4-2-3　中小微高企银行贷款和企业创新的相关性较高

图4-2-3展示的是中小微高企银行贷款和企业创新的相关性分

析结果。其中，图4-2-3（a）展示的是，中小微高企银行贷款额度与企业新产品产值呈现明显的线性关系，中小微高企获得的银行贷款越多，其新产品产值就越大；图4-2-3（b）展示的是，中小微高企银行贷款额度与企业新产品销售收入呈现明显的线性关系，中小微高企获得的银行贷款越多，其新产品销售收入就越大；图4-2-3（c）展示的是，中小微高企银行贷款额度和企业新产品产值均呈现明显的正态分布结构，并且重合度较高，说明缓解中小微高企的融资约束问题，对提升企业创新水平至关重要；图4-2-3（d）展示的是，中小微高企银行贷款额度和企业新产品销售收入均呈现明显的正态分布结构，政府提升中小微高企向银行贷款的便利度，对提升企业的创新水平至关重要。

图4-2-4反映的是中小微高企科技人才规模和企业创新的相关性分析结果。其中，图4-2-4（a）展示的是，中小微高企科技活动人员企业新产品产值均呈现明显的正相关关系；图4-2-4（b）表明，中小微高企科技活动人员企业新产品销售收入均呈明显的正相关关系，中小微高企科技活动人员数量越多，其新产品销售收入就越高。

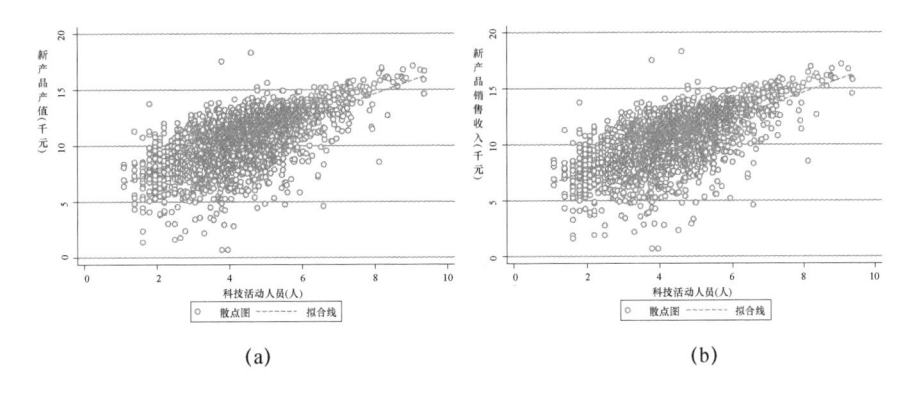

(a)

(b)

图4-2-4 中小微高企科技活动人员和企业创新的相关性较高

三 影响中小微高企创新因素的因果性分析

从因果效应层面，研究上述因素对高企创新的影响。首先，本文分别基于研发经费、减税额度、融资规模以及人才结构等因素，研究上述因素高企创新的影响效应。其次，本节针对中小微高企，研究研发经费、减税额度、融资规模以及人才结构等因素对中小微高企创新的影响效应。最后是本节的小结部分。

（一）基于全部高新技术企业

1. 研发经费对高企创新的影响

表4-3-1展示的是科技活动经费投入对高企创新的影响。第（1）列结果表明，科技活动经费对高企创新存在显著的促进效应，科技活动经费投入每增加1%，高企新产品产值平均增加约0.60%；第（2）列结果表明，委托外单位开展科技活动费用每增加1%，高企新产品产值平均增加约0.44%；第（3）列结果表明，委托境内研究机构经费每增加1%，高企新产品产值平均增加约0.42%；第（4）列结果表明，委托境内高等学校经费每增加1%，高企新产品产值平均增加约0.49%；第（5）列的结果表明，委托境内企业经费每增加1%，高企新产品产值平均增加0.39%；第（6）列的结果表明，委托境外机构经费每增加1%，高企新产品产值平均增加约0.30%。

表4-3-1　　科技活动投入对中小微高企新产品产值的影响

模型	(1)	(2)	(3)	(4)	(5)	(6)
因变量	新产品产值					
科技活动费用	0.6034*** (0.0258)					
委托外单位开展科技活动费用		0.4389*** (0.0292)				
委托境内研究机构			0.4199*** (0.0421)			
委托境内高等学校				0.4912*** (0.0437)		
委托境内企业					0.3868*** (0.0352)	
委托境外机构						0.2960*** (0.0638)
控制变量	控制	控制	控制	控制	控制	控制
观测值	21696	21696	21696	21696	21696	21696
R^2	0.6637	0.6377	0.6214	0.6252	0.6258	0.6140

注：所有模型的控制变量为企业资产总额、营业收入以及期末人员规模，并对所有控制变量进行加1取对数处理。所有模型的核心解释变量均进行加1取对数处理。

2. 减税规模对高企创新的影响

表4-3-2展示的是减税规模对高企新产品产值的影响。第（1）列结果表明，减免税总额对高企创新存在显著的促进效应，减免税总额每增加1%，高企新产品产值平均增加约0.41%；第（2）列结果表明，增值税减免额度每增加1%，高企新产品产值平均增加约0.27%；第（3）列结果表明，所得税减免额度每增加1%，高企新产品产值平均增加约0.44%；第（4）列结果表明，高新技术企业减税额度每增加1%，高企新产品产值平均增加约0.37%；第（5）列

的结果表明,研发加计扣除所得税减免每增加1%,高企新产品产值平均增加0.39%;第(6)列的结果表明,技术转让所得税减免额度每增加1%,高企新产品产值平均增加约0.27%。

表4-3-2　　　　　减税规模对高企新产品产值的影响

模型	(1)	(2)	(3)	(4)	(5)	(6)
因变量	新产品产值					
减免税总额	0.4132***					
	(0.0362)					
增值税减免额度		0.2725***				
		(0.0333)				
所得税减免额度			0.4395***			
			(0.0354)			
高新技术企业减免税额度				0.3649***		
				(0.0341)		
研发加计扣除所得税减免额度					0.3849***	
					(0.0352)	
技术转让所得税减免额度						0.2744***
						(0.0929)
控制变量	控制	控制	控制	控制	控制	控制
观测值	12519	12519	12519	12519	12519	12519
R^2	0.6975	0.6840	0.7014	0.6936	0.6963	0.6750

3. 融资规模对高企创新的影响

表4-3-3展示的是融资规模对中小微高企创新的影响。第(1)列结果表明,银行贷款额对高企创新存在显著的促进效应,银行贷款额每增加1%,高企新产品产值平均增加约0.30%;第(2)列结果表明,当年获得银行贷款金额每增加1%,高企新产品产值平均增加

约0.31%;第(3)列结果表明,企业上市融资股本每增加1%,高企新产品产值平均增加约0.24%;第(4)列结果表明,企业境外上市融资股本每增加1%,高企新产品产值平均增加约0.30%;第(5)列的结果表明,当年获得创业风险投资机构的风险投资额每增加1%,高企新产品产值平均增加0.31%。

表4-3-3　　　　　融资规模对中小微高企创新的影响

模型	(1)	(2)	(3)	(4)	(5)
因变量	新产品产值					
银行贷款额	0.2978***				
	(0.0200)				
当年获得银行贷款金额		0.3071***			
		(0.0195)			
企业上市融资股本			0.2362***		
			(0.0304)		
企业境外上市融资股本				0.2997***	
				(0.0683)	
当年获得创业风险投资机构的风险投资额					0.3119***
					(0.0379)
控制变量	控制	控制	控制	控制	控制
观测值	14466	14464	21696	21696	21696
R^2	0.6109	0.6139	0.6171	0.6130	0.6171

4. 科技人才规模对高企创新的影响

表4-3-4展示的是高级劳动力要素规模对中小微高企新产品产值的影响。第(1)列结果表明,外籍常驻人员对高企创新存在显著的促进效应,外籍常驻人员每增加1%,高企新产品产值平均增加约1.38%;第(2)列结果表明,引进外籍专家每增加1%,高企新产

品产值平均增加约1.46%；第（3）列结果表明，留学归国人员每增加1%，高企新产品产值平均增加约1.31%；第（4）列结果表明，博士学历人员每增加1%，高企新产品产值平均增加约1.64%；第（5）列的结果表明，硕士学历人员每增加1%，高企新产品产值平均增加0.90%；第（6）列的结果表明，大学本科学历人员每增加1%，高企新产品产值平均增加1.05%；第（7）列的结果表明，大学专科学历人员每增加1%，高企新产品产值平均增加1.31%。

表4-3-4 高级劳动力要素规模对中小微高企新产品产值的影响

模型	（1）	（2）	（3）	（4）	（5）	（6）	（7）
因变量	新产品产值							
外籍常驻人员	1.3825*** （0.1661）						
引进外籍专家		1.4576*** （0.2828）					
留学归国人员			1.3090*** （0.1342）				
博士学历人员				1.6413*** （0.1047）			
硕士学历人员					0.9005*** （0.0839）		
大学本科学历人员						1.0479*** （0.0764）	
大学专科学历人员							1.3132*** （0.0713）
控制变量	控制	控制	控制	控制	控制	控制	控制
观测值	21696	21696	21696	21696	21696	21696	21696
R^2	0.6207	0.6167	0.6247	0.6384	0.6281	0.6316	0.6438

(二) 基于中小微高新技术企业

1. 中小微高企研发经费对企业创新的影响

表 4-3-5 展示的是科技活动经费投入对中小微高企创新的影响。第 (1) 列结果表明,科技活动费用对中小微高企创新存在显著

表 4-3-5　　科技活动投入对中小微高企新产品产值的影响

模型	(1)	(2)	(3)	(4)	(5)	(6)	(7)
因变量	\multicolumn{7}{c}{新产品产值}						
科技活动费用	0.6014***						
	(0.0368)						
直接投入费用		0.7019***					
		(0.0335)					
委托外单位开展科技活动费用			0.3229***				
			(0.0349)				
委托境内研究机构				0.2367***			
				(0.0448)			
委托境内高等学校					0.3643***		
					(0.0498)		
委托境内企业						0.2484***	
						(0.0408)	
委托境外机构							0.1494***
							(0.0405)
控制变量	控制	控制	控制	控制	控制	控制	控制
观测值	12519	8346	12519	12519	12519	12519	12519
R^2	0.7109	0.7003	0.6865	0.6771	0.6808	0.6794	0.6746

注:所有模型的控制变量为企业资产总额、营业收入以及期末人员规模,并对所有控制变量进行加1取对数处理。所有模型的核心解释变量均进行加1取对数处理。

的促进效应，科技活动费用投入每增加1%，中小微高企新产品产值平均增加约0.60%；第（2）列的结果表明，直接投入费用每增加1%。中小微高企新产品产值平均增加约0.70%；第（3）列结果表明，委托外单位开展科技活动费用每增加1%，中小微高企新产品产值平均增加约0.32%；第（4）列结果表明，委托境内研究机构经费每增加1%，中小微高企新产品产值平均增加约0.24%；第（5）列结果表明，委托境内高等学校经费每增加1%，中小微高企新产品产值平均增加约0.36%；第（6）列的结果表明，委托境内企业经费每增加1%，中小微高企新产品产值平均增加0.25%；第（7）列的结果表明，委托境外机构经费每增加1%，中小微高企新产品产值平均增加约0.15%。

表4-3-6展示的是科技活动投入对中小微高企发明专利申请数量的影响。第（1）列结果表明，科技活动费用每增加1%，中小微高企发明专利申请数量平均增加约0.09%；第（2）列结果表明，直接投入费用每增加1%。中小微高企发明专利申请数量平均增加约0.09%；第（3）列结果表明，委托外单位开展科技活动费用每增加1%，中小微高企发明专利申请数量平均增加约0.10%；第（4）列结果表明，委托境内研究机构经费每增加1%，中小微高企新发明专利申请数量平均增加约0.11%；第（5）列结果表明，委托境内高等学校经费每增加1%，中小微高企发明专利申请数量平均增加约0.15%；第（6）列的结果表明，委托境内企业经费每增加1%，中小微高企发明专利申请数量平均增加0.09%；第（7）列的结果表明，委托境外机构经费每增加1%，中小微高企发明专利申请数量平均增加约0.07%。

表4-3-6　科技活动投入对中小微高企发明专利申请数量的影响

模型	(1)	(2)	(3)	(4)	(5)	(6)	(7)
因变量	\multicolumn{7}{c}{发明专利申请数量}
科技活动费用	0.0857***						
	(0.0084)						
直接投入费用		0.0850***					
		(0.0086)					
委托外单位开展科技活动费用			0.0982***				
			(0.0089)				
委托境内研究机构				0.1102***			
				(0.0114)			
委托境内高等学校					0.1448***		
					(0.0136)		
委托境内企业						0.0861***	
						(0.0108)	
委托境外机构							0.0690**
							(0.0274)
控制变量	控制	控制	控制	控制	控制	控制	控制
观测值	12519	8346	12519	12519	12519	12519	12519
R^2	0.7232	0.6938	0.7300	0.7207	0.7283	0.7209	0.7112

表4-3-7展示的是科技活动投入对中小微高企发明专利授权数量的影响。第（1）列结果表明，科技活动费用每增加1%，中小微高企发明专利授权数量平均增加约0.05%；第（2）列结果表明，直接投入经费每增加1%，中小微高企发明专利申请数量平均增加约0.05%；第（3）列结果表明，委托外单位开展科技活动费用每增加1%，中小微高企发明专利申请数量平均增加约0.08%；第（4）列结果表明，委托境内研究机构经费每增加1%，中小微高企新发明专利申请数量平均增加约0.10%；第（5）列结果表明，委托境内高等

学校经费每增加1%，中小微高企发明专利申请数量平均增加约0.11%；第（6）列的结果表明，委托境内企业经费每增加1%，中小微高企发明专利申请数量平均增加0.08%；第（7）列的结果表明，委托境外机构经费每增加1%，中小微高企发明专利申请数量平均增加约0.09%。

表4-3-7　科技活动投入对中小微高企发明专利授权数量的影响

模型	（1）	（2）	（3）	（4）	（5）	（6）	（7）
因变量	\multicolumn{7}{l}{发明专利授权数量}						
科技活动费用	0.0447***						
	(0.0059)						
直接投入费用		0.0471***					
		(0.0061)					
委托外单位开展科技活动费用			0.0783***				
			(0.0078)				
委托境内研究机构				0.1000***			
				(0.0108)			
委托境内高等学校					0.1116***		
					(0.0128)		
委托境内企业						0.0778***	
						(0.0097)	
委托境外机构							0.0881***
							(0.0270)
控制变量	控制	控制	控制	控制	控制	控制	控制
观测值	12519	8346	12519	12519	12519	12519	12519
R^2	0.6550	0.6191	0.6709	0.6640	0.6676	0.6641	0.6520

2. 减税规模对中小微高企创新的影响

表4-3-8展示的是减税规模对中小微高企新产品产值的影响。第

(1) 列结果表明,减免税总额对中小微高企创新存在显著的促进效应,减免税总额每增加1%,中小微高企新产品产值平均增加约0.41%;第(2) 列的结果表明,增值税减免额度每增加1%,中小微高企新产品产值平均增加约0.27%;第(3) 列结果表明,所得税减免额度每增加1%,中小微高企新产品产值平均增加约0.44%;第(4) 列结果表明,高新技术企业减免税规模每增加1%,中小微高企新产品产值平均增加约0.37%;第(5) 列结果表明,研发加计扣除所得税减免额度每增加1%,中小微高企新产品产值平均增加约0.39%;第(6) 列的结果表明,技术转让所得税减免每增加1%,中小微高企新产品产值平均增加0.27%。

表4-3-8　　　　中小微高企减税对企业新产品产值的影响

模型	(1)	(2)	(3)	(4)	(5)	(6)
因变量	新产品产值					
减免税总额	0.4132***					
	(0.0362)					
增值税减免额度		0.2725***				
		(0.0333)				
所得税减免额度			0.4395***			
			(0.0354)			
高新技术企业减免税额度				0.3649***		
				(0.0341)		
研发加计扣除所得税减免额度					0.3849***	
					(0.0352)	
技术转让所得税减免额度						0.2744***
						(0.0929)
控制变量	控制	控制	控制	控制	控制	控制
观测值	12519	12519	12519	12519	12519	12519
R^2	0.6975	0.6840	0.7014	0.6936	0.6963	0.6750

表4-3-9 中小微高新技术企业减税对企业发明专利申请数量的影响

模型	(1)	(2)	(3)	(4)	(5)	(6)
因变量	\multicolumn{6}{c}{发明专利申请数量}
减免税总额	0.0857***					
	(0.0084)					
增值税减免额度		0.0850***				
		(0.0086)				
所得税减免额度			0.0982***			
			(0.0089)			
高新技术企业减免税额度				0.1102***		
				(0.0114)		
研发加计扣除所得税减免额度					0.1448***	
					(0.0136)	
技术转让所得税减免额度						0.0861***
						(0.0108)
控制变量	控制	控制	控制	控制	控制	控制
观测值	12519	8346	12519	12519	12519	12519
R^2	0.7232	0.6938	0.7300	0.7207	0.7283	0.7209

表4-3-9展示的是减税规模对中小微高企发明专利申请数量的影响。第（1）列结果表明，减免税总额对中小微高企发明专利申请数量存在显著的促进效应，减免税总额每增加1%，中小微高企发明专利申请数量平均增加约0.09%；第（2）列的结果表明，增值税减免额度每增加1%，中小微高企发明专利申请数量平均增加约0.09%；第（3）列结果表明，所得税减免额度每增加1%，中小微高企发明专利申请数量平均增加约0.10%；第（4）列结果表明，高新技术企业减免税规模每增加1%，中小微高企发明专利申请数量平均增加约0.11%；第（5）列结果表明，研发加计扣除所得税减免额度每增加1%，中小微高企发明专利申请数量平均增加约0.15%；第

（6）列的结果表明，技术转让所得税减免每增加1%，中小微高企发明专利申请数量平均增加0.09%。

表4-3-10　中小微高新技术企业减税对企业发明专利授权数量的影响

模型	（1）	（2）	（3）	（4）	（5）	（6）
因变量	发明专利授权数量					
减免税总额	0.0447*** (0.0059)					
增值税减免额度		0.0471*** (0.0061)				
所得税减免额度			0.0783*** (0.0078)			
高新技术企业减免税额度				0.1000*** (0.0108)		
研发加计扣除所得税减免额度					0.1116*** (0.0128)	
技术转让所得税减免额度						0.0778*** (0.0097)
控制变量	控制	控制	控制	控制	控制	控制
观测值	12519	8346	12519	12519	12519	12519
R^2	0.6550	0.6191	0.6709	0.6640	0.6676	0.6641

表4-3-10展示的是减税规模对中小微高企发明专利授权数量的影响。第（1）列结果表明，减免税总额对中小微高企发明专利授权数量存在显著的促进效应，减免税总额每增加1%，中小微高企发明专利授权数量平均增加约0.05%；第（2）列的结果表明，增值税减免额度每增加1%，中小微高企发明专利授权数量平均增加约0.05%；第（3）列结果表明，所得税减免额度每增加1%，中小微

高企发明专利授权数量平均增加约0.08%；第（4）列结果表明，高新技术企业减免税额度每增加1%，中小微高企发明专利授权数量平均增加约0.10%；第（5）列结果表明，研发加计扣除所得税减免额度每增加1%，中小微高企发明专利授权数量平均增加约0.11%；第（6）列的结果表明，技术转让所得税减免每增加1%，中小微高企发明专利授权数量平均增加0.08%。

3. 中小微高企融资规模对企业创新的影响

表4-3-11展示的是融资规模对中小微高企新产品产值的影响。第（1）列结果表明，银行贷款额对中小微高企创新存在显著的促进效应，银行贷款额每增加1%，中小微高企新产品产值平均增加约0.24%；第（2）列的结果表明，当年获得银行贷款金额每增加1%，中小微高企新产品产值平均增加约0.24%；第（3）列结果表明，企业上市融资股本每增加1%，中小微高企新产品产值平均增加约0.11%；第（4）列结果表明，企业境外上市融资股本每增加1%，中小微高企新产品产值平均增加约0.14%；第（5）列结果表明，当年获得创业风险投资机构的风险投资额每增加1%，中小微高企新产品产值平均增加约0.21%。

表4-3-11　　　　融资规模对中小微高企创新的影响

模型	（1）	（2）	（3）	（4）	（5）
因变量	新产品产值					
银行贷款额	0.2392***				
	(0.0267)				
当年获得银行贷款金额		0.2352***			
		(0.0256)			

续表

模型	(1)	(2)	(3)	(4)	(5)
企业上市融资股本			0.1064***		
			(0.0271)		
企业境外上市融资股本				0.1351	
				(0.0902)	
当年获得创业风险投资机构的风险投资额					0.2122***
					(0.0473)
控制变量	控制	控制	控制	控制	控制
观测值	8346	8344	12519	12519	12519
R^2	0.6557	0.6561	0.6751	0.6744	0.6763

表4-3-12展示的是融资规模对中小微高企新产品产值的影响。第（1）列结果表明，银行贷款额对中小微高企创新存在显著的促进效应，银行贷款额每增加1%，中小微高企发明专利申请数量平均增加约0.04%；第（2）列的结果表明，当年获得银行贷款金额每增加1%，中小微高企发明专利申请数量平均增加约0.05%；第（3）列结果表明，企业上市融资股本每增加1%，中小微高企发明专利申请数量平均增加约0.001%；第（4）列结果表明，企业境外上市融资股本每增加1%，中小微高企发明专利申请数量平均增加约0.02%；第（5）列结果表明，当年获得创业风险投资机构的风险投资额每增加1%，中小微高企发明专利申请数量平均增加约0.08%。

表4-3-12　　融资规模对中小微高企发明专利申请数量的影响

模型	(1)	(2)	(3)	(4)	(5)
因变量	发明专利申请数量				

续表

模型	(1)	(2)	(3)	(4)	(5)
银行贷款额	0.0443*** (0.0052)				
当年获得银行贷款金额		0.0489*** (0.0052)			
企业上市融资股本			0.0006 (0.0108)		
企业境外上市融资股本				0.0193 (0.0511)	
当年获得创业风险投资机构的风险投资额					0.0745*** (0.0139)
控制变量	控制	控制	控制	控制	控制
观测值	8346	8344	12519	12519	12519
R^2	0.6881	0.6911	0.7101	0.7101	0.7145

表4-3-13展示的是融资规模对中小微高企新产品产值的影响。第（1）列结果表明，银行贷款额对中小微高企创新存在显著的促进效应，银行贷款额每增加1%，中小微高企发明专利授权数量平均增加约0.03%；第（2）列的结果表明，当年获得银行贷款金额每增加1%，中小微高企发明专利授权数量平均增加约0.03%；第（3）列结果表明，企业上市融资股本每增加1%，中小微高企发明专利授权数量平均增加约0.02%；第（4）列结果表明，企业境外上市融资股本每增加1%，中小微高企发明专利授权数量平均增加约0.01%；第（5）列结果表明，当年获得创业风险投资机构的风险投资额每增加1%，中小微高企发明专利授权数量平均增加约0.07%。

表4-3-13　　融资规模对中小微高企发明专利授权数量的影响

模型	(1)	(2)	(3)	(4)	(5)
因变量	\multicolumn{5}{c}{发明专利授权数量}
银行贷款额	0.0289***				
	(0.0040)				
当年获得银行贷款金额		0.0317***			
		(0.0040)			
企业上市融资股本			0.0147		
			(0.0120)		
企业境外上市融资股本				0.0047	
				(0.0549)	
当年获得创业风险投资机构的风险投资额					0.0696***
					(0.0153)
控制变量	控制	控制	控制	控制	控制
观测值	8346	8344	12519	12519	12519
R^2	0.6182	0.6202	0.6492	0.6488	0.6555

4. 中小微高新技术企业科技人才规模对创新的影响

表4-3-14展示的是科技人才规模对中小微高企新产品产值的影响。第（1）列结果表明，外籍常驻人员对中小微高企创新存在显著的促进效应，外籍常驻人员每增加1%，中小微高企新产品产值平均增加约0.75%；第（2）列的结果表明，引进外籍专家每增加1%，中小微高企新产品产值平均增加约0.52%；第（3）列结果表明，留学归国人员每增加1%，中小微高企新产品产值平均增加约0.72%；第（4）列结果表明，博士学历人员每增加1%，中小微高企新产品产值平均增加约1.36%；第（5）列结果表明，硕士学历人员每增加1%，中小微高企新产品产值平均增加约0.72%；第（6）列结果表明，大学本科学历人员每增加1%，中小微高企新产品产值平均增加

约 1.03%；第（7）列结果表明，大学专科学历人员每增加 1%，中小微高企新产品产值平均增加约 1.09%。

表 4-3-14　　科技人才规模对中小微高企新产品产值的影响

模型	（1）	（2）	（3）	（4）	（5）	（6）	（7）
因变量	新产品产值							
外籍常驻人员	0.7570*** (0.1951)						
引进外籍专家		0.5146* (0.2928)					
留学归国人员			0.7241*** (0.1756)				
博士学历人员				1.3630*** (0.1345)			
硕士学历人员					0.7145*** (0.1179)		
大学本科学历人员						1.0265*** (0.1168)	
大学专科学历人员							1.0882*** (0.1096)
控制变量	控制	控制	控制	控制	控制	控制	控制
观测值	12519	12519	12519	12519	12519	12519	12519
R^2	0.6763	0.6747	0.6772	0.6896	0.6812	0.6864	0.6900

表 4-3-15 展示的是科技人才规模对中小微高企发明专利申请数量的影响。第（1）列结果表明，外籍常驻人员对中小微高企创新存在显著的促进效应，外籍常驻人员每增加 1%，中小微高企发明专利申请数量平均增加约 0.36%；第（2）列的结果表明，引进外籍专家每增加 1%，中小微高企发明专利申请数量平均增加约 0.38%；第

(3)列结果表明,留学归国人员每增加1%,中小微高企发明专利申请数量平均增加约0.46%;第(4)列结果表明,博士学历人员每增加1%,中小微高企发明专利申请数量平均增加约0.48%;第(5)列结果表明,硕士学历人员每增加1%,中小微高企发明专利申请数量平均增加约0.37%;第(6)列结果表明,大学本科学历人员每增加1%,中小微高企发明专利申请数量平均增加约0.31%;第(7)列结果表明,大学专科学历人员每增加1%,中小微高企发明专利申请数量平均增加约0.24%。

表4-3-15 科技人才规模对中小微高企发明专利申请数量的影响

模型	(1)	(2)	(3)	(4)	(5)	(6)	(7)
因变量	发明专利申请数量						
外籍常驻人员	0.3578*** (0.0552)						
引进外籍专家		0.3780*** (0.0986)					
留学归国人员			0.4612*** (0.0426)				
博士学历人员				0.4779*** (0.0334)			
硕士学历人员					0.3696*** (0.0250)		
大学本科学历人员						0.3054*** (0.0266)	
大学专科学历人员							0.2354*** (0.0233)
控制变量	控制	控制	控制	控制	控制	控制	控制
观测值	12519	12519	12519	12519	12519	12519	12519
R^2	0.7179	0.7140	0.7310	0.7432	0.7428	0.7290	0.7230

表4-3-16展示的是科技人才规模对中小微高企发明专利授权数量的影响。第（1）列结果表明，外籍常驻人员对中小微高企创新存在显著的促进效应，外籍常驻人员每增加1%，中小微高企发明专利授权数量平均增加约0.36%；第（2）列的结果表明，引进外籍专家每增加1%，中小微高企发明专利授权数量平均增加约0.39%；第（3）列结果表明，留学归国人员每增加1%，中小微高企发明专利授

表4-3-16　科技人才规模对中小微高企发明专利授权数量的影响

模型	(1)	(2)	(3)	(4)	(5)	(6)	(7)
因变量	发明专利授权数量							
外籍常驻人员	0.3588***						
	(0.0512)						
引进外籍专家		0.3930***					
		(0.0856)					
留学归国人员			0.3508***				
			(0.0410)				
博士学历人员				0.4383***			
				(0.0277)			
硕士学历人员					0.2881***		
					(0.0198)		
大学本科学历人员						0.2401***	
						(0.0188)	
大学专科学历人员							0.1815***
							(0.0166)
控制变量	控制	控制	控制	控制	控制	控制	控制
观测值	12519	12519	12519	12519	12519	12519	12519
R^2	0.6625	0.6563	0.6698	0.6973	0.6833	0.6691	0.6622

权数量平均增加约0.35%；第（4）列结果表明，博士学历人员每增加1%，中小微高企发明专利授权数量平均增加约0.44%；第（5）列结果表明，硕士学历人员每增加1%，中小微高企发明专利授权数量平均增加约0.29%；第（6）列结果表明，大学本科学历人员每增加1%，中小微高企发明专利授权数量平均增加约0.24%；第（7）列结果表明，大学专科学历人员每增加1%，中小微高企发明专利授权数量平均增加约0.18%。

◇ 四 对中小微高企创新及影响因素简要总结

2017—2019年全国中小微高新技术企业的数量规模得到大幅增长。其中，民营中小微高企的数量规模从2018年的83906家上升到2019年的192971家，年增长率约为129.99%，非民营中小微高企的数量规模从2018年的9888家上升到2019年的18367家，年增长率约为85.75%。本文分别针对中小微高企的创新贡献、科技研发投入、税收减免、融资渠道以及人才分布结构的发展情况进行了分析。

2017—2019年，中小微高企的专利申请数量增长较快，尤其是国外专利申请数量的增长速度更加突出。值得注意的是，2017—2019年，无论是专利申请数量还是专利授权数量，大型高企户均创新水平约为中小微高企的10倍左右，并且中小微高企数量近年来呈现逐年下滑的变化趋势。因此，在中小微高企数量不断增加的过程中，政府不能只关注中小微高企的创新总量，更要关注中小微高企户均创新能力的提升问题，不能被数量稀释质量。

本章分析发现，对于中小微高企，来自政府部门的科技活动经费和直接投入费用占全部高企比重与其数量规模不对应，因此，未来政府应制定合宜的企业创新激励政策，鼓励中小微高企加大研发投入。

此外，中小微高企主要税收减免来源为技术转让所得税减免。说明中小微高企近年来更倾向通过技术成果转让来获得政府税收扶持。对于高企的劳动力要素吸纳能力，超过一半的新增劳动力和高校应届毕业生被中小微高企吸纳，因而政府提升中小微高企的数量规模，对维持中国稳定的就业形势至关重要。

第五章

影响中小企业创新的市场环境因素

产学研结合、所有制差异、税收政策、外资进入、垄断企业冲击是影响中小企业创新的外部环境,本章对这几个因素对创新的影响进行分析。

◇ 一 高等教育及产学研结合

高校是产学研合作的重要主体,具有科研经费充足和高水平研究人员充裕的天然优势,其生产的知识可以为企业所用并转化为企业创新的推动力。高校对企业创新存在明显的知识溢出效应——一方面,高校的公开研究成果以显性知识形式存在,可以直接为企业所用;另一方面,高校与企业能够通过人员之间的流动沟通使得高校生产的知识以隐性形式扩散到企业中,最终内化为企业的创新动力。同时高校作为教育机构,在培养人才、增加劳动者人力资本方面也具有重要作用。但中国也长期存在高校对中小微企业创新影响较小的问题。

(一) 高等教育研发情况

1. 高校研发项目统计

图 5-1-1、图 5-1-2、图 5-1-3 显示中国高校研发项目数量、当年人员投入和当年拨入经费逐年快速稳定增长，高校研发能力快速增强。

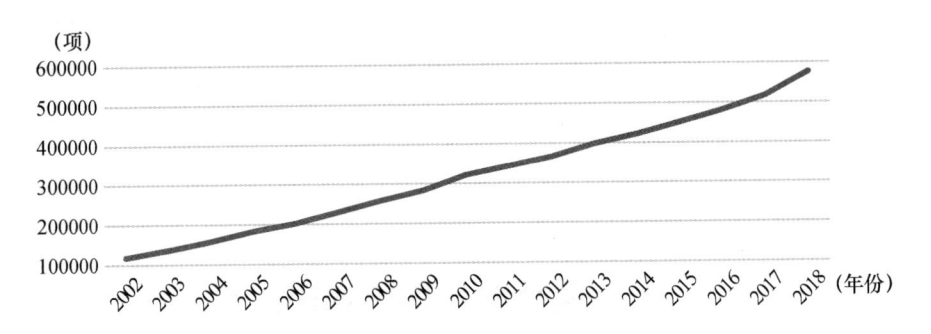

图 5-1-1　2002—2018 年高校研发项目数量不断增长

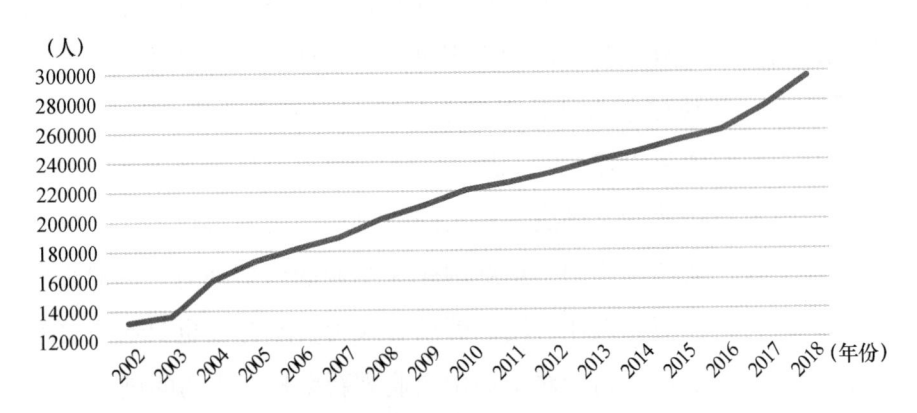

图 5-1-2　2002—2018 年高校研发项目当年投入人员数不断增长

第五章 影响中小企业创新的市场环境因素 | 127

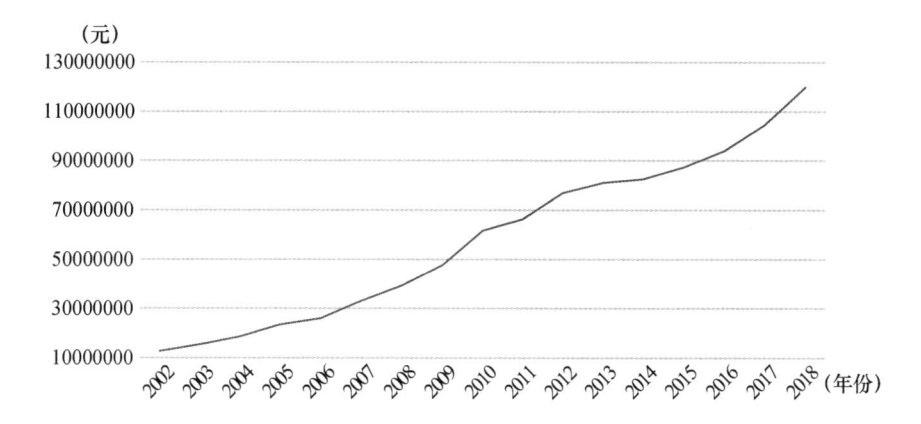

图 5 – 1 – 3 2002—2018 年高校研发项目当年拨入经费变化趋势不断增长

图 5 – 1 – 4、图 5 – 1 – 5、图 5 – 1 – 6 显示中国高校研发项目中，应用研究在项目数量、投入人员和当年拨入经费三个方面所占比重都是最多，基础研究次之，试验发展项目最少。高校基础研究与试验发展研究相对较少，应用研究相对较多。

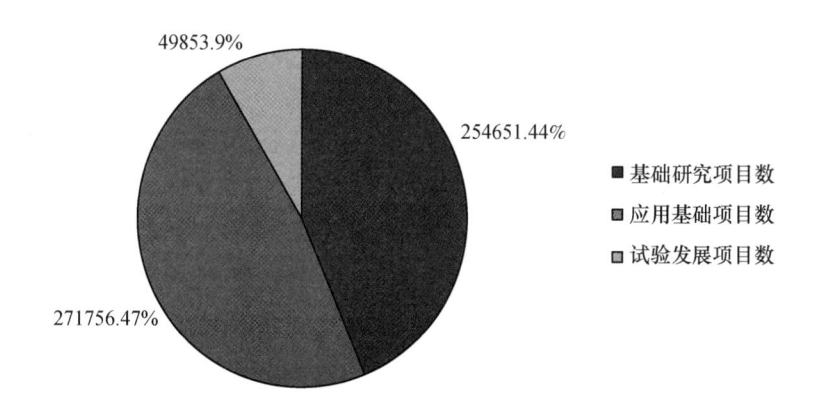

图 5 – 1 – 4 2018 年高校研发项目类型比例分布

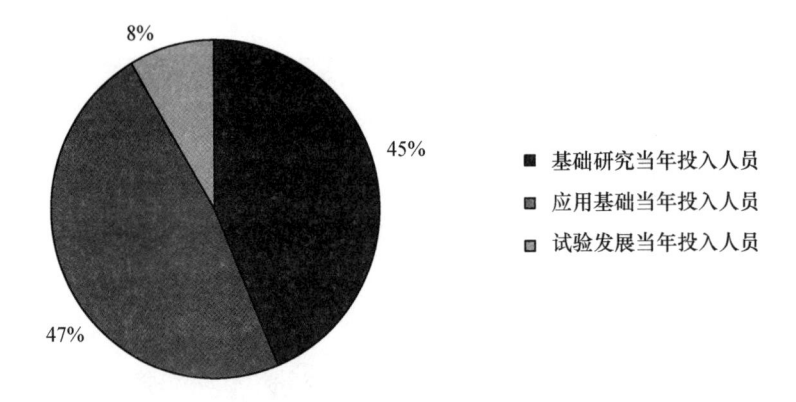

图 5-1-5　2018 年高校研发人员投入比例分布

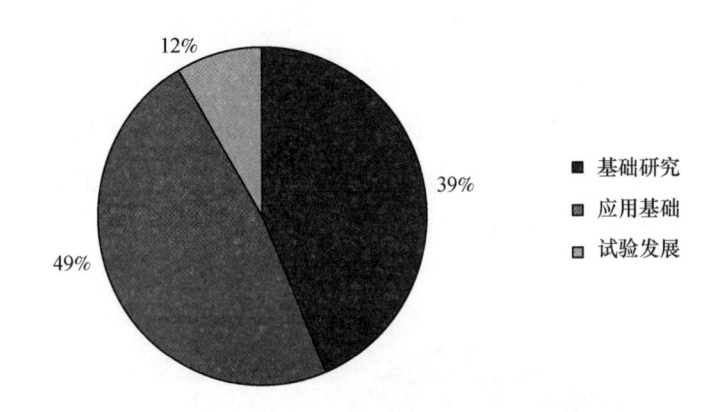

图 5-1-6　2018 年高校研发当年拨入经费比例分布

2. 高校技术转让情况

图 5-1-7、图 5-1-8 显示中国高校签订技术转让的合同数量总体呈上升趋势，逐年看合同数量有波动；高校签订的技术转让合同金额自 2006 年起呈逐年上升趋势。但相比于高校投入增长则慢得多。

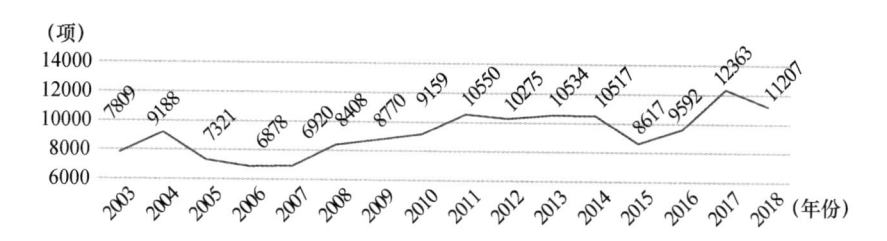

图 5-1-7　2003—2018 年高校签订技术转让合同数量

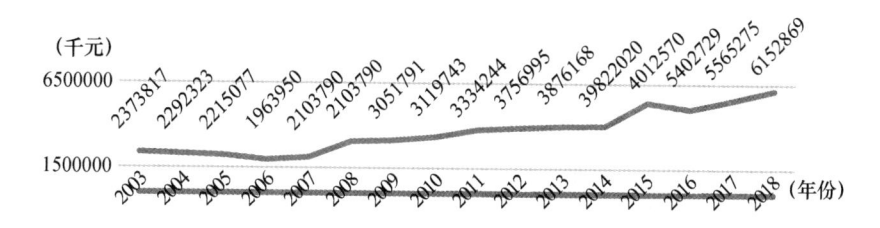

图 5-1-8　2003—2018 年高校签订技术转让合同金额

图 5-1-9、图 5-1-10 显示高校与民营企业签订技术转让合同数量和金额都占据总合同的绝大多数，分别达到了 74% 和 66%；与民营企业签订的技术转让合同的金额在合同总金额中的占比低于合同数量在合同总数中的占比，说明高校与民营企业的单笔合同金额较小，低于总体平均水平。高校与国有企业签订的技术转让合同数量和金额在总合同中所占比重居第二位，占比分别为 17% 和 28%；与国有企业签订的技术转让合同的金额在合同总金额中的占比高于合同数量在合同总数中的占比，说明高校与国有企业的单笔合同金额较大，高于总体平均水平。高校与外资企业签订的技术转让合同数量和金额占比最少，分别为 8% 和 5%。

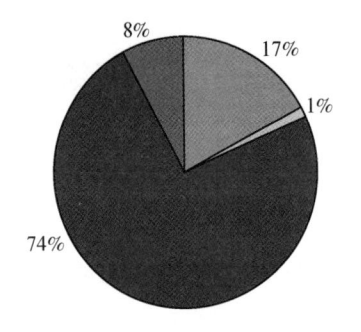

图 5-1-9 2018年高校签订技术转让合同比例分布

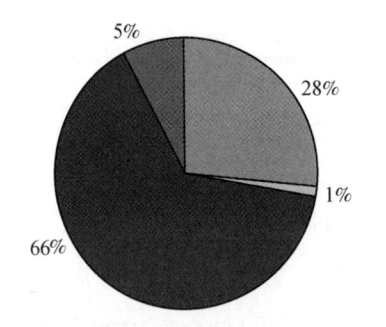

图 5-1-10 2018年高校签订技术转让金额比例分布

(二) 高校与企业创新相关性分析

本节选取国泰安经济金融研究数据库作为资料来源。选取2017年企业研发人员占员工总数比重、2017年研发投入占营业收入比重和2017年企业专利申请件数作为企业研发创新的指标；企业样本选取为2004—2019年间在A股上市且当前未退市的企业，并以省份为单位对数据做平均化处理，分别得到A股企业和创业板企业在每个省份的平均研发人员占比、研发投入占营收比重和专利申请件数。以 A 股企业代表企业整体情况，以创业板企业代表中小企业情况。

1. 企业研发人员与高校数量

如图 5-1-11 所示，普通高校数量与总体企业研发人员占比有较强正相关关系[①]，计算可得相关系数为 0.431，与中小企业相关性较弱，相关系数为 0.082；部办普通高校与总体企业研发人员占比有强正相关关系，相关系数为 0.598，与中小企业也有强正相关关系，相关系数为 0.524；普通本科与总体企业研发人员占比有强正相关关系，相关系数为 0.575，与中小企业有正相关关系，相关系数为 0.270；普通高职与总体企业研发人员占比有正相关关系，相关系数为 0.255，与中小企业相关性较弱，相关系数为 -0.093；成人高校与总体企业研发人员占比有强正相关性，相关系数为 0.677，与中小企业也有强正相关关系，相关系数为 0.450。

对比分析总体企业与中小企业。总体上高校与总体企业和中小企都有正相关关系，但是与中小企业的相关性弱于总体企业，一定程度上反映出高校对于中小企业的知识溢出作用还有待提高。普通高职院校与企业总体和中小企业都有一定的负相关关系，虽然这一现象并不具有因果性，但是一定程度上反映出中国职业教育水平相对较低、对于企业创新贡献度低的情况。部办高校与总体企业和中小企业的正相关系数都很大，反映出高水平大学与创新之间的强相关性，两者之间的具体关系还有待进一步因果分析。

---

① 相关系数的绝对值大于 0.4 的值，在此称为"强相关关系"；绝对值介于 0.3～0.4 的值称为"较强相关关系"；绝对值介于 0、1—0.3 的值称为"有相关性"；绝对值小于 0.1 的值称为"相关性较弱"。下同。

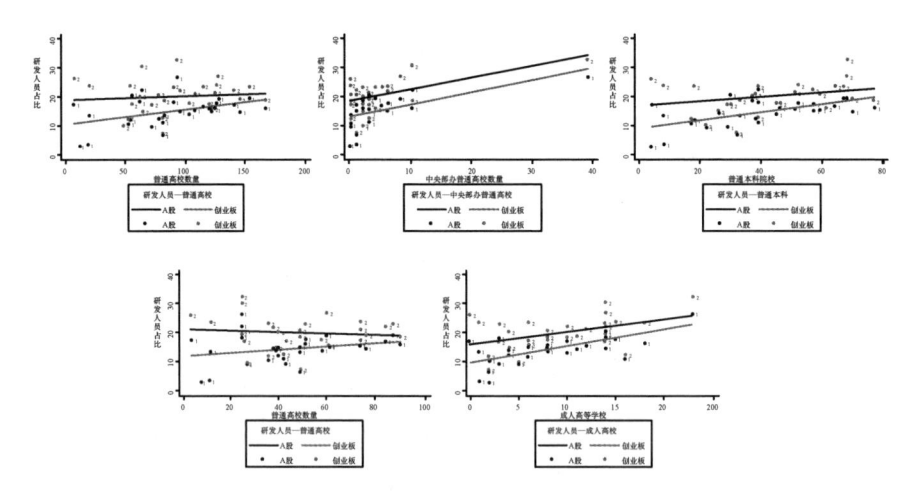

图 5-1-11　研发人员投入与高校数量的相关性

2. 企业研发投入与高校

如图 5-1-12 所示，普通高校与总体企业研发投入占比有较强正相关关系，计算可得相关系数为 0.360，与中小企业有负相关性，相关系数为 -0.211；部办普通高校与总体企业研发投入占比有强正相关关系，相关系数为 0.495，与中小企业也有较强正相关关系，相关系数为 0.359；普通本科与总体企业研发投入占比有强正相关关系，相关系数为 0.455，与中小企业相关性较弱，相关系数为 -0.047；普通高职与总体企业有正相关性，相关系数为 0.237，与中小企业有较强负相关关系，相关系数为 -0.325；成人高校与总体企业有显著正相关性，相关系数为 0.490，与中小企业相关性较弱，相关系数为 0.099。

对比分析总体企业与中小企业。总体上看，各种类型的高校与总体企业的研发投入的正相关性强于中小企业。中小企业的研发投入与各类高校的数量相关性都较弱，且多数为负相关。

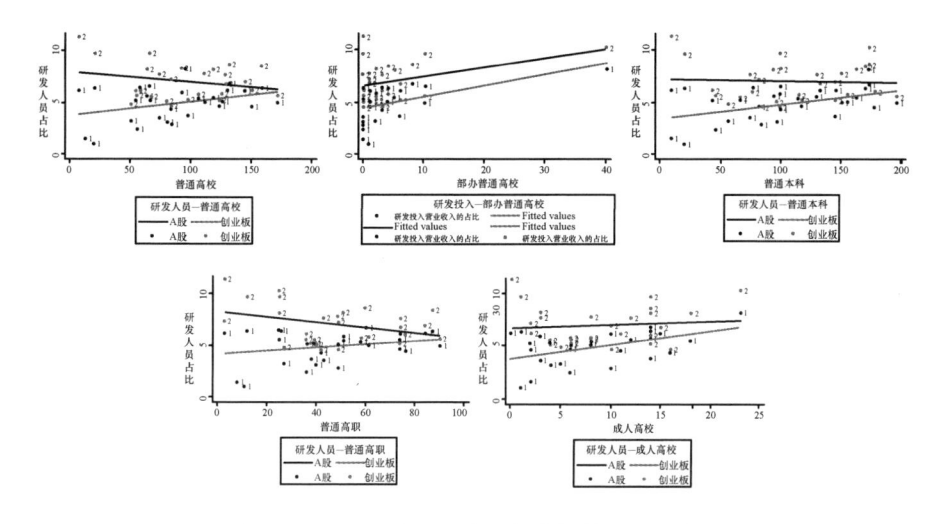

图 5-1-12　研发投入占比与高校数量的相关性

3. 企业专利申请数与高校

如图 5-1-13 所示，普通高校与总体企业专利申请数有较强正相关性，计算可得相关系数为 0.386，与中小企业有正相关关系，相关系数为 0.165；部办普通高校与总体企业专利申请数有强正相关关系，相关系数为 0.729，与中小企业也有正相关性，相关系数为 0.158；普通本科与总体企业专利申请数有强正相关关系，相关系数为 0.531，与中小企业有正相关性，相关系数为 0.290；普通高职与总体企业专利申请数有正相关关系，相关系数为 0.215，与中小企业相关性较弱，相关系数为 0.029；成人高校与总体企业专利申请数有强正相关关系，相关系数为 0.480，与中小企业有正相关关系，相关系数为 0.222。

对比分析总体企业与中小企业。总体上看，各种类型的高校与总体企业和中小企业的专利申请数都具有正相关性，但是与中小企业的相关性较弱。

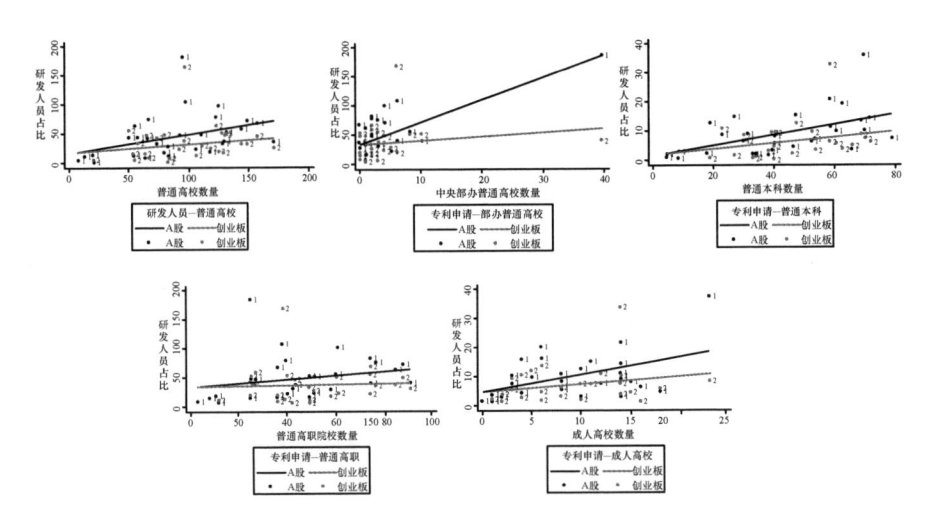

图 5-1-13　企业专利申请数与高校数量的相关性

(三) 高校对企业创新影响的因果性分析

本节企业资料来源于国泰安经济金融数据库,地区宏观资料来源于国泰安经济金融数据和北京大学国家发展研究院,高校资料来源于教育部《高等学校科技统计资料汇编》。数据年份选择2008—2017年,数据范围选取8个发展程度较为成熟的城市群[①]。

1. 高校对企业创新的影响

由表5-1-1列(3)系数可知,企业所收到高校知识溢出每增加1%,企业的专利申请数就会提高0.031%。这表明高校可以通过

---

① 8个城市群分别为京津冀城市群、长江三角洲城市群、珠江三角洲城市群、川渝城市群、长江中游城市群、山东半岛城市群、辽中南半岛城市群、关中城市群。城市群划分依据为《国家新型城镇化规划(2014)》。

知识溢出渠道促进企业创新。

2. 基于不同企业所有制的分析

表 5-1-2 第（3）列显示，高校知识外溢对企业创新的促进作用在国有企业中表现得更为明显。具体而言，知识溢出每增加 1%，对于国有企业创新的效应会比非国有企业高 0.0214%。这一结果与中国的现实相符，国有企业大多以政府为依托，并且与当地高校保持着更密切的合作，而非国有企业大多依赖于自有研发团队，对高校研发活动产生的外溢效应关注度和采用度更低，因此高校集聚通过知识溢出作用于企业创新的影响效果会在国有企业中表现得更为明显。

表 5-1-1　　　科技活动投入对中小微高企新产品产值的影响

模型	(1)	(2)	(3)
因变量	专利申请数量的对数值		
企业收到来自高校的知识溢出	0.0725***	0.0535***	0.0310***
	(0.00546)	(0.00814)	(0.00823)
城市控制变量	未控制	控制	控制
企业控制变量	未控制	未控制	控制
观测值	11742	8677	6844
R^2	0.015	0.025	0.237

注：企业收到来自高校的知识溢出 = 企业所在城市高校教学与科研人员数量 + $\sum$（1 - 城市群内另一城市 j 城到企业所在城市距离/1.5 小时高铁交通圈距离）× j 城高校教学与科研人员数量，并对计算结果取对数。城市控制变量为企业所在城市的人均 GDP 和城市创新指数（Cityindex，由北京大学国家发展研究院与龙信数据研究院合作创建）。企业控制变量为企业成立年限、融资约束程度、企业研发投入占营业收入的比重、企业资产总额（取对数）、企业净利润（取对数）。表 5-1-2 至表 5-1-4 与此相同。

表5-1-2　　　科技活动投入对中小微高企新产品产值的影响

模型	（1）	（2）	（3）
因变量	专利申请数量的对数值		
企业收到来自高校的知识溢出	0.0399***	0.0254***	0.0253***
	(0.00567)	(0.00848)	(0.00872)
企业收到来自高校的知识溢出×D1	0.0499***	0.0478***	0.0214***
	(0.00227)	(0.00567)	(0.00339)
城市控制变量	未控制	控制	控制
企业控制变量	未控制	未控制	控制
观测值	11026	8245	6474
R^2	0.055	0.057	0.246

注：D1为企业所有制虚拟变量，企业为国企，D1=1，否则为0。

3. 对不同资产负债水平企业的影响

表5-1-3第（3）列结果显示，高校集聚外溢的知识对高资产负债率企业专利申请数量的影响要强于低资产负债率的公司。高校知识溢出增加时高资产负债率的公司比低资产负债率企业专利申请数的增加量更高。交互项系数显示：当公司的债务水平保持在相对较高的水平上时，在对创新活动进行投资时会表现得更加谨慎，更倾向于利用外部研究机构的溢出效应，而低资产负债率的企业，其创新投资受限较小。

表 5-1-3　　科技活动投入对中小微高企新产品产值的影响

模型	(1)	(2)	(3)
因变量	专利申请数量的对数值		
企业收到来自高校的知识溢出	0.0586***	0.0334***	0.0208***
	(0.00563)	(0.00823)	(0.00843)
企业收到来自高校的知识溢出×D2	0.0288***	0.0206***	0.00950***
	(0.00368)	(0.00449)	(0.00465)
D2	1.190***	1.209***	0.544***
	(0.109)	(0.125)	(0.148)
城市控制变量	未控制	控制	控制
企业控制变量	未控制	未控制	控制
观测值	11742	8677	6844
R^2	0.087	0.083	0.250

注：D2 为企业资产负债的虚拟变量，企业资产负债率不低于所有企业资产负债率中位数时，D2=1，否则为 0。

4. 对不同企业规模企业影响

表 5-1-4 第（3）列交乘项系数显示，知识溢出每增加 1%，对于小规模企业创新的效应会比大规模企业高 0.0776%。小企业的自研创新活动受到的约束较大，因而会对外部研发活动的外溢效应有更强反应，相比之下大企业往往有自己的研发团队，因此对于外部其他研究机构所生产的知识的关注度与采用度均较低。

表 5-1-4　　科技活动投入对中小微高企新产品产值的影响

模型	(1)	(2)	(3)
因变量	专利申请数量		
企业收到来自高校的知识溢出	0.121***	0.0959***	0.0683***
	(0.00640)	(0.00912)	(0.00940)

续表

模型	(1)	(2)	(3)
企业收到来自高校的知识溢出×D3	-0.106***	-0.0930***	-0.0776***
	(0.0121)	(0.0155)	(0.0160)
D3	0.470***	0.312*	0.441***
	(0.157)	(0.186)	(0.193)
城市控制变量	未控制	控制	控制
企业控制变量	未控制	未控制	控制
观测值	11026	8245	6474
R2	0.093	0.087	0.263

注：D3 为企业规模的虚拟变量，企业员工人数大于 500 人，D3＝1，否则为 0。

二　制度因素

（一）所有制因素

2020 年 10 月上旬，笔者通过四川省宜宾市非公局进行线上调查获得了 150 个样本企业，其中国有企业 24 家，民企 126 家。根据这些样本，笔者对国企和民企创新能力、制约因素进行了对比分析。

从结果上看，国企有 25% 的企业完全无创新，民企这一比例仅为 14.3%。说明民企更加注重创新。国企的营销、管理创新水平高于民企，而民企在服务、产品以及技术创新方面皆高于国企。民企更加注重自主研发，采用此种方式的民企比例高达 46.83%，国企仅为 16.67%。民企模仿创新比例（18.25%）也明显高于国企（8.33%）。相较而言，国企更关注合作研发（50%）和引进技术（41.67%）及委托研发（29.17%）方式。民企和国企在自主研发和合作研发上的区别主要是大型企业，超过 2000 万元营业额的大型民企自主研发明显多于同等规模的国企，而相应的国企合作研发和引进技术比例明显高于民企。

对于企业提升技术水平过程中面临的困难，民企认为主要的困难在于资金不足（45.24%）以及企业能力不足（30.95）；国企认为主要的困难是技术引入困难（41.67%）、企业能力不足（29.17%）以及缺少合作伙伴（29.17%）。可见，国企相对更多将责任归因于第三方研发不足。同时，民企的融资难度、利率、渠道宽度都明显劣于国企。民企人力资本水平明显劣于国企。

（二）税收政策

从 2010 年起，中国实施技术先进型服务企业所得税税率优惠政策。自 2010 年 7 月 1 日起至 2013 年 12 月 31 日止，在北京、天津、上海、重庆、大连、深圳、广州、武汉、哈尔滨、成都、南京、西安、济南、杭州、合肥、南昌、长沙、大庆、苏州、无锡、厦门 21 个中国服务外包示范城市实行企业所得税优惠政策，对经认定的技术先进型服务业务范围内的企业，减按 15% 的税率征收企业所得税。自 2014 年 1 月 1 日起至 2018 年 12 月 31 日止，实施第二阶段，政策明细与第一阶段相同；2018 年政策推行受益城市至全国。

通过公开的上市公司数据分析整理，笔者发现这样的政策使受益城市企业增加了创新活动开展，提高了研发投入。并且，此政策由于其税收优惠持续性而存在长期效果。这和已有对研发投入加计扣除计税政策的已有众多研究结论一致。

（三）开放政策

近年，中国各行业不同程度地在对外资开放。鼓励外资进入的行业数量不断增多，限制外资进入的行业数量在不断减少，而禁止外资进入的行业数量变动较小。1998年鼓励外资进入的行业企业数量大约是全部企业数量的15.62%，2002年鼓励外资进入的企业数量大约是全部企业数量的45.34%，2004年鼓励外资进入的企业数量大约是全部企业数量的46.1%，而2007年鼓励外资进入的企业样本数量大约是全部企业样本数量的55.67%。引入国外资金可以通过竞争效益、学习效应等对本土企业创新产生正面影响。笔者的统计分析发现，受到对外开放政策影响的行业企业专利申请数量比未受对外开放政策影响的行业企业平均提高了大约2.82%，专利5年内被引数平均提高了大约1.43%，10年内被引数平均提高了大约1.42%，专利种类数量平均提高了大约2.97%。虽然对外开放可能提高中国整体企业创新能力，但是开放带来的所有制和最终财富流失问题仍需要警惕。

三 垄断对中小企业创新和效益的影响

作为市场经济的调节机制，竞争常常被解释为效率的重要来源，而与之相对的垄断则会带来效率损失。在古典经济学思想的深刻影响下，反对垄断、保障市场的公平竞争已在各国达成广泛共识。2021年1月31日，中共中央办公厅、国务院办公厅联合印发《建设高标准市场体系行动方案》，提出要全面完善公平竞争制度，加强和改进反垄断与反不正当竞争执法。

  从静态角度来看，竞争有序的市场对实现资源有效配置和最大化社会福利至关重要。然而，从动态发展的角度来说，作为经济社会进步的主要动力，技术创新与垄断的关系却并不十分明晰。尽管经济学家们针对垄断与技术创新的关系提出了种种猜想和理论，但这些影响机制却会在不同情境下各自发挥不同的主导作用，尤其是垄断程度对不同企业的影响，很可能由于企业规模的不同而存在一定程度的异质性。这使得垄断对中小微企业创新影响值得研究。

  笔者选取中国工业行业的上市公司为研究对象，采用2015—2018年公开数据分析发现，除个别行业在个别年份的垄断程度有所上升之外，对于大部分行业而言，市场集中度整体随时间呈现下降的趋势，这说明2015—2018年间大部分行业的竞争程度有所上升。同时，对于大部分行业而言，市场集中度与研发投入占比的行业平均水平呈负相关。进一步采用固定效应模型分析市场垄断程度对企业技术创新投入的影响，以及这种影响在不同规模企业间的异质性，笔者发现：平均而言，行业垄断程度的提高会带来企业技术创新投入的下降；当行业垄断程度提高时，大型企业技术创新投入水平的下降程度要高于小规模企业，即更加竞争的市场结构和较大的企业规模相结合的情形更有利于技术创新投入水平的提高。

第六章

适于中小企业创新的金融体系[①]

18世纪以来,技术革命推动了生产力的发展,使人类社会进入了大工业社会和信息社会。金融在这一过程中发挥了重要作用——18世纪中期,英国进入第一次产业革命和大工厂时代,商业银行提供了与之相匹配的融资环境;19世纪,蒸汽机技术的应用和铁路快速发展,股份制以及股票市场为其提供了稳定的权益融资环境;20世纪,初期石油能源开采技术发展推动汽车、机械制造等快速发展,期货等金融衍生产品的出现支持了产业的发展;20世纪70年代以来,信息和通信技术快速发展推动数字经济发展,天使投资、风险投资、硅谷银行以及相应的股票市场高科技板块发展有效满足科技创新的资金需求。金融体系中的产品、交易方式不断推陈出新,满足了技术创新引发的金融新需求,为技术进步推动社会发展的过程保驾护航。

中小企业是产品与技术创新的重要主体。20世纪90年代以来,美国中小企业所创造的新技术和新产品的数量占全国总量的近60%,员工平均创造的科技成果是大企业的2倍;欧盟中小企业人均创新成果是大企业的2倍,新产品研发单位投入是大企业的3.5倍;德国有

[①] 按照熊彼特创新理论,企业创新包括产品创新、技术创新、市场创新、资源配置创新、组织创新。本章讨论的企业创新仅指企业技术产品的创新,即科技创新。

超过 2/3 的专利技术是由中小企业开发并申请专利注册。2018 年，中国中小企业申请注册的专利数量约占全国总量的 65%，其中 75% 以上属于新产品开发，规模以上工业中小企业研发投入占规模以上工业企业研发投入总额的 42.3%[①]。因此，构建良好的、适应中小企业创新的金融体系以推动中小企业技术创新，对国内经济的发展具有重要的现实意义。

◇ 一 中小企业创新中融资需求的特征

企业技术与产品创新需要大量资金投入，以满足技术队伍与建设、设备购置、产品试制以及市场开拓的支出需求。创新投入回报周期长且收益率不确定，除非企业存在丰厚的利润累积，否则需要外部资金支持。中小企业一般不具备强大的自有资金储备，因而其创新活动对外部资金的依赖性更强。

（一）企业生命周期与中小企业创新的融资需求特征

企业实践与学术界研究发现，中小企业由于创新产生的融资需求是随其生命周期的发展而变化的。中小企业的创新，尤其是科技型中小企业的创新，一般经历初创期、成长期、成熟期、衰退期四个阶段。还有研究在四阶段前加入种子期（创意期），形成五个阶段。本文将种子期归入初创期，使用四阶段的说法。

---

① 《中小企业高质量发展现状调研报告》（广东省中小企业发展促进会，2019 年）。

1. 中小企业初创期技术创新特征与资金需求

根据企业创新的一般活动规律，初创期还可以细分为创意期和孵化期两个阶段。在创意期，企业进行的技术创新活动是以构思和分析研究为主。从整个企业技术创新过程来看，创意期是属于准备阶段。企业在该阶段对资金的需求不高，自有资金即可满足。随着企业对具有商业开发前景的项目成果的甄别、挑选和产业化尝试，企业将进入孵化期阶段。此阶段企业主要进行技术创新过程的研究开发以及产品设计与试制，主要支出为科研与开发经费、技术转让经费，资金投入大幅度增加。企业自有资金已不能满足需求，需要从外部融入资金。

初创期企业十分不稳定，没有产生销售收入和经营性现金流，产品设计与开发的成功概率不高，基本处于亏损状态，投资风险高，不适合于信贷资金介入。在外部投资来源中，除了政府支持以外，一般只有创业投资（如种子基金和风险投资者）愿意介入。

2. 中小企业成长期技术创新特征与资金需求

在产品研发成功并产业化测试成功后，企业将进入成长期。在成长期内，企业进入产品的批量生产阶段，需要购买大量设备、原材料，引进更多的技术人才，招聘更多员工，拓展营销渠道，以保证产品质量、性能以及价格上的竞争优势。尽管此期产品销售获得一定收入，但与资金投入相比入不敷出，存在较大资金缺口，需要更多的外部资金投入。

成长期的企业风险小于初创期，风险主要有经营风险、市场开拓和同业竞争风险，企业逐步从亏损转为赢利。但由于收入不稳定，信贷类资金的投放仍较谨慎，支持力度偏弱。此时，企业的外部融资仍主要以权益资金为主，辅之以债务资金。

3. 中小企业成熟期及技术创新特征与资金需求

进入成熟期后，企业的产品市场销售渠道打开，供求平稳，销售收入稳定，有很好的经营性现金流，形成一定的利润积累，经营风险下降。同时企业具备价值较高的无形资产和有形资产，债务融资的抵押能力提高。此期企业由技术产品创新产生的资金需求可以通过内部利润积累和外部融资两个渠道满足。

中小企业技术创新的阶段性特征和资金需求可以归纳为图6-1-1、表6-1-1所示内容。

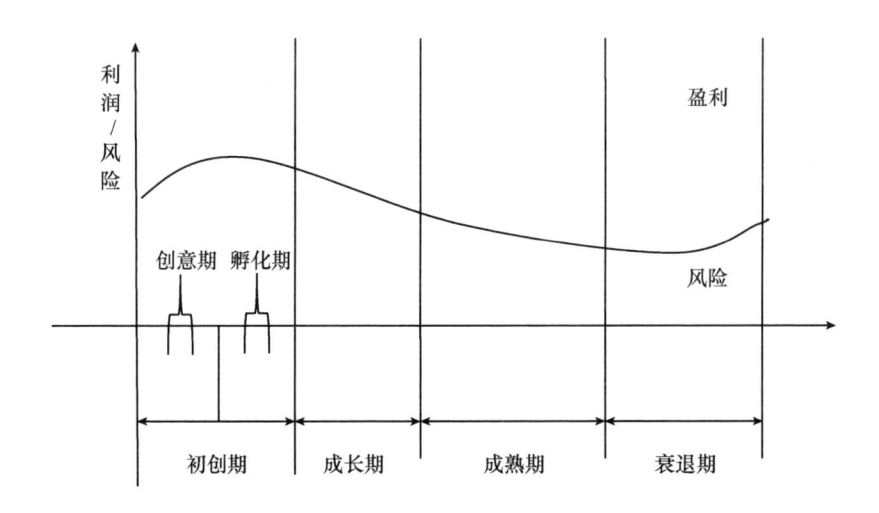

图6-1-1 中小企业技术创新在生命周期不同阶段的风险与收益

表6-1-1　　中小企业技术产品创新的生命周期阶段性特征与融资特征

生命周期阶段		技术创新特点	风险性	融资需求	主要资金来源
初创期	创意期	侧重于构思与讨论，较少行动	较低	基本无外部融资需求	自有资金
	孵化期	对创意技术产品做研发甄选试制，尝试产业化，有大量研发投入	很高 存在较大的研制失败风险	有较大的研发投入和资金需求。但没有销售收入和自生性资金来源，依赖外部融资。因缺少可抵押物以及无稳定现金流，以及存在试制失败的可能，外部融资主要依赖权益性投资	自有资金 权益资金（种子投资和风险投资基金） 政府扶植资金
成长期		产品投入市场，有大量设备、原材料采购投入和员工工资支出	较高 存在较大的市场营销风险、技术竞争风险和经营管理风险	有较大的投资支出和日常营运支出。企业形成销售收入和利润，具备较多无形资产和有形资产，具备债务融资能力	权益资金 信贷资金 政府扶植资金
成熟期		产品性能稳定，具有市场地位，收入支出稳定，有稳定的现金流	较低 企业处于稳定发展期	资金需求基本稳定，具有很好的外部融资能力，包括债务融资和权益融资能力	信贷资金 权益资金
衰退期		产品需求减少，产出减少，收入萎缩	较高	经营性现金流减少，但现金储备充裕，投资需求下降，外部融资需求下降	

（二）与中小企业技术创新相适应的金融供给体系的特点

通过对中小企业技术创新中的生命周期特征和资金需求特征的分析，可以发现，企业技术创新对外部资金的需求随生命周期的发展而变化。根据企业在资金需求数量、企业担保抵押能力、企业风险的变化，金融体系可以提供有针对性的金融产品。因此，适合中小企业科技产品创新的金融供给体系应该具有阶段性、多元性和创新性的特点。

1. 阶段性

阶段性是指为中小企业技术创新提供金融服务的机构和产品在企业生命期的不同阶段是不同的。

在初创期，企业基本只有经营性现金流，抵押品较少，存在极高的创业失败风险。因此，在没有第三方的强力担保下，银行等机构提供的信贷（债权）资金很难进入企业。此期进入的外部资金主要是追求高收益且能承受高风险的风险投资类基金，或者不求回报并能承担损失的政府投资。

在成长期，企业风险有所下降，但由于经营和收益的不稳定，整体风险水平依然较高。此阶段企业的外部融资需求迅速增加，适应此阶段的资金来源依然主要是股权投资，包括风险投资以及专门为创业企业股权融资和股权转让形成的创业板市场中的资金。随着企业权益融资能力提高，信贷资金大门缓慢开启，一些追求高风险的债券投资者，以及可以提供有担保抵押的银行机构也介入其中。

在成熟期，企业技术创新的风险大幅度下降。企业能够凭借性能成熟的产品打开并稳定市场销路，企业的经营收入和经营性现金流稳定并且充裕，开始有大量利润累积。同时，此期企业因创新产生的资金需求基本稳定，内源资金可以满足一部分技术产品创新中的资金需求，减轻了外部融资的压力；外部资金在企业风险下降、经营看好的情况下供给充裕。此时，企业更倾向于寻找债务资金满足融资需求。

在衰退期，企业逐渐退出市场，企业研发投资减少，设备处置增加，现金流充裕，基本不需要外部资金。

总体上说，中小企业技术产品创新过程中融资难度最大的时期是初创期，融资需求量最大且依旧存在融资难度的时期是成长期。这两个阶段是中小企业技术创新的融资瓶颈阶段，也是适应中小企业技术产品创新的金融体系建设的重点。

2. 多元性

从以上企业的生命周期分析中可以看出，尽管企业在不同阶段对各类金融产品的依赖程度不同，但是在每一个阶段都存在多种金融产品供给，具有多元性。

3. 创新性

中小企业因科技创新产生的融资需求存在阶段性差异和来源多元化特点，以及初创期和成长期的高风险特征，使为之服务的金融产品具有较强的创新性特点。

首先是股权融资的创新。权益投资者对创业企业科技创新活动进行高风险投资时，需要有高于一般企业股权投资的回报率。除了谨慎选择投资标的以外，良好的退出机制是激励风险投资人对创业阶段企业科技创新投资的保障，包括定向股权转让和活跃的创业板二级市

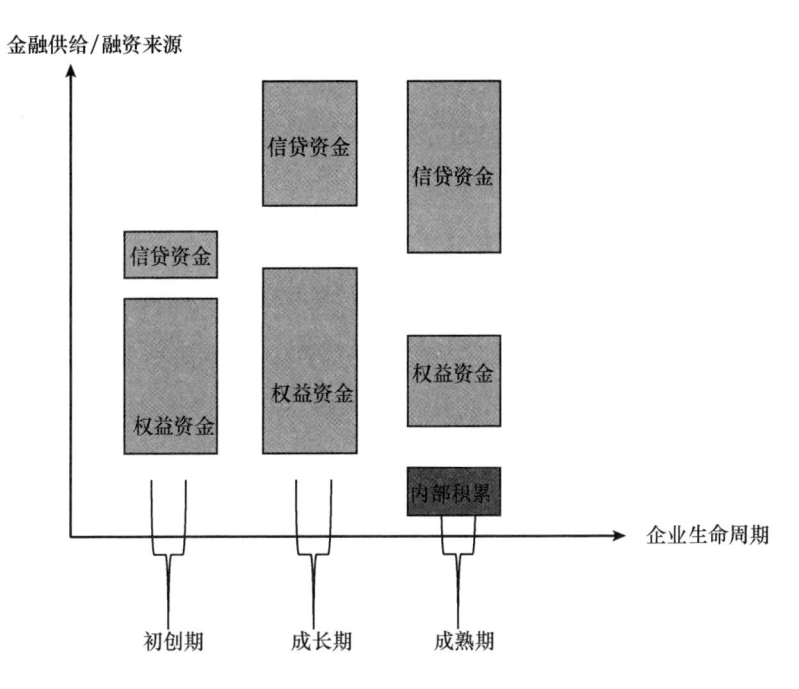

图6-1-2 中小企业技术产品创新融资需求的多元性

场。风险投资与创业板市场，是20世纪末对于高科技创业企业提供金融支持的一个重要创新。此外，为了吸引风险投资进入技术创新企业，政府建立引导基金以带动风险投资基金进入也是一个重要创新，也是20世纪末期以来许多国家政府普遍采用的做法——通过政府投资率先进入，吸引种子基金、风险投资基金相继跟上，满足创业企业的资金需求。

其次是债务融资的创新。鉴于中小企业在初创期和成长期技术创新的高风险性质，在可抵押资产不足的情况下，中小企业技术创新的债务融资尤其需要创新。目前已有的做法是在风险转移机制方面的创新，例如建立有政府参与的科技信贷担保、科技保险，通过政府扶植实现银行等信贷资金对企业创新的投入；完善债券市场，发行科技创新债券以满足企业以及创业创新投资基金的资金需求。

最后是政策创新。从世界各国的经验看，政府扶植是克服中小企业科技创新融资瓶颈的关键。政府通过税收优惠、建立科技园区、设立引导性基金、建立科技投资风险补偿制度等政策性的创新实现对企业科技创新的支持。近年来中国各级政府的相关创新行为层出不穷，十分活跃。

综上所述，创新性特点包含市场创新、机构创新、政策创新的多个维度，贯穿中小企业科技创新的金融活动始终。

二 适于中小企业创新的金融体系

从以上对中小企业技术创新的阶段性特征和与之相适应的金融服务体系特点的分析可以看出，一个适应于中小企业技术创新的金融体系应该包括与之匹配的金融产品、金融机构、交易市场、监管规则与政策扶植。与一般意义的金融体系所不同的是，适于中小企业创新的金融体系有阶段性、多元性和创新性的特点。政府的角色不仅仅是一个中立的监管者，而且是一个市场的参与者和金融活动的推动与引导者。

（一）金融产品

适于中小企业创新的金融产品可以分为权益融资产品、债务融资产品、保险类产品三大类。

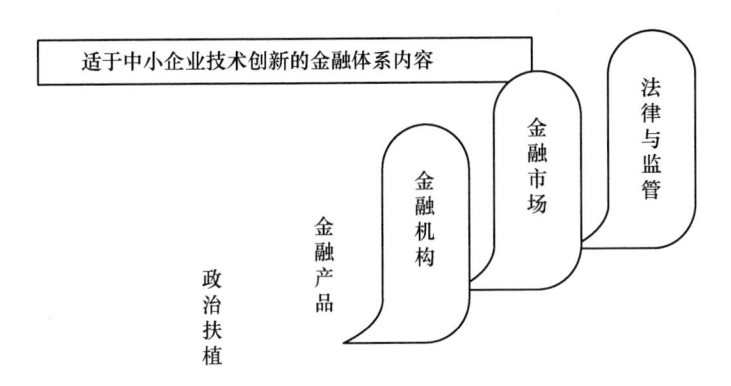

图6-2-1　适于中小企业创新的金融体系内涵

1. 权益融资产品——内容与实践

（1）权益类产品的内容。

股权投资——尤其风险创业类的私募股权投资是中小企业创新初期最可能获得的外部资金。1946年，美国哈佛大学教授乔治·多威特（Georges Doriot）等成立了第一家具有现代意义的风险投资公司——美国研究发展公司（ARD）。该公司1957年对数字设备公司DEC做股权投资7万美元，1971年公司上市增值为3.55亿美元，投资人获得5000倍回报[①]。ARD风险投资的成功开了资本投入高风险科技创业企业的先河，20世纪70年代以后大量资本涌入风险投资领域。这种以初创的高科技企业为投资对象的投资也被冠以风险投资/创业投资（venture capital investment）之称。

按照业内的做法，根据风险/创业投资进入企业的时间段，风险投资还可以被分为种子轮投资（seed investment）、天使轮投资（angel investment）、风险投资（venture capital）、一般私募股权投资（private

---

① 企业管理案例：《上帝的杰作，亚当（ARD）与夏娃（DEC）》，MBA智库文档，https：//doc.mbalib.com/view/121cc7c3035a9f30a41e281e0590267c.html。

equity）四类。

种子轮投资一般是在创业者处于创意阶段，尚未付诸行动，投资额一般在几万元到几十万元之间，资金主要来源于创业者在亲友中自筹。

天使轮投资一般在种子轮投资之后，此时企业团队核心成员组建完毕，项目或产品趋于成型或已经拥有小样（DEMO）。企业商业模式初步成型，对于未来如何盈利也有了规划，在小范围内积累了一定数量的核心用户。投资人一般为专门从事天使投资的机构。

风险投资是在创业企业团队接近搭建完毕，正处于快速磨合中或已经磨合完毕，产品基本成熟，有良好的用户数据或者增长趋势，明显做好大规模面向市场的准备时进入。此时的创业企业已经正常经营运作，具有完整详细的商业及盈利模式，在行业内拥有一定地位和口碑。但此时公司可能还未盈利，也没有较高的社会知名度。风险投资阶段还可以进一步分为前A轮和A轮两类，二者的区别仅在于企业产品、团队、市场的成熟程度。风险投资的资金来源于专业风险投资机构。

私募股权投资是在企业商业模式和盈利模式得到充分检验并完善、快速扩大市场积累客户并对未来发展有详细战略规划阶段进入，资金来源与私募股权机构以及风险投资机构。此阶段按照企业的成熟度分为B轮和C轮投资。进入C轮投资后，企业运营完全成熟，可以准备上市了。

图6-2-2展示了科技型企业成长阶段中上述各类权益资金依次进入的内容。

（2）权益类融资产品实践。

权益类产品在创业企业（尤其是科技型创业企业）的发展中发挥

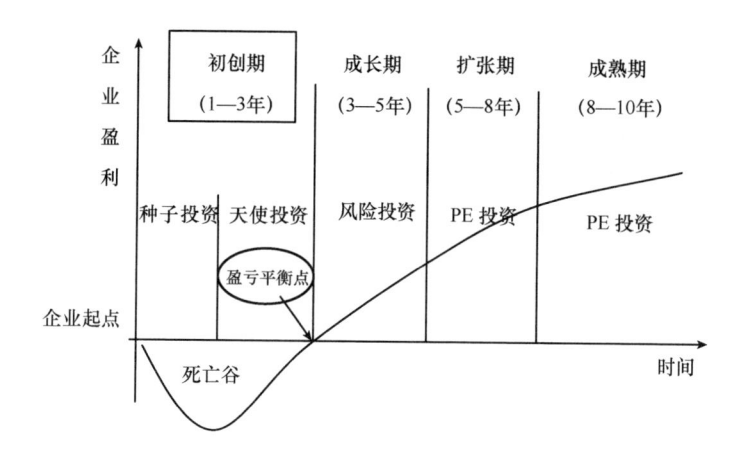

图 6-2-2 科技型企业成长阶段中各类权益资金依次进入

了至关重要的作用。风险投资是促进技术创新、增强国际竞争力的重要因素。

美国是科技创新最活跃的国家，也是风险投资最活跃、规模最大的国家。20 世纪 40 年代末，随着电子技术的发展，美国大企业开始涉足开拓性投资领域，投资重点开始倾向于高技术相关的新产品的研制开发。与此同时，美国的一些金融机构也开始向研制新科技产品的企业提供资金，形成了创业投资（风险投资）的雏形。进入 20 世纪 70 年代，美国风险投资快速发展，1983 年美国风险投资总额达到 30 亿美元，1999 年达到 356 亿美元，2018 年达到 995 亿美元，占全球风险投资总额的 50%。2020 年尽管新冠肺炎疫情肆虐全球，美国风险投资热情依然高涨，达到 1479 亿美元，创十年来最高。

英国早在 1945 年就产生了全欧洲第一家风险投资公司——工商金融公司，是欧洲风险投资起步最早的国家，但直到 20 世纪 80 年代风险投资在英国才开始真正发展。早期英国的风险投资公司主要从事杠杆收购业务，几乎不涉足初创企业。20 世纪 70 年代，一批在美国市场上积累了丰富经验的风险投资经理来到英国，把在美国市场上的投资经验带来英国。20世纪90年代中后期，一批英国本土的创业成功者、科学家和金融家们逐渐在伦敦、剑桥和苏格兰建立起一批拥有领先技术的风险投资基金，高新技术领域的投资开始逐渐增加。1983年英国风险投资仅有2600万英镑，2008年达到10.48亿英镑，2019年达到132亿美元，创历史最高，占欧洲地区398亿美元投资总规模的三分之一，比德国（70亿美元）和法国（52亿美元）的总和还要高。从风险投资的增长速度看，2019年英国为44%，为世界之最。同期美国的增速只有20%。英国风险投资高速增长态势已经连续维持三年。

以色列人口只有800万，不但孕育了数量众多的诺贝尔奖获得者，更是名副其实的"初创企业之都"，迄今为止已经成功孕育了6000多家初创企业，号称"世界创业企业工厂"。以色列在科技创新方面有四个第一：研发投入占GDP的4.6%，排全球第一；人均风险投资额全球第一；每1万雇员中有140位科技人员或工程师，全球第一；在美国纳斯达克上市的公司数量达130多家，为全球第一（美国本土外）。与以色列辉煌的科技创新成果相形益彰的是发达的风险投资。2010年以色列的人均创业投资资本就已经是美国的2.5倍、欧洲的30倍、中国的80倍、印度的350倍，位居全球第一。2019年以色列风险投资在政府引导下吸引国际资本近50亿美元，拥有60多家风投基金，资金额超过100亿美元，是全球风投资金聚集度最高的国家。

中国近年风险投资规模快速扩张，2018年风险投资总额，比美国略低，达到938亿美元，成为全球最大的风险投资国家之一。中国风险投资起步于改革开放以后，1985年9月国务院批准成立第一家官办的风险投资公司"中国新技术创业投资公司",为科技创新企业提供贷款、担保、投资、租赁等服务。但直到20世纪末,以民间资本为主的风险投资进入才开始快速发展。2010—2016年,中国在全球风险投资(A轮到D轮)年均复合增长率最快的十个地区中排名第二,从投资的平均数额来看,中国以平均每笔3000万美元的投资数额稳居榜首。2019年年底,中国风险投资机构达到2045家,比上年增长15%,风险投资金额占GDP比重为1.11%。从投资的阶段分布看,近几年有重心后移的趋势。2019年对成长期企业的投资比重占总风险投资的49.2%,对初创期投资占27.6%,低于2019年的32.7%。风险投资的快速发展极大促进了中国企业的科技创新。

2. 债务融资产品——内容与实践

(1) 债务类融资产品的内容。

对于债权人来说,如果不能获得企业高风险带来的高收益,就会缺乏投资的积极性。因此,处于高风险期的中小企业的科技创新活动很难获得债权投资人的青睐,在初创期和成长期的科技创新企业债务融资难度较大。根据前文对企业生命周期不同阶段融资特征的分析,企业创业期以权益融资为主、债务融资为辅,成长期时债务融资开始增加,直到成熟期才开始有大量债务融资,这时企业已基本不存在融资困难。总体上看,债务融资在创业期和成长期基本处于辅助地位。

银行贷款是中小企业科技创新中债务融资中的主要部分。鉴于企业初创期和成长期的高风险,银行贷款一般要求有贷款抵押或者质押,或者有保险机构的保险以及来自担保机构和政府部门的担保。但由于企业规模小和创业时间短,抵押能力不足,一般商业性的保险和担保机构不愿意参与,除非有政府托底。因此,银行对小企业科技创新信贷中,如何解决其抵押担保能力是一个关键问题。

债券产品一般用来满足风险投资基金、政府科技投资平台的融资需求,以及部分已经处于成熟期或者接近成熟期企业科技创新的融资需求。

无论银行信贷还是发行债券融资,在满足高风险的中小企业科技创新融资债务需求中,均须有足够的担保、质押,以对冲投资人风险。

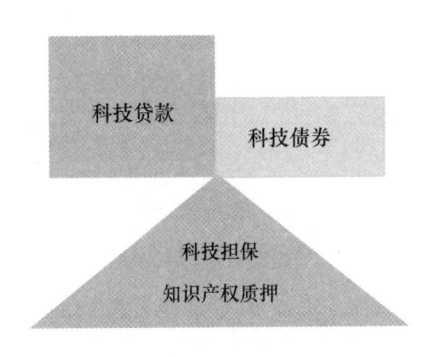

图6-2-3 中小企业科技创新中的债务融资产品

(2)债务类融资产品的实践。

美国在小企业创新的债务融资中,政府支持以及独具特色的科技银行(硅谷银行)发挥了重要作用。

1953年,美国国会通过小企业法案,创立了小企业管理局(Small Business Administration,SBA)。1958年通过了投资法案并创建了小企业投资公司(SBIC),为小企业发展提供长期资金。SBIC由私人拥有和管理,但要得到小企业管理局的许可、监控以及资助,SBA为SBIC的业务提供融资担保。小企业管理局以及小企业投资公司的建立为小企业科技创新提供了重要的债务资金来源。

1983年,世界上第一家专门为新科技初创企业提供金融支持的商业银行在美国硅谷成立，主要对进入产品测试阶段的初创公司提供信贷支持。所选择的企业一般是有风险投资支持的企业。硅谷银行提供的信贷产品与风险投资商提供的权益产品相互支持，在降低投资风险的同时保障了高收益率。迄今为止，硅谷银行拥有11000家高科技公司客户，是运作最成功的科技银行。硅谷银行的成功带动其他国家纷纷效仿。

日本小企业创新的外部资金来源主要是以政府主导的金融机构提供贷款为主的债务资金。目前日本有5家专门为中小企业提供服务的金融机构，包括中小企业金融公库、国民金融公库、工商组合中央公库、中小企业信用保险公库和中小企业投资扶持株式会社。这些金融机构为在一般金融机构难以得到贷款的中小企业提供长期低息贷款；为中小企业申请贷款提供保险和担保；为新设立企业、经营困难的企业、金融机构不愿放贷的企业以及20人以下的小规模企业提供无抵押、无担保的小额贷款。对于企业技术创新过程中的成果产业化，中央及地方政府提供不同比例的补助金，对设备更新、技术和产品创新所需要的运营资金提供低息贷款，对尖端产业培育提供特别贷款。从1995年开始，日本开发银行对年销售收入在20亿日元到30亿日元、从业人员为100人左右的小企业和技术型企业提供知识产权质押贷款。

中国小企业创新的债务融资主要来自银行信贷，少量来自债券发行。

与其他国家一样，中国银行信贷对企业科技创新的资金得到政府的大力支持。首先，政府在鼓励所有商业银行对中小企业提供信贷支持（普惠金融）的基础上，对科技创新企业成果转化部分的贷款提供贷款风险补偿（目前由科技成果转化引导基金、合作银行、地方财政一起进行试点推行）；其次，中国银行业监管管理委员会、科学技术部、中国人民银行选择 10 家银行，在北京中关村、上海张江、天津滨海、武汉东湖和西安国家自主创新示范区开展投贷联动试点，为科创企业提供"投资+贷款"的新型投融资服务。

自 2008 年以来，中国开始成立科技银行以及商业银行的科技银行支行——前者数量很少，如北京中关村银行、浦发硅谷银行[①]；后者绝大部分是非独立法人的科技银行支行，如建设银行科技支行等。目前，全国有近百家科技银行支行。与美国科技银行（硅谷银行）不同的是，中国科技银行大多有政府控股参与，商业银行的科技银行支行则不具备独立法人地位，受商业银行总体经营方针影响较大。无论科技银行还是银行的科技支行，均以为科技创业企业提供信贷支持为主业，并强调硅谷银行投贷联动的运营模式。

除银行信贷以外，发行科技创新债券也是中国近年来发展较快的一种债务融资方式。2017 年 7 月 4 日，中国证监会发布《中国证监会关于开展创新创业公司债券试点的指导意见》，提出开展发行创新创业公司债试点，以推动资本市场精准服务创新创业，优化种子期、初创期、成长期创新创业企业的资本形成机制，增加金融供给，并提出试点对象为符合条件的创新创业企业和创新投资公司。2020 年由证券公司承销的创业创新债共 20 只，总额 135.2 亿元；2017 年 9 月工商银行发行创业创新债 100 亿元。截至 2021 年，双创债发行人主要是创新投资公司、商业银行，发债收入用于对科技创新企业投资。处于创业期的科创企业独自发行债券融资者极少。

在小企业科技创新债务融资中，中国政府主管部门以及各级地方

---

① 上海浦发银行与美国硅谷银行合资的科技银行，双方各自持股 50%。于 2012 年成立。

政府积极引导并参与，推动科技贷款担保和知识产权（专利权）质押的体系建设。

中国科技担保主要由各级政府推动。根据科技部对北京、天津、江苏等27个省、自治区、直辖市科技部门和国家高新区的抽样调查，2014年国内科技担保机构大约200家，担保金额784亿元，担保资金放大倍数是6—7倍，服务的科技型中小企业18655家。其中，由各级科技部门设立的科技担保机构占22%，担保科技型中小企业共8014家，担保金额合计198.5亿元，每家机构为平均182家企业提供过担保服务，每家企业平均担保金额为248万元，担保资金放大倍数是5.58；由国家高新区内设立的担保机构占78%，注册资金合计93.6亿元，担保科技型中小企业共10641家，担保金额合计685.2亿元，每家机构平均为152家企业提供过担保服务，每家企业平均担保金额为644万元，担保资金放大倍数是7.31倍。[①] 此外，服务于中小企业信贷的担保机构也发挥了重要作用。2019年初，中国有融资性担保公司5937家，这些机构在服务于中小企业融资中也为中小企业科技创新融资提供了信贷担保服务。

知识产权（专利权）抵押是帮助科技创业企业实现债务融资的重要工具。处于科技创新的创业/成长期企业一般高风险、轻资产，缺乏可抵押资产，以专利权做抵押/质押可以帮助企业解决抵押资产不足的问题。中国国家知识产权局从2008年开始在全国多地开展知识产权质押融资试点，推动专利权质押贷款增长。2013年中国银行业监督管理委员会出台《关于商业银行知识产权质押贷款业务的指导意见》，为企业从银行获得专利权质押贷款提供保障。2013年中国专利权质押贷款额为254亿元，2014年为489亿元，2015年达到560亿

---

① 李希义等：《我国科技担保行业存在的问题及对策分析》，《创新科技》2014年第9期。

元，2016年为416亿元。在质权人中，63.7%为商业银行，24.7%为担保公司①。银行是中国目前专利权质押融资的直接对方。

3. 保险类产品——内容与实践

（1）科技保险产品的内容

科技保险是一种为中小企业科技创新提供服务的金融产品。科技保险是对企业科技创新中因不确定性因素导致科研失败、中止、达不到预期而设置的保险。中国的科技保险基本不是商业保险，有很强的政府参与性，目前有四种运作模式：投保—理赔模式、担保模式、半参与模式、全参与模式。

a. 投保—理赔模式

"投保—理赔"模式下，科技企业作为投保人，按照保险合同规定向保险公司缴纳保险费，保险公司对科技企业投保的保险标的及其有关利益履行经济损失的赔偿责任。该模式主要是通过政府引导科技企业参保科技保险，保险公司在政府的授权和监督下办理科技保险业务，并担任政府管理科技项目活动的风险顾问。此种运行模式相对传统，政府一般为科技企业提供财政补贴及税收优惠，鼓励科技企业积极投保科技保险，分散科技风险，降低经济损失，促进科技项目落地转化。投保理赔模式下政府经审批后给科技企业保费补贴，但受审批流程限制效率较低。

b. 担保模式

担保模式将贷款保证保险引入科技保险制度内，为科技企业的贷款提供还款保证。在该类场景下，科技企业向保险公司投保贷款保证

---

① 杨青、桑芝芳：《中国专利权质押融资状况研究》，《中国发明与专利》2018年第15期。

保险，根据贷款金额和项目风险投资向保险公司支付保险费，保险公司则为科技企业提供还款保证。如果科技企业不能按期或者无法向银行偿还贷款，则由保险公司负责向银行赔偿科技企业未能偿还的贷款余额，同时银行将把科技企业相应的债权转让给保险公司。担保模式是企业、银行与保险公司三方联动的一种模式。但由于科技创业企业风险高，保险公司受理该类保险业务的主动性较低。

c. 半参与模式

半参与模式下，当科技企业因科研项目研发中断或失败而造成经济损失时，保险公司根据合同约定的赔偿额度向科技企业支付经济损失；而当科技项目研发成功并且取得经济收益时，保险公司根据合同约定的受益权，享受规定比例的经济收益。投保时科技企业需要转让一定的项目收益权给保险公司，作为其投保科技保险的保费，从而转嫁项目的研发风险。半参与模式在一定程度上允许保险公司获得企业创新成功的高收益，保险公司有一定参与积极性。

d. 全参与模式

全参与模式下，保险公司的角色是风险投资者，投资科技企业的科技项目。保险公司对项目承担收益分成和分摊损失的责任，与科技企业构成了利益共享、风险共担的风险机制。全参与型模式下，保险公司不但不需要科技企业支付保险费，还会向科技企业投入风险资金，对科技项目进行风险投资。

（2）科技保险产品的实践

科技保险的概念是中国首先提出的，科技保险实践基本是中国模式。2006年年初，中国保险监督管理委员会和科技部联合下发了《关于加强和改善对高新技术企业保险服务有关问题的通知》，2007年起中国开始启动科技保险试点并逐步推开，各地政府也积极配套相关政策助推科技保险，如保费补贴、税收优惠、参保科技项目优先立项等，其中，首批享受国家税务优惠政策的险种包括高新技术企业产品研发责任保险、关键研发设备保险、营业中断保险、出口信用保险、高管人员及关键研发人员团体健康保险和意外保险六个险种。截至2016年年底，中国科技保险的保费收入77.66亿元，占全国原保费收入3.1万亿元的0.25%，为科技型自主创新企业提供风险保障1.03万亿元，实现快速增长。①

（二）金融机构

为小企业科技创新提供金融服务的金融机构主要有风险投资基金/机构、商业银行、金融担保机构、保险公司。

1. 风险投资基金/机构

风险投资基金/机构是为初创期和成长期企业科技创新获取权益资金的主要金融服务商。

风险投资基金是由风险投资公司发起设立的，资金是由公募或私募获取。除私人投资于风险投资基金外，政府也是一个重要的参与者。中国各级政府均有不同形式的产业基金或者风险投资引导基金，以直接或间接方式参与风险投资。

2018年年底，美国共有1047家风险投资机构，管理着1884只风投基金，拥有4030亿美元资产管理规模②。根据PitchBook统计，

---

① 任辉：《科技保险国内研究现状及展望》，《广西财经学院学报》2019年第32期。
② 周文颖：《A科技银行在中国的本土化战略研究》，硕士学位论文，上海财经大学，2020年。

2018年1—3季度美国完成募集资金的公司共230家，募集资金324亿美元；英国2017年完成募集的基金共23只，募集资金21亿欧元，其中个人投资者对风险投资总额的贡献占34%，其次是政府机构（15%）和资本市场及企业投资者（13%）。中国的风险投资发展很快，1999年，中国的风险投资机构（含公司、基金）只有53家[1]，截至2019年年底，风险投资机构有2045家，管理的资本总额达到505亿元[2]。

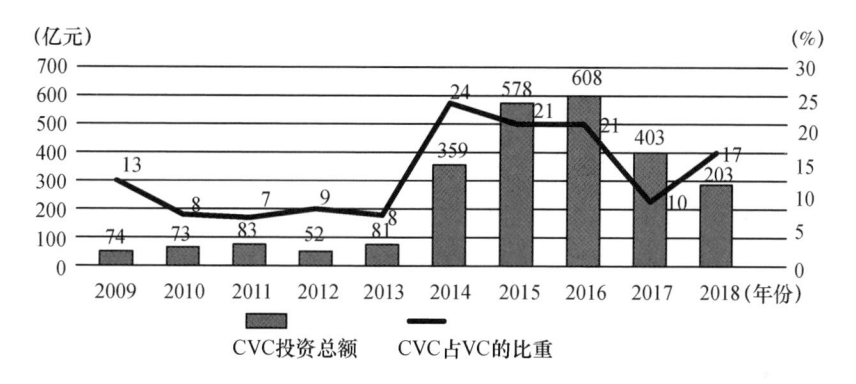

图6-2-4 中国企业风险投资占风险投资总额比重（2009—2018年）

资料来源：私募通。

企业风险投资（CVC）是另一种风险投资机构，其发起人一般是非金融机构的企业，投资对象一般为与企业主营业务有关的上下游企业科技创新项目。中国CVC经过20多年的发展，目前有727家，其中60%来自传统行业企业，37%来自互联网企业。华为、阿里、腾讯、京东、百度等大公司均有自己的CVC。2018年，CVC的投资额

---

[1] 《2018年中国风险投资行业发展现状及对策分析》，观言报告网，2018年4月24日，www.chinabaogao.com。

[2] 《风险投资行业数据统计》，中国报告大厅，www.chinabgao.com。

占风险投资额的比重接近17%，2016年曾达到21%。

孵化器也是一种重要的风险投资组织，通过为初创企业提供房屋租赁、共享基础设施设备、技术支撑服务和必要的财力支持，实现对科技创新企业的帮助。企业孵化器主要的目标是"制造"成功的企业，从孵化器毕业的企业创造了就业、技术实现商品化、促进地方经济发展。

美国是企业孵化器的摇篮，全球第一家孵化器"贝特维亚工业中心"于1959年在美国诞生。最初孵化器的目标是缓解社区的高失业率，主要功能集中在场所和基本设施的提供、基本企业管理职能的配备以及代理部分政府职能（如一些政府优惠政策的诠释和代办）。进入90年代后，风险资本开始进入孵化器，孵化器呈现企业化运作趋势，孵化经营重心由孵化新创企业转向涵盖市场机会的识别以创建企业本身。美国的企业孵化器分四类：非营利型孵化器，一般由政府或非营利组织创办，目的是创造就业机会，促进各地经济多元化发展，扩大税收来源；营利型孵化器，一般由风险投资家、房地产商和大企业创办，目的是通过向企业的技术转让和新技术应用进行投资而获取高额利润；学术机构创办的孵化器，一般由大学、研究所和技术开发中心创办，主要宗旨是吸引科技项目和高级研究人才、扩大学校与工业界的联系、向工业界转让研究成果；公私合营的孵化器，由政府、非营利机构、企业和私人合股兴办，这种形式不仅使孵化器能取得政府在经费与其他政策资源方面的支持，而且还能得到私营机构和企业的专业支持和经费资助。美国现有企业孵化器750多个，数量居世界第一位[①]。

---

① 《美国孵化器值得借鉴的成功经验》，科学技术部火炬高技术产业开发中心，2018年9月21日，http://www.chinatorch.gov.cn/fhq/gjjy/201809/d5ad09ed5734490b93fd0989165c3b59.shtml。

以色列对孵化器功能的定义为支持具有"创新思想"的创业者，在技术开发风险最大的阶段给予全方位支持。功能的定位强调了入孵企业的创新性和孵化器的全方位服务。以色列所有孵化项目毕业离开孵化器后，均可以继续申请"政府一般研究开发基金"的支持，该项基金年度预算有近4亿美元。同时，鼓励孵化项目毕业后到边远地区的科技工业园落户，享受有关税收和购买固定资产等多方面的优惠。

法国孵化器主要有四种：一是国家资助的孵化器。由所在区的大学、研究机构和实验室共同创立，孵化来自大学、研究机构和实验室的成果。孵化器根据国家支持的重点领域和发展方向，向国家申请资助经费，地方政府按1∶1给予匹配。孵化器自主选择孵化项目，对项目的孵化时间不超过18个月。二是与科技园综合的运作模式。与一般孵化器不同的是，当孵化项目孵化成功并组建公司以后，科技园还要为孵化企业设置为期5年的跟踪阶段，孵化人员与企业管理者每月见一次面，填写固定的表格，设法为其解决问题。三是企业创办的孵化器模式。法国一些实力较强的企业为了实现自身的发展目标，创办孵化器资助与公司经营业务有关的研究成果的转化。孵化器为每个孵化项目配备一个顾问，一个顾问伴随两个以上项目。对孵化项目，孵化器不收房租，但将费用记录下来，孵化成功后算"总账"。四是研究机构将研究成果直接进行孵化的运作模式。一些研究机构本身具有孵化项目的条件，直接对研究成果进行孵化[1]。

中国第一家科技企业孵化器是1987年在湖北武汉成立的，经过三十多年发展，科技企业孵化器通过为新创办的科技型中小企业提供

---

[1] 《从四国模式看国外孵化器运作经验》，科学技术部火炬高技术产业开发产业中心，2013年12月17日，http://www.chinatorch.gov.cn/fhq/gjjy/201809/d5ad09ed5734490b93fd0989165c3b59.shtml。

物理空间及一系列创新创业服务，已经成为培育科技型中小企业、促进科技成果转化、培育企业家精神的重要载体。截至2019年年底，中国共有孵化器5206家，场地面积1.29亿平方米，在孵企业21万家，创业带动就业295万人。在孵企业获得的累计风险投资2606亿元，获得财政资助累计238亿元[①]。中国的企业孵化器主要分为政府和社会两类，前者由中央和地方政府主办，后者由企业和高校主办。2019年5000余家孵化器中，有1/5为国家级孵化器，显示中国政府对全社会创业创新的强力支持。

2. 银行、担保机构、保险公司

银行是对中小企业科技创新提供债务资金来源的重要机构，其作用主要体现在处于成长期后半期以及进入成熟期的科技创新企业。

中国以信贷方式对科技创新企业提供信贷支持的主要是科技银行和商业银行科技支行。

前文（债务融资产品类）已述及，中国目前主要有100多家商业银行科技银行支行，多采取"银行＋担保＋额外风险收益补偿机制"的运作模式，由地区政府牵头多方参与、通过内部资源整合而成立，一般获地区财政的科技扶持资金及创投资金注入。银行科技支行对小企业科技创新提供基准利率贷款，地方科技局出资设立的担保机构对贷款提供担保，政府还给银行提供风险补偿。科技支行作为商业银行的分支机构，同样具有吸收存款的业务资格。

科技银行是独立的法人银行。目前中国典型的科技银行是浦发硅

---

① 《2019年火炬统计手册》（科技企业孵化器和众创空间部分），科技部火炬高科技产业开发中心，http://www.chinatorch.gov.cn/fhq/tjnb/202012/a4ec6b67553d4c35acc9655bf536ec63.shtml。

谷银行。该银行基本按照美国硅谷银行的模式运营，服务于成长和扩张期的小企业科技创新。其贷款业务主要有三类。

a）Investor dependent loans。主要投向初创期和成长期的企业。这些企业往往没有盈利，因此贷款偿还主要依靠后续股权融资、被收购或 IPO。即后续偿还依赖于后续投资者。

b）Balance sheet dependent loans。主要投向成长期和成熟期的企业，对客户的资产负债表有要求，要求流动资产（现金及现金等价物、应收账款及存货）能够覆盖贷款本息。

c）Cash flow dependent loans。主要依靠企业经营现金流或被收购企业经营现金流来偿还贷款，贷款金额往往也会高一些。

第一类贷款风险很高，浦发硅谷银行除了提供带结构的贷款设计，还会附带认股权证，以便在未来约定时间点选择行权来获得企业估值溢价收益以补偿风险，并强调投贷联动。第二、三类贷款面向开始进入正常经营的企业，贷款方式接近一般银行的商业贷款。

由于吸存渠道较少，存款成本偏高，到目前为止浦发硅谷银行的净利差收入低于国内一般商业银行和其他外资银行，存在营利性挑战。

表 6–2–1　　　　　　2019 年各类银行净息差比较　　　　　（单位：%）

	外资银行/%	大型商业银行	股份制商业银行	城市商业银行	农村商业银行	民营银行	浦东硅谷银行
净息差	1.98	2.12	2.08	2.07	2.70	3.30	1.80

资料来源：金融监管研究院报告；周文颖：《A 科技银行在中国的本土化发展战略研究》，硕士学位论文，上海财经大学，2020 年。

除浦发硅谷银行外，中国另一家"准"科技银行是北京中关村银

行。北京中关村银行2016年成立，是全国首家专注服务科技创新的银行。北京中关村银行通过"惠创贷""惠业贷""股权认证贷"产品为中关村园区科技企业提供支持生产经营的流动性资金贷款。其中"惠创贷"由中关村担保公司提供贷款担保；"惠业贷"基于科创企业真实纳税数据提供无担保贷款；"股权认证贷"则是通过认股权证设置为初创和成长期科创企业提供贷款。如图6-2-5所示。

图6-2-5　北京中关村银行金融产品

除了科技贷款以外，为了实现较好盈利，近年来北京中关村银行还开展个人消费贷款以及一般企业商业贷款。2020年年末，北京中关村银行各项贷款总额163.21亿元，其中对公贷款、贴现和个人经营性贷款合计99.73亿元，占比61%；个人消费贷款63.48亿元，占比39%。在所有贷款中，科技贷款42.2亿元，占贷款总额的25.85%。显然，从贷款角度看，科技信贷服务占比1/4强。与浦发硅谷银行比较，北京中关村银行只能归类于准科技银行。

担保机构是银行发放科技贷款的基础保障。对小型科创企业提供信用担保的机构一般归属于小企业担保体系，受政府的直接支持和推动。

日本是最早开始建立中小企业信用担保体系的国家。1937年日本成立了地方性的东京都中小企业信用保证协会，1958年成立全国性的日本中小企业信用保险公库和全国中小企业信用保证协会联合会，形成了中央与地方共担风险、担保与再担保（保险）相结合的全国性中小企业信用担保体系。其次是美国、德国和加拿大，分别于1953年、1954年和1961年开始建立中小企业信用担保体系。中国台湾和中国香港也分别于1974年和1998年开始实施中小企业信用担保。到20世纪末，全世界有将近50%的国家和地区建立了中小企业信用担保体系。

中国最早的信用担保组织是1992年重庆、上海等地的中小企业自发组织建立企业互助担保基金，1994年，广东、四川等地开始出现地方性商业担保公司，以中小企业为主要服务对象。1998年浙江、福建、云南、贵州等地方政府开始组建中小企业贷款担保基金或担保中心。1999年6月，国家经贸委出台《关于建立中小企业信用担保体系试点的指导意见》，2000年8月24日国务院办公厅印发《关于鼓励和扶持中小企业发展的若干政策意见》，在此之后，政府加大对中小企业信贷支持的力度，开始形成"一体两翼"的信用担保机构体系[①]。该担保体系特点是以商业性担保机构为担保投放主体，由各级

---

① "一体"即以城市、省、国家三级政策性中小企业信用担保体系为主体。城市中小企业信用担保机构以社区互助担保机构和商业性担保机构为再担保服务对象，并从事授信担保业务；省级中小企业信用担保机构以城市中小企业信用担保机构为再担保服务对象；国家中小企业信用担保机构以省级中小企业信用担保机构为再担保服务对象。"两翼"是指在城乡社区中以中小企业为服务对象的互助担保机构与商业担保机构，直接从事中小企业信用担保业务。社区商业担保机构和互助担保机构依据国家规定和协议约定享受中小企业信用担保机构提供的再担保服务和风险分担。

政府对其提供再担保。与日本、美国等国家比较,这种担保体系发挥了商业机构的作用,政府处于担保的二线,缺陷是政府再担保效率低。

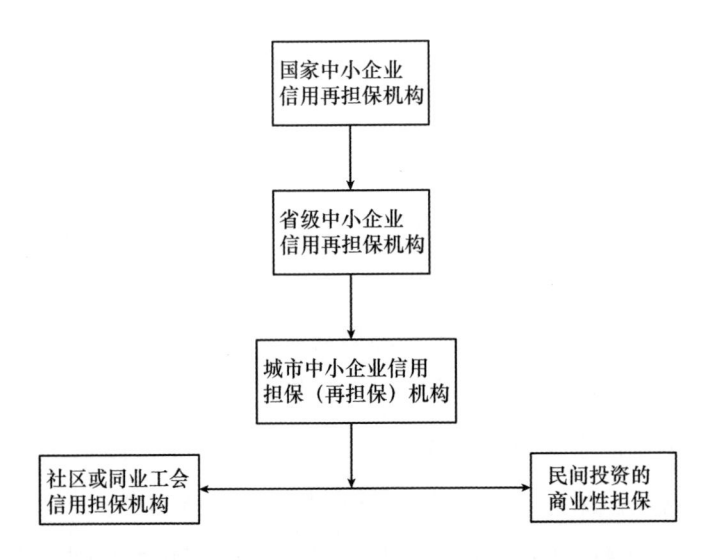

图 6-2-6 中国"一体两翼"式中小企业信贷担保体系

科技担保在一定程度上避免了一体两翼模式下存在的问题,政府在较大程度上直接参与贷款担保。2014 年国内科技担保机构大约 200 家。这些科技担保机构均由政府部门设立,其中 22% 来自地方科技部门,78% 来自国家级高新科技产业园区。

中国的科技保险机构以保险公司下设科技保险专营机构为主,如中国人保、太平洋保险、中国平安保险均成立科技保险支公司;2018 年,中国第一家有独立法人地位的专业科技保险公司"太平科技保险股份有限公司"成立。无论保险公司分支机构还是独立法人,目前提供的险种主要是企业财产类保险、责任类保险、贷款保证类保险、人身意外类保险和知识产权类保险五大类,覆盖科技企业产品研发、知识产权保护、贷款保证、关键研发人员健康和意外等多个方面。科技保险合约以"保险—理赔"型为主。

（三）资本市场

活跃的资本市场，尤其活跃的为风险投资等私募股权投资提供股票交易场所的创业板市场，是推动金融资源流向科技创新企业的重要保障。美国成为科技创新大国的一个重要原因是有庞大的风险投资机构，将资金投向科技创新企业，而支撑风险投资机构投资热情的一个重要因素，是专门服务于创业企业，尤其科技创业企业的纳斯达克（NASDAQ）市场（创业板市场）。

1971年，美国全国证券交易者协会有限公司创建成立纳斯达克市场。这个全球第一家电子化的证券自动报价市场为高风险高成长的企业，尤其科技型企业提供了风险资本退出渠道。纳斯达克市场的建立有效提高了风险投资行业的资金流动性和投资收益，进一步激发了投资行业进入风险投资的热情，加快了风险投资的发展速度。目前美国最具成长性的公司中有90%以上在该市场上市。纳斯达克市场对引导资本进入科技创新领域的成功经验迅速被世界各国借鉴。欧亚多国相继成立类似的市场以建立推动科技创新的金融环境。到20世纪80年代中期，几乎每一家欧洲的证券交易所都设立了针对中小企业的二板市场。亚洲国家中，日本的加斯达克、新加坡的西斯达克、马来西亚的吉隆坡证券交易所二板市场相继成立。进入20世纪90年代，在美国网络科技股热潮及NASDAQ成功示范效应影响下，全球出现了设立创业板市场的第二个高潮，1990—2000年诞生的创业板市场共有47家。其中，在1998—2000年成立的创业板市场就超过20家。但随着2001年全球科技网络股票泡沫破裂,这其间上市的科技公司纷纷破产倒闭,许多创业板市场也难以维持。其中,20家创业板市场在2005年之前纷纷关闭、合并或者转型,如德国新市场(Neuer Market)。但美国、英国、爱尔兰、加拿大等国的创业板市场依然成功,并吸引其他国家的创业企业上市(李诗林等,2019年),如以色列大部分高科技企业都在美国纳斯达克市场上市。

2009年10月23日,中国创业板在深圳证券交易所启动。10月30日,有28家企业在创业板市场上市,市值总额1400亿元。截至2021年5月,创业板上市公司达到948家,市值总额10.7万亿元,12年上市家数增长32.9倍,市值增长75倍。2012年9月,在取得创业板市场运营及监管经验以后,为全国中小企业股份转让系统(新三板市场)经国务院批准正式注册成立,这是继上海证券交易所、深圳证券交易所之后第三家全国性证券交易场所。截至2017年第一季度末,全国中小企业股份转让系统(新三板)挂牌公司总数已经突破11630家,实现融资额1336.25亿元,挂牌公司总市值达到44390.92亿元。除全国性股票交易市场外,还有地方政府推动成立的区域性股权交易市场,为本区域企业提供股权、债券的转让和融资服务的市场。2008年,天津股权交易所成立后,重庆股份转让中心、上海股权托管交易中心、齐鲁股权托管交易中心等多家交易场所相继成立。2012年8月,中国证券监督管理和员会发布公告,确认区域性股权交易市场是中国多层次资本市场的重要组成部分。此后,各省市区纷纷开始建立区域性股权交易市场。万得资讯系统的统计数据显示,截至2020年年底,中国国内区域性股权市场已达35家,全国各区域性股权交易市场挂牌公司总数共21536家。其中,具有较大规模的市场是深圳前海股权交易中心,截至2021年5月10日,一共挂牌企业

111305 家。2019 年 7 月 20 日，以科技创业企业为上市对象的科创板市场在上海交易所开业，至 2021 年 5 月 10 日，该市场有 269 家上市公司，总市值为 3.37 万亿元。

至此，中国形成由主板、创业板、科创板、场外柜台交易网络和产权市场组成的多层次资本市场体系，为科技创业企业开辟了多个风险资本退出通道，形成了完整的科技创业企业权益资本的融资生态。

（四）政府扶植

各国实践证明，政府扶植是科技创新小企业融资重要加速器。政府扶植的手段主要有设立相关法律法规和国家财政支持。

1. 美国的经验

美国风险投资能够快速发展，除了得益于大量高科技人才、最好的教育资源、众多研究成果，政府支持、法律完善和市场建设也至关重要。首先是政府对创业企业的政策支持。1953 年，美国国会通过小企业法案，创立了小企业管理局，1958 年，通过了投资法案创建了小企业投资公司小微企业投资公司（SBIC 和 MESBIC），为小企业发展提供长期资金。1969 年，商业部非白人企业家办公室（Office of minority Business Entrepreneurs of the Department of Commerce）成立了 MESBIC（Minority Enterprise SBIC），为非白人低收入者特别是残疾人开办新企业提供长期资金。1982 年美国制定了《中小企业技术革新促进法》，该法规不仅规定政府按法定比例对高新技术企业提供资助和发展经费，支持高新技术企业的技术创新，资助具有技术专长和发明创新的科技人员创办高新技术企业，而且以法律形式规定有关优惠政策，保证政策的稳定和贯彻实施，达到更大程度地吸引风险资本进入高新技术领域。自20世纪50年代以来美国政府持之以恒地对中小企业的金融扶植政策和行动，为科技型企业创业提供了有力金融支持。其次是适当的税率政策和金融监管政策。1969年，美国国会把长期资本收益税率从29%骤增到49%，这个决定给风险投资业带来毁灭性打击。由于增税方案的出台，美国风险投资规模从1969年的1.71亿美元锐减到1975年的0.01亿美元，仅为原来的5.8%。1978年国会重新调整税率，把长期资本收益税率从49%降到28%，这一措施使风险投资规模迅速回升。1974年美国通过了《退休收入证券法》，使养老基金可以进行广泛投资，1979年进一步放宽养老基金对风险投资的限制，使养老金成为风险投资的最大资金来源，极大提高了整个风险投资行业的资金水平。

2. 以色列的经验

以色列科技创新的成功也与政府大力支持密不可分。1969年以色列在国家工业与贸易部下面成立了首席科学家办公室，以促进私人企业进行科技研究开发。首席科学家办公室成立以后很快设立了地平线商业研发许可计划，任何企业致力于新产品开发、技术革新或增加出口均可向首席科学家办公室申请支持。企业一旦被首席科学家办公室评审通过以后，每一项研发项目可以获得最多50%的资金补贴。到1990年早期，首席科学家办公室给予以色列民用领域补贴的90%资金均来自该计划。1985年以色列政府颁布实施了《产业创新促进法》，无论企业规模、所有权性质，只要符合创新条件均可申请政府的各类研发支持基金。同时，该法律将创新政策的制定、实施与协调等各项权利集中授予了首席科学家办公室。在这一法律框架下，首席科学家办公室牵头实施了一系列研发支持计划，包括研发基金计划、孵化器计划、磁石计划，以及国际科技合作项目等众多科技创新活动。在民间风险投资行业尚属空白的 80 年代，以色列首席科学家办公室每年通过各类研发基金支持了数以百计的科技创新项目，解决了这些项目融资困难的问题。1991 年以色列政府启动了技术解化器计划，此后两年，首席科学家办公室主导在全国设立了 28 个技术孵化器。这些技术孵化器设立董事会、1 名专业主任以及 1 个项目委员会来选择与监控项目。技术孵化器对入选的早期创业项目在两年之中提供多达 42.5 万美元的支持。除提供资金支持外，技术孵化器还为创业企业提供行政事务管理、研发团队组建、营销支持、会计及法律事务等服务。首席科学家办公室对企业科技创新的融资提供了有力支持，但权力集中也带来了审批程序冗长、官僚主义等问题。为了在企业科技创新的融资中引入市场力量，以色列政府于 1993 年启动约兹马计划，该计划是以色列政府支持风险投资产业发展的重要计划。约兹马计划一开始就立足于将本国的风险投资行业融入国际风险投资网络，促进国内风险资本家向国外有影响的风险投资机构学习，从而构建有竞争力的风险投资产业。该计划设立一个由政府出资 1 亿美元的风险投资基金，以母基金形式运作，一共投资 8000 万美元到 10 个私营风险投资基金，每个投资 800 万美元。但要求这些私营风险投资基金必须额外配套出资 1200 万美元。此外，还要求这些由以色列风险投资家管理的 10 个私营基金必须吸引到国外有声誉的风险投资机构或外国金融机构跟投。最后，这 10 个子基金融入了 1.5 亿美元的国外资金投资。约兹马计划取得了巨大的成功[①]。以色列的风险投资额从 1990 年的 500 万美增长到 2019

---

① 李诗林：《以色列风险投资产业发展经验及借鉴》，《区域与全球发展》2018 年第 2 期。

年的94亿美元。

3. 中国的实践

中国政府对小企业科技创新的支持在20世纪80年代后期开始加大力度，但从起步时就充分吸取发达国家的成功经验，具有一定的后发优势。

（1）火炬计划

1988年，中国政府批准实施旨在发展中国高新技术产业的指导性计划——"火炬计划"，并于1989年10月在科技部（原国家科学技术委员会）下面设立火炬高技术产业开发中心（简称"火炬中心"），负责"火炬计划"的具体实施。此后，火炬中心以"发展高科技，实现产业化"宗旨，通过设立国家高新技术产业开发区、科技企业孵化器、技术市场、科技型中小企业创新基金等一系列政策工具，促进中国科学技术创新与转化。在中国国家"火炬计划"的推动下，1991年，中国政府批准26个高技术产业开发区为国家高新技术产业开发区。截至1995年年底，国家级开发区达到52个，经火炬中心认定的高新技术企业1.3万家。开发区内已形成一个多种类型并存的科技开发、产品生产及产品贸易一体化的新兴企业群。这些科技企业的产品已涉及十余个高新技术领域，包括电子信息技术、航空航天技术、生物工程技术等。这些科技园区产生了一批目前仍然活跃在中国市场的科技企业，如联想集团公司、方正集团等。此外，世界著名的科技企业（如HP、IBM、DEC、AT&T、INTEL、日本松下、日立、三井等）分别进入科技园区，在中国建立新技术企业。为支持科技园区科技企业的发展，促进科技成果的迅速转化，各地政府还纷纷设立相关外围服务机构。1994年，全国的开发区共建立技术进出口公司76个，科技金融机构262个，技术贸易市场26个，科技创业服务中心73个。到2010年年底，中国设立的国家级高新技术园区达到83个，高新区共有企业5.5万家，总收入1.06万亿元，创汇2648亿美元。

（2）推动孵化器建设和大学科技园区建设

政府在孵化器建设中发挥了重要作用（详见金融机构部分），此外，还通过帮助建设大学科技园，积极推动大学研究机构的科技成果转化。科技部最早于1990年在沈阳东北大学设立首家大学科技园，此后科技部又陆续认定多个大学科技园区。2005年，中国大学科技园区达到49个。到2010年，全国大学科技园达到86个，当年新入驻企业1858个，入驻孵化企业达到6617家，累计毕业企业4363家，孵化企业实现销售收入221.6亿元。

（3）实行积极的税收优惠政策

根据中国《企业所得税法》的相关规定，经科技部认定的高新技术企业，可以按15%的优惠税率缴纳所得税，所得税率只相当于传统企业的50%。同时，相关税务法规还对符合条件的技术转让设定500万元的扣除门槛，低于500万元的技术转让所得免征企业所得税；超过500万元的部分，减半征收企业所得税。此外，国家税务部门对合格的高新技术企业在研究开发费用抵扣、摊销等方面也给予了优惠待遇。

2007年，中华人民共和国财政部与国家税务总局发布了针对风险投资机构的税收优惠政策，对风险投资机构采取股权投资方式投资于符合条件的中小高新技术企业，可以按其投资额的70%抵扣应纳所得税额度。在此基础上，多数地方政府征收有限合伙企业投资人投资收益的所得税时，一般均按20%优惠税率征收所得税。改善营商环境，大力推动民众创新创业。

(4) 改善营商环境

长期以来，政府尽管对经科技部认证的高新技术产业给予了相对宽松的营商环境，但对民众注册常规企业进行经营管制较为严格，各种审批环节较多，而且科技部认定为高新技术企业需要满足很多条件，对于一般中小初创企业来说，很难达到高新技术企业的认定标准。另外，在公司工商注册、税务手续等方面则存在许多程序，审核周期也很长。自 2014 年开始，政府开始大力推进"大众创业、万众创新"计划，政府在全国范围内放松管制，积极改善营商环境，主要的措施包括：①修改《公司法》，将公司注册资本由实缴登记制改为认缴登记制；②放宽注册资本登记条件，除少数特定行业以外，不再规定注册资本最低额限制；③简化公司注册登记流程，将公司营业执照、税务登记证、机构代码等以前需要由多个部门分别审核颁发的证件、执照合为一个营业执照；④优化民众创业配套服务条件，政府对众创空间的办公用房、网络等给予优惠等。

(5) 设立政府引导基金，直接扶持本土风险投资机构发展

1999 年 5 月，国务院批准设立科技型中小企业技术创新基金，专门用于扶持和引导科技型中小企业技术创新活动。创新基金根据情况，采用贷款贴息、无偿资助、资本金投入等方式支持科技型中小企业技术创新。科学技术部火炬高技术产业开发中心统计数据显示，2013 年创新基金立项 6446 项，项目支持资金达到 51.21 亿元。2006 年，该创新基金增设了"中小企业公共服务机构补充资金"，旨在加强中小企业公共技术服务机构的服务能力，以营造有利于中小企业公平竞争和技术创新的良好商业环境。2007 年，该创新基金设立科技型中小企业创业投资引导基金，用于引导风险投资机构向初创期科技型中小企业专项投资。2008 年，引导基金出资 1.59 亿元参股设立了 6 家重点投资于

科技型中小企业的风险投资机构，在引导基金的支持下，这些风险投资机构从社会上募集的资金超过10亿元。到2015年，该引导基金共补助了109家风险投资机构，这些机构投资的科技型中小企业超过800家，累计投资金额接近30亿元。

2011年科技部、财政部推出国家科技成果转化引导基金（以下简称转化基金）。转化基金与符合条件的投资机构共同发起设立创业投资子基金，为转化科技成果的企业提供股权投资。截止到2018年，已分4批设立了子基金21只，总规模达312.78亿元，其中中央财政投入74.82亿元，引导地方政府、金融机构、民间资本出资237.96亿元，放大比例为1：4.2。

（6）推动科技金融体系建设

在2011年科技部会同多个国家部委发布的《国家"十二五"科学和技术发展规划》中，对科技金融进行了界定：科技金融是通过创新财政科技投入方式，引导和促进银行业、证券业、保险业金融机构及创业投资等各类资本，创新金融产品，改进服务模式，搭建服务平台，实现科技创新链条与金融资本链条的有机结合，为初创期到成熟期各发展阶段的科技企业提供融资支持和金融服务的一系列政策和制度的系统安排。

到目前为止，中国中央及各级地方政府在科技金融体系建设中成绩斐然，具体体现在：

·建立政府引导基金/产业基金引导风险资本进入科技创业企业；

·直接或间接建立科技园区和孵化器，从办公场所、资金、管理、信息等方面给中小企业科技创新提供支持；

·建立科技担保机构为企业贷款提供直接担保，为中小企业贷款提供再担保服务；

·推动知识产权评估服务和知识产权法质押贷款交易;

·引导或直接建立科技银行以及商业银行科技支行,通过引导基金为银行的科技成果转化贷款提供贷款风险补偿①;

·推动建立科技保险机构,包括独立法人和非独立法人的科技保险机构;

·推动建立多层次创业板资本市场,包括创业板市场(2009年)、场外股权交易市场(新三板市场,2013年;区域性股权交易市场)

4. 中国地方政府的实践经验

在建设科技金融体系,完善中小企业科技创新融资环境中,地方政府发挥了尤其重要的作用,制定了独具特色的政策,在实践中积累了丰富的经验。以下分别对广东省、天津市、成都市的做法做简要介绍。

(1) 广东省

广东省是 2011 年启动科技金融创新试点的首批地区之一。广东

---

① 贷款风险补偿总体思路包括以下几个方面:一是中央与地方联合实施。转化基金和省、自治区、直辖市及计划单列市的本级财政共同出资对合作银行的科技成果转化贷款进行补偿。二是试点先行,逐步推广。已在本级财政设立贷款风险补偿专项资金、开展贷款风险补偿工作的省市优先开展试点,逐步推广到全国。三是允许地方创新补偿机制。不强制要求各省市的补偿机制与转化基金相同,但补偿对象包括企业类型、贷款类型、贷款用途、贷款期限等,应与转化基金的政策要求一致。四是合作银行,分类补偿。转化基金和省市科技、财政部门分别招标合作银行,转化基金确定的合作银行由转化基金和省市财政共同补偿,省市原来确定的合作银行仍由当地财政给予补偿。五是建立完善企业数据库。各省市应建立和完善科技成果转化贷款风险补偿的企业数据库,明确入库企业的标准和条件,并向科技部提供数据接口。科技部将搭建全国贷款风险补偿企业数据库工作平台。六是贷款风险补偿标准。对合作银行年度风险补偿额按照合作银行当年实际发放的科技成果转化贷款额进行核定,最高不超过合作银行当年实际发放的科技成果转化贷款额的 2%。具体比例另行核定。

经验可概括为"一二三多",即一个专项,两个平台,三个体系,多方联动。

一个专项指产业技术创新与科技金融结合专项,其中有7个专题,分别是科技信贷专营机构补贴与补偿、科技金融创投联动与补偿、科技金融服务体系建设、科技再担保资金、科技成果转化基金、科技投融资风险准备金及风险补偿以及中国创新创业大赛,每年在7个专题中选择不同的支持重点。2015—2017年,财政共投入93905万元用于支持科技金融发展。

两个平台指广东省科技金融综合服务中心和广东省粤科金融集团科技金融服务平台。前者将需求与成果、创新与创业、线上与线下、孵化与投资相结合,为科技企业提供低成本、便利化、全要素的各式服务,目前在广东全省建立了20余个省级中心的分中心。后者依托广东省生产力促进中心,是广东省科技厅推动全省科技金融服务网络建设实施的牵头单位及全省科技金融服务的网络中枢。平台构建了"3+1"科技金融业务体系,其中"3"指创业投资+科技金融+科技园区,"1"指上市公司平台。

三个体系指广东省创业投资体系、科技信贷体系、多层次资本市场体系。在创业投资方面,广东省应该是全国最活跃的。广州、深圳成为广东省创业投资的"双核心"。截至2017年5月,广东省拥有的私募股权、创业投资积极管理人2372名,管理基金数量4994只,基金实缴1万多亿元,认缴规模1.75万亿元,占全国总量的1/5。在科技信贷方面,广东省积极完善政府科技贷款风险补偿资金制度,引导银行开展股权质押贷款业务,用好科技企业信贷风险准备金,引导银行扩大科技信贷,支持金融机构扩大质押物范围。开发了包括科技立项贷、科技保理贷、知识产权贷、科技创新贷、科技贷等在内的全链条式银行科技信贷产品。截至 2017 年 6 月，广州市科技信贷贷款金额已经突破 60 亿元，帮助 667 家科技型企业获得贷款，其中 79% 的企业是高新技术企业，35% 的企业是首次贷款企业，20% 的企业是新三板的企业，纯信用贷款占比 75%，科技信贷规模位居全国第一。多层次资本市场建设方面，广东省积极鼓励企业登陆主板、创业板、新三板等主流资本市场，并着力打造省内三大区域性股权交易市场，后者 2021 年 5 月 12 日挂牌企业 15919 家，居全国第一位。广东省已形成了科技企业挂牌场内交易市场和场外交易市场的多层次资本市场体系。

多方联动，指广东省的几个重要机构——建设银行广东省分行、科创咖啡、广东省科技金融促进会和广东省各高校充分发挥各自优势，统筹联动，多角度、全方位地开展科技金融活动，为广东省企业科技创新提供金融服务。

（2）天津市

天津市政府在推动金融服务企业科技创新中，由市科学技术局主导，设立引导基金、建立科技金融对接服务平台、建立考核奖励制度、设立天津市科技型企业政策性担保资金以及开发科技立项贷等金融产品。

引导基金。天津市从 2015 年开始分别设立了天使投资引导基金（规模 5 亿元）、创业投资引导基金（规模 10 亿元）以及产业并购引导基金（规模 5 亿元）3 只基金。3 只基金总规模 20 亿元，财政分 5 年出资，至 2018 年 3 只基金已出资 12 亿元。

科技金融对接服务平台（以下简称对接平台）。平台是指具备一定场地、设施、专业服务人员等基础条件和服务能力，以开展科技金融对接活动为核心业务的服务载体。目前经过天津市科委认定并且实际经营较好的对接平台有20家左右。对接平台主要功能包括：负责组织开展本行业、本领域或特色化的科技金融对接、培训等服务工作；负责本行业、本领域企业融资需求调研、分析及信息发布；与区级（功能区）对接平台衔接，重点解决各区科技金融对接服务中的专业难题，提供个性化的定制服务。

考核奖励制度。天津市科学技术局面向对接平台实施考核奖励。考核内容主要包括：科技金融对接活动组织情况、对接成功的融资金额和企业数量、开展科技金融创新服务情况、服务科技型企业情况、服务区级（功能区）对接平台情况等。对考核优秀者给予100万元资金补贴，良好者给予50万元资金补贴，累计补贴额一般不高于100万元。已给予100万元补贴支持的平台，累计3次（含3次）或3次以上考核优秀的可再给予50万元奖励。

担保资金。天津市科技型企业政策性担保资金（以下简称担保资金）由天津市财政预算安排，资金规模为10亿元人民币，由市财政在3—5年内拨款到位。担保资金主要用于：①对符合条件的在天津市注册的融资性担保公司（以下简称担保公司）为天津市科技型企业提供的贷款担保进行再担保；②为符合条件的担保公司补充注册资本金。截至2018年已经向3家担保机构注资2.4亿元。

科技立项贷款。该产品是市科技局组织高新技术成果转化中心、科融担保及三家试点银行，共同针对科技计划项目立项企业定制的信贷产品。科技立项贷产品的特点如下。①网上申请。企业可在成果转化中心网站提交申请，工作人员主动与企业对接。②科融担保和银行合作。两个机构共同收集资料和尽职调查，开启绿色通道同期审批，同期贷后监管，以提高企业融资效率。③银行放款采取自主支付方式，无需受托支付，贷款直接进入企业账户，增加贷款资金使用的灵活性。④贷款的反担保方式为纯信用，无需企业为担保公司提供任何抵押、质押物。⑤对于提出申请但不符合立项贷标准的企业，科融担保和各银行也会针对企业情况，单独设计其他融资计划。

（3）成都市

成都市政府在服务企业科技创新金融体系建设中，开发了适合本地区企业生态发展的"科创贷"产品。

"科创贷"产品用来解决轻资产科技企业"首贷"，帮助科技企业积累"首信"。为降低银行发放"首贷"的信用风险，成都市科技局使用3.43亿元科技企业债权融资风险资金，引导9个区（市）县和15家银行、3家担保公司、1家保险机构、1家科技小贷等金融机构联合建立起50亿元的科技企业债权融资风险资金池，实现财政资金放大14.64倍。另外，在科创贷中建立了"银行+政府""银行+政府+保险""银行+政府+担保"的信贷模式，确立差异化风险分担比例，实现"多方协同、风险共担"机制，引导银行针对不同阶段科技企业的差异化融资需求，开发贷款额度从5万元到1000万元不等、平均贷款利率不超过6%的特色"科创贷"系列产品，形成了广覆盖、梯度化、低利率的信用贷款产品集。"科创贷"产品自面市以来，累计为1620家企业提供信用、知识产权和股权质押的信用类贷款35.65亿元，显著降低了金融机构科技企业贷款风险和轻资产、高技术、高风险的科技企业贷款利率，帮助极米、动力视讯、先导药物等一大批科技企业顺利渡过资金难关，快速成长，同时为科技企业通过信用贷款方式建立信用记录提供了一条便捷之路。

从广东、天津和成都三地的经验看，政府推动金融服务小企业科技创新中发挥的重要作用,在于全方位打造金融生态(体系),如广东省;使用财政资金撬动社会资金;对科技信贷提供担保服务;打造服务平台,形成政府、银行、保险机构、担保机构的联动效应;提供培训、信用评价、考核激励等服务。这些做法对于建立适合中小企业的科技创新金融体系十分重要。

(五) 法律与监管

从世界各国的经验看,政府普遍以立法和执法来促进金融对企业科技创新支持。中国也积极推进了金融支持企业创新的立法工作,自改革开放以来,由中央政府部门发布的涉及金融促进科技发展的主要法规和指导意见就有40多个。见表6-2-2。

表6-2-2 国务院及相关部委有关金融支持企业科技创新的主要法律文件

时间	内容	说明
1993.06.12	《关于大力发展民营科技型企业若干问题的决定》	部分涉及金融支持
1996.02.09	《国家高新技术产业开发区管理暂行办法》	部分涉及金融支持
1999.08.11	《关于加速国家高新技术产业开发区发展的若干意见》	部分涉及金融支持
2005.04.13	《国家开发银行、科学技术部关于推动科技型中小企业融资工作有关问题的通知》	
2006.02.09	《国家中长期科学和技术发展规划纲要(2006—2020年)》	
2006.02.26	《国务院关于印发实施〈国家中长期科学和技术发展规划纲要(2006—2020年)〉若干配套政策的通知》	
2006.03.15	《关于加快发展技术市场的意见》	部分涉及金融支持

续表

时间	内容	说明
2006.03.27	《科技型中小企业贷款平台建设指引》	
2006.10.31	《国家"十一五"科学技术发展规划》	部分涉及金融支持
2006.12.28	《支持国家重大科技项目政策性金融政策实施细则》	
2006.12.28	《关于商业银行改善和加强对高新技术企业金融服务的指导意见》	
2007.04.29	《关于促进国家高新技术产业开发区进一步发展增强自主创新能力的若干意见》	部分涉及金融支持
2007.05.16	《关于进一步发挥信用保险作用支持高新技术企业发展有关问题的通知》	
2007.07.02	《科学技术部关于对创新型试点企业进行重点融资支持的通知》	
2008.03.10	《关于利用金融手段支持国家科技兴贸创新基地的指导意见》	
2008.07.21	《关于进一步加强金融与科技合作大力推进农业科技成果转化和产业化的通知》	
2009.05.21	《关于进一步加大对科技型中小企业信贷支持的指导意见》	
2009.11.15	《关于科技部与中国银行加强合作促进高新技术产业发展的通知》	
2010.02.08	《关于开展科技专家参与科技型中小企业贷款项目评审工作的通知》	
2010.12.24	《促进科技和金融结合试点实施方案》	
2011.04.06	《地方促进科技和金融结合试点方案提纲》	
2011.05.16	《关于进一步促进科技型中小企业创新发展的若干意见》	部分涉及金融支持
2011.07.07	《国家科技成果转化引导基金设立创业投资子基金管理暂行办法》	
2011.10.20	《关于促进科技和金融结合加快实施自主创新战略的若干意见》	
2012.03.27	《关于印发贯彻落实中央一号文件精神加快农村科技创新创业意见的通知》	部分涉及金融支持
2012.06.18	《科技部关于印发进一步鼓励和引导民间资本进入科技创新领域意见的通知》	
2012.09.23	《关于深化科技体制改革加快国家创新体系建设的意见》	部分涉及金融支持
2014.01.22	《关于大力推进体制机制创新 扎实做好科技金融服务的意见》	

续表

时间	内容	说明
2014.08.08	《国家科技成果转化引导基金设立创业投资子基金管理暂行办法》	
2015.01.15	《科技部关于进一步推动科技型中小企业创新发展的若干意见》	部分涉及金融支持
2015.03.23	《国务院关于深化体制机制改革加快实施创新驱动发展战略的若干意见》	部分涉及金融支持
2017.05.14	《科技部办公厅关于印发〈"十三五"医疗器械科技创新专项规划〉的通知》	部分涉及金融支持
2017.05.24	《国务院办公厅关于县域创新驱动发展的若干意见》	部分涉及金融支持
2017.06.23	《国务院办公厅关于建设第二批大众创业万众创新示范基地的实施意见》	部分涉及金融支持
2017.07.21	《国务院关于强化实施创新驱动发展战略进一步推进大众创业万众创新深入发展的意见》	部分涉及金融支持
2018.01.16	《国务院办公厅关于推进农业高新技术产业示范区建设发展的指导意见》	部分涉及金融支持
2018.05.28	《关于技术市场发展的若干意见》	部分涉及金融支持
2018.12.23	《国务院办公厅关于推广第二批支持创新相关改革举措的通知》	部分涉及金融支持
2019.04.15	《关于构建市场导向的绿色技术创新体系的指导意见》	部分涉及金融支持
2019.08.09	《关于新时期支持科技型中小企业加快创新发展的若干政策措施》	部分涉及金融支持
2020.12.04	《科技部印发〈关于加强科技创新促进新时代西部大开发形成新格局的实施意见〉的通知》	部分涉及金融支持

资料来源：笔者根据科技部网站内容整理。

除了中央部委的有关法律文件，各地方政府也相继出台了多个相关文件。以北京、上海、浙江、广东、四川五地为例，相关法律文件见表6-2-3。

表6-2-3　地方政府有关金融支持企业科技创新的主要法律文件

	时间	内容		时间	内容
北京市	2009.04.04	《"科技北京"行动计划（2009—2012年）——促进自主创新行动》	浙江省	2021.04.08	《浙江省人民政府办公厅关于加强技术创新中心体系建设的实施意见》
	2009.12.02	《中关村国家自主创新示范区重大科技成果转化和产业化股权投资暂行办法》		2021.01.27	《浙江省人民政府办公厅关于印发〈浙江省科技企业"双倍增"行动计划（2021—2025年）〉的通知》
	2010.10.21	《北京市人民政府关于推进首都科技金融创新发展的意见》		2018.11.29	《浙江省人民政府关于全面加快科技创新推动高质量发展的若干意见》
	2010.12.23	《中关村国家自主创新示范区条例》		2018.08.14	《浙江省人民政府关于强化实施创新驱动发展战略深入推进大众创业万众创新的实施意见》
	2011.03.15	《北京市人民政府关于进一步促进科技成果转化和产业化的指导意见》		2017.12.04	《浙江省人民政府关于印发浙江省新一代人工智能发展规划的通知》
	2011.04.08	《关于贯彻国务院进一步促进中小企业发展若干意见的实施意见》		2017.07.13	《浙江省人民政府办公厅关于补齐科技创新短板的若干意见》
	2011.07.21	《北京市加快培育和发展战略性新兴产业实施意见》		2016.08.03	《浙江省人民政府关于印发加快推进"一转四创"建设"互联网+"世界科技创新高地行动计划的通知》

续表

	时间	内容		时间	内容
北京市	2012.09.29	《关于深化科技体制改革加快首都创新体系建设的意见》	浙江省	2015.12.27	《浙江省人民政府办公厅关于加快科技服务业发展的实施意见》
	2014.04.14	《北京技术创新行动计划（2014—2017年）》		2015.11.30	《浙江省人民政府关于大力推进大众创业万众创新的实施意见》
	2014.06.09	《加快推进科研机构科技成果转化和产业化的若干意见（试行）》		2015.06.30	《浙江省人民政府办公厅关于进一步推进企业技术改造工作的意见》
	2014.09.10	《关于进一步创新体制机制加快全国科技创新中心建设的意见》		2015.06.29	《浙江省人民政府办公厅关于推进民营企业对接现代技术现代金融工作的意见》
	2014.11.07	《关于进一步加强金融支持小微企业发展的若干措施》		2015.06.26	《浙江省人民政府办公厅关于加快发展众创空间促进创业创新的实施意见》
	2015.05.18	《北京市人民政府关于加快首都科技服务业发展的实施意见》		2014.12.23	《浙江省人民政府办公厅关于加快培育发展科技型小微企业的若干意见》
	2015.10.22	《北京市人民政府关于大力推进大众创业万众创新的实施意见》		2012.05.31	《浙江省人民政府关于进一步支持企业技术创新加快科技成果产业化的若干意见》
	2015.12.05	《〈中国制造2025〉北京行动纲要》	广东省	2007.12.03	《广东省科技型中小企业融资担保风险准备金管理暂行办法》
	2016.11.02	《北京市促进科技成果转移转化行动方案》		2014.10.22	《广东省产业技术创新与科技金融结合专项资金管理办法》
	2016.11.25	《北京市深化市级财政科技计划（专项、基金等）管理改革实施方案》		2015.09.23	《广东省人民政府关于加快科技创新的若干政策意见》

续表

	时间	内容		时间	内容
北京市	2017.01.13	《北京市"十三五"时期现代产业发展和重点功能区建设规划》	广东省	2016.02.28	《关于深化广东省级财政科技计划（专项、基金等）管理改革的实施方案》
	2017.04.06	《中关村国家自主创新示范区促进科技金融深度融合创新发展支持资金管理办法》		2016.03.10	《广东省人民政府关于大力推进大众创业万众创新的实施意见》
	2017.09.16	《关于率先行动改革优化营商环境实施方案》		2016.04.01	《广东省人民代表大会常务委员会关于修改〈广东省自主创新促进条例〉的决定》
	2019.10.16	《关于新时代深化科技体制改革加快推进全国科技创新中心建设的若干政策措施》		2016.12.06	《广东省促进科技成果转化条例》（广东省第十二届人民代表大会常务委员会第71号公告）
	2021.01.28	《北京市进一步优化营商环境更好服务市场主体实施方案》		2017.04.07	《关于发展普惠性科技金融的若干意见》
上海市	2010.09.24	《上海市科学技术进步条例》		2017.05.17	《广东省人民政府关于印发广东省加快促进创业投资持续健康发展实施方案的通知》
	2012.10.08	《上海市促进中小企业发展条例》		2017.06.12	《广东省人民政府关于印发贯彻落实国家〈"十三五"促进就业规划〉实施意见的通知》
	2012.10.10	《关于实施〈上海中长期科学和技术发展规划纲要（2006—2020年）〉若干配套政策》		2017.08.02	《广东省人民政府办公厅关于印发广东省落实全国科技创新大会精神近期若干重点任务实施方案的通知》

续表

	时间	内容		时间	内容
上海市	2012.10.10	《上海市人民政府办公厅转发市金融办等八部门〈关于本市加大对科技型中小企业金融服务和支持实施意见〉的通知》	广东省	2017.08.17	《广东省人民政府办公厅关于印发广东省战略性新兴产业发展"十三五"规划的通知》
	2012.10.11	《上海市人民政府贯彻国务院〈关于进一步促进中小企业发展的若干意见的实施意见〉》		2018.08.20	《广东省人民政府关于强化实施创新驱动发展战略进一步推进大众创业万众创新深入发展的实施意见》
	2015.05.26	《中共上海市委、上海市人民政府关于加快建设具有全球影响力的科技创新中心的意见》		2019.01.07	《广东省人民政府印发关于进一步促进科技创新若干政策措施的通知》
	2015.06.23	《上海市工商行政管理局支持众创空间发展的意见》		2019.03.28	《广东省人民政府关于促进高新技术产业开发区高质量发展的意见》
	2015.08.13	《关于上海加快发展智能制造助推全球科技创新中心建设的实施意见》	四川省	1996	《中共四川省委 四川省人民政府关于贯彻〈中共中央国务院关于加速科学技术进步的决定〉的实施意见》
	2015.08.21	《关于促进金融服务创新支持上海科技创新中心建设的实施意见》		1998	《四川省人民政府关于加快发展我省高新技术产业的通知》
	2015.11.05	《关于进一步促进科技成果转移转化的实施意见》		1997.12.27	《四川省科学技术进步条例》

续表

	时间	内容		时间	内容
上海市	2015.11.17	《关于本市发展众创空间推进大众创新创业的指导意见》	四川省	1998.10.17	《四川省民营科技企业条例》
	2015.11.30	《上海银监局关于上海银行业提高专业化经营和风险管理水平进一步支持科技创新的指导意见》		2000.01.26	《关于加强技术创新，发展高科技，实现产业化的实施意见》
	2015.12.03	《上海市人民政府印发〈关于加快推进中国（上海）自由贸易试验区和上海张江国家自主创新示范区联动发展实施方案〉的通知》		2000.07.31	《关于贯彻〈中共四川省委、四川省人民政府关于抓住西部大开发机遇，加快发展的意见〉的实施意见》
	2016.01.03	《市农委关于贯彻〈中共上海市委 上海市人民政府关于加快建设具有全球影响力的科技创新中心的意见〉的实施意见》		2001.03.30	《四川省促进科技成果转化条例》
	2016.01.17	《关于印发〈张江国家自主创新示范区推进具有全球影响力科技创新中心建设的总体行动计划（2015—2020年）〉的通知》		2004.09.27	《省科技厅关于建立和完善风险投资机制鼓励人才创新创业的意见》
	2016.01.20	《关于印发〈上海市天使投资风险补偿管理暂行办法〉的通知》（已失效）		2008.02.21	《四川省科学技术厅中国证监会四川监管局文件关于推进高新技术企业上市工作的指导意见》
	2016.02.29	《关于印发〈上海市推进"互联网+"行动实施意见〉的通知》		2008.03.03	《充分利用信用保险支持高新技术企业又好又快发展实施办法》

续表

	时间	内容		时间	内容
上海市	2016.03.24	《关于加强知识产权运用和保护支撑科技创新中心建设的实施意见》	四川省	2010.03.04	《中共四川省委 四川省人民政府关于加强自主创新 走创新型发展道路的决定》
	2016.04.17	《国务院关于印发〈上海系统推进全面创新改革试验加快建设具有全球影响力科技创新中心方案〉的通知》		2013.09.30	《中共四川省委 四川省人民政府关于实施创新驱动发展战略增强四川转型发展新动力的意见》
	2016.09.26	《关于进一步深化人才发展体制机制改革加快推进具有全球影响力的科技创新中心建设的实施意见》		2014.09.02	《支持成都高新技术产业开发区创建国家自主创新示范区十条政策》
	2016.11.11	《关于全面建设杨浦国家大众创业万众创新示范基地的实施意见》		2015.07.03	《四川省人民政府关于支持天府新区创新研发产业功能区建设的意见》
	2016.11.11	《上海市天使投资风险补偿管理实施细则（试行）》		2015.12.02	《中共四川省委关于全面创新改革驱动转型发展的决定》
	2017.05.29	《上海市促进科技成果转移转化行动方案（2017—2020）》		2016.07.23	《四川省科学技术进步条例》
	2018.11.21	《上海市人民政府关于加快本市高新技术企业发展的若干意见》		2017.12.14	《推进成德绵协同创新的10条科技政策措施》
	2018.11.30	《关于印发〈上海市科技创新券管理办法（试行）〉的通知》		2018.08.30	《四川省人民政府办公厅关于加快县域创新驱动发展的实施意见》
	2019.03.21	《关于进一步深化科技体制机制改革增强科技创新中心策源能力的意见》		2018.12.24	《四川省重大科技专项管理暂行办法》

续表

	时间	内容		时间	内容
上海市	2020.04.21	《上海市推进科技创新中心建设条例》			
	2020.10.27	《关于加快推进我市大学科技园高质量发展的指导意见》			
	2021.03.26	《上海市科技型中小企业技术创新资金计划管理办法》			

资料来源：笔者根据地方政府网站整理。

中央和地方政府持续的并且不断完善的法律文件为完善科技创新金融体系提供了重要保障。

三　分析与评价

根据以上对中国中小企业科技创新金融体系实践以及国外相关实践的总结，可以得出一个基本结论，即中国已经形成一个具有足够规模、基本架构完善的服务于企业（包括中小企业）科技创新的金融体系。这个体系在中国企业科技创新和整体科技进步方面发挥了重大作用。有大量研究对金融体系与企业创新的关系、作用机理以及存在问题进行分析，本书总结梳理如下。

（一）与信贷市场比较，资本市场更能发挥对企业科技创新的激励作用

中小企业科技创新最活跃的时期集中于初创期和成长期，而这个时期更热衷于提供金融支持的金融家是风险投资商而非银行。根据对世界 32 个国家和地区的研究，资本市场和信贷市场的发展对企业创新的影响是不同的，资本市场的发展对于高科技企业和依赖外部融资企业的创新水平有显著正向的影响，信贷市场的发展则对具有上述特点企业的创新有负向的影响。这个现象产生的原因，是两种融资方式各自具有不同的特点：股权投资者享有收益的剩余索取权，其融资并不需要抵押，增加股权融资并不会增加公司破产的风险；而债权投资者并不享有剩余索取权，但融资需要抵押，且增加贷款也会增加公司破产的风险。

（二）股权投资（风险投资）更能支持中小企业科技创新

风险投资之所以成功实现对科技创新企业的金融支持，其作用机理主要来自以下三个方面。

1. 对创业企业有更高的风险容忍度

有研究发现，对风险投资的失败容忍度越高，创业企业的成功率越高。该项研究以风险投资对创业失败项目的平均投资持续时间作为失败容忍度的衡量标准，对 7384 个独立的风险投资企业在 46875 家企业进行的 228805 次投资数据进行分析后发现，风投公司在经营不佳的创业企业停留时间越长，企业上市后表现的创新精神就越强，发

明的新产品更多，专利更多，并且专利质量更高。风险投资者对失败的容忍使企业有机会克服初创阶段的困难，充分发挥创新潜能。

研究还发现资金充裕程度越高、对职业前景越有信心的风险投资公司，对失败的容忍度越高。因为资金相对不充裕以及对职业前景的担忧，行业中的新手会降低对失败的容忍度。

与投资人对企业创新失败容忍度相关的另一项研究是对"企业风险投资"（CVC）的观察。研究发现与纯投资性的一般风险投资（IVC）相比较，CVC能更好地支持企业创新，获得获取的专利数量更多，专利的质量更高。比较CVC支持的创业企业与IVC支持的企业，在首次公开募股（IPO）上市之前的3年里，前者比后者获得专利数量多27%，专利引用量高18%；IPO之后的头4年中（包括IPO当年），前者比后者专利数高45%，专利的引用量高13%。之所以有如此显著的差异，主要原因是CVC可以对创业企业提供更多的科技支持，且对创业失败的容忍度更高。

2. 有更大的监督和约束力度

一般来说，风险投资比信贷投资有更大的监督力度。风险投资主要通过两种方式实现监督，一种是通过阶段性投资对企业实施"监管"压力，一旦企业运作不善则失去下一轮融资的机会。研究发现，企业与风险投资人的物理距离越短，现场监督的越方便，则投资的轮数就越少，反之就越多。例如Facebook在刚刚成立几个月之后就从位于美国东北角的波士顿搬到位于西南角的帕拉阿图，因为可以使距离它只有四个街区的VC投资者Accel Partners一次性多注资，以提高注资的规模效应和减少相应的契约成本。另一种加大监督约束力度的办法是联合投资（Venture Capital Syndication）。研究发现，与单独投资比较，VC 联合投资除了可以为处在幼年阶段的创业公司、处在融资早期阶段的公司，以及高速发展阶段的公司投入大笔资金以外，还可以发挥多个风险投资家的专业优势，全方位地监督约束创业企业，更好地理解和评估创业公司的技术水平，培育其创新能力。通过对 VC 联合投资和独自风险资本所支持的 IPO 公司上市后头 4 年的创新生产率进行比较，发现 VC 联合投资所支持的企业不仅专利数量更多，其专利的影响力也更大，公司上市后的业绩表现更好——IPO 之后的头 4 年，由 VC 联合投资支持的上市公司的平均税息折旧及摊销前利润与资产之比，与平均利润率分别较独自风险资本支持的上市公司的这两项指标分别高出 8% 和 2%。

3. 有良好的资本市场帮助风险投资人分散风险实现投资价值

研究发现，资本市场的开放程度越高越有利于企业创新。Tian and Wang 等对 1981—2008 年间经历了资本市场化对外场开放的 20 个国家（包括发展中国家和发达国家）数据进行分析，发现这些国家的股票市场对外开放后，专利数量、专利引用数量以及创新企业数量分别提高了 13%、16% 和 11%。进一步分析，发现资本市场对外开放可以促进企业创新的机制是企业融资量增加、投资风险分散度提高和公司治理水平提高。陈思等对中国数据分析后也发现，有外资背景的风险投资更有助于提高公司治理水平，促进创新。

（三）政府支持具有较强的差异性

研究发现，尽管政府对中小企业科技创新提供了有力的支持，但依然存在一些问题，主要表现为目标选择的差异性（选择偏差），选择偏差会形成政策支持的盲点，影响政策支持的效果。目前仍有两类创新几乎没有被政策覆盖，一是非科技型中小企业的科技创新，二是尚处于"死亡低谷"的初创企业和增长期初期的企业创新。

1. 缺乏对非"科技型中小企业"科技创新活动的政策支持

按照规定，凡是被评定为科技型中小企业的企业，可以享受政府在经费拨款、信贷担保、保险、贷款风险补偿、贴息等各项直接额或者间接的资金/融资支持，没被评为科技型的中小企业则无缘问津上述资助。科技型中小企业的评价标准依据科技部、财政部、国家税务总局2017年发布的《科技型中小企业评价办法》（国科发正（2017）115号），其中对科技型中小企业的规模标准是：职工总数不超过500人、年销售收入不超过2亿元、资产总额不超过2亿元，对科技型的评价标准是：在科技人员、研发投入、科技成果方面必须达到60分以上，每项评分中都包含复杂具体的衡量指标。按照这个规定，有相当一大批分数不够的不能评为科技型的中小企业，即便有科技创新，也得不到政府在财政补贴、融资支持、税收优惠等方面的支持。

根据毕守峰等对四川德阳716家中小企业创新的问卷调研，近70%的企业没有获得过任何来自政府的相关支持[1]。进一步分析，发现规模越小的企业越难获得政策的支持：54.0%的中型企业开展研发活动没有得到政府的支持，65.1%的小型企业没有得到政府的支持，73.6%的微型企业没有得到政府的支持。王波等对宁夏地区中小企业的调研也发现，那些未获得政府认定科技型企业资格的中小企业，特

---

[1] 毕守峰、孔欣欣：《中小企业创新面临的主要问题及对策研究》，《中国科技论坛》2012年第9期。

别是处于初创期和成长期的企业很少得到政策惠顾。[1]

由于评定标准严格以及评定程序复杂等原因,一些具有科技创新潜质和能力的初创型企业也许因为没有得到资质认定,得不到政府资金援助而夭折。如何解决这个问题,使尽可能多的创业创新企业能够被支持,是一个值得深入研究的话题。在这方面,以色列也曾经有过类似的问题——20世纪60—90年代政府对企业创新的支持均需企业申请后由国家首席科学家办公室审查批准,评审标准的合理性引发争议。为此,以色列通过引入风险投资人,将政府扶植与市场化运作有效结合,提高了对企业创新的财政资源的配置效率。

2. 政策支持存在忽略创业期高风险小型科技型企业的倾向

成海燕等对北京市1474家科技型中小企业的调查问卷发现,即便是科技型中小企业,能够得到的政府支持力度也是"有重有轻"的[2]。首先,财政补贴政策偏重于成立3—5年、营业收入100万—300万元企业,忽略了成立1—3年且营业收入50万元以下的企业。这些成立时间较短的企业扣除营业成本后基本呈亏损或微利状态,处于生死存亡期(或者创业危险期),它们很难拿到银行资金,最需要获得政府支持;至于成立时间较长、年营业收入较高的企业则已经走出"死亡之谷",发展前景较为明朗,对财政补贴的饥渴度低于前者。其次,税收优惠政策侧重于创业明朗期、年收入10亿元以上成长期/成熟期、100—299人规模企业,而对创业危险期、50—99人小型企

---

[1] 王波等:《新三板科技型中小企业融资能力评价体系与实证——以宁夏18家上市企业为例》,《科技与经济》2021年第3期。

[2] 成海燕等:《科技金融政策促进科技企业发展的资源配置效率研究——来自北京市的实证调查》,《科技进步与对策》2020年第37期。

业的支持力度不够。再次,风险投资政策更偏重于创业明朗期企业,对创业危险期和某些成长期企业、营业收入1亿—4亿元的企业扶持力度不够。最后,科技信贷、科技担保、科技保险等支持政策更偏重于规模较大(注册资本10亿元以上、规模2000人以上)、进入创业明朗期企业和营业收入加高(10亿元以上)的成长期/成熟期企业,对注册资本50万—100万元、创业危险期、规模10—19人的企业支持力度不够。这项研究发现,对科技型企业的政府支持偏向进入经营明朗期、成熟期的企业,规避高风险的初创期企业,造成扶强不扶弱的支持效果。

Howell 的研究发现,政府对企业科技创新的早期提供补贴会促进企业创新,因为这降低了企业投资创新项目的不确定性。政府在创新扶植政策执行上如果倾向于晚进入,等待企业度过危险期后进入,显然会降低对企业创新的促进效果。特别是扶强不扶弱的选择,会产生与商业机构的市场选择重叠而不是互补的效果,在一定程度上与政府扶植的初衷相悖,不利于中小企业科技创新的发展。

问卷调查发现在多项政府扶植政策中,财政补贴的效率最高,其次是税费优惠,最次是信贷支持(包括信贷、担保、保险)[1]。特别是担保、创新基金等做法,效率最低[2]。虽然在信贷支持方面政府发布的文件密集度最高,但政策效率却是最低的,究竟应该如何调整政策内容,提高政府对中小企业科技创新的支持效率,值得进一步研究。

---

[1] 成海燕等:《科技金融政策促进科技企业发展的资源配置效率研究——来自北京市的实证调查》,《科技进步与对策》2020年第37期。
[2] 王波、蒋玉:《科技型中小企业融资现状调查及对策研究——以宁夏为例》,《生产力研究》2020年第9期。

（四）信贷支持还存在较多问题

按照对企业科技创新提供信贷支持的内容，在信贷担保、保险、产权质押等方面均存在比较明显的问题。

1. 科技信贷担保中存在的问题

目前中国已经形成一批由国家级科技园区和地方科技部门成立的科技担保公司，为科技型中小企业提供信贷担保，尚存的主要问题如下。

首先，没有被评为科技型企业的中小企业创新无法享受该服务，只能寻求一般性中小企业担保公司的服务。但后者的服务力度显著低于前者。

其次，即便政府成立的科技担保公司，提供的担保力度也相对不足，担保放大倍数为7.31倍，与日本和美国对一般中小企业提供信贷担保放大倍数达到60、50倍相比，相差甚远。这种局面与科技担保公司资金不足有关。根据科技部调查，科技担保公司的资本金来源以各级地方政府财政资金和资产划入为主，大都是一次性，缺乏后续资金注入及补偿机制。扣除相关部门要求提取的赔偿准备金和未到期责任准备金，可用资金更少。资金不足导致大部分科技担保机构的平均担保金额在800万元以下，担保倍数上不去。资金不足也影响了科技担保机构可以服务的企业数量。

2. 知识产权质押中存在的问题

首先，知识产权价值评估一直是知识产权质押融资中的关键点和难点。知识产权价值评估有两个方式，一是参考知识产权交易市场价格，二是根据国家相关文件（如《资产评估准则——无形资产》《专利资产评估指导意见》和《企业会计准则第6号——无形资产》等）做价值评估。前者的价值可参考性取决于交易市场的活跃程度，后者则取决于法律规则的可操作性。中国知识产权交易市场（含专利交易市场和版权交易市场）自2000年以来有快速发展，全国专利交易市场就有41个，但市场的交易规模、交易活跃度从而交易价格的可参考性存在较大差异，至于价值评估办法，由于评估机构质量问题以及对评估机构的监管不足，价值评估随意性很大。

其次，知识产权质押贷款融资的成本较高，企业付出的成本包括：前期专利价值评估费、担保费、法律费等。这些费用加起来往往构成贷款成本的三分之一；相对高的利率（一般专利质押贷款利率）要比同期基准利率上浮至少30%。

最后，知识产权贷款质押率低，可得资金少。以专利质押为例，银行一般将质押率控制在30%以内。也就是说，其余70%的借贷需求还需要另找办法。不仅如此，鉴于知识产权价值的不确定性，银行在要求知识产权质押以外，还要求企业提供应收账款、股权、有形资产等做补充，使知识产权沦为有形资产抵押的一种补充。

3. 科技保险中存在的问题

第一个问题的是企业积极性不高，参保率低。根据调查，北京中关村高新技术企业中仅有7%的企业投了科技保险，在未投保企业中，未使用过科技保险计划的占57%，曾投过保未选择续保的占7%[1]；

---

[1] 彭志文、宋旺：《我国科技保险市场的问题、根源及对策——基于中关村高新技术企业抽样调查的分析》，《保险研究》2010年第9期。

即使有政府的税收优惠和补贴，在长沙市高新区 460 家高科技企业中，投保科技保险的企业也仅为 12 家，占比 2.61%，保费收入仅 24 万多元[①]；上海的科技企业投保科技保险的比例低于 15%，近 20% 的企业认为其保障非常有限[②]；在广州市开发区 262 家高新技术企业中，科技保险投保比例仅为 10.31%；有投保意向的占 2.67%；曾经投保但未选择续保的占 0.76%；从来没有也不考虑投保的比例高达 86.26%，这其中有不少高风险企业[③]。据中国保险监督管理委员会 2014 年的数据，全国科技企业参保科技保险的比例不足 3%。

第二个问题是投保企业投保险种过于集中。企业倾向选择企业财产险、团队意外健康险，而对研发、成果转化等阶段的险种投保比例较低[④]。

导致上述问题产生的原因，一般归结为：第一，政府支持力度不够，宣传推广协调力度不够，补贴资金不足且补贴政策不稳定；第二，保险公司对风险高收益低的项目缺乏积极性；第三，企业参保意识不强；第四，缺乏保险中介[⑤]。

4. 科技银行建设中存在的问题

对于独立法人的科技银行（如浦发硅谷银行、北京中关村银行）

[①] 欧阳资生、许晓庆：《推进湖南省科技保险发展的策略探讨》，《湖南商学院学报》2013 年第 20 期。

[②] 王蕾、顾孟迪：《科技创新的保险支持模式——基于上海市的调研分析》，《科技进步与对策》2014 年第 31 期。

[③] 王媛媛：《高新技术产业科技保险投保需求的实证研究》，《科技管理研究》2016 年第 36 期。

[④] 邱兆祥、罗满景：《科技保险支持体系与科技企业发展》，《理论探索》2016 年第 4 期。

[⑤] 任辉：《科技保险国内研究现状及展望》，《广西财经学院学报》2019 年第 32 期。

来说，均存在不同程度的客户面窄、融资渠道少，融资成本高的问题，营利性较差，以至于北京中关村银行大幅度开拓其他非科技信贷业务，如个人消费信贷业务。

对于数量众多的商业银行科技支行来说，则存在独立性不足，业务定位不清晰，倾向于选择成熟期科技企业信贷业务的问题。

◇ 四　总结与政策建议

（一）总结

总体来说，经过近30年的努力，中国已经建立了一个相对完整的支持中小企业科技创新的金融体系，无论是金融产品、金融机构、金融市场、政府扶植的力度，还是法律法规的完备度，均有快速提高。

这个完善的金融体系对中小企业科技创新提供了有力支持，其中相对最活跃并作用最大的是风险投资以及多层次的资本市场，其次是政府补贴，最后是信贷支持。

风险投资效率很高，他们按照市场标准和价值原则寻找投资对象，关注在科技创新中有更高科技含量的中小企业，不受政府对科技型中小企业划定标准的限制。但中国风险投资对创新性中小企业的进入阶段有后移倾向，即存在对种子期、创业期的企业投资比重下降，对成长期、成熟期的企业投资比重上升的趋势。这个趋势与投资人风险意识以及对科技创新成果价值期望有关。

政府对划定为科技型中小企业有较大的支持力度，其中效率最高的是政府补贴，其他与信贷有关的支持政策效率有限。政府对科技型中小企业的支持倾向于进入成长期后端和成熟期企业，对创业期企业重视不够。这个倾向与信贷支持的选择相叠加。政府对没有划定为科技型中小企业的科技创新支持基本空白。

信贷支持有很大的发展，但其效率比较低，即便有政府各项风险分担政策，依然支持力度有限。银行即便提供科技创新贷款，依然强调有更"硬"的抵押和足够担保。科技担保公司则存在资金不足以及收费过低勉强维持的问题。此外，信贷支持只针对科技创新进入成长期后端以及成熟期企业，基本不考虑初创企业和成长期初段的企业。

（二）政策建议

到目前为止，中国支持中小企业科技创新金融体系的基本架构已经基本完善，甚至衍生出一些新的模块（如科技保险）。现存的问题主要是各模块之间的协调以及模块自身的完善。通过借鉴发达国外成功经验，并结合中国实践中现存的问题，本文提出以下政策建议。

1. 加大政府对初创期、前段成长期企业科技创新的支持力度

处于初创期（含创意期、种子期）和成长期的企业前景不明朗、失败风险高，无论哪种金融机构对此阶段企业融资需求均极度小心谨慎。这个区间段最好的支持手段应该来自政府。为了避免政府直接支持效率低的问题，可以进一步提高政府扶植与市场参与相融合的程度，充分发挥风险投资机构敏感的识别能力和对企业管理的参与能力，政府对参与科技创新初创期的风险投资机构给予一定的支持，如税收优惠、损失补贴、基金引导等。在融合中更多是对市场机构的让

利和帮助而不是争利。

2. 加大对没有被评为科技型的中小企业的科技创新的支持力度

由于评价标准的滞后、不准确以及执行中的效率问题，一些有很好创新潜质的小企业可能没有被划入科技型中小企业，无法获得相关融资的政策支持。对于这个疏漏，政府可以通过政策手段激励风险投资人积极进入，弥补政府效率较低的不足。在这方面，我们可以借鉴以色列政府的相关经验。

3. 完善知识产权交易市场

完善的知识产权交易市场有助于形成知识产权定价，也有助于知识产权的流通变现，因此，尽快形成有一定规模、有较好流动性、交易活跃的知识产权交易市场，可以提高银行采用知识产权为质押品的积极性。

4. 加大政府担保力度

政府担保是推动银行等金融机构参与初创期、前段成长期中小企业科技创新信贷活动的基础保障。如果政府提供担保的力度不够，那么银行的积极性也不足。从目前情况看，政府成立的科技创新担保公司为企业科技创新提供了重要支持，但后续资金不足严重影响了担保公司业务拓展，因此还需要政府有更多的资金投入。

第七章

中国邮政储蓄银行数字普惠金融的"榕树模式"

客户生活方式的转变、信息技术的升级等持续推动着银行经营的数字化升级,从20世纪90年代的信息化成长为如今的开放化,近几年更呈现出了加速推进的趋势。客户行为从线下迁移到线上,金融因变而变,移动化的生活方式促发了移动化的金融模式。互联网企业跨界进入金融领域,颠覆了银行的传统服务方式,提高了对客户体验的关注。金融科技加速与业务发展的融合,银行业呈现生态金融、智能金融、开放金融的变化。近年来,突如其来的新冠肺炎疫情为数字化转型按下了加速键,银行业纷纷创新推出线上贷款、远程办公、直播带货等云办公、云服务方式,进入全社会数字化的时代,银行业的全面数字化转型全面开启。

◇ 一 银行数字金融服务的内涵

(一)数字金融服务含义概述

数字金融服务就是根植于生态经营,着力数据洞察,以极致的用户体验为核心目标,提升科技和数据赋能,重塑银行经营体系与组织能力的过程。数字金融服务主要有五大特征：用户数据化，即细分客群、精准画像、创新服务、提升体验；产品服务数字化，即产品精准适配、综合金融服务、数字高效运营；场景生态渗透，即金融融入生活，产品融入场景；数据价值开发，即营销、风控、决策等全面数字化经营；智能型、科技化，通过ABCDI（AI即人工智能、BLOCK-CHAIN即区块链、CloudComputing即云计算、Big-Data即大数据、IOT即物联网）等前沿技术赋能业务发展。银行的数字化转型将以客户为中心，对外实现客户服务数字化，对内实现内部经营数字化，以用户为中心，通过产品、运营和渠道的数字化改造优化，依托数据、科技双维赋能，建造完整服务生态，逐步实现增效、降本、提质、创新。

商业银行的数字金融服务以金融科技应用和普及为基础条件。金融科技，英文名为FinTech，是单词Finance和Technology的合成词。Arner等认为，金融科技是信息技术与金融服务的有机结合，使用新兴技术可以破解传统金融难以解决的问题[1]。P. Schueffel梳理了40余年各类引用金融科技的相关文献，提出金融科技是一个应用科技来改善金融活动的新型金融产业[2]。Gomber等认为金融科技是现代互联网相关技术和以往金融服务的结合体，在利用互联网和信息自动化等科技手段对金融行业进行创新改变的同时，也破坏了原有金融体系的秩序[3]。金融稳定委员会（FSB）在2016年提出，金融科技是技术驱动

---

[1] Arner, Douglas W., Barberis, Jànos., and Buckley, Ross P., "The Evolution of FinTech: A New Post-Crisis Paradigm", 2015, University of Hong Kong Faculty of Law Research Paper, 47.

[2] Schueffel, Patrick, "Taming the Beast: A Scientific Definition of Fintech", *Journal of Inovation Management*, 2016, 4: 32-54.

[3] Gomber, Peter, Koch, Jascha-Alexander, and Siering, Michael, "Digital Finance and Fintech: Current Research and Future Research Directions", *Journal of Business Economics*, 2017, 3: 537-580.

的金融创新，旨在运用现代科技成果改造或创新金融产品、经营模式、业务流程等，推动金融发展提质增效。

（二）银行服务模式演变历程

改革开放以来，中国银行业经过四十余年的发展变革，从最早的以物理网点为主要服务渠道，到如今的线上线下融合的服务方式，经历了"信息化—移动化—开放化"不断迁移的三个阶段。

1. 银行业"信息化"时代

银行业"信息化"时代的显著特征是金融信息的汇聚和利用，银行服务以系统代替手工，实现效率的提升，同时自助机具的大量铺设使金融服务逐步提高覆盖度和可得性。在这一时期，银行利用IT技术实现金融业务的电子化，提升了金融机构的效率，降低了金融机构的成本。银行在日常服务中会积累大量的各类数据，如交易金额、交易类别、风险行为等，在早期的银行经营中是单纯依靠人工手工操作完成的，不仅效率低下，更易出现不必要的错误和纰漏。随着计算机和信息技术的应用这一问题逐步得到了解决。银行业通过搭建各类高效的信息科技系统，应用计算机来记录和处理日常交易中的大量数据，大大提升了金融业的管理水平和业务效率，也降低了错账出现的概率。同时，POS机、ATM机也逐步投入使用，一方面在非工作时间可以为客户提供一定类别的服务，另一方面拓展了类金融服务的触点，从而缩短服务距离，并大大降低了运营成本。

但是在这一时期，科技手段和信息技术的应用只是银行经营管理的辅助支撑，并没有改变传统金融的核心服务模式。

2. 银行业"移动化"时代

银行业"移动化"时代的显著特征是打破金融服务的时空界限。随着移动互联网的普及，手机替代网点，成为主要的客户交互渠道，以移动金融为服务模式打造高效、便捷、简单的客户体验，线上线下融合的服务方式也逐步显现。在这一时期，金融服务的供给方逐步增多，不仅限于商业银行等传统金融机构，还包含互联网银行等新型金融机构，甚至越来越多的互联网公司也进行跨界服务，利用互联网思维进行金融产品创新。金融服务越来越多地运用人工智能、大数据、云计算、区块链等技术优化传统的业务流程和业务形态，将前沿科技融入传统金融的方方面面，比如利用大数据技术对客户信息进行挖掘与处理，利用人工智能技术进行投资辅助，利用云计算扩展和提升业务处理能力等。

移动金融的出现大幅度提升了传统金融的运营效率，降低了传统金融的经营成本，更重要的是提高了对于长尾客户的服务力度，扩大了普惠金融服务范围。

3. 银行业"开放化"时代

银行业"开放化"时代的显著特征是打破金融服务的内外界限，金融服务不再局限于金融供给者的自有渠道，而是与人们的日常生活、生产更加紧密地结合起来，使金融服务融合于各类场景中，以平台化、生态化的理念提供金融服务。在服务方式上，金融机构通过开放 API 等技术实现银行与第三方机构间的信息交互、产品搭建，进而提升用户体验，共建开放的泛银行生态系统。传统金融服务中，产品和服务是金融机构直接传达给用户或客户的，而开放服务中，银行可将产品服务搭建在各种不同的商业平台及生态中，由商业平台间接为客户展示、推进金融产品，这种展示不再是硬性的营销，而是针对客户需要个性化呈现与提供的。"开放化"金融服务将成为银行拓展渠道、触达长尾用户客群的重要路径。开放金融对银行的服务能力提出了较高的要求，以产品分解和整合为主要特征。产品分解是指将现有的银行产品和数据拆解成多个功能模块，输出给合作机构；产品整合是指通过组合现有产品形成新型个性化服务功能，基于数字化的风险承受能力与各种平台对接。

开放金融将金融供给能力无限扩展到全生活场景中，实现嵌入式融合、定制化适配，并进一步打破金融、非金融的边界，实现无界化的金融服务模式。

（三）数字金融服务基本特征

数字金融的萌发和演变有效推动了银行业传统业务的优化升级，提升了银行自身盈利能力和创新能力。新技术应用能改善商业银行的业务渠道，提升银行业的经营效率，且规模较大的商业银行在与先进技术融合的过程中更具优势。刘笑彤和杨德勇利用 DEA-Malmquist 指数模型测度了中国商业银行 10 年间的全要素生产率，实证分析了新金融模式对其产生的影响，研究结果显示，互联网金融在对商业银行传统业务产生冲击的同时，也对商业银行产生了技术溢出效应，提升了商业银行的全要素生产率[1]。

---

[1] 刘笑彤、杨德勇：《互联网金融背景下商业银行并购重组选择差异的效率研究——基于商业银行异质性的 Malmquist 指数实证分析》，《国际金融研究》2017 年第 10 期。

银行数字化转型以数字化、智能化、开放化为基本经营模式。

数字化是指银行的运营建立在计算机、各种终端和互联网所构成的信息基础设施上，或称为由"云、网、端"构成的运营平台，并以这些基础设施产生的数据为重要资产和生产要素。它为银行提供了核心资产，使银行能无缝感知客户，全面理解客户。

智能化让银行基于数据、算法和设备开展经营活动，在高度自动化的运营过程中取得良好的效果，作为运行动力，使银行能洞悉客户需求、创造优质服务。

开放化让银行通过与所在的商业生态系统共享数据、算法、交易、流程和其他业务功能，为客户、员工、第三方开发者、金融科技公司、供应商和其他合作伙伴提供服务。它是银行未来的组织形态，使银行具备无处不在的触角，始终伴随客户和伙伴。

上述三者的本质，是银行从生产资料、生产力和生产关系三方面打破传统、变革生产经营的过程，是对银行核心资产、运行动力和组织形态的重新定义。生产资料从资本依赖转为数据赋能，生产力从人工经验取胜转为技术智能助力，生产关系从以渠道为中心的产品服务转为开放触角的合作互赢。

◇ 二 数字普惠金融的技术应用

普惠金融是指立足机会平等要求和商业可持续原则，以可负担的成本为有金融服务需求的社会各阶层和群体提供适当、有效的金融服务。小微企业、农民、城镇低收入人群、贫困人群和残疾人、老年人等特殊群体是当前中国普惠金融的重点服务对象[①]。在普惠金融领域逐渐广泛运用大数据、云计算、区块链等新兴技术的背景下,数字普惠金融服务应运而生。数字普惠金融的业务模式主要取决于不同金融科技手段的运用范畴,包括但不限于大数据、人工智能、云计算、区块链等,这些底层技术看似各自独立、相互区隔,实则彼此支撑、相互融通。

(一) 大数据应用

"大数据"一词最早期的应用可追溯到阿帕奇软件基金会(Apache)的开源项目 Nutch。中国将大数据定义为"大数据是以容量大、类型多、存取快、应用价值高为主要特征的数据集合"。

金融业是经营风险的行业,是信用中介,是天然的数据密集型产业,在其日常经营服务中会积累大量的数据信息,其中包括客户生产信息、客户支付记录等,因此具有广阔的大数据应用前景。通过大数据技术的改造,金融业可以提升行业的运营效率和风控能力,以及对于整体服务的营销和匹配能力。目前,银行运用大数据技术主要体现在两个方面。一是宏微观分析,宏观层面,商业银行可以利用大数据判断整体金融市场环境以及资产标的走势,进而做出更合理的相关决策;微观层面,商业银行可以利用大数据挖掘客户的需求和偏好,定制化推出"千人千面"的产品服务。二是信用风险防控,客户风险评判及监测是银行日常经营中非常重要的一环,在传统金融服务中,通常会因信息缺失或信息不对称导致大量高风险客户的引入和风险事件的发生,大数据技术可以帮助金融机构从各类线上线下渠道中采集汇

[①] 内容引自国务院于 2015 年 12 月 31 日发布的《推进普惠金融发展规划 (2016—2020 年)》。

总客户的金融信息和行为信息，并通过特定算法分析客户的信用评级，解决风险防控痛点。

（二）人工智能应用

人工智能是计算机科学的一个分支学科，也是一个包括数学、心理学、生物学等多种学科的综合性学科，是指在研究人类思维活动一般规律的基础上仿建一种智能的计算机系统，通过该计算机系统去实现计算机模拟人类行为的基本理论、方法和技术。在金融行业，人工智能主要包含图像识别、自然语言处理和机器学习三类应用。

图像识别是指对人类视觉功能的模拟，使计算机能够接受、识别和理解图像和周边环境。应用图像识别技术，商业银行可以在各类操作区域和网点柜台布置监控，智能监督从业人员的操作是否合规。同时，图像识别也可以用在客户身份识别上，提升交易效率和安全等级。自然语言处理技术能够让计算机理解、生成和检索自然语言（语音和文本），进而帮助人与计算机进行有效沟通。应用自然语言处理技术，一方面，商业银行可以利用机器代替或者辅助客服人员提供服务，提升客服效率；另一方面，可以智能分析客户在电话中的有用信息，辅助挖掘市场信息和客户关注热点，提升服务效率。机器学习是指通过大数据的导入与模拟，效仿人类学习方式，基于已学知识对未来进行趋势判断和辅助决策。商业银行可通过导入金融交易和金融市场的历史数据，建立相关模型，利用特定算法得出决策方案。

（三）区块链应用

区块链是一个集点对点网络、分布式计算、数据存储、共识算法、密码学等底层核心技术于一体的技术体系，其中"区块"是指包含信息的数据区块，"链"是指数据区块排列的链式形状。

区块链由于数字货币的产生和应用而逐步被大众熟知，从本质上来说，区块链是一个去中心化的、全员共同维护的数据库，具有去中心化、数据可追溯、不可篡改等特征，也正是由于这些特征，区块链成为解决交易链条冗长和信息不对称的主要手段。例如，传统的跨境支付的结算流程中存在多个中介机构，存在操作流程较长、效率低的问题，引入区块链技术后，通过智能合约自动执行收款程序，省去了中间机构的参与，节省了支付结算的时间和成本；传统供应链金融和票据交易中极易存在信息不对称的问题，信任机制难以建立，运用区块链的分布式账本技术，厂商资产、票据信息均可在系统中进行查询，降低了信用风险发生的可能性。

（四）云计算应用

云计算是指通过互联网提供信息技术资源的一种服务模式，是基于数据基础设施和物理资源，通过虚拟化技术和分布式计算对物理资源进行控制与分配，凭借互联网为各资源需求方提供扩展服务的一种资源共享模式。

一般情况下，大型企业均通过自身投资和建设形成了完备的信息系统，而小微企业则由于缺乏成本投入导致科技建设较为落后。云计算的发展和应用为解决该问题提供了有效途径。通过为小微企业提供便捷、高效的IT设施服务，云计算可以让金融服务走向集约化、规模化和专业化发展，金融机构通过云服务帮助小微企业实现经营发展的数字化转型，通过行业解决方案为小微金融赋能，因此云计算服务降低了小微企业科技对接的压力和门槛，并使其能够依托金融机构的科技实力提升经营能力。例如民生缴费行业，很多小微收费单位的系统兼容性问题和信息水平落后的难题成为制约便民缴费发展的两大瓶颈。为解决上述问题，标准的行业云解决方案就成为最佳优化途径，能够为收费单位尤其是中小收费单位提供一整套信息技术解决方案。接入云服务平台后，除了可以获得便捷的收费服务外，还可获得平台提供的各种信息技术服务，如规范化的流程设计、电子化的财务会计管理、标准化的软件应用系统、人员的技术培训等，从而全方位地提升中小型物业公司的信息能力。

三 商业银行数字化转型助推小微金融服务

数字技术为金融服务实体经济开拓了新的路径、增加了新的模式，可以快速捕捉数字经济时代的市场需求变化，有效增加和完善金融产品供给，助力供给侧结构性改革。运用先进科技手段对企业经营运行数据进行建模分析，实时监测资金流、信息流和物流，从而为资源合理配置提供科学依据，引导资金从高污染、高能耗的产能过剩产业流向高科技、高附加值的新兴产业，推动实体经济健康可持续发展。同时，数字技术的发展也为普惠金融发展带来了新的机遇。商业银行可以通过金融科技不断缩小数字鸿沟，解决普惠金融发展面临的成本较高、收益不足、效率和安全难以兼顾等问题，也可以运用金融科技手段实现滴灌式精准扶持。

（一）提高普惠金融覆盖度和可得性

吴晓求指出，金融科技应用能够提升金融行业资源配置的效率，并进一步增强市场信息的透明程度[①]。一方面，金融科技可以突破传统金融渠道在时间和空间上的服务限制，以更加灵活便捷的方式提供金融服务，从而提升金融交互效率；另一方面，通过大数据等先进科技手段，可以有效解决金融市场供需双方信息不对称的问题，从而增强金融服务能力。郭田勇、丁潇提出，数字金融服务可以扩展传统金融边界，解决在原有金融体系下存在的服务资源配置不均衡问题，让金融服务覆盖到原先无法以低成本获取金融资源的人群，完善金融市场供需结构，进而推动普惠金融体系的广泛建立[②]。

服务触点是联通客户的第一视角，传统银行以网点为核心，线下服务为主体。近年来，金融不断向线上化迁移，2019年末的银行业离柜率已经达到了89.77%。依托电信基础设施，数字普惠金融发挥移动互联网泛在优势，面向"三农"和偏远地区尤其是深度贫困地区提供安全、便捷、高效的特色化金融科技服务，延伸金融服务辐射半径，突破金融服务"最后一公里"制约，推动普惠金融发展。同时，借助移动金融、情景感知等手段将金融服务深度融入民生领域，进一步拓展金融服务在衣食住行、医疗教育、电子商务等方面的应用场景，实现主要民生领域的金融便捷服务广覆盖。

普惠金融将不受时间及空间限制，最大限度地便利了长尾客群。

[①] 吴晓求：《互联网金融：成长的逻辑》，《财贸经济》2015年第2期。
[②] 郭田勇、丁潇：《普惠金融的国际比较研究——基于银行服务的视角》，《国际金融研究》2015年第2期。

数字普惠金融借助机器学习、数据挖掘、智能合约等技术，能简化供需双方交易环节，降低资金融通边际成本，从而大幅度提高金融服务的可得性。

（二）提高普惠金融服务质效

金融的服务触点不仅仅是线上化的自动作业和渠道扩充，线上线下的融合可以再深一步地发展。首先，是内外触点间的智能联通，在丰富渠道的基础上实现全渠道的打通，基于客户视图智能匹配渠道和用户偏好，能够自动切换渠道。其次，是线下温度的反哺，受限于知识库和识别率，AI 无法完全替代人工，遇到复杂性、专业性问题时仍然需要人工的介入，人工服务更有温度、更懂变通。数字金融尝试智能服务与人工相结合的原则，打造了全新的线上线下互联的渠道平台。

数字普惠金融利用移动互联网、人工智能、大数据、影像识别等技术推动传统实体网点向营销型、体验型智慧网点转变，从而优化改进网点布局和服务流程，缩减业务办理时间，提升网点营业效率。同时，探索基于跨行业数据资源开展多渠道身份核验，提升金融服务客户识别效率。探索轻型化金融服务模式，打造对内聚合产品与服务、对外连接合作机构与客户的综合性金融与民生服务平台，发挥客户集聚效应，降低金融服务边际成本，提升金融服务与社会公共服务效率。利用云计算等技术实现资源高度复用、灵活调度和有效供给，探索构建跨层级、跨区域的自动化、智能化业务处理中心，提升金融服务运营质效。

（三）提高普惠金融风控能力

金融科技将成为防范化解金融风险的新利器。运用大数据、人工智能等技术建立金融风控模型，可以有效甄别高风险交易，智能感知异常交易，实现风险早识别、早预警、早处置，提升金融风险技防能力。运用数字化监管协议、智能风控平台等监管科技手段，推动金融监管模式由事后监管向事前、事中监管转变，从而有效解决信息不对称问题，消除信息壁垒，缓解监管时滞，提升金融监管效率。

传统金融服务风控技术依赖于客户财务、银行流水、财产证明、收入等，这些数据都具有"低频、低维、大颗粒度"特征，依托人工或法定机构效验的信息。数字化风控技术彻底革新了零售金融服务风控的底层逻辑和方法论。数字化风控是围绕客户能够识别的身份ID，依托全场景、全方位的互联网应用所沉淀的"高频、高维、高可信"的行为数据进行客户画像，并利用大数据风控模型对客户行为信用数据进行效验，能够对长尾客户、长尾用户客群、长尾客群提供主动授信服务。从相对静态低频、低维和大颗粒度数据测算授信额度和风控概率，转变为基于行为数据的高维变量进行授信与风控的复杂决策，技术上具有代际革命性。技术变革将导致银行业务特别是微贷业务的边际成本与边际收益调整，带来范围经济、规模经济边界调整以及劳动分工深化，传统零售银行业务的流程和组织方式将进行重组。

◇ 四 邮政储蓄银行数字普惠金融的"榕树模式"

邮政储蓄银行拥有11万亿元的资产规模、6亿个人客户、4万线下网点、40万内部员工，这一个个巨量数字都是"双刃剑"，既代表着创新的潜力，也蕴含着传统的惯性。数字化转型没有标准答案，近年来，邮政储蓄银行一直在摸索中前行，探索一个具有邮政储蓄特色的转型模式：数据扎根、科技赋能、细分服务、以人为本、温暖真情，可称之为"榕树模式"：榕树根脉纵横、干壮枝繁、以枝为干的生长方式正符合数字化转型的经营模式，榕树遮日挡雨、荫泽众人、造福一方也正契合了邮储普惠金融的服务理念。

（一）根脉纵横，联通四方

数据的积累、聚合、挖掘、分析是数字化转型的基础，可称之为转型的"根脉"。大数据时代，数据代替资本重塑金融生产资料。邮储银行通过建设个人客户管理数据集市，多渠道整合内外数据，完善客户标签，完成客户分析、营销管理、风险监控等9个领域72个分析项目，不断提升客户画像精准度，实现对客户全生命周期的精细化服务；建设管理驾驶舱系统，构建经营分析、风险防控、运营管理等可视化分析应用，将数据能力转化为扎实的经营能力。例如，中国邮政储蓄银行2020年上线了"金睛"信用风险监控系统，从名字就可以看到是火眼金睛，准确识别，系统接入征信、反欺诈、反洗钱、失信被执行人、环保、互联网舆情、电网电力、司法诉讼、行政处罚等数据，部署应用财务类、环境风险类、征信类、司法类、欺诈类、资金流向类等风险预警规则和模型，能够非常精准地识别客户风险。

（二）树干粗壮，给养赋能

科学技术是第一生产力，科技的迭代和变革彻底改变着银行的经营模式，并为业务发展补给能量，可称科技为数字化转型的"树干"。如今智能技术已代替人工经验重塑了金融的核心生产力。邮政储蓄银行通过智能设备、智能柜台、人脸和语音识别等技术，使更多的网点人员走出柜台。应用"云大移物智"等前沿技术手段，提升服务质效。邮政储蓄银行以"邮储大脑"为核心，强化"感知"到"洞察"的智能基础能力建设，初步建成全行机器学习平台；疫情期间，智能客服日均受理58.63万人次的业务咨询，问答准确率达到95.91%；智能票据识别每日处理超10万笔。同时，采用分布式技术路线和企业级业务建模方法，打造客户体验卓越、技术自主可控、运行高效稳定以及能够支撑6亿客户、18亿账户的超大规模新一代个人业务核心系统，该系统在2021年3月18日正式上线。构建"两地三中心"云服务架构体系，实现业务快速创新、部署、上线，邮政储蓄手机银行、网上银行、服务开放平台等156个系统实现私有云平台部署，系统云化数量较2019年末增长160%，云平台日均交易量达到4.41亿笔，占全行交易总量的86.26%。邮政储蓄银行每年将拿出营业收入的3%投入信息科技领域，不断提升科技实力。

（三）枝繁叶茂，各有千秋

数字化转型的核心在于服务理念的转变，从传统银行的"以产品为中心"转向数字时代的"以用户为中心"，将固有金融产品进行解构重组、开放共享平台、细分行业深耕、细分客群经营、产品精准服务，可称这种开放精准的服务为数字化转型的"枝叶"。开放是双向的，一方面将金融服务嵌入外部场景平台，近两年来，邮政储蓄银行与互联网企业在产品、场景方面的合作越来越多，越来越深。如与腾讯合作大数据营销应用、与京东合作智能投顾、与美团合作联名借记卡等，实现金融产品与生态场景的互嵌互融，让金融无形、无处不在。另一方面，在邮政储蓄手机银行中打造"生活频道"，上线EMS、中邮阅读等邮政特色场景，引入外卖、观影等优势外部场景，为客户提供更加多元化的服务，让金融更贴近生活，目前，邮政储蓄银行手机银行客户已突破3亿户，MAU突破4000万。

（四）枝干融合，共同成长

数字化服务不应仅强调线上化的机械替代，由于目前AI知识库和识别率的限制，科技应用在业务办理上优势显著，但在服务理解上仍有瓶颈，还不能完全满足客户答疑和沟通的诉求。因此，银行业一直在探索科技和人工的融合，智能和温度的协同两端优势互补、各取所长，以科技手段提质增效，以温度服务提供关怀。例如，邮政储蓄银行打造的客户经理云工作室，是一个为客户经理提供的全天候、非接触式的产品营销办理窗口，每人一张名片，每人一间店铺，实时响应客户的个性化需求，服务的另一端不是冰冷的、不是机械的，而是充满温暖和关心。邮政储蓄银行关注老年群体，通过线上线下建立"适老化"服务，让老年人搭上"数字快车"，比如智能柜员机（ITM）设备设置了可以调节高度的屏幕和摄像头，为老年客户带来更好的服务体验，并配备专职人员为老年客户进行讲解；专门打造服务老年群体的手机银行APP大字版，菜单更简洁，重点更突出，老年客户还可以通过各功能页面右上角"在线客服"按钮，随时连线在线客服或拨打客服电话，邮政储蓄银行电话银行还推出"尊长专线"，老年人无须经过语音导航和按键操作环节，直接享用人工服务。

（五）坚定不移，惠泽众人

"人嫌细微 我宁烦琐"是百年邮储的初心，"普之于民，惠之城乡"是邮储坚定不移的理念。如同榕树，树冠如盖、遮风挡雨、造福一方，邮政储蓄银行积极应用数字化手段，升级金融服务，通过线上线下融合方式让金融服务走入千家万户，覆盖更多群体、深入偏远乡村。邮政储蓄银行有4万个网点，其中70%以上分布在县域及以下地区，约60%分布在中西部地区，能够覆盖全国100%的城市和98%以上的县域地区，是全国县域网点最多、占比最高的金融机构。邮储也正是基于这种资源禀赋，探索着普惠金融的数字服务模式。邮政储蓄银行持续提升线上渠道的便利度，产品销售电子化、线上化大幅度提速，90%以上的理财、基金在线上销售，99%的非房消费贷款、92%的小额贷款在线上支用。邮政储蓄银行还广泛开展移动展业，打破金融的时间空间局限，以移动展业为例，应用Pad设备，就像可以拎着走的移动银行，客户在家中就可以进行复杂业务的办理，在过去办理一笔小额贷款要耗时5—15天，客户要往银行网点跑2—4次，现在通过移动展业，19分钟就可完成贷款放款。邮政储蓄银行在黑龙江与省农业农村厅合作开展"智慧乡村"的"金融+农业大数据"的建设合作，将农村承包土地确权数据盘活，用金融科技解决了"三农"领域多年存在的"融资难""融资慢"难题。

第八章

科技推动中小微企业创新发展

◇ 一 引言

随着中国经济由高增速发展阶段向高质量发展阶段转变,优化经济结构、转化增长动力将贯穿"十四五"规划的始终。创新成为中国第二个百年计划攻关期的核心主驱动力,是中国转变经济发展重心、新旧动能转换、提高高新技术竞争力的关键因素,其重要性不言而喻。中小微企业作为中国经济的重要组成部分,自改革开放以来已经发展至2000多万个法人及6000多万个体商户的规模,这成为中国强调小微活、经济活的数据基础。第四次全国经济普查系列报告显示中小微企业不仅贡献了中国80%的就业、60%以上的GDP和50%以上的税收,同时也是中国创新的主体。数据显示,中小微企业在自主创新领域的新产品研发占比82%,技术创新占比74%,专利发明占比66%,贡献了全国70%左右的专利发明权。可见,为了实现中国可持续发展、经济换挡减速增效的重要目标,提高中小微企业的创新能力至关重要。

当前中国经济的攻坚克难到了一个新的十字路口,在国际形势复杂化的背景下，新旧动能的转换不仅仅体现在大型龙头企业的转型升级上，更依靠着中小微企业的升级换代。近年来在中国落脚于扶持中小微企业的政策促进下，中小微企业在经济面和就业面均对中国经济的稳定发展起到了显著作用。以2014年出台的双创政策为例，中国市场主体增速从2013年的1.7%猛增至2014年的25.3%，实际GDP增速提升了1.2个百分点。国际金融危机后，中国GDP增速从11.3%下滑至目前的6.4%，但多年来失业率始终稳定在5%左右，每年新增城镇就业人数也稳定在1300万左右，这是因为中国每年近1.8万户新增企业的成长提供了新的就业岗位。尽管承受着来自世界经济放缓、中美贸易战以及新冠肺炎疫情的影响等多方面压力，中国经济始终保持着健康发展的活力，其韧性和弹性来源于作为中国经济基石的中小微企业不断地发展和向上。

基于全球第三次科技革命的大背景，本文就科技推动中小微企业创新的意义、途径及现阶段遇到的问题瓶颈进行分析与探讨，并提出相应的解决建议。

◇ 二 科技推动中小微企业创新的背景研究

从2016年的"科技三会"到党的十九届五中全会，中国科技事业取得了举世瞩目的伟大成就。在习近平总书记"深化改革创新，形成充满活力的科技管理和运行机制"的指导思想下，科技被赋予新时代更为重要的历史使命。通过优化科技资源配置，深化创新体制改革，科技为经济发展、国家安全和民生改善提供了强有力的支撑。2016—2020年科技体制改革向纵深推进，形成了较为完整的政策设计框架，实现了激励机制完善、成果转化推动和资源开放共享等目标，中国科技实力攀升至新台阶，各方科研积极性显著增强，创新创业的新生态逐渐成型，在实现科技自立自强的新征程上阔步前行。

（一）科技推动中小微企业发展的现状

当今中国，科技创新已然成为支撑经济发展、为企业注入鲜活动力的关键力量，是中国进行中国特色社会主义现代化建设和实现两个百年奋斗目标的重要利器。中国正在不断摆脱科技创新跟踪者的身份，以全新的引领者和超越者的姿态，加速迈向世界的舞台。世界知识产权组织发布的全球创新指数显示，中国创新能力综合排名从2015年的第29位大幅上升至2020年的第14位，是前30位中唯一入围的中等收入经济体，这是中国《国家创新驱动发展战略纲要》中提出的战略目标——2020年进入创新型国家行列——的重要成果体现。中国科协主席讲话中提到，中国科技实力正在从量的积累迈向质的飞跃，从点的突破迈向系统能力的提升。可以说创新为科技插上了翅膀，是中国在关键核心技术上不断突破的主引擎，而科技又反哺了创新，为创新带来更广阔的空间和革新性的技术方式。自2016年建设科技强国的号角吹响后，中国全面系统地推进基础研究和重点行业技术的难点攻关，全社会研发经费增长至2.44万亿元，研发投入强度增长至2.4%，可见中国推动科技发展的行动力和决心。在成果方面，既有如嫦娥五号、天问一号等航空航天方面的国之重器，也有量子信息、干细胞、磁悬浮铁路等基础设施和医疗方面前沿领域的创新之作。与此同时，科技成果迅速落地，切实进入经济社会的主战场，例如高铁投入运营、新能源汽车保护环境等，其中当今科技创新在经济方面最重要的表现方式就是数字化。人工智能、大数据、云计算等信息化技术的诞生衍生出数字经济、数字政府、数字智慧城市等一系列概念，为中国经济发展提供了新思路，为企业提供了新经营方式，为民众提供了新的生活选择。

面对始料未及的风险和困难，科技是战无不胜的有力武器。新冠肺炎疫情暴发之际，中国社会经济遭受了重大损失，人民的生命安全遭到威胁，社交隔离让正常的生产生活几近停摆。中国科技界迎难而上，以多年来累积的科学技术成果和丰富的临床经验，集智攻关，迅速筛选评价出一批有效的治疗药物。从核酸检测试剂的研发和上市到新冠肺炎疫苗的临床试验结束、投产、接种，医疗科技的力量为中国打赢新冠疫情阻击战立下汗马功劳。在实现全面脱贫的战场上，同样需要由科技提供新方法、新技术、新形式。自党的十八大以来，共有28.98万名科技特派员深入脱贫攻坚战一线，通过对民生的考察，因地制宜、因时制宜地制定出科学的脱贫解决方案。中国科学技术协会也建立了科技志愿者服务工作机制，向贫困地区输送了104万名实名注册的科技志愿者。除此之外，还组织1.2万个农业科技组织总计19万名科技专家进行点对点的帮扶，实现了390万人脱贫的壮举。

在当前百年未有之大变局及后疫情时代国内外复杂的环境下，科技创新制度深层次的改革可以破解束缚创新发展的难点和痛点，不断释放创新引擎带动的活力和动力，享受科技和创新带来的经济发展红利，切实让创新普惠民生。创新为科学技术注入活力，而科技也将不断革新创新方式、助力创新成长。未来以中国经济中最活跃的中小微企业为主体进行的科技创新将成为完成"十四五"规划任务过程中的主力军。

(二)"十四五"规划政策指导的深入解读

小微企业一直是近年来中国政策会议中的热点话题。2021年《政府工作报告》中"小微企业"被提及16次,2019年和2020年均被提及12次。2021年是"十四五"规划的开局之年,在"双循环、双格局"的新时代背景之下,中小微企业的发展迎来了新的机遇和契机。

"十四五"规划纲要中明确提出:"支持创新型中小微企业成长为创新重要发源地;完善促进中小微企业和个体工商户发展的政策体系,加大税费优惠和信贷支持力度;完善与就业容量挂钩的产业政策,支持吸纳就业能力强的服务业、中小微企业和劳动密集型企业发展;完善小微创业者扶持政策,支持个体工商户、灵活就业人员等群体勤劳致富。"总体来看,与中小微企业发展环境最直接相关的政策内容主要集中在扩内需、惠实体、鼓励科技创新三个宏观方面,以减税费、降成本、保融资等微观层面的惠企政策为补充。规划在金融方面围绕着金融与创新服务实体和普惠民生、支持金融科技创新应用和健康生态、防范金融风险和维护金融安全等方面全面助力中小微企业蓬勃发展。

"十四五"规划涉及中国未来五年经济和社会发展的方方面面,加速实现中小微企业的数字化、科技化和智能化转型是规划当中的核心内容。在中国建设科技强国以及信息化时代到来的背景下,大数据、云计算、人工智能等科学技术的诞生和投入开始涉足和颠覆传统经营模式和管理模式,行业生态面临着洗牌和升级。对于中小微企业来说,拥抱科技、进行数字化转型、快速转变思维模式是在市场变革的潮流中不掉队的必然选择。尽管在资金和技术方面，小微企业落后于行业内的大型龙头企业，但数字化为小微企业提供了可以进行追赶的超车道。相较于大型企业掣肘较多的现状，中小微企业因其体量小、主营业务单一、公司管理人员结构简单等原因，往往在选择数字化转型的道路上更为快速和果断。数字化大潮流驱动中小微企业向云端转型，帮助中小微企业构建全方位的商业和市场洞察体系，提升现代化经营和管理水平。可以说面对数字化和科技带来的颠覆性变化，中小微企业和大型企业在一定程度上回到了同一级起跑线，行业内洗牌给众多中小微企业提供了崭露头角的机会。中国巩固壮大实体经济，在双循环的背景下充分挖掘内需潜力，聚焦科技研发是未来五年的长期主线。中小微企业应把握好宏观经济发展的大趋势，乘风起航。时刻为即将到来的产业变革做出准备和应对方案是中小微企业发展、成长、壮大的关键。

支持创新型中小微企业成长为创新重要的发源地，将为中国科技力量的提升和经济的发展提供源源不断的驱动力。"十四五"规划通过相关政策覆盖面和扶持程度的不断深入，将为创新重要主体中小微企业打造更为友善的营商环境和创新环境。近年来中国在重点产业链和供应链方面暴露出诸多短板，例如缺乏核心技术、过分依靠国外产品和资源等。这限制了中国经济健康独立发展。大力提倡自主研发和科技创新，构建全产业链上下游企业共同创新、协同发展、共享创新成果的体系是"十四五"规划的重点工作。作为中国经济的主体，中小微企业同样也是中国创新动力的主要来源，未来更多的政策和资源将向重点培育一批具有核心竞争力的企业倾斜。中小微企业数量多、活力强，对扩大市场份额和提升收入的需求高，因此创新的积极性也较强。此外中小微企业主营业务较为专一，是诞生"专精特新"的

"小巨人"企业和产业链上单环节的制造冠军的沃土。赋予中小微企业更多创新方面的支持是发展科技、培育独立产业生态的必然选择。

科技创新赋能融资方式和渠道，颠覆传统金融体系。由于金融机构的资金供给与中小微企业的融资需求之间一直存在着信息错配、信息不透明等诸多矛盾点，中小微企业融资难、融资贵已经成为世纪难题。在传统模式无法解决问题的情况下，数字科技发展带来的业务创新模式将成为破局的关键。依托互联网搭建的大数据平台构建起以国有银行和商业银行为主、互联网银行为补充的线上金融生态系统。依托集团或者合作方的生态系统、风控框架可以被更有效地建立。以阿里生态圈为例，通过淘宝、天猫等交易流以及支付宝等资金流和菜鸟等物流方面信息的汇总，对中小微企业客户的交易结算和经营状态进行全方位的跟踪，从而较为详细写实地刻画出贷款主体的画像。以大数据、云计算、人工智能等技术作为触手，将全方位信息和数据转化为信用评价数据，为生态圈内的中小微企业提供更为高效便捷的融资服务。"十四五"规划期间，通过科技创新构建数字化金融体系是解决中小微企业融资过程中信息错配的新时代解决方案。

三 科技推动中小微企业创新的主要困难

2020年中国开展创新活动的企业占比仍低于发达国家的平均水平，科技推动中小微企业进行创新活动在传导路径和企业自身原因两个方面仍存在科技创新能力不足、科技转化效率低、金融机构支持力度不足等其他诸多问题。

（一）科技传导过程的阻碍

科技创新本质上包含两个方面，一方面是基础技术研发，中小微企业作为创新主体通过对研究投入时间和资金获得技术上的突破，进而发明新理论、新观点。另一方面是如何将新理论应用到生产和产品中，实现经营模式的革新。目前在科技赋能创新、创新赋能中小微企业发展的过程中，存在基础科技创新研发动力不足和科技成果转化效率低两个堵点。

1. 基础科技创新研发动力不足

新常态环境下科技创新驱动发展的必要性越发显著，企业进行创新的规模和意愿均有所上升。但与发达国家相比，创新对中国经济的贡献仍处于较低水平，企业总体创新活力仍显不足，创新的主体仍局限于少数企业，中小微企业的创新参与力度不足。总体来看，科技创新经济效益低、创新风险性高以及企业规模和产业类型不同三大方面制约了企业科技创新。

经济效益是企业发展的重中之重。对于中小微企业而言，资金的流动性和短期的盈利尤其重要。如果说大型企业有充足稳定而长期的资金支撑研发创新，并制定长期战略目标，获得远期利益，那么中小微企业则需要短期利益支撑着日常的运营，他们希望研发创新能够带来即时有效的利润，达到目所能及的成果。然而数据显示，创新对于当前企业的利润贡献十分有限，其中有创新活动的企业平均利润率为6.28%，没有创新的企业平均利润率为6.09%。这说明开展创新的企业并没有明显的利润增值。在科技创新并未给企业带来利润和效益的情况下，大型龙头企业尚可接受，但这对于中小微企业来说却是致命的。这一定程度上解释了中国中小微企业科技创新动力不足的现状，也说明了中国目前创新成果转化的效率较低，企业无法通过创新从市场竞争中脱颖而出。

科技创新和投入的成果具有较强的滞后性，且在创新及成果转化的过程中不确定因素较多，风险性较高。从外部环境来看，中小微企业多处于产业链的中低端环节，在关键技术或者元件设备方面受制于人，对上游供应商和下游客户的议价能力也较弱，导致企业的创新活动面临着收益低、成本高的双重困境。企业面临的风险也较多，例如产品附加值小、市场认可度低、沉默成本、机会成本和转换成本等。在行业龙头技术壁垒高筑的背景下，企业已经失去先发优势，后发追赶带来的困难和风险较大且利润有限，更会提高中小微企业进行科技创新的失败率。此外创新成果还面临着被抄袭和侵权的风险，甚至出现"劣币驱逐良币"的趋势。在创新环境恶劣的条件下，企业不仅会丧失进行科技创新的内生动力，更会降低对创新的重视程度。以传统产业为主的中小微企业尤其如此，企业进行科技转型带来的变动是巨大的，甚至带来从内到外的颠覆性革新，走错一步可能面临掉落悬崖之险，中小微企业容错率更低，承受风险能力更差，更缺乏破釜沉舟的勇气。

不同体制、不同产业类型的企业在对待科技和创新的态度方面差异化明显。从企业规模上来看，超过70%的中小微企业总体的创新能力不及不到10%的龙头企业。以工业为例，中小微企业开展技术创新的比重为29.6%，而行业内大企业开展创新的比重为75.3%。从意识和开放程度上来看，中小微企业对科技的重视程度不高，科技在生产过程中的应用率不高，对科技投入的资金量低，进而影响到创新活动的开展。龙头企业则具有深厚的资金支持、人才基础和完善的公司体制，对科技的接受程度和重视程度高，因此更注重开展创新活动。从公司类型上来看，体制僵化、市场化不足等原因导致国企创新能力相对较弱，国企中缺乏创新动力的企业占比将近20%，高于私企的14.3%。中小微企业规模小、公司架构相对灵活、领域管制较少，市场竞争也比较充分，总体来看创新动力高于国企。从产业类型上来看，不同的行业科技创新动力差别较大，服务业创新水平整体落后于制造业。数据显示，缺乏创新动力的服务业企业占比23.9%，远高于制造业的13.9%。目前中小微企业主要集中在服务业及制造业产业链等相对技术含量较低的环节，对于创新的需求匮乏，另外受行业大环境影响，创新驱动力整体也较低。

2. 科技成果转化效率低

在科技赋能创新，创新赋能中小微企业发展的过程中还存在着科技成果转化效率低的问题。一方面体现为中国科技成果的保护较为单一化，创新成果的保护能力亟待提升；另一方面体现为实验室里的研发和创新应用到生产线上的过程并不通畅。

中国知识产权保护近年来不断从法律制定与教育宣传两个方面进行提升，但是中小微企业对于国家政策和信息的了解和把控较慢，对知识产权的保护意识较低且层次不高。此外中国知识产权保护的方式相对较为单一，维权时间和金钱成本也相对更高和更困难。面对侵权行为，中小微企业对于如何利用法律工具捍卫权利知之甚少，从而导致侵权成本过低和维权成本提高，这进一步降低了创新的性价比。企业进行科技创新的意愿降低、成果内部保密以及不愿进行创新平台方面的合作，共同制约了产业内的整体发展。

不仅知识产权的保护问题制约了中小微企业科技创新的传导性，实际应用的落地也困难重重。项目从研发到落地需要大量的资金，创新的成功伴随着设备、人才的更新换代乃至公司体制、经营机制的全面革新。中小微企业缺乏雄厚的现金流，即便在关键技术方面取得突破也没有充足的资金支持大规模的应用投产；与此同时，实际运行中需要引入更多高资质人才，中小微企业不仅缺乏资金，更缺乏对人才知识获取的渠道。此外，对于公司经营模式的颠覆需要精明能干的管理层果断做出决策，并拥有长线眼光，布局长期经营战略。中小微企业一般都是家族经营或是合伙人白手起家，缺乏经营管理大公司的经验和专业背景。外部资金的短缺和内部公司管理人经验的匮乏构成了项目从实验室到生产线的层层阻碍。

（二）中小微企业创新发展掣肘

中小微企业创新的困难和问题主要来源于企业自身内部问题和金融、政策支持力度不足等外部问题两个方面。本段将分别针对企业与金融机构两个主体存在的问题进行分析和讨论。

1. 中小微企业自身创新能力有限

中小微企业创新目前进入高速发展、攻坚克难的关键时期，创新型人才力量匮乏、创新成本居高不下以及创新合作程度不足成为几大困扰中小微企业创新的阻力。

中国中小微企业的创新人才分布在地域上较为不均衡，呈现"东多西少"的差异化发展。其中东部长三角、珠三角以及京津冀地区小微企业创新的活力和成果较多，中西部地区中小微企业则表现较为疲软，自东向西呈现阶梯形式下降趋势。从空间布局来看，东部高校及研究所林立，研究力量相对于西部来说更强，且研究大部分因地制宜以当地的企业为样本进行分析，所提供的意见和建议也更有利于当地的企业使用，从而助力企业提高创新效率。而创新效率的提升又有利于中小微企业的发展和地区经济的繁荣，增加对科研人员和研究力量的需求，吸引高端人才涌入这些较为发达的地区，从而实现研究推动创新、创新带动发展、发展支持研究的良性循环。西部的中小微企业本身基础薄弱、发展缓慢、存在感较低，因此受到其他地区研究人员的关注较少，本地区的研发力量又不足以支撑企业创新的需求，造成西部中小微企业创新理论建议少和实践层面困难的局面。如此反复恶性循环，进一步拉大东西部中小微企业的发展力度和创新速度的差距。

创新成本过高、创新资金支持力度不足是制约中国中小微企业创新能力提升的又一大阻力。企业创新是一个漫长、连续的过程，需要企业的时间、耐心和长期稳定的资金投入。对于中小微企业而言，资金流转速度和盈余都显得更为重要，长期的投入却无回报无法支持企业进行后续的跟进。从与创新有关的成本结构上来看，一方面是与创新直接相关的投入性研发成本，一方面是创新带来的机会成本和隐性成本。在核心技术壁垒高、引进困难的背景下，中小微企业想要通过研发创新进行破局具有较大的不确定因素。内部研发周期较长，研发成功的不确定性大，以银行信贷、政府补贴为代表的外部资金来源不稳定且数量有限，内部资金流相对紧张且成本居高不下，众多因素推高了中小微企业进行创新的直接投入性成本。此外，制度性成本和机会成本加大了企业创新的隐性成本，例如过高的税收负担、不足的产权保护、较高的行业准入壁垒等。在缺乏稳定资金来源、创新收益较低以及保证营收的需求下,企业对于创新的态度慎之又慎。

中国中小微企业创新活动的开放力度不足,主要体现在直接引进技术较难,内外部创新结构性失衡和独立与合作开发创新比例失衡三个方面。中小微企业因缺少技术竞争力常处于产业链边缘位置,拥有核心技术的厂商通过垄断和专利等方式构建起较高的准入壁垒,中小微企业通过引进技术等方式难以破局,无法打入产业链的核心部分,因此只能多寄希望于内部研发创新。由于中小微企业掌握的人力、技术和资源并不足以支撑企业进行单打独斗,选择多样化的合作伙伴进行合作开发成为中小微企业打破市场格局的必然选择。然而目前企业开展创新合作的意愿较低,数据显示仅有20.1%的企业有过创新合作。其原因主要在于创新生态网络搭建的不完善,企业缺乏创新合作平台去解决信息不对称问题以及合作成果利益的分配和保护问题。此外中小微企业的合作对象大多局限于产业链上下游客户和竞争对手等选择范围,缺乏与高校、研究院、政府部门等主体进行沟通合作的渠道。这种状况造成产业链与创新链的脱节,不利于构建和拓展创新合作平台以及创新成果的转化和落地。

2. 传统金融支持力度不足

科技创新有三大特点:周期长、风险大、失败率高。创新对资金的需求贯穿始终,从初期的基础研究到技术的应用和新产品、新业务模式的发展都离不开稳定的资金来源。对于企业而言,资金的来源不仅局限于政府的扶持,更多地需要依靠中国广泛的金融机构提供帮助。随着中国经济的发展,传统金融对于实体经济的支持力度变弱,其中最突出的原因就是中国的经济增长模式正在从要素投入型转变为创新驱动型,中小微企业在中国经济中的地位不断上升。目前金融体系支持中小微企业科技创新主要有两个矛盾点：一是初创型公司对于股权融资的需求与相应资本市场不完善的矛盾；二是银行重抵押、重担保的授信模式与中小微公司自身特点的矛盾。

中国金融支持科技创新方面存在着资本市场体系层次低、直接融资和股权融资占比低的问题。中小微企业不同的成长阶段所需的融资方式也是不同的，普遍来说遵循从内源融资到股权融资再到债券融资这样一个顺序。中小微创新型企业的内源融资无法满足创新研发所需的大额资金投入，在发展初期对股权融资的需求较高，需要相对稳定且成本低的资金支持研发活动的开展。数据显示，中国 2020 年新增社会融资中直接融资的占比仅为 15.4%，而股权融资的占比更低，仅为 2.6%，可见中国直接融资和股权融资的供求极为失衡。直接融资的缺失导致银行资金成为唯一的中小微创新型企业资金可获的窗口，从而导致金融风险在银行系统中的积聚。而在直接融资内部企业债占比也过低，2020 年以国债和地方政府债为代表的政府债券占中国发债总额的 40% 以上，企业债和公司债占比不到 10%，中小微企业发债规模更是微乎其微，可以说在直接融资方面，股权和发债两条中小微企业最需要的方式反而成为堵点。尽管中国已经初步形成由沪深主板市场为主导，创业板市场、科创板市场和新三板等市场为补充的多层次资本市场体系，但中小微企业仍面临着市场准入高、流动性不足、转板难度大等问题。此类资本市场体系投资门槛也较高，多为机构投资者，对于中小微企业的投资决策更加谨慎，如此种种原因仍制约着其融资功能的发挥作用。

金融体系支撑科技创新存在着中小微企业融资弱势与金融机构客户选择逻辑之间的矛盾。在市场化的改革中需要一个更为庞大且多元的金融体系，中国的金融体系由银行主导。数据显示，商业银行在企业外部融资中贡献了85%的资金量，而资本市场仅贡献了10%。对于中小微企业而言，畸形的融资渠道占比更为明显，科创型的中小微企业因其投入高、风险大和回报时间长的特征更难以受到市场资金等直接融资渠道的青睐，只能主要依靠来自银行的间接融资。然而对于初创型公司来说，直接投融资是更好的标配，创新主体和投资人通过共同承担后果和风险，可以更为专业地甄别企业的优劣，一个成功的投资可以获得百倍甚至千倍的回报。相比之下，受制于对存款人的承诺，银行对风险的承受能力非常低，银行如果给初创企业贷款，需要初创企业定量定时偿还本金和利息，一旦公司流动资金卡壳，研发失败，就很容易造成公司的死亡。从企业的角度分析，中小微企业个人信用体系不完善、历史信用信息可得性弱、财务信息不规范、缺乏审计部门确认、抵押物估值少且变现能力较弱、内控机制缺位等问题导致银行难以获得小微企业确切的财务和盈利信息，进而难以形成完整客观的风险评估体系。此外，在主营业务带来的第一还款来源有较大不确定的情况下，传统信贷中作为抵押物的第二还款来源也得不到保障。这大大提高了银行作为信贷审批主体的金融风险性。从金融机构的角度分析，商业银行缺乏与中小微企业资金需求特点匹配的信贷审批程序，在操作管理上仍沿用了与大型企业相同的业务流程，上报审批的流程长，效率低。此外，商业银行对做大业务、大客户的情结根深蒂固，未能认识到发展中小微企业信贷业务对于银行保持新生活力的重要意义，缺乏对中小微信贷业务理念的革新和系统上的创新。在中小微企业融资需求强烈和困境突出以及金融机构偏谨慎和系统性落后的冲突下，中小微企业资金链紧张，不得不采用民间借贷等方式，进而拉高了借贷成本，加剧了中小微企业的经营困境。

四 科技赋能各环节是现阶段中小微企业创新的核心特点

中小微企业的发展是一个动态的过程，在不同的发展阶段和经济环境大背景下，对创新的内容和形式需求也是不断变化的。创新不能过于理想化，要脚踏实地结合现实，是顺应市场发展变化的必然结果。在中国打造科技强国的宏观战略目标和新兴科学技术不断喷涌式发展的背景下，科技赋能于中小微企业创新的各个环节，是现阶段企业创新的核心特点。

本部分就中小微企业创新存在的内部和外部矛盾的解决方法进行讨论。通过科技对于创新的赋能，我们看到在新时代环境和条件下，平台科技、互联网科技和数字科技等关键技术的进步为中小微企业创新过程中的问题提供了新的解决思路。

（一）科技推动企业数字化转型，为创新打下坚实基础

《中华人民共和国国民经济和社会发展第十四个五年规划和2035年远景目标纲要》（以下简称"十四五"规划纲要）强调加快推动数字化发展，打造数字经济新优势，更好地赋能于实体经济。对中小微企业而言，紧跟政策指导，抓住时代发展的大趋势，乘风破浪，是开始新征程的发展路径。

2021年1月至4月，规模以上小微工业企业营收同比增长32.3%，4月小微企业用电量同比增长7%，种种数据显示，在中国

疫情总体控制形势好转的背景下，中小微企业的经营正在逐步复苏。随着疫情期间平台技术、大数据技术服务生态的不断完善，中小微企业从对数字化转型的"不敢转""不会转"的谨慎态度转变为现在的在主动拥抱互联网中实现大发展。在技术蓬勃发展的大背景下，科技正在不断涉足和颠覆传统的行业经营模式和管理模式，给中小微企业创新和发展提供了许多新机会和新思路，科技在提高企业存续能力的同时也为创新打下了坚实的地基和营收基础。

从市场渠道来看，互联网改变了企业原有的业务流程和服务方式，打破了物理地域的限制，帮助中小微企业供给端和下游客户需求端建立起联系，从而覆盖了更为广泛的市场资源，为中小微企业挖掘了更多潜在的市场机会。以电商打造的线上购物渠道为例。被誉为"中国童装之都"的浙江省湖州市吴兴区织里镇的米乐童装通过坚持线上线下同步发展，实现了月成交额3000余万元的傲人成果。与同镇其他公司的传统经营方式不同，米乐童装早早进驻快手、抖音等短视频平台，每月进行20—25场、每场6—10小时的直播带货活动，并通过创意短视频的形式让顾客更为直观地了解到每一件服装的特色。此外，球鞋品牌"回力"在年轻人聚集的潮流电商"得物"平台首发新品，在社交平台"小红书"上寻找自媒体代言宣传，通过与流行IP进行的创意联名合作，迅速成长为国潮热销品牌，避免了企业的衰落。可以看出，以电商为代表的数字化平台的兴起为中小微企业提供了创新的宣传方式和获客渠道，从而提高了信息沟通和商品交换的效率。

在组织形式方面，数字化转型通过大数据、云计算和人工智能等技术，提高了企业经营工作效率和快速敏捷的交付能力，实现了对业务和产业环境变化的全局掌控。通过数字化转型升级可以构建商业体系，提高对外部环境变化的敏感度和应对能力。例如中小微企业通过小程序、公众号等工具将线上线下多个业务渠道和窗口融合在一个工具平台上进行管理，方便与客户的沟通和对公司信息的宣传，从而强化企业的经营管理模式，形成科技助力中小微企业做大做强，中小微企业运用盈利资金再度创新、提高科技水平的良性循环。以金蝶与联通承接的广东省工信部阳江刀剪产业工业互联网试点为例。该项目力争以工业物联网和软件结合的方式助力当地中小微企业数字化转型升级。阳江是广东省的欠发达地区，大量的中小微企业从事组加工生产和外包大企业的某一道工序，技术水平较低，利润微薄。因缺乏新订单的刺激和发展积极性，企业数字化升级的观念也很薄弱，造成技术人才流失的恶性循环。工业物联网通过共享互生互助的理念从外部入手解决企业生态的问题。通过建设线上 APP 平台，推出设备共享、人员协同等模块推动企业之间的资源流动和互补。推出采集集销、物流服务等模块，解决中小微企业内部信息化的问题，并在平台上以链接的方式接入 ERP，囊括了财务、供应链管理、生产管理和电商等多个外接功能，为中小微企业提供使用方法简单、流程便捷、价格低廉的信息化服务。自 2019 年 7 月份上线以来，已经吸引超过 50 家中小微企业在线上运行，可以说数字化物联网通过充分发挥企业的集群效应，成为阳江刀剪作为知名品牌走向世界的桥梁。

  从产品形式来看，运用科技转型升级可以提高中小微企业的行业竞争力，统筹与产业链上下游企业的对接，还可帮助中小微企业分析业内信息，精准定位，打通业务和经营层面的数据壁垒，驱动企业的现代化经营和管理水平。移动互联网的发展带动了新一代消费观念的变迁和升级，积极拥抱互联网、抓住消费者生活习惯的变迁让食品、制造等行业中的中小微企业成功改造了自身传统的产品结构类型。上海哇饭饭公司与新零售平台盒马生鲜合作，通过大数据对线上消费者的喜好进行统计和分析，对自身传统的醉蟹调味产品进行改造。通过加入柠檬等水果香型和将包装变成奶茶杯迎合年轻人喜好等改造使公司产品销量大增。在产品生产流程方面，贵州航宇科技发展股份有限公司通过与航天云网科技有限公司打造的数字化智慧工厂，将高温燃烧炉的加热过程和工作情况通过远程实时控制系统实现精准的检测，解决了传统炉温难以控制、加工过程记录难以追溯和流程控制力度不足等问题，大大提升了产品的质量，同时降低了经营的人力成本。

相较于大企业，数字化提高了中小微企业的效率和赋予其更大的灵活度，为中小微企业把握市场行情的创新指明了方向。总体来看，科技化转型是提高中小微企业营运能力的必然选择，营收的上升为中小微企业开展创新活动提供了良好的基础和强有力的支撑，在数字经济概念的广泛应用中，科技与创新是相辅相成、齐头并进的。

（二）科技赋能金融系统

正如前文所言，中小微企业的融资来自股权融资和银行借贷等多种途径，其中股权融资以其与企业共同承担风险、追求高回报的特征更加符合中小微企业的资金需求特点，另外银行始终在中国国民经济中扮演着重要的资金供给方角色，以金融支持中小微企业科技创新必定要从这两个方面入手。

1. 科技为本，构建全方位、多层次的资本市场体系

监管层面正在完善相关政策，致力于构建全方位、多层次的资本市场体系，充分发挥资本市场对中小微企业创新的支持作用。从

国际发展经验来看，金融支持科技创新需要投行走在商行之前。在种子期通过资本市场进行资金支持，在风险高的同时享受高额回报。企业进入成熟期之后，再由商业银行的信贷服务接入，给予企业更庞大的资金做强做大，这符合收益覆盖成本加风险的逻辑。中国通过建设完整的金融体系可以畅通科创企业的市场融资渠道，促进生命后期融资链条的无缝衔接。在市场制度方面，持续推进科创板、创业板和区域性股权市场的发展和完善，鼓励和帮助创业板支持更多的优质初创企业上市进行融资和再融资。在拓宽股票发行注册门槛的同时，配套制定信息披露制度和退市制度数量标准，并建立顺畅的转板制度，实现各个板块的互联互通。鼓励更多中小微企业入场的同时也要保证资本市场的稳定和透明，降低退市机制的不确定性和内部交易操控市场的风险性，切实保护投资者的利益。在资金方面搭建社会资本与中小微企业的桥梁，鼓励社会资本通过设立股权投资、创业投资和天使投资支持中小微企业创新活动，持续加大市场资金对于创新成果在企业初期的投入力度，充分发挥直接融资和间接融资相结合的作用。以银行为代表的间接融资虽然可以一定程度地支持中小微企业创新，但其对于风险的敏感度过高，当企业不确定性上升时，直接融资的价值就体现得更加淋漓尽致。未来创投基金、私募基金等社会资本将以不同的形式和方式成为中国支持创新的金融体系中的中坚力量。

2. 金融科技赋能银行为企业创新提供经济基础

银行作为建设中国支持中小微企业创新金融体系的重点，同样面临着许多亟待解决的问题。在大数据、云计算等技术日趋成熟的今天，将金融与科技相结合为银行带来了解决矛盾的新方法。这是科技通过助力银行创新进而助力中小微企业创新的新时代传导机制。

科技赋能金融有助于推动线上线下相结合的服务形式，助力银行覆盖更多长尾客户。银行提供传统金融信贷服务的方式通常是线下面对面交流，对于企业方面的信贷更需要走访企业进行实地调查，这样有利于控制信贷的不良率。一方面，这种传统服务模式需要的时间和审批流程都较长，不符合中小微企业创新资金短平快的需求。另一方面，对银行的人力和物力也是一大挑战，不利于银行打破地域性服务的限制，服务于更多的客户主体。互联网通过革新金融服务的方式，提供线上放贷的选项，给普惠金融的发展提供了更广阔的空间和蓝图。数字技术的落地大幅降低了银行的调研成本，打破了地域限制，从而覆盖更多长尾客户，改善中小微企业的借贷体验并提高了放贷效率。通过线上各类信息渠道的全面覆盖，中小微企业增加了更为便捷地获取银行信贷相关信息的渠道，可以更好地在众多银行中找到适配企业条件的借贷对象，从而解决了银行和中小微企业双向供需错配的问题。

科技赋能金融有助于推动银行从重抵押、重担保的授信模式向以数据为重要载体的授信新模式的转变。中国线上支付起步时间早、渗透率高，生产生活依托互联网进行的比重非常大，这使得信用相关信息的获取更加轻松和全面。以中小微企业为例，其生产条件、雇用状况、销售状况、收入状况及消费意愿等信息都会随着微信、支付宝等线上支付工具的使用而留痕，银行通过对每一笔收入和支出的智能分析和计算可以较为完整全面地了解到各个企业的实际经营状况。从单个公司作为切入点，还可对其上下游产业链和同行业之间进行横向和纵向的对比。通过对海量数据的整理分析以及人工智能和云计算等技术可以构建系统的信用体系，以此用来评估公司的还款能力和放贷的风险程度等。此外，过去的信用体系中信息不对称问题严重，通过互联网建立企业综合信用平台可以加强法院、工商、公安等各政府部门的信息联动，整合中小微企业注册登记、用水用电、法律纠纷等非金融信息，从而对银行的金融信贷信息进行补充，提高数据的完整性和可信性。未来在金融科技的加持下，数据驱动力将成为授信模式下最为重要的载体，推动银行从注重固定资产等传统抵押物转向注重企业的信用状况、交易数据、经营流水、资金流向、产业链和行业等多维度的全景化综合授信模式。以大数据完善企业信用还可作为风控的参考，全国第一家民营银行微众银行以大数据做风控的平均不良率仅为1.24%，大幅低于其他为中小微企业服务的商业银行的不良率，可见通过大数据做风控有其科学自洽的金融逻辑。

科技可以赋能银行支持创新的业务模式，构建与中小微企业需求适配的信贷审批机制和相应的金融产品。通过大数据和人工智能的技术加持，银行可以在快速筛选服务对象的同时，对中小微企业的需求和条件进行总结归纳，挖掘其在不同行业和不同发展周期的特征，并与其相应的抵押品种类进行结合，从而提供个性化的定制信贷服务。大数据的支撑使银行对于风险的管控能力更高，从而更加容易接受中小微企业在初创期以知识产权和专利权作为抵押，并对其进行科学的量化定价。此外中小微企业对于资金的需求通常具有短、快、急和高频的特征，疫情加速了企业的客户需求由线下转为线上的趋势，在满足防疫要求的同时还可以打破地域限制，帮助中小微企业在疫情期间渡过难关。在当前布局线上，推出疫情期间针对中小微企业打造的特别产品是商业银行转型创新、提高对融资需求的响应速度和服务于实体经济、发挥金融普惠性特征的重要方向。

（三）相关政策引导与扶持

科技创新的重要性正处于历史从未有过的高度，中国正在创新型经济发展模式的道路上不断奔跑。李克强总理在2021年《政府工作报告》中指出，依靠创新推动实体经济高质量发展，培育壮大新动能。促进科技创新与实体经济深度融合，更好地发挥创新驱动发展作用。政策的引导与扶持一方面是要促进和完善科技创新体系建设，另一方面是要与中小微企业与院校、科研院所等积极进行产学研合作。

1. 发挥政府基金引导作用

完善科技创新体系首先要充分发挥政府基金的杠杆作用，统筹整合各类基金。政府基金是推动创新的重要政策工具，对于引导社会资本参与中小微企业融资、更大程度地发挥各金融主体对实体经济的支持有着不可替代的地位和作用。经过十几年的发展，中国的政府基金已经颇具规模，相关政策体系也不断完善。未来更多针对中小微企业和科学创新型企业的定点扶持和引导计划将会陆续完善。政府引导基金可以通过资金的集中、投向的精准筛选和项目落地率的不断提高来撬动更大比例的社会资本，通过相关政策体系的不断完善，更好地对中小微企业的创新活动和产业结构调整做出贡献。此外对于投资于种子期中小微企业的风投基金，要形成统一的监管方向和监管制度，推动风险管理标准和容错制度的落地。通过对投资人和基金的设立设置对应的门槛和准入机制推进政府与市场基金合力共赢，提高市场的运行能力和风险定价能力。

此外，中小微企业对法律信息和政策的了解具有滞后性和片面性，因此在面对侵权损害的时候经常求助无门。数字化渠道为企业在知识产权方面的维权提供了新渠道、新方法，降低了企业进行维权的时间成本，提高了问题解决的效率。通过线上公众号、政务APP等渠道进行宣传教育，中小微企业将进一步提升对自身拥有的知识产权的保护能力。

2. 灵活调整银行传统信贷考核体系

银行是建设科技创新体系当中的重要环节，对于银行的管理应该更加符合时代特征是实体经济的需求。银行对中小微企业放贷意愿较低的一大原因是传统考核体系和不良率要求产生的限制。目前对于银行的传统信贷考核评价体系已经不能仅局限于逐笔考核、责任追讨模式以及对股权投资业务和贷款业务的收益评价。相应的，对于中小微企业放贷的业务考核不应仅局限于短期回报率，可以将考核放长线到五年甚至十年这样一个时间区间，以企业的发展周期为切入视角，针对信贷项目不同的投放周期制定相应的回报率考核要求，如此将更加灵活且贴合实际。此外，中国商业银行对于风险的承受能力较低，因此对于中小微企业信贷业务，应该给予银行不良率更高的容忍度，避免将不良率作为考核银行业绩的唯一标准。此外，破除商业银行参与股权融资的阻碍是提高银行对中小微企业科技创新投资的另一大路径。通过适当放宽银行参与股权融资的限制和要求，改变银行对股权融资现行的风险和回报评价机制和资本计量方法，使得银行在提升投资意愿的同时提高符合合规和制度要求的项目的落地性。总结而言，对银行在科技创新体系方面的建设应该结合中小微企业的特征对业绩的考核在一定程度上进行灵活的调整，避免从制度上扼杀银行为中小微企业放贷的积极性。对于银行因为开展高质高量的中小微企业业务产生的不良资产风险，政府可以酌情制定出资补偿制度和容错率机制，并作为主体与银行共同承担放贷的风险和责任，从而提高商业银行参与投贷联动业务的热情。

3. 科技为企业与科研院校进行产学研结合搭建平台

创新之本，唯在得人。激发社会各界创新主体对于创新的积极性和创造性，保证创造结果的转化成为科技创新体制改革过程中一以贯之的重中之重。

近年来中国出台了一系列科技体制改革政策，依靠自由的学术环境、鼓励创新的成果评价体系和疏通的创新成果的市场转化机制增强科研人员的实际获利和成就感。以知识价值为导向的分配政策为例。科技成果转化奖励不少于50%的部分奖励到科研人员手中，2019年数据显示，3000多家高校院所科研人员获得的现金和股权奖励高达53.1亿元，从收入方面大大增加了创新主体的工作热情。在统筹提升科技人才队伍的规模和质量方面，通过对外国人才来华政策的放宽，办理了近65万张工作证，从外部引进了诸多优秀科研创新力量。2019年中国各界创新研发人员达480万人，与2015年的376万人相比可谓从质与量上有了翻天覆地的变化。一批领军人才和创新团队加速涌现，2019年，国家自然科学奖得主平均年龄44.6岁，超过60%的获奖人在45岁以下，可见青壮年科技工作者逐渐成为中国科研创新力量的主力军。新生力量不断加入研发团队，带来的是新时代的新思想、新需求，可以为中国的创新发展注入源源不断的活力。此外，为解决基层企业创新能力不足与需求较大之间的矛盾性，中国制定了致力于提升全民科学素质水平的大型民生政策，并设立服务于不同地区、针对不同人群的长效机制，以此优化创新生态环境和培育科技发展的沃土。数据显示，中国公民科学素质水平从 2015 年的 6.2% 上升至 2020 年的 10.56%。科学走进民众生活意味着创新不仅仅以高校研究院中的象牙塔作为舞台，还能够响应企业发展与民生需求，具有切实可行的现实意义。

研究人才的缺乏和流失是制约中国中小微企业开展创新活动的第一大阻力。一方面是中小微企业自身研发能力低，难以获取外界资源的帮助；另一方面是缺乏对人才的长期培养。创新型高技术人才成本较高，中小微企业缺乏提供高待遇的资金和魄力，因此在人才市场上与大企业的竞争中败下阵来，无法招揽到需要的人才。此外，即便是中小微企业逐渐培养出一个经验丰富的团队，也难有资源进行后期持续的交流培训。对于创新型中小微企业而言，人才流失的损失难以衡量，短期无法招到合适的人才代替空缺的岗位会非常影响研发的进度和连贯性。实际上，数字化转型可以消除人才市场信息不对称的现象，帮助中小微企业及时调整用人规划，缩短招聘流程的时间并制定较为完整的员工培养机制。在深圳市中小企业服务局联合平安、阿里云、腾讯云和华为云发起的"深圳市中小微企业数字化赋能共同行动"中，一大目标的关键就是解决中小微企业在战略转型过程中"人才贵、人才难"的问题，通过搭建数字化平台帮助中小微企业在实现高质量发展的道路上寻找合适的转型升级路径。从项目实行至今达到的成果来看，主要从两个方面解决了中小微企业的人才问题，一是实现了各企业之间人才的互联互通。工业互联网创新中心、鲲鹏源头创新中心等平台以数字化为基础，乘驾大数据的羽翼，通过对平台上参与的中小微企业对于人才的需求进行采集和分析，进行个性化人才的点对点推送，鼓励中小微企业之间进行人才共享和研究创新领域的合作。此外发起的龙头企业各自组建的企业管理、技术开发等领域的专业人才构成的精干专家队伍，为中小微企业提供企业志愿服务，实现产业内互帮互助的良性局面。二是通过在线培训降低了企业人才培养的成本。大多数中小微企业仍处于艰难谋生的阶段，人才培养和培训的投入对企业来说是较高的负担。组织一场线下培训，差旅费、讲师费、场地费和误工费等并不是小数目。平安智慧教育团队打造出"知鸟智能培训一体化平台"，通过大数据和人工智能将培训流程转为线上，帮助企业低成本、高效率地开展人才培养，实现中小微企业智慧化管理。不仅局限于人才教育方面，数字化平台将智慧企业服务、智慧园区、智慧法务、企业员工管理等功能进行一体化整合，使中小微企业可以便捷、低价地进行经营管理。

通过数字化平台搭建中小微企业与高校、研究所等科研主体之间的沟通桥梁，实现从实验室研究到生产经营落地的互联互通是科技赋能创新的重要体现。产学研合作是有效推动科技与经济结合，促进企业科技创新进步的重要途径。从世界范围内的历史经验来看，产学研合作从逐渐由大企业主导转移到往中小微企业拓展，并且与大企业相比，中小微企业从产学研当中得到的收获更多、改变更明显。目前高校及科研院所的科研成果存在与市场脱节和对中小微企业缺乏信任两个方面的主要矛盾，通过科技数字化和大数据的应用可以行之有效地解决当前形势下的问题。科研院校作为创新链的上游，长期存在重学术轻技术、重成果轻转化的机制问题。创新链下游企业关注技术创新、经营管理创新，注重创新的经济效益。两个主体之间相互分离，目的不一致，研究成果与市场脱节，难以对中小微企业产生实际的帮助。此外，中小微企业寿命短，经营不稳定，存在着信誉低、资金量小、设备落后等问题，致使科研院校等主体与其合作的意愿较低，即便是开展合作，也难以进行长期、深度的交流，致使中小微企业的创新能力得不到有效的提升。构建数字化信息共享平台可以通过现代化信息技术手段面向全社会进行产学研信息的收集和发布。建立产学研深度融合和项目评价的数据库,为中小微企业和高校、科研院所之间搭建起互通的渠道,并提供合作项目的目标、技术咨询需求和市场报价等资料。在互联网的辅助下,研究人员与经营者跨越时间、空间进行交流沟通,可以更好地帮助双方了解各自的需求。一方面,科研人员的研究将更具有市场化特征,提高落地实施的可行性;另一方面,中小微企业通过与研究人员的合作补充自身研发能力较低但需求较高的短板,实现互利共赢,使创新更具有普惠实体经济的重要意义。此外,数字化平台更有利于政府在产学研的沟通方面进行积极的引导和发挥牵线搭桥的作用。打造集咨询、查找、申请、评估、交易等功能于一体的产学研平台,可以让研究和创新与需求接轨,进行更为市场化的运作。也有利于遵守市场规律、优化创新资源配置并提高科研人员主体的积极性、推动创新要素在互联网平台的集聚,提升企业的创新能力和市场竞争力。

五 结语

在引入科技之后,从上层宏观政策的"科技"到下层微观层面中小微企业个体的创新方式和创新中遇到的困难和瓶颈等问题均得到了一定的质变结果。从政策方面来看,科技影响的方面包括但不限于财政政策、税收优惠、政府补贴等。展开来看,传统发展模式下,因中小微企业存在流动性较强、经营存续时间较短的特征,政府难以对中小微企业的发展现状实时跟进。大数据、云计算等科学技术的进步帮助中国搭建起较为完善的信息数据库和征信平台，通过程序对海量信息进行实时监控和筛选，实现了远高于人工采集数据的效率和正确率。对于中小微企业经营现状更为完善透明的掌控有助于政府制定政策方案，更有助于补贴高效精准的落地，切实普惠到真正需要的企业手中。

创新方式方面看，科技通过赋能于技术创新、协同创新、合作创新和开放式创新实现了对于陈旧创新方式的打破和创新思维的拓展。以技术创新为例。在科技强国思维的背景下，技术是中小微企业创新的重中之重，只有掌握了核心科学技术，才能在残酷的市场竞争中立于不败之地，可以说科技是中小微企业在技术方面创新的立身之本。协同创新方面，科技通过互联网等方式搭建资源共享的平台打破地域限制，将不同部门之间的创新主体联系得更为密切，有利于各创新主体之间互相帮助、分享创新成果、展开创新合作、实现共同进步，从而为中小微企业带来更高的创新效率。此外基于互联网搭建的开放式平台有助于中小微企业整合内部及外部资源，通过创新带动自身转型和全行业乃至全社会共同发展。

在创新过程中遇到的资源不足（例如融资困难）等问题，科技通过革新融资模式、融资平台等方面为创新注入了新的活力。以中小微企业融资端为例，在传统的银行端融资所需的审批流程多、放贷时间长、融资壁垒高，给小微企业的发展带来了诸多困难。随着网络的快速发展，诞生出了诸多互联网融资平台，为小微企业的资金端带来新的渠道。互联网融资平台区别于银行体系的小额、便捷、放贷速度快等特征更加符合中小微企业的需求，赋予中小微企业更高的流动性和投资支持。在中央不断出台金融扶持政策的指导下，中小微企业培养金融创新人才、运用科学技术统筹管理内部资金的使用机制是未来创新发展的重点。

  经济高发展的内涵之一是创新发展的方式,"十四五"时期要坚持创新在中国现代化建设全局中的核心地位。本文就中小微企业在科技创新方面的现状和问题进行了分析并提出相应解决建议。如中小微企业作为中国经济和创新的重要贡献主体,面临着融资难、研发能力不足等多种问题。科技为解决中小微企业的创新问题在政策、金融等方面提供了新思路、新方法。未来在构建信息化平台、提高研发水平和金融科技创新方面,科技将持续助力创新驱动发展战略的实施,构建以中小微企业为主体、市场为导向、产学研相结合的科技发展创新体系。在"十四五"规划的指导下,中小微企业乘时代之风、科技之浪,必将在各自的行业和领域产生无可替代的价值,如熠熠群星般照亮了中国经济发展前景的方向,绘制出无限宽广的蓝图。

第九章

推动中小微企业创新的财税制度安排

改革开放以来，随着经济发展模式和发展目标的转变，中国对企业创新的重视程度日益提升，《中国科技统计年鉴》自2017年起专门设立"企业创新活动"栏目来评价企业创新能力。2019年，国家财政科技支出突破万亿元，占公共财政支出的比重达4.49%。然而，作为创新创业主力军的中小企业在研发资金投入上似乎仍捉襟见肘。以工业企业为例。2019年，有研发机构的中型企业数为14806个，研发机构数18171个；大型企业数为4339个，研发机构数7368个。尽管在研发机构数量方面中型企业拥有不输大型企业的表现，但在研发经费内部支出方面，中型企业仅为3259亿元，远低于大型企业研发经费内部支出（6738亿元）。

科技创新是中小微企业生存和发展的动力，推动创新的财税政策是其生存发展的外部保障。国家出台了一系列财政税收政策以激励扶持中小微企业创新。2002年6月29日，第九届全国人民代表大会常务委员会第二十八次会议通过了《中华人民共和国中小企业促进法》，其中第二章到第五章从财税支持到创业创新为中小企业发展提出了若干支持政策。本章将在分析中国中小微企业创新活动现状的基础上，从税收优惠、财政补贴和政府采购三个方面梳理中国助推中小微企业创新的一系列政策,进一步地,与英美相应政策进行对比,最后,本章将对中国推动中小微企业创新的财税制度做出总体评价并提出完善建议。

◇ 一 中国中小微企业创新投入现状分析

(一)中型企业人员与经费投入增长较快,但所获得的政府资金增长较缓

根据《中国科技统计年鉴》可知,中型企业研发人员和研发经费支出始终低于大型企业,但中型企业投入的增速较快,使得这种差距正在逐步缩小。2011年,大型企业研发人员数是中型企业的2.1倍,到2019年,仅为中型企业的1.4倍。而且研究人员正在逐步从大型企业流向中型企业,大型企业就职的研究人员从2011年的44.82万人减少至2019年的43.28万人,而中型企业的研究人员在这期间增加了8.03万人。中型企业与大型企业研发经费的差距也在缩小。2011年大型企业研发经费内部支出是中型企业的近3倍,这一差距在2019年缩小至2.07倍。然而,政府资金对两类企业的资助却呈现出相反的方向:大型企业所接受的政府资金,从2011年的153.89亿元增加至2019年的396.10亿元,增长1.57倍,但是中型企业的政府资金,仅从2011年的52.81亿元增加至2019年的95.98亿元,仅增长了0.82倍。

（二）小型企业与微型企业创新投入波动较大

创新活动是一项长期投资，收益在短期内不能被准确衡量。这一特征意味着创新活动投资需要保持连续性，任何中断都可能使得研发人员流失，造成企业损失[①]。近年来，中国大中型企业创新投入比较稳定，总创新费用和研发费用都在稳步增长。相比之下，微型企业和小型企业受各类因素影响更多，波动更大，尤其是微型企业。创新费用从 2016 年的 84.3 亿元减少至 2017 年的 58.4 亿元，2018 年则暴增至 666.5 亿元，2019 年又回落至 198.3 亿元，微型企业的研发费用也呈现出类似趋势。

二 中国促进中小微企业创新的财政税收政策

技术创新具有正外部性，其成果会产生部分"溢出效应"而形成社会收益。因此，政府应当支持企业进行技术创新，降低企业（尤其是中小微企业）在创新过程中所面临的各种风险。目前，国际上普遍采用的激励中小微企业创新的公共政策工具包括税收优惠、政府采购（间接补贴）和财政补贴（直接资助），本文也将从这三个方面，结合企业创新的各个阶段来分析中国促进中小微企业创新的财政税收政策。

---

① 鞠晓生：《中国上市企业创新投资的融资来源与平滑机制》，《世界经济》2013年第 36 期。

（一）税收优惠政策：创新准备阶段和研发环节直接针对中小微企业的政策较少，针对性较强的政策主要体现在产业转化环节

税收优惠主要通过税收递延、税收抵免及税前扣除等方式间接影响企业的研发活动从而促进企业创新[①]。从20世纪90年代开始，中国为鼓励企业创新，出台了一系列政策，其中涉及增值税、营业税、关税、企业所得税、个人所得税等多个税种，涵盖企业创新准备、研发以及产业化等各个环节。接下来，本章将分环节总结中国促进中小微企业创新的财政税收政策的特点。

1. 创新准备阶段的税收优惠方式间接，直接针对中小微企业创新政策较少

在创新准备阶段，中小微企业需要持续投入大量资金，但是，相对于大企业，中小企业面临的信息环境更加不透明，并且缺乏可抵押的资产，因而中小企业的融资也更为困难[②]。因此，国家出台了一系列税收优惠政策鼓励信用担保机构、创业投资企业、个人股东等主体为中小微企业提供融资支持，积极引导更多金融资源配置到中小微企业。表9-2-1总结了创新准备阶段中国促进中小微企业创新的主要税收优惠政策。由此可以看出，创新准备阶段的税收优惠政策，主要的政策对象是投资方而非中小微企业，由于投资方投资存在较强的主观能动性，这种间接的税收优惠政策能够多大程度惠及中小微企业需

[①] 戴晨、刘怡：《税收优惠与财政补贴对企业R&D影响的比较分析》，《经济科学》2008年第3期。

[②] 林毅夫、孙希芳：《信息、非正规金融与中小企业融资》，《经济研究》2005年第7期。

进一步的考量。而且，中国金融体系中"正规金融与民间金融"的二元结构直接造成了金融资源分配机会和使用成本的严重失衡与不公，因此产生了对中小企业等弱势群体的金融排斥。当前，中小企业资金来源仍以自有投入为主，使得中小企业面临着直接融资渠道不畅通、融资比例低、核准周期长的问题①。其次，给予小微企业、个体工商户和增值税小规模纳税人的税收优惠政策，一方面没有直接针对创新，属于普惠性政策；另一方面，除了增值税免税政策之外，针对所得税的税收优惠政策均以企业有正税基为前提，这取决于纳税年度结束后企业的盈利情况，因此这种收益具有滞后性，无法给中小微企业带来即时的资金支持，只能从预期上激励企业创新。

表9-2-1 创新准备阶段中国促进中小微企业创新的主要税收优惠政策

主要政策文件	政策内容	政策对象	政策目标
《国家税务总局关于中小企业信用担保、再担保机构免征营业税的通知》（国税发[2001]37号）	符合条件的担保机构从事中小企业信用担保或再担保业务取得的收入三年内免征营业税	中小企业信用担保机构	给予中小企业创新准备阶段的资金融资担保支持，引导更多金融资源配置到中小微企业
《财政部 国家税务总局关于中小企业信用担保机构有关准备金税前扣除问题的通知》（财税[2007]27号）	2007年1月1日起至2015年12月31日，符合条件的中小企业信用担保机构按照一定比例计提的担保赔偿准备和未到期责任准备，允许在企业所得税税前扣除		

---

① 吕劲松：《关于中小企业融资难、融资贵问题的思考》，《金融研究》2015年第11期。

续表

主要政策文件	政策内容	政策对象	政策目标
《国家税务总局关于实施创业投资企业所得税优惠问题的通知》（国税发〔2009〕87号）①	创业投资企业采取股权投资方式投资于未上市的中小高新技术企业满2年的，可按照其对未上市中小高新技术企业投资额的70%抵扣对应的应纳税所得额，当年不足抵扣的可在以后纳税年度结转抵扣	创业投资企业	鼓励创业投资企业投资于中小高新技术企业
《财政部 国家税务总局关于将国家自主创新示范区有关税收试点政策推广到全国范围实施的通知》（财税〔2015〕116号）	2016年1月1日起，全国范围内的中小高新技术企业以未分配利润、盈余公积、资本公积向个人股东转增股本时，个人股东一次缴纳个人所得税确有困难的，可根据实际情况自行制定分期缴税计划，在不超过5个公历年度内（含）分期缴纳	个人股东	鼓励个人投资于中小高新技术企业

---

① 《财政部 国家税务总局关于将国家自主创新示范区有关税收试点政策推广到全国范围实施的通知》（财税〔2015〕116号）将享受此优惠政策的投资主体扩大到了有限合伙制创业投资企业。

续表

主要政策文件	政策内容	政策对象	政策目标
《关于科技企业孵化器税收政策的通知》（财税〔2016〕89号）	符合条件的科技企业孵化器（包括满足小微企业标准）使用的房产、土地，免征房产税和城镇土地使用税，免征营业税（营改增期间）和增值税	科技企业孵化器	从公共服务方面为中小微企业创新提供便利
《关于实施小微企业普惠性税收减免政策的通知》（财税〔2019〕13号）	对月销售额10万元及以下的增值税小规模纳税人免征增值税，小型微利企业年应纳税所得额不超过100万元的部分减按25%计入应纳税所得额，按20%的税率缴纳企业所得税；对年应纳税所得额超过100万元但不超过300万元的部分，减按50%计入应纳税所得额，按20%的税率缴纳企业所得税	增值税小规模纳税人、小型微利企业	针对中小微企业的普惠性减税
《关于实施小微企业和个体工商户所得税优惠政策的公告》（财政部 税务总局2021年第12号）	2021年1月1日至2022年12月31日，对小型微利企业年应纳税所得额不超过100万元的部分，减按12.5%计入应纳税所得额，按20%的税率缴纳企业所得税		

资料来源：中国政府网、国家税务总局官网、财政部官网、中国科技部官网。

2. 研发环节税收优惠政策未对企业规模进行区分，大中小微企业同等享受

在研发环节鼓励中小微企业创新的政策主要有三类：一是加计扣除政策，允许企业将研发过程中发生的费用，在按照规定据实扣除的基础上，再按照一定比例加计扣除（具体可见表9-2-2）[①]；二是若企业购买的用于研发的机器和设备超过一定价值，允许其采取双倍余额递减法或年数总和法实行加速折旧；三是企业投资建设属于国家鼓励发展的内外资项目，其投资总额内进口的自用设备，以及随设备进口的技术和配套件、备件，免征关税和进口环节增值税。在这些政策中，只有加计扣除是按照企业规模进行了区别对待，科技型中小企业的加计扣除比例是从2017年1月1日开始由50%提高到了75%，其他企业是2018年1月1日才开始提高的。其他政策都是所有规模企业同等享受。2021年1月1日开始实施的将加计扣除比例由75%提高至100%这一政策，针对的是制造业行业，它只是对行业进行了区分，而未对企业规模进行区分。

表9-2-2　　　　　研发环节企业加计扣除政策演变

出台的文件	政策实施期间	针对的企业	加计扣除比例
《财政部 国家税务总局关于企业技术创新有关企业所得税优惠政策的通知》（财税〔2006〕88号）	2006.1.1—2011.2.21	所有企业	50%

[①] 研发费用加计扣除政策，除了扣除比例的变化，扣除范围也在逐步扩大。关于扣除范围的具体变化，可参见李峰（2016）。

续表

出台的文件	政策实施期间	针对的企业	加计扣除比例
《财政部国家税务总局科技部关于完善研究开发费用税前加计扣除政策的通知》（财税〔2015〕119号）	2016.1.1—2017.12.31	所有企业	50%
《关于提高科技型中小企业研究开发费用税前加计扣除比例的通知》（财税〔2017〕34号）	2017.1.1—2019.12.31①	科技型中小企业	75%
《财政部国家税务总局科技部关于提高研究开发费用税前加计扣除比例的通知》（财税〔2018〕99号）	2018.1.1—2020.12.31②	所有企业	75%
《财政部税务总局关于进一步完善研发费用税前加计扣除政策的公告》（财政部税务总局公告〔2021〕13号）	2021.1.1—	制造业企业	100%

资料来源：中国政府网、财政部官网和国家税务总局官网。

研发后期的成果转化环节，是针对纳税人的技术转让所得，中国出台了对应的优惠政策，一是自2015年10月1日起，全国范围内的居民企业转让5年以上非独占许可使用权取得的技术转让所得，不超过500万元的部分，免征企业所得税，超过500万元的部分，减半征收企业所得税（财税〔2015〕116号）；二是纳税人提供技术转让、技术开发和与之相关的技术咨询、技术服务，免征增值税（财税

---

① 2020年开始就可以按照财税〔2018〕99号文的规定，延续75%的加计扣除政策。
② 在第十三届全国人民代表大会第四次会议上，国务院总理李克强介绍，2021年延续执行企业研发费用加计扣除75%政策。

[2016] 36号）。与前述分析相同，这两个政策亦是针对所有规模企业。而且，从前文的数据可以看到，规模越大的企业，产品或工艺创新实现率越高，因此可能大企业技术转让更多，规模越大的企业更能从这两类政策中获益。

3. 产业化环节税收优惠政策针对性较强，涉及的税种较多

产业化环节是位于企业创新的后期，接近投资的"变现"。这一阶段中小微企业可能面临关键原材料无法在国内生产或国内产品性能无法满足需要、企业可能会面临亏损等各种问题，据此，国家出台了一系列针对性措施：第一，财关税〔2011〕71号文规定：2012年1月1日至2015年12月31日，在合理数量范围内进口国内不能生产或者国内产品性能尚不能满足需要的科技开发用品，免征进口关税和进口环节增值税、消费税，以鼓励中小企业公共技术服务示范平台向中小企业提供科学研究和技术开发类的公共服务。第二，财税〔2018〕76号文规定，自2018年1月1日起，当年具备高新技术企业或科技型中小企业资格的企业，其具备资格年度之前5个年度发生的尚未弥补完的亏损，准予结转以后年度弥补，最长结转年限由5年延长至10年。第三，针对中小微企业技术人员的股权奖励，自2016年1月1日起，全国范围内的中小高新技术企业以未分配利润、盈余公积、资本公积向个人股东转增股本和全国范围内的高新技术企业转化科技成果，给予本企业相关技术人员的股权奖励时，个人股东一次性缴纳个人所得税确有困难的，可根据实际情况自行制订分期缴税计划，期限在不超过5个公历年度内（含）分期缴纳。

除上述政策之外，中国还出台了一些政策鼓励中小微企业自主创新，主要针对两个大税种：企业所得税和增值税。国家重点扶持的高新技术企业，减按15%的税率征收企业所得税；符合条件的集成电路

设计企业和软件企业，第一年至第二年免征企业所得税，第三年到第五年按照25%的法定税率减半征收企业所得税；① 高新技术企业发生的职工教育经费支出，不超过工资薪金总额8%的部分，准予在计算企业所得税应纳税所得额时扣除，超过部分在以后纳税年度结转扣除。② 增值税一般纳税人销售其自行开发生产的软件产品，对其增值税实际税负超过3%的部分试行即征即退政策；中华人民共和国境内的单位和个人提供的完全在境外消费的研发服务、合同能源管理服务、设计服务等，适用增值税零税率。

可以看出，在产业化环节，专门针对中小微企业创新的政策较多，③ 而且涉及了关税、增值税、消费税、企业所得税和个人所得税五个税种，全方位地惠及了中小微企业在创新产业化环节，对于企业生产自主创新产品、提供自主创新服务有较强的引导作用。

（二）财政补贴政策主要体现在专项基金，需更具透明性、延续性和确定性

与税收优惠政策相比，财政补贴更具有确定性和即时性，尤其是

---

① 国家规划布局内的重点软件企业和集成电路设计企业，如当年未享受免税优惠的，可减按10%的税率征收企业所得税。

② 参见《财政部、国家税务总局关于高新技术企业职工教育经费税前扣除政策的通知》（财税〔2015〕63号）。另外，集成电路设计企业和符合条件的软件生产企业发生的职工教育经费中的职工培训费用，可以全额在企业所得税前扣除。

③ 除上述提及的政策外，还有一些针对中小微企业普惠性的政策。比如，在2021年3月5日两会《政府工作报告》中，将小规模纳税人增值税起征点从月销售额10万元提高到了15万元；对小微企业和个体工商户年应纳税所得额不到100万元部分的，在减按25%计入应纳税所得额，按20%的税率缴纳企业所得税的基础上，再减半征收；对年应纳税所得额超过100万元但不超过300万元的部分，减按50%计入应纳税所得额，按20%的税率缴纳企业所得税。

财政直接补贴,能够直接降低企业的投资成本,效果最为明显,财政补贴能够直观地体现政府政策支持的倾斜和偏好,可以起到引导社会资本流入,引领投资方向的作用。我们在表9-2-3整理了中国自1999年以来促进中小微企业创新的主要财政补贴政策。这些政策主要可分为两类。一类是中央政府直接成立政府专项基金,以贷款贴息、无偿资助和资本金投入等方式支持中小微企业的创新项目,这类政策针对性较强。2021年1月23日发布的《关于支持"专精特新"中小企业高质量发展的通知》(财建[2021]2号),更是直接对中小微企业的创新行为进行补贴,且补贴力度非常大,[①] 效果也较为显著[②];第二类是中央政府以奖励的形式鼓励地方政府扶持中小微企业的创新,比如成立小微企业创业创新基地示范城市。整体来说,以中央财政资

[①] 补贴力度不仅体现在中央政策,还有地方层面政策的跟进。比如,2021年3月23日,广东省工业和信息化厅、广东证监局、上交所、深交所、全国股转公司联合出台《支持"专精特新"中小企业挂牌上市融资服务方案》(以下简称《方案》)。《方案》提到,"力争未来五年推动300家'专精特新'中小企业登陆沪深交易所主板、创业板、科创板、新三板等资本市场,助力广东制造业高质量发展";2021年2月,陕西省工业和信息化厅、陕西省地方金融监管局联合发布通知,积极开展陕西省"专精特新"中小企业上市及挂牌培育,积极组织"专精特新"中小企业集中入库,推荐优秀"专精特新"企业成为省级重点上市后备企业。同月,深圳市启动"2022年民营及中小企业创新发展培育扶持计划",重点支持民营及中小企业改制上市和融资担保。3月份,广西壮族自治区举行"专精特新""小巨人"企业发行上市培训活动,就IPO审核政策动态及关注要点、深化新三板改革服务中小企业发展等主题展开授课。

[②] 截至2021年2月,全国范围内已认定省级"专精特新"中小企业2.6万家,国家级"专精特新""小巨人"企业1832家。除此之外,还有"专精特新""小巨人"专项补贴。"专精特新""小巨人"企业培育工作自2018年开始,是工业和信息化部按照《工业强基工程实施指南(2016—2020年)》、《促进中小企业发展规划(2016—2020年)》(工信部规[2016]223号)和《关于促进中小企业"专精特新"发展的指导意见》(工信部企业[2013]264号)、《关于开展"专精特新""小巨人"企业培育工作的通知》(工信厅企业函[2018]381号)文件的要求,在各省级中小企业主管部门认定的"专精特新"中小企业及产品基础上,培育一批"专精特新""小巨人"企业。

金引导带动地方财政资金的补贴对于促进中国中小微企业的创新起到了一定效果。但是，仍有较多政策仅是指导性的，目前尚无法看出政策效果。

表9-2-3 　　中国促进中小微企业创新的主要财政补贴政策

主要政策文件	政策主要内容	政策目标
《科学技术部、财政部关于科技型中小企业技术创新基金的暂行规定》（国办发［1999］47号）	设立用于支持科技型中小企业技术创新项目的政府专项基金，根据中小企业和项目的不同特点，创新基金分别贷款贴息、无偿资助、资本金投入等不同的方式给予支持	扶持、促进科技型中小企业技术创新
国务院关于进一步促进中小企业发展的若干意见（国发［2009］36号）	逐步扩大中央财政预算扶持中小企业发展的专项资金规模	支持中小企业技术创新、结构调整、节能减排、开拓市场、扩大就业
《国务院关于扶持小型微型企业健康发展的意见》（国发［2014］52号）	鼓励地方中小企业扶持资金将小型微型企业纳入支持范围，创业投资引导基金积极支持小型微型企业	切实扶持小型微型企业（含个体工商户）健康发展
《关于支持开展小微企业创业创新基地城市示范工作的通知》（财建［2015］114号）	中央财政通过中小企业发展专项资金给予示范城市奖励支持，由示范城市统筹使用，资金要用于强化创业创新基地建设，对小微企业入驻适当减免或缓收房租	整合政策资源聚集服务要素，创新支持政策，探索建立政府扶持小微企业发展的新机制
《国务院关于推动创新创业高质量发展打造"双创"升级版的意见》（国发［2018］32号）	充分发挥国家中小企业发展基金等引导基金的作用，支持初创期、早中期创新型企业发展	充分发挥创业投资支持创新创业作用

续表

主要政策文件	政策主要内容	政策目标
《国务院办公厅关于提升大众创业万众创新示范基地带动作用进一步促改革稳就业强动能的实施意见》（国办发〔2020〕26号）	充分发挥双创示范基地大企业带动作用，协助中小企业开展应收账款融资，帮助产业链上下游企业和相关创新主体解决生产经营难题	为中小企业应对疫情影响提供有效金融支持
《财政部办公厅 国家知识产权局办公室关于实施专利转化专项计划 助力中小企业创新发展的通知》（财办建〔2021〕23号）	2021年上半年启动工作，在全国范围内择优确定若干省份，先给予0.5亿元启动资金，根据2022年绩效评价结果确定补拨或扣回0.5亿元资金。2022年、2023年，给予绩效评价结果排名靠前的省份1亿元奖补资金	三年时间激励专利转化、促进高校院所创新资源惠及中小企业，提升中小企业创新能力
《财政部、工业和信息化部关于支持"专精特新"中小企业高质量发展的通知》（财建〔2021〕2号）	2021—2025年，中央财政累计安排100亿元以上奖补资金，分三批（每批不超过三年）重点支持1000余家国家级"专精特新""小巨人"企业高质量发展，促进这些企业发挥示范作用，并通过支持部分国家（或省级）中小企业公共服务示范平台强化服务水平，聚集资金、人才和技术等资源，带动1万家左右中小企业成长为国家级"专精特新""小巨人"企业	通过中央财政资金引导，促进上下联动，将培优中小企业与做强产业相结合，培育一批专注于细分市场、聚焦主业、创新能力强、成长性好的"专精特新""小巨人"企业，提升"专精特新""小巨人"企业数量和质量

资料来源：中国政府网，国家税务总局官网、财政部官网、科学技术部官网。

表9-2-4统计了中国目前成立的六只支持中小微企业创新的基金情况。这些基金服务于中小微企业创新的各个方面，资金规模从几亿元到几百亿元不等，涉及优化中小企业发展环境、给予中小企业各类补贴、支持中小企业"走出去"等各个方面。其中资金规模最大的是国家中小企业发展基金，该基金按照《中小企业促进法》的要求，于2015年9月经国务院常务会议决定设立，旨在充分发挥中央财政资金的杠杆作用和乘数效应，以此吸引社会资本投入，共同扩大对中小企业的股权投资规模，支持实体经济、促进创新创业。截至2021年5月，国家已设立完成四只直投子基金实体，认缴出资总规模195亿元。2020年5月，为贯彻落实中共中央办公厅、国务院办公厅《关于促进中小企业健康发展的指导意见》和国务院决策部署，在工信部与财政部的牵头推动下，中央财政出资150亿元，与上海国盛、中国烟草等社会出资人发起成立了国家中小企业发展基金有限公司（母基金），通过投资设立种子基金等方式，使基金总规模达到1000亿元以上，重点解决创新型中小企业的中长期股权融资问题，促进中小企业的创新发展。

科技型中小企业技术创新基金是较早成立的支持中小微企业创新的基金，图9-2-1展示了科技型中小企业技术创新基金财政拨款的金额变化。可以看出，该基金拨款金额波动非常大，自1999年成立到2008年，年拨款均在10亿元左右，从2009年突然增长至近35亿元，后逐年上升至2013年的51.21亿元，2014年未公布相关数据，2015年又骤减至11.36亿元。从金额变化来看，中国支持中小微企业创新的基金需具有更强的确定性和延续性。

表9-2-4　　　　　　　　　支持中小微企业创新的基金

基金名称	成立时间	成立目标	资金规模	其他特征
科技型中小企业技术创新基金	1999年	支持科技型中小企业的技术创新活动	8.64亿元（2016年）	政府引导性基金，由科技部主管、财政部监管，通过无偿资助、贷款贴息和资本金投入三种方式，支持科技型中小企业创新。
中小企业国际市场开拓资金	2001年	支持中小企业开拓国际市场的各项业务与活动。	/	主要支持内容包括参加境外展览会、管理体系认证、产品认证等11个方面。
中小企业发展专项资金	2002年	优化中小企业发展环境、引导地方扶持中小企业发展。	65亿元（2021年预算总额）	来源于中央财政预算安排，有明确的资金使用范围。
中小企业服务体系专项补助资金	2004年	支持中小企业服务机构开展促进中小企业发展的服务业务。	/	对中小企业服务机构补助的内容和额度有具体规定。
科技型中小企业创业投资引导基金	2007年	专项用于引导创业投资机构向初创期科技型中小企业投资。	/	以阶段参股、跟进投资、风险补助和投资保障为主要投资方式。
国家中小企业发展基金	2015年	增强中小企业创业创新动力	600亿元（目标规模）	采取"母基金"方式运作，与国内创投机构合作，进行市场化投资。

资料来源：中国政府网和《中国科技统计年鉴》。

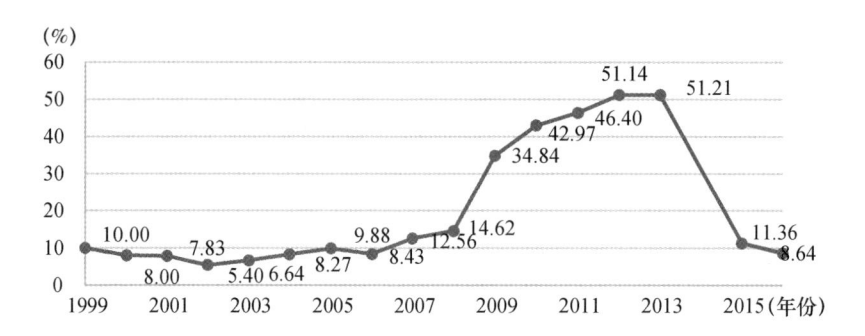

图 9-2-1　科技型中小企业技术创新基金财政拨款金额
(1999—2015 年)

资料来源:《中国科技统计年鉴》(2000—2020), 2014 年及 2016 年之后的数据没有公布。

(三) 以政府采购手段促进中小微企业创新政策需进一步明确

作为一种需求导向的政策手段,政府采购已经成为国际上通行的激励企业创新的做法。2011 年,《财政部、工业和信息化部印发了〈政府采购促进中小企业发展暂行办法〉的通知》(财库 [2011] 181 号),规定赋有编制部门预算职责的各部门在满足机构自身运转和提供公共服务基本需求的前提下,应当预留本部门年度政府采购项目预算总额的 30% 以上,专门面向中小企业采购,其中,预留给小型和微型企业的比例不低于 60%。2020 年,财库 [2020] 46 号文进一步提高了面向中小微企业采购的比例。[①] 这些政策虽然目标是支持企业自主创新,鼓励企业成为技术创新主体,但仅规定一个最低采购比例无

---

① 该文件规定:采购限额标准以上,200 万元以下的货物和服务采购项目、400 万元以下的工程采购项目,适宜由中小企业提供的,采购人应当专门面向中小企业采购;超过 200 万元的货物和服务采购项目、超过 400 万元的工程采购项目中适宜由中小企业提供的,预留该部分采购项目预算总额的 30% 以上专门面向中小企业采购,其中预留给小微企业的比例不低于 60%。

法最大程度去刺激企业的创新行为。发改企业［2007］2797号（《关于印发关于支持中小企业技术创新若干政策的通知》）给出了《政府采购自主创新产品目录》，但只是说对中小企业优先采购，并未形成硬约束，目前各省公布的中小微企业政府采购数据只有总金额，其中企业创新占多大比例无从得知。

（四）其他配套政策逐步完善

从2015年开始，为解决财政资金使用分散，支持政策传递距离长的问题，根据国务院关于促进中小企业健康发展的决策部署，中国开始开展小微企业创业创新基地城市示范工作，致力于发挥中央财政资金引导作用，整合政策资源聚集服务要素，缩短政策流程，探索建立政府扶持小微企业发展的新机制。2019年7月，财政部公布了第一批15个小微企业创业创新基地示范城市绩效评价结果。从公布的相关数据来看，小微企业创业创新基地城市示范成效显著。以绩效评价结果排第一的杭州市为例，2018年杭州市小微企业营业收入达到31978亿元，同比增长13.56%；小微企业新增授权专利30351件，同比增长45.71%；小微企业技术合同成交额254.78亿元，同比增长93.32%；小微企业新增就业人数137.9万人，同比增长106.43%。[①]

[①] 该数据来自全国首批15个"小微企业创业创新基地示范城市"绩效评价，杭州斩获第一，https：//www.sohu.com/a/327789123_100013782。其他城市比如厦门市2018年小微企业营业收入6492.66亿元，较2014年增长48.62%；小微企业技术合同成交额24.37亿元，较2014年增长333.63%；小微企业拥有有效授权专利56377件，较2014年增长171.67%，该数据来自 https：//news.xmsme.cn/2019/7/15/615_55171.shtml；洛阳市与示范前相比，洛阳市小微企业营业收入增长57.4%、新增就业人数增长42.3%、技术合同交易额增长970.8%、获得授权专利累计增长94.3%，该数据来自 http：//www.huaxia.com/ytsc/hnyw/2019/11/6279111.html。

此外，共性技术平台建设开始成型。从 2018 年开始，在总结"小微企业创业创新基地城市示范"工作经验基础上，财政部会同工业和信息化部、科技部联合制定了"关于支持打造特色载体推动中小企业创新创业升级实施方案"，通过支持一批实体经济开发区，引导开发区打造专业资本集聚型、大中小企业融通型、科技资源支撑型、高端人才引领型等不同类型的创新创业特色载体，推动各类载体向市场化、专业化、精准化发展。具体做法如下：一是中小企业经营管理领军人才培训项目开设促进大中小企业融通发展主题班会，提升企业经营管理人才素质；二是鼓励行业协会充分发挥资源汇集优势，搭建行业资源与创新创业特色载体对接机制，促进生产资源要素在产业链上下游企业间高效流动；三是各地方中小企业主管部门充分调动各方面资源、政策，推动省级国有企业与创新创业特色载体建立互动机制，促进大中小企业融通发展。

◇ 三　对支持中国中小微企业创新财税政策的总体评价

（一）税收优惠政策全面但需直面中小微企业创新的重难点

从前文相关政策法规的梳理可以看出，中国推动中小微企业创新的政策丰富而全面，涵盖中小微企业创新的各个环节，税收减免力度也持续增加。但是，这些政策仍存在如下问题：一是烦冗的政策法规对于中小微企业而言，有可能是压力而不是便利，因为中小微企业的组织架构相对简单，其中不乏家族企业和个体工商户，财务会计人员的业务能力偏低，对政策的接受度和操作性相对较差，会对政策的实施效果产生一定影响。二是在中小微企业创新的前端环节——创新准备环节，政策的针对性较弱。税收优惠政策要么针对中小企业信用担保机构，要么针对投资者，这些优惠政策在多大程度上能够传导至中小微企业的创新行为，需要进一步衡量。三是中小微企业创新的终端环节——研发环节，中小微企业并没有比大型企业获得更多的税收优惠政策，也就是说，研发环节的政策并没有太多向中小微企业倾斜。尽管最后的产业化环节的优惠政策全面且具有较强针对性，但是，这些优惠大都是时间性的优惠，比如亏损弥补和个人所得税的延期缴纳，至于其他方面的政策力度仍需进一步加强。

（二）财政补贴投资规模逐年增加但需进一步细化，确保政策的有效落地

自1999年设立科技型中小企业技术创新基金开始，中国就出台了各类财政补贴政策以鼓励中小微企业创新，但这些政策大都是指导性的，需要进一步细化明确。比如针对（财办建［2021］23号）《财政部办公厅 国家知识产权局办公室关于实施专利转化专项计划 助力中小企业创新发展的通知》的实施办法，专利转化机制的评价指标仅包含了一定时期内（每年上半年开展一次评价，总计三年）专利转化数量、成交金额、项目数和就业人数增长幅度几个方面，并没有考虑到专利转化难度和挖掘潜在专利并促成成交所需要的时间长度，这可能造成评价机制不公平，忽略了真正需要资助的区域和产业，最终打击了中小企业创新的积极性。而且，设立的各项基金资助规模不稳定、延续性较差，这无法给中小微企业形成一个稳定的预期，会给中小微企业申请这些基金资助造成负面激励，影响财政补贴的效果。因

此，需要通过地方调研和现实考察进一步完善评价机制和评价指标体系，从而确保政策真正落地有效。

其次，财政补贴可细分为中央直接补贴和中央转移支付通过地方政府补贴，通常来讲，享受中央直接补贴有较高的准入标准，资金偏向基础研究投入，但基础研究的投入周期长、前景不确定、变现能力差，这对中小微企业创新提出了较大挑战，因此能够享受这种激励的中小微企业可谓凤毛麟角。而转移支付通过地方政府专项资金补贴又要考虑到在地方政府负债率较高的情况下资金能否发挥其设立初衷的问题，同时中国设立了中小微企业创新帮扶基金，但有意获得基金投资的中小微企业同样面临着一定遴选标准。此外，有资格参加国家科研计划的中小微企业也是少之又少。因此，总体上来看中国针对中小微企业的财政补贴激励作用较为有限。

（三）政府采购政策条例较为完善，但具体规定较为模糊

在推动中小微企业创新的政府采购政策方面，可以看出国家的政策条例已经较为完善，在最新出台的2020年文件中也明确规定了中小企业采购的物品份额占政府总采购量的比例，但值得注意的是，文件中"适宜由中小企业提供的"存在界定的模糊性，加之中国目前没有完善的政府采购机制，政府采购由代理机构唯一代理，缺乏监督和管理，这给政策能否真正落到实处、行之有效打了一个巨大的问号。因此，针对政府采购推动中小微企业创新，中国还需要进一步完善法律依据、政策制定和采购机制。

其次，概览中国政府出台的政府采购政策，一部分政策只从定性角度鼓励地方政府和大企业加大对中小企业创新成果的采购力度，并

没有做出定量的规定和引导，政策的可行性较差。而另一部分政策虽有规定政府对中小微企业的采购比例，但对采购方向、评价方法方面的说明非常模糊，比如财库〔2020〕46号《财政部、工业和信息化部关于印发〈政府采购促进中小企业发展管理办法〉的通知》中"适宜由中小企业提供"，财库〔2011〕181号《财政部工业和信息化部关于印发〈政府采购促进中小企业发展暂行办法〉的通知》中"在满足机构自身运转和提供公共服务基本需求的前提下"，这些表述为政策的落实制造了灰色地带。因此，看似政策很多很全面，但真正有效，能够落到实处并发挥作用的办法可能只是少数，相应地，对中小微企业的创新激励可能很小。

（四）从"奖项目"到"奖城市、奖开发区"的政策效果显著

"小微企业创业创新基地城市示范"实施以来，效果显著，极大地拉动了小微企业营业收入、吸收就业人数、专利发明和技术合同转让等创新行为，实现了创业、就业、创新"三个高增长"。分析其原因，一是依靠地方政府推动中小微企业创新，地方政府能够利用其信息优势，解决部分信息不对称问题；二是这种以奖代补的政策，能够极大地带动地方政府的积极性，因此也就有了在此基础上针对经济开发区的特色载体建设。但是，此类政策评价体系建设是关键，需注意评价结果的细化，比如第一批小微企业创业创新基地示范城市绩效评价只考核"双创示范"相关指标的增速或比值，对于一些本身体量较大的城市来说，这种单一的指标是否合理犹未可知。其他推动各类资源整合，比如产业链上下游、大中小企业融通的政策刚刚起步，目前尚无公开数据公布其效果。

四 支持中小微企业创新的美国经验

美国小企业[①]在战后获得迅速发展。1947年,美国小企业总数不超过806万家,然而1985年便达到1500万家,到2018年,小企业数量占美国企业总数的99.9%以上。[②] 自20世纪80年代开始,美国小企业完成的科技发展项目约占全国的70%,小企业的人均创新发明数量是大企业的2倍。美国小企业管理局曾经收集20世纪对美国和世界有过巨大影响的65项发明和创新,发现它们基本上都先由个人完成,取得专利成立小企业,生产和销售新产品,最后再发展成为大公司。小企业不仅有很强的发明创造力,而且科技成果推出快,科技投资回收期约比大公司短1/4,小企业发展新技术新产品的效率高于大企业。[③] 为了有针对性地为小企业服务,美国于1953年设立了小企业管理局(Small Business Administration,SBA),小企业管理局主要为刚刚起步的小企业提供创新指导服务,导师制度(Mentor-Protégé)能促进有经验的企业和初创型企业进行资源融通和对接,双向提升互动和发展。此外,美国制定了众多法规政策扶持中小微企业创新和发展。本部分,我们将分别介绍美国支持中小微企业创新的税收优惠政策、财政补贴政策和政府采购政策,为中国更好地促进中小微企业创新提供了借鉴。

---

① 美国没有中型企业之说,只区分了大企业和小企业。
② 该数据来自中国工商银行研究报告:美国小企业管理局支持小企业发展的经验与启示,https://v.icbc.com.cn/userfiles/Resources/ICBC/fengmao/download/2019/mgxqy20191012.pdf。
③ 参见《美国中小企业概况》,http://www.usachina.org/case/jz0704.htm。

(一) 美国的税收优惠政策：以事前扶持为主，事前扶持与事后鼓励并用

高新技术企业从创办到成熟大体可以分为：播种期、创建期、成长期和成熟期。投资强度逐级递增，而投资风险却呈逐级下降的态势。美国在播种期和创建期，税收优惠侧重于事前扶持；而在成长期和成熟期，税收优惠的重点则更倾向于事后鼓励，[①] 具体表现如下。

一是对向小企业的投资给予税收减免。在美国，私有企业的投资 2/3 以上来自私人投资者。美国鼓励向小企业投资，降低投资所得税率。对投入符合一定条件的小企业的股份所获得资本收益实行为期至少 5 年的 5% 税收豁免。对收入不足 500 万美元的最小企业实行长期投资税减免。对投资 500 万美元以下的小企业永久性减免投资税。对跨国公司的研究开发型的小企业，在税制上采取优惠措施。美国 2001 年《减税法案》规定逐步提高遗产税的免税额，降低税率，到 2010 年完全取消遗产税，这有利于减轻中小企业继承人的税收负担。另外，对风险投资收益的 60% 免税。[②]

二是加速折旧政策和亏损弥补政策。美国的加速折旧政策主要有两个：Section 179 和 Bonus Depreciation。其中，Section 179 主要针对投资较少的小公司。当企业投资额较小时，允许公司立即从其应纳税所得额中扣除低于一定额度的新投资。此扣除限额逐年增加，从 2003 年的 10 万美元，到 2019 年突破 100 万美元，目前已上升至 2021 年的

[①] 参见《美国高新技术产业税收优惠政策及对中国的启示》，https://www.chinaacc.com/new/287/292/335/2006/8/sh3272165839128600228448-0.htm。

[②] 参见《国外促进中小企业发展的税收政策》，http://www.npc.gov.cn/zgrdw/npc/zxft/gyjyzjy/2009-12/22/content_1531307.htm。

105万美元。① 另外，按照美国的新税改政策，企业的亏损结转由税改前的20年变为可无限期结转②。这些事前扶持政策，都体现了政府与企业共担风险，有利于最大限度地降低中小微企业创新的风险，为中小微企业创新营造了良好的环境和氛围。

三是小企业免予征收可替代最低税（AMT）。美国对于企业的创新行为采取了税收抵免。但是，为防止取得重大经济收益的企业利用税前扣除、不予征税和税收优惠来大幅降低或免除纳税义务，美国对超过40000美元免税款额的可替代最低应税所得（AMTI）征收20%的可替代最低税（AMT），小企业则可以免予征收，③ 这样就避免了符合条件的小企业因可替代最低税负制的实行而难以享受税收优惠政策。2015年12月18日，奥巴马政府签署防止税收增长法案（"The Protecting Americans From Tax Hikes（PATH）Act of 2015"），规定总收入低于5000万美元、获得研发税收优惠的企业免予征收可替代最低税负制，由此通过提高小企业标准进步扩大了受惠小企业的范围，这种事后鼓励的政策体现了政府对企业所得的分割与让渡。

（二）财政补贴政策

1. 初创环节的财政补贴政策：面向小企业的贷款计划全面且易落地

在初创环节，美国政府意识到小企业的最大困难在于获得融资，

---

① https：//www.section179.org/section_179_deduction/.
② 李旭红：《美国新税改中折旧政策的变化》，《第一财经日报》2018年1月25日。
③ 小企业的具体范围包括：初创第一年的企业，1997年之后的纳税年度中企业申报年度前三年平均不超过750万美元或者第一个三年纳税年度不超过500万美元。

由于信用风险高于大企业，小企业能获得的资金来源十分有限。基于此，美国小企业管理局制订了一系列扶持计划和贷款项目为小企业提供资金。在资金借贷问题上，小企业管理局充当担保的角色，通过一系列贷款项目比如7（a）贷款计划[①]、504贷款计划[②]、小额贷款计划（Microloans）[③]与第三方贷款机构或和各企业合作，引入其资金为不同需求的小企业提供贷款服务。7（a）贷款计划和504贷款计划的主要服务对象是由女性企业家、少数族裔企业家以及经济欠发达地区的企业家创立的小企业。根据此方案决定是否核发贷款时，并不是根据抵押品、信用历史或是过去企业的成功记录，而是根据贷款者的正直程度及创业构思的可行性，这样就保证了其具有创新潜力但资金不足的企业能够顺利获得贷款，有利于政策的落地。

表9-4-1统计了美国各类小企业2020年贷款计划的规模。可以看出，规模最大的是7（a）贷款计划，该计划在2020年财政支出9587.1万美元，惠及6250万家小企业。504贷款计划和小额贷款计划也都具有一定规模。此外，贷款者监督审查、履约保证计划和主要科技援助的财政支出也超过了4000万美元。从小企业管理局对贷款者监督审查、履约保证和科技援助的财政支出额度，立法的完善性以及风险管理分类全面细化等方面，可以看出小企业管理局非常重视引

[①] 7（a）贷款计划面向无法取得信用贷款的小企业，小企业管理局会担保贷款金额的50%—90%，根据7（a）贷款计划内对不同贷款方向的划分，最高贷款额度可以达到500万美元。

[②] 504贷款计划主要为企业的固定资产投资提供服务，最高贷款金额可达550万，贷款时长可以选择10年、20年或25年。

[③] 小额贷款计划向为小企业提供资金、经营培训、技术支持的第三方非营利机构提供贷款，通过和第三方贷款机构的紧密连接和对为小企业提供技术服务、经营培训的第三方机构的奖励，小额贷款计划间接培育了小企业的生存技能，降低了企业经营失败的风险。

入第三方机构的贷款计划的有效性和透明性。

表9-4-1　　　　　　　　　美国的小企业贷款计划

贷款计划	2020财政支出（万美元）	2021财政预算（万美元）	2020年惠及的小企业数量（万家）	2020年支持的就业岗位数量（万个）
7（a）贷款计划	9587.1	10038.3	6250	60000
504贷款计划	4011.7	4203.3	620	6000
小额贷款计划	4183.6	3355.6	560	2150
贷款者监督审查	2962.5	3007.4	/	/
履约保证计划	642.1	673.3	/	/
主要科技援助	588.4	42.5	/	/

资料来源：根据U. S. Small Business Administration，FY 2021 Congressional Justification and FY 2019 Annual Performance Report整理而得。

2. 研发环节补贴项目效果显著且扶持力度逐年增加

在研发环节美国针对中小微企业创新的扶持政策主要体现在两个项目：小企业创新研究计划（SBIR）和小企业技术转移计划（STTR），从20世纪80年代开始，美国政府就通过这两个项目帮助小企业进行技术创新研究和技术转移。SBIR根据美国1982年《小企业创新发展法案》设立，主要目标群体是那些难以有效获得研发资金来源但是具有商业化潜质的小企业，故对已经能够吸引外部投资，如风投公司、对冲基金等的小企业的申请资格做出了严格规定，以防止公共研发资金的无效、低效使用。另外，SBIR资助的最大特点是阶段性，从可行性研究到研发，再到商业化，根据前一阶段的资助效果决定下一阶段的资助对象，而非"一通到底"的一揽子资助。通过合理的奖励机制设置，SBIR促使企业发掘自己的研发潜力，同时激励企业将研发项目成功商业化。

在 SBIR 创立 10 年后的 1992 年,美国政府推出了 STTR。STTR 以 SBIR 为蓝本,旨在刺激技术创新,通过推动公私合作促进技术转让,推动联邦研发创新的商业化。STTR 要求拥有超过 10 亿美元非本单位使用的研发预算资金的联邦机构,为小企业和非营利机构保留一定比例的研发资金,美国国防部、能源部、国家卫生健康委员会、国家航空航天局、国家科学基金会等机构都参与了 STTR。表 9-4-2 统计了 2020 年和 2021 年这两个项目的规模,2021 年这两个项目的计划数高达 30 亿美元,联邦政府对 SBIR 和 STTR 投资的比例也在逐年增加,2021 年计划比例分别为 3.2% 和 0.45%。[①]

表 9-4-2　　　　SBIR/STTR 项目的财政拨款情况

SBIR/STTR	财政支出（十亿美元）	第一阶段和第二阶段奖励数	联邦政府资金对 SBIR 的投资比例（%）	联邦政府资金对 STTR 的投资比例（%）
2020 年执行数	2.5	5000	3.2	0.45
2021 年计划数	3.0	5000	3.2	0.45

资料来源:根据 U.S. Small Business Administration, FY 2021 Congressional Justification and FY 2019 Annual Performance Report 整理而得。

3. 成果转化环节财政补贴政策兼顾企业本土化和"走出去",兼顾当下和未来

在成果转化环节,美国不仅有帮助小企业拓展服务、提供资金融

---

① 这两个项目涵盖的领域非常广泛,包括人工智能、自动化、通信、网络、定向能量、特超声、微电子、量子科学、太空和核现代化等。著名的"好奇者"号火星探测器和 E-2 鹰眼预警机、电子学巨头 VDI 公司和曾经风光一时的 Zomega 公司都曾获得 SBIR 的资助。

通以及技术支持等的美国联邦政府与州政府科技合作计划（FAST），还有帮助小企业出口的国家贸易扩张计划（STEP）；不仅注重培育现有的小企业，还通过各类培训项目为小企业引进资源，培育更多的潜力企业，形成了一个面向未来、面向革新的正反馈机制。

具体来说，FAST为实施SBIR/STTR的州或者地区项目提供为期一年的资助，旨在提高SBIR/STTR计划的获资助企业数、增加SBIR/STTR计划每阶段的资助数以及更好地实现最终的成果商业化。另外，据联邦统计数据，美国出口商的97%是小规模企业，贡献了三分之一的出口总额。对于传统的小企业而言，获得融资和办理出口手续的难度较大，给它们的经营造成了一定挑战。基于此，小企业管理局联合美国出口援助中心（USEACs）、小企业管理局区域国际贸易管理局（DITOs）、小企业发展中心（SBDCs）和小企业发展中心协会（ASBDCs）为小企业的国家贸易活动提供了一系列贷款，并制定了国际贸易扩张计划（STEP），以帮助小企业获得进入国际市场的公平机会。如表9-4-3所示，国际贸易扩张计划每年培训几千家小企业，接受几千家企业的出口咨询，此计划每年的财政支出也达到了3000万美元左右。

表9-4-3　　　　　　　　　　国家贸易扩张计划

国家贸易扩张计划（STEP）	财政支出（万美元）	接受出口培训的小企业数量（家）	接受出口咨询的小企业数量（家）	接受出口培训的第三方贷款机构数量（家）
2020年执行数	3550.5	3875	2300	3875
2021年预算数	2524.2	4875	2520	4875

资料来源：根据U. S. Small Business Administration, FY 2021 Congressional Justification and FY 2019 Annual Performance Report整理而得。

除此之外，为了帮助小企业对接资源，美国建立了小企业发展中心（SBDC）项目、区域创新集群项目（RIC）、美国最大的志愿企业指导项目（SCORE）、女性商业中心项目（WBC）、美国原住民援助计划（Native American Assistance Program）、小企业导师项目（ASMPP），通过导师—学徒（Mentor-Protégé）协议等方式，帮助小企业和经验丰富的企业建立合作关系。2020年部分项目信息见表9-4-4。

表9-4-4　　　　　　　　资源对接计划概况

项目计划	2020年财政支出（万美元）	扶持的企业数目（个）	创造的职业岗位数目	引导资本输入的交易数量	实现收入增长的企业占比
SBDC计划	14572.2	14000	772000	/	/
SCORE计划	1881.6	600	/	/	2%
WBC计划	2990.8	2000	/	4500	/
美国原住民援助计划	219.6	3000	/	/	/

资料来源：根据U.S. Small Business Administration, FY 2021 Congressional Justification and FY 2019 Annual Performance Report整理而得。

（三）政府采购政策

1. 对采购主体、采购对象的金额和比例有明确的法律规定

1953年，时任美国总统艾森豪威尔签署了《小企业法》，授权SBA服务小企业的合法性[1]。按着美国设立了小企业合同计划（Small Business Contracting），规定联邦机构要视情况为小企业保留估值大于最小采购金额10000美元同时不超过250000美元的采购合同，或

---

[1] 参见15 U.S.C. §631 (a); and P.L. 83-163, the Small Business Act of 1953 (as amended), https://www.govinfo.gov/app/details/COMPS-1834.

者保留那些只适合向小企业采购的估值超过250000美元的合同，当小企业是唯一采购来源时，要给予小企业单一来源奖励。法律授予联邦机构为特殊类型的小企业留出一定合同份额的权力，对联邦政府和各个联邦机构的采购比例都做出了详细明确的规定，比如要为满足小型弱势企业（Small Disadvantaged Businesses，SDBs）、历史性未充分利用的商业区小企业（Historically Underutilized Business Zone，HUBZone）、女性拥有的小企业（Women-owned Small Businesses，WOSBs）、伤残退伍军人开办的小企业（Service-disabled Veteran-owned Small Businesses，SDVOSBs）条件的特殊小企业分别留出5%、3%、5%、3%及以上的合同份额，小企业总采购份额不低于23%，同时要求SBA和其他联邦采购机构审查和重组提出的采购法案以最大化小企业参与政府采购的机会。

2. 联邦机构–SBA二元设立监督管理机构和人员

一方面，每个联邦机构都设有小企业和弱势企业办公室（Office of Small and Disadvantaged Business Utilization，OSDBU），它们的任务是促进联邦政府与小企业签订合同，审查监督各种联邦采购官员的角色和责任，包括采购中心代表、商业市场代表、商业机会专家，以及增加小企业的签约机会，将小企业的采购份额最大化。另一方面，SBA有权在任何一个实施SBA政策和项目的采购活动和采购管理办公室设立一个或多个采购中心代表（Procurement Center Representatives，PCRs），PCRs的任务主要是监督采购人员的活动和公布采购信息，目前SBA在六个区域办公室共设立了47个采购代表中心[①]。除

---

① 参见SBA,"Procurement Center Representative Directory", February 5, 2021, https://www.sba.gov/federal-contracting/counseling-help/procurement-center-representative-directory.

此之外，在机构人员层面，采购部门主管（高级采购主管）负责在其机构内实施小企业项目，包括实现项目目标，采购部门员工（小企业专家）与OSDBU主管协调机构的小企业项目，采购主任负责协调机构业务的采购工作，包括监测和评估机构收购活动、充分利用公开竞争、增加基于绩效评估实现的合同、进行收购[1]。

3. 以"主包项目"—"分包项目"—"其他援助"为主体的完善政府采购体系

SBA设立了一系列包括主包项目、分包项目和其他援助为扶持小企业获得和执行联邦政府采购计划合同的项目。其中，主包项目的实行通过两种途径：一是通过预留机制，允许小企业只和相同类型的而不是更大的或者更有经验的企业竞争采购合同；二是在单一来源基础上，采购合同无其他来源时只从特定的小企业采购，免于竞争。

主包项目主要包括以下四类项目：8（a）项目、"HUBZone"项目、"SDVOSB"项目和"WOSB"项目。其中，8（a）项目最初是为弱势群体而设立的，在20世纪80年代，国会扩大了该计划，将四个弱势群体拥有的小企业也包括在内，这四类小企业包括阿拉斯加原住民公司（ANCs）、社区发展公司（CDCs）、印第安部落和夏威夷原住民组织（NHOs）拥有的小企业也有资格参加8（a）计划，但要求

---

[1] 参见GAO, Small Business Contracting: Actions Needed to Demonstrate and Better Review Compliance with Select Requirements for Small Business Advocates, GAO-17-675, August 25, 2017, p.7, at https://www.gao.gov/assets/690/686766.pdf（hereinafter GAO, Small Business Contracting: Actions Needed to Demonstrate and Better Review Compliance with Select Requirements for Small Business Advocates）.

有所不同。8（a）计划内的企业还有机会接受 SBA 提供的技术援助和培训，企业参与计划的时间规定不超过9年，在新冠肺炎疫情期间，SBA 为在2020年9月9日前参与项目的小企业提供了延长一年参与期的选择①。

HUB 项目通过两种途径来帮助建立在低收入、高贫困，或者高失业率地区的小企业，35%以上雇员居住在"HUB"地区的企业才能参与该项目。SDVOSB 项目同样通过两种途径，为根据美国管理退伍军人事务的法规定义的残疾退伍军人建立的企业提供帮扶。WOSB 项目的帮助对象是在女性的身份会或潜在会造成劣势的行业内女性创立的小企业，联邦政府通过预留政府购买份额或者指定单一来源对该企业进行采购。表9-4-5对部分主包项目的财政支出情况进行了统计，从8（a）、7（j）、HUBZone 项目帮助的小企业合计数变化可以看出，美国政府采购政策的实施越来越有效，目标制定也逐年提高，由此看出政府采购已经有力地推动了小企业发展。

分包项目主要由 SBA 的下设机构 PCR 协助承包人完成，PCR 有责任向 SBA 定期及时汇报分包项目的一切情况，SBA 的商业市场代表将负责帮助承包人寻找合适的采购小企业并与之建立连接，最大化小企业获得采购分包项目的机会并推动采购合同的执行，商业市场代表必须定期进行回访并与 PCR 密切对接，承包人（联邦政府）将会以分配更多的分包项目的形式对合格的小企业进行奖励②。

---

① 参见 15 U.S.C. §632（p）（4）; and 13 C.F.R. §126.103.
② 参见 15 U.S.C. §633（h）（1）. For additional information on subcontracting plan requirements, see FAR §19.702（a）（1）; and 15 U.S.C. §637（d）（3）.

表9-4-5　　　　　　　　部分主包项目财政支出情况

项目计划	2020年财政支出（万美元）	2021年财政预算（万美元）	授予小企业主要合同的比例	惠及企业数（家）
7（j）项目	363.5	171.7	/	8500
8（a）项目	6512.5	6845.7	/	8000
HUBZone计划	1175.1	1204.2	3%	8000
WOSB计划	377.9	530.6	5%	

年份		2013	2014	2015	2016	2017	2018	2019	2020
8（a）、7（j）、HUBZone项目帮助的小企业合计	目标	18325	18025	18025	18050	16000	19000	24500	26000
	实际	17071	17163	20324	19686	17318	27314	/	/
	浮动	-7%	-5%	13%	9%	8%	44%	/	/

资料来源：笔者根据U.S. Small Business Administration，"FY 2021 Congressional Justification and FY 2019 Annual Performance Report"整理而得。

除上述项目外，美国还有一些其他的政府采购项目，比如7（j）项目和小企业采购目标计划（Small Business Procurement Goals）。7（j）项目也称为管理和技术支援项目，目标是为符合条件的处于劣势地位的小企业提供例如培训、高管教育、一对一咨询等可以应用市场营销，会计，机会开发以及捕获、合同管理、合作和财务分析等领域的服务[1]，8（a）项目、SDB项目和部分HUBZones项目的合格企业都有机会参与7（j）计划[2]，2019年，共8032个小企业通过7（j）

---

[1] 参见SBA, FY 2021 Congressional Budget Justification and FY 2019 Annual Performance Report, p.76, https：//www.sba.gov/document/report—congressional-budget-justification-annual-performance-report。

[2] 参见SBA, FY 2021 Congressional Budget Justification and FY 2019 Annual Performance Report, p.76, https：//www.sba.gov/document/report—congressional-budget-justification-annual-performance-report。

项目获得援助。

小企业采购目标计划（Small Business Procurement Goals）是指通过明确的联邦采购目标，对比现实采购数据来反映政府对小企业的关注程度以及处于经济或社会上不利地位的个人拥有和控制的小企业参与联邦政府采购的情况，因此每个联邦政府机构都要在每个财年结束时向SBA汇报采购目标的完成情况[①]。表9-4-6统计了美国2019年小企业采购目标及执行情况。从表9-4-6中可以看出，联邦政府采购目标的完成较为有效，除了针对高贫困地区小企业的采购比例没有达到目标的3%，其余采购目标均已实现，其中，对小型弱势企业的实际采购比例超过目标的200%，对退役伤残军人设立企业的采购比例也实现接近目标的150%。

表9-4-6　　　　2019年美国小企业采购目标及执行情况

企业类型	联邦政府采购目标（%）	实际采购（占合格小企业合同比例,%）	实际采购（占全部采购合同比例,%）
小企业	23.0	25.82	22.21
小型弱势企业	5.0	10.13	8.69
女性拥有的小企业	5.0	5.04	4.32
HUBZone的小企业	3.0	2.23	1.95
退役伤残军人设立的小企业	3.0	4.34	4.00

资料来源：U. S. Small Business Administration，"Statutory Guidelines"；"Small Business Goaling Report: Fiscal Year 2019"。

---

① 参见4 15 U. S. C. §644（g）(2)；and P. L. 95-507, a bill to amend the Small Business Act and the Small Business Investment Act of 1958。

◇ 五　完善促进中小微企业创新财政税收政策的建议

（一）创新准备阶段和研发环节增加专门针对中小微企业的税收优惠政策

从中国促进中小微企业创新的税收优惠政策来看，大部分政策都是针对担保机构或者投资者，真正能够惠及中小微企业的政策有限。中国基本没有在研发环节针对中小微企业创新的税收优惠政策，对比美国的政策，事前扶持的税收优惠政策能够引导企业进行创新行为，更具针对性。建议中国促进中小微企业创新的政策适当前移，比如，加大对小企业投资的税收减免力度，在研发环节和成果转化环节，将大企业和中小微企业区别开来，给予中小微企业更多的优惠政策。[①]事后的产业化环节，则可以以鼓励性政策为主。另外，要增强企业的获得感，让中小微企业真正享受到对应的税收优惠政策，这需要营造良好的政策环境。可参考美国经验对中小微企业申请创新类贷款的审批标准进行优化，不是基于抵押品价值，而是注重创新项目的可行性。

---

① 比如对中小微企业制定更高的加计扣除比例，更长的亏损结转年限等。

（二）扩大针对中小微企业创新的财政补贴规模，全面细化财政补贴制度

虽然在总量上中国已经对中小微企业创新给予了庞大的财政补贴，但考虑到中国总体庞大的财政支出水平，以及中小微企业巨大的数量和税费贡献，总体上财政资金对中小微企业的补贴力度仍有欠缺，"僧多粥少"的现象仍然显著。

因此，首先，中国需要进一步加大对中小微企业创新的财政补贴力度。其次，中国针对中小微企业创新的财政补贴制度比美国晚了将近20年，相关制度需全面细化。具体而言，可借鉴美国经验，对企业分阶段分环节进行补贴。其中，初创环节应投入力度最大，政策制定者的主要工作应是对申请的项目进行筛选，挑选出最具有创新前景和商业潜力的中小微企业，而且应注重公共资金的有效性，避免将资金投给已经获得其他渠道支持的企业。再者，财政补贴应该分阶段，而不是"一通到底"，基于每一阶段的表现决定下一阶段的资助规模。

再次，中国针对中小微企业创新的财政补贴制度应注重企业创新环境的营造，以培育出更多未来具有创新潜力的中小微企业。这一方面，可参考美国的各类志愿者项目和导师项目，将大企业资源和中小微企业资金进行对接。

最后，整个政策实施过程中应强化监督审查，对政策实施过程中的风险进行全面细化的控制，确保政策的有效性和透明性。

（三）以政府采购支持中小微企业创新的政策需落到实处

虽然中国已经设立了若干面向中小微企业创新的政府采购政策，

也规定了一定的采购额度和标准，但政策较为粗略。一方面，中国需要在已有政策基础上进一步细化采购的金额和比例，对相应中小企业采购的份额做出更加清晰明确的限定；另一方面，要完善政府部门内部的监督机制，保证政府采购政策助力中小微企业创新行而有效。与此同时，优化各项流程，加强对小微企业的指导，确保小微企业能拿到这些政府订单。考虑到中国国情，相应地，还需培养小微企业的生产服务资质，保证小微企业提供的产品和服务的质量。对此，可组织退休的企业管理人员、相关领域专家等对小微企业进行定期培训，提供商业辅导等，确保以政府采购支持小微企业发展的政策能落到实处。

（四）打造共性技术平台，促进大中小微企业资源对接

目前，中国的中小微企业和大型企业之间相对割裂，2018年开始实施的"关于支持打造特色载体推动中小企业创新创业升级实施方案"在引导产业融通、大中小企业之间融通走出了关键一步，但具体实施都在地方层面，比如各省中小企业主管部门，行业协会等，中央层面的具体政策较少。地方政府在解决信息不对称方面较中央政府有优势，但是，在统筹产业链发展、企业间合作方面，需要在中央层面出台更能够统筹全行业、更具约束力的相关政策。[1]

---

[1] 比如，省级政府只能统筹省级国有企业与中小微企业之间的合作融通，对其他类型的国有企业则缺乏对应权限。

第十章

推进人才向中小微企业流动

小企业是实施大众创业、万众创新的重要载体，在增加就业、促进经济增长、科技创新与社会和谐稳定等方面具有不可替代的作用，对国民经济和社会发展具有重要的战略意义。当前，在中国产业结构不断优化和经济高质量发展的新形势下，广大中小企业发展面临着更为激烈的市场竞争和生存压力，企业竞争的焦点已逐渐转向科技与知识的竞争，而科技与知识的竞争，归根结底是人才的竞争。

改革开放以来，中国提出了一系列加强人才工作的政策措施，培养造就了各个领域的大批人才。进入21世纪新阶段，中共中央、国务院做出了实施人才强国战略的重大决策，已成为中国经济社会发展的一项基本战略。党的十九大报告指出："提高全要素生产率，着力加快建设实体经济、科技创新、现代金融、人力资源协同发展的产业体系"。可以看出，人才越来越成为推动社会经济发展的战略性资源。

中小企业的生存与发展离不开人才的支撑与保障。人才的合理正向流动能为企业员工创造积极正面的工作氛围，将企业的运营和企业文化相结合，激励员工的工作积极性，在给企业带来活力的同时促进企业人力资源的优化组合。从企业长远发展来看，合理的人才流动也能更加明确企业未来发展的信心，为实现企业的可持续发展带来生机和活力。

◇ 一 中国中小企业人才供需现状分析

随着内外部环境的不断变化，中小企业定位和需求不断演变，对人才的能力需求和管理模式也在不断更新。同时，在中国新发展理念的国情下，数字化转型等复合型人才供需出现断层。其中由于人才的培养周期长、企业内部人才资本的存量不足，外部又面临着激烈的人才抢夺战，人才供求关系很难达到平衡。职场环境一旦不能满足个人期望，便极易削弱企业的人才固着力，甚至形成推力，促成人才流动发生。

（一）人才需求呈多元化，中小企业人才分布区域特征明显

自2016年起，全球经济回暖促使就业情况好转，企业专业人才招聘需求持续增长，虽然2020年中小企业用工受疫情冲击，但随着复工复产及新常态发展，从各地反映的情况来看，中小企业仍是招贤揽才的主力，中国企业招聘需求在全球急转下降的背景下逆势上扬，在2020年招聘需求仍然呈现上升趋势，较2019年增长26%，如图10-1-1所示。

由于中小企业量大面广，处于不同行业、不同地区、不同发展阶段的中小企业的人才分布呈现多元化。根据领英对1224名中小企

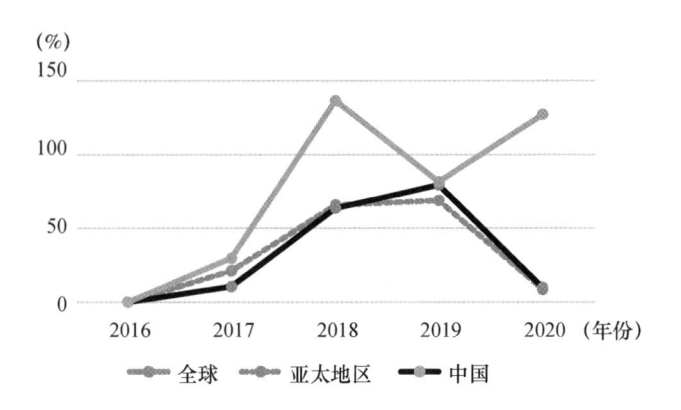

图 10-1-1　2016—2020年专业人才招聘需求增长率

资料来源：领英《2021未来招聘趋势报告》。

业的人力资源部员工或企业管理层的调查，中小企业的人才分布随其所处地区的政治、社会、经济和技术等环境的不同具有较为明显的区域化分布。北京地区以信息传输业的人才分布区域占比最高；江苏地区软件和信息技术服务业以19%的人才占比最高；广东地区以零售业、租赁和商务服务业的人才分布区域占比最高；而浙江和西南地区的成都、重庆各行业人才分布相对平均。

在人才需求分布方面，从全国中小企业网上招聘平台统计数据可以看出，中小企业的人才需求覆盖不同职位类型和不同行业类型，呈现多元化的特点。其中以销售/客服/技术支持、生产/营运/采购/物流、计算机/互联网/通信/电子三类职位，及贸易/消费/制造/营运、计算机/互联网/通信/电子、能源/原材料三类行业对人才的需求数量最大，分别位列前三，如图10-1-2所示。

不同职位人才需求

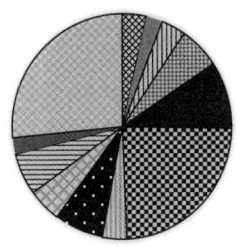

☒ 咨询/法律/教育/科研　　■ 服务业
▢ 建筑/房地产　　　　　　▣ 会计/金融/银行/保险
■ 计算机/互联网/通信/电子　▨ 销售/客服/技术支持
▨ 公务员/翻译/其他　　　　▩ 人事/行政/高级管理
▥ 生物/制药/医疗/护理　　　▤ 广告/市场/媒体/艺术
▦ 机器人&人工智能　　　　▧ 生产/营运/采购/物流

不同行业人才需求

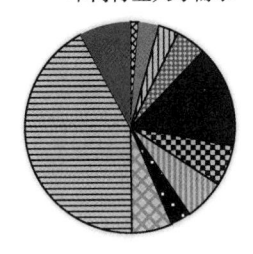

☒ 物流/运输　　　　　　　■ 会计//金融/银行/保险
▢ 政府/非营利组织/其他　　▣ 服务业
■ 计算机/互联网/通信/电子　▨ 制药/医疗
▥ 产地产/建筑　　　　　　▤ 广告/媒体
▦ 专业服务/教育/培训　　　▧ 贸易/消费/制造/营运
▩ 能源/原材料

图10-1-2　不同职位分类及不同行业分类的人才需求情况

资料来源：《全国中小企业网上招聘平台统计数据》。

（二）人才供给聚集现象显现，企业所处外部环境对人才影响大

在中国人民大学中国就业研究所与智联招聘发布的《2020年大学生就业力报告》中，通过对31个省区市的高校毕业生群体进行的分析报告可以看出，人才供给的聚集现象显现，IT/通信/电子/互联网是高校人才最期望的行业，占比超25%；而在毕业生期望的岗位分

布中，技术类对高校人才来说最为火热。

毕业生期望行业分布

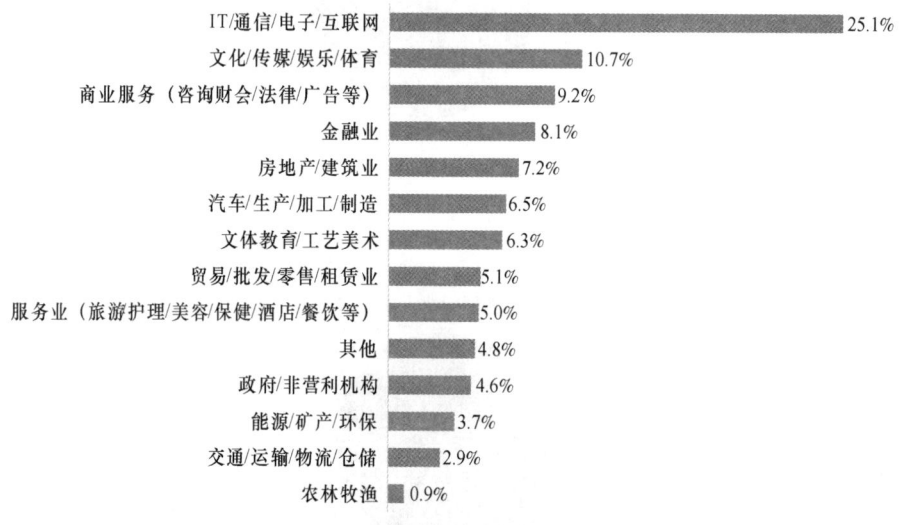

行业	比例
IT/通信/电子/互联网	25.1%
文化/传媒/娱乐/体育	10.7%
商业服务（咨询财会/法律/广告等）	9.2%
金融业	8.1%
房地产/建筑业	7.2%
汽车/生产/加工/制造	6.5%
文体教育/工艺美术	6.3%
贸易/批发/零售/租赁业	5.1%
服务业（旅游护理/美容/保健/酒店/餐饮等）	5.0%
其他	4.8%
政府/非营利机构	4.6%
能源/矿产/环保	3.7%
交通/运输/物流/仓储	2.9%
农林牧渔	0.9%

毕业生期望岗位分布

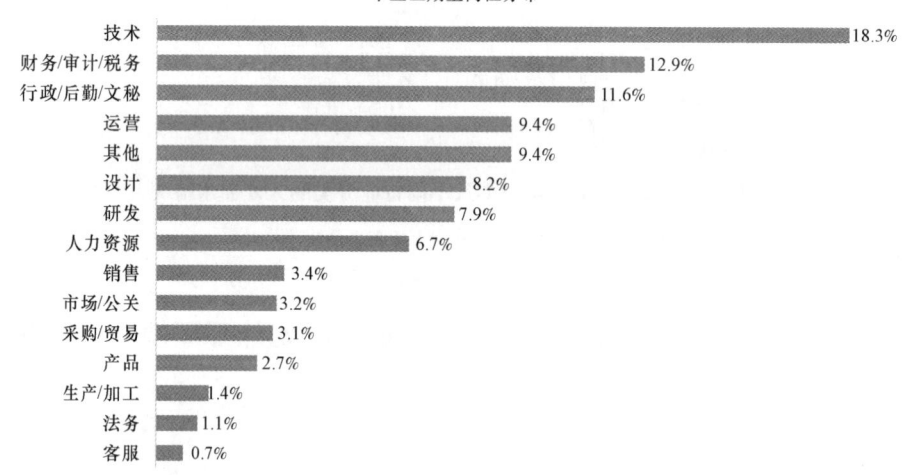

岗位	比例
技术	18.3%
财务/审计/税务	12.9%
行政/后勤/文秘	11.6%
运营	9.4%
其他	9.4%
设计	8.2%
研发	7.9%
人力资源	6.7%
销售	3.4%
市场/公关	3.2%
采购/贸易	3.1%
产品	2.7%
生产/加工	1.4%
法务	1.1%
客服	0.7%

图 10-1-3　毕业生期望的行业分布和岗位分布

资料来源：《2020 年大学生就业力报告》。

据二线城市部分企业透露，目前企业人才中 30% 的技术人员引自北、上、广、深等一线城市，60%的人员是通过本地化社招，而校招人员只占10%。一方面，企业面临外来优秀人才引入乏力的局面；另一方面，本地高校人才供给与新经济企业需求错位，让企业陷入"远水不解近渴"而"近水楼台不得月"的双重困境。

人才是人力资本中最优秀的群体，人才的合理流动会产生聚集现象，而当人才聚集现象在一定环境下发生质变时，就会产生人才的聚集效应。经相关专家分析，人才集聚的主要向心力包括知识的溢出效应、地方公共物品的供应、内外部规模经济、地方政府政策和工资水平等，这些因素全都离不开企业所处的政治、经济、技术、社会文化等，因此，中小企业所处的外部环境是影响人才聚集和人才分布的一大重要因素。从社会资本的角度研究其对人才聚集的影响，对于促进人才聚集及其效应产生，推动企业的创新发展有着一定的积极作用，同时从人才聚集的角度深化对企业所处外部环境的认识，有助于使人才聚集效应得到提升。

（三）人才供不应求，中小企业就业市场景气程度低于大企业

由中国人民大学中国就业研究所与智联招聘联合推出的2021年第一季度《中国就业市场景气报告》显示，2021年一季度CIER[①]指数为1.66，低于上季度的1.95，相较于2020年同期，招聘需求人数

[①] CIER：由中国人民大学中国就业研究所与智联招聘联合发布，反映就业市场的整体走势。其计算方法是：CIER指数＝市场招聘需求人数/市场求职申请人数。CIER指数以1为分水岭，CIER指数大于1时，表明就业市场中劳动力需求多于市场劳动力供给，就业市场竞争趋于缓和，就业市场景气程度高，就业信心较高；CIER指数小于1时，说明就业市场竞争趋于激烈，就业市场景气程度低，就业信心偏低。

增加16.38%，大于求职申请人数的增幅0.08%，CIER指数高于2020年一季度的1.43。可以看出，目前的就业市场整体上仍处于需求规模大于人员供给规模。

从企业规模来看，大型企业CIER指数相对较高，中小微型企业CIER指数相对较低。与2020年同期相比，大型与中型企业招聘需求人数降幅较大，CIER指数下降，小型与微型企业的招聘需求人数降幅小于求职申请人数，CIER指数则上升。

稳住中小企业就稳住了就业。虽然总体上看中小企业的就业市场景气程度相较大企业低，但疫情后随着一系列帮扶中小企业复工复产的政策落地，中小企业人才供需两端活跃度正加速上升，新职位发布的回弹力度高于大型企业。

（四）企业人才分布不均衡，中小企业抢夺中高端人才面临困难

在行业分布方面，猎聘大数据研究院对2018年和2019年一季度中高端人才的行业分布研究显示，互联网、房地产、机械制造、金融和消费品行业位列中高端人才分布前四位，金融行业的人才平均年薪最为领先，其次为互联网行业。

在地区分布方面，猎聘大数据研究院数据显示，2020年全国活跃人才占比前四的城市为上海、北京、深圳、广州，其中上海、北京最高，杭州、成都紧随一线城市之后。

由此看出，企业面临人才分布不均衡的现状。大企业的名气品牌、足够吸引人的薪酬福利、规范的管理体系以及完备的培训制度，使其在吸引中高端人才方面与中小企业相比具备得天独厚的优势，对

中小企业引进人才造成了较大冲击，导致企业自身人员引进成本和难度有所增大。优秀的企业中、高级技术人才和管理人才一直是中小企业的稀缺资源，特别是具备较强的营销和管理策划能力、知识面广、实践经验丰富、有良好的人际关系等特征的复合型人才。

同时，中高端人才一般对个人价值实现、技能施展及眼界开阔等具有比低端人才更高的要求，尤其是北、上、广等一线城市的发展空间和薪酬，进一步促使中高端人才向大企业流动。同时，中小企业在抢夺中高端人才中缺少有吸引力的制度来留住人才，在中高端人才的职称评定、户口待遇等方面存在挑战，导致人才发展和保留有一定的困难。

（五）科技型企业技术人才短缺，中小企业用人压力大

中国科技型中小企业在快速发展的过程中仍然面临一些人才上的突出困难，如科技研发方向不准确、科技成果与企业需要衔接不顺畅；专业技术人才短缺，人才流动仍面临一些体制障碍；融资难、融资渠道窄；创业创新创造平台量多质低等。这些问题都制约了科技型中小企业健康发展。

在科技型中小企业发展面临的困境中，人才是制约其发展的核心要素，包括科技研发人才和专业技能人才。技术人才短缺已成为科技型企业除资金、技术两大困境之外制约企业发展的另一关键因素。

但在当前，科技人才尤其是高端科技人才多数集中在高校和科研院所，经济效益一般的中小企业不但不能引进人才，反而人才流出非常大，一是科技型中小企业发展创新过程人才缺口大，尤其在软件开发人才方面存在困难和压力，目前，软件业从业人才短缺比率约为

1∶1，存在 600 万人才缺口；二是专业技术人才结构性矛盾突出，科技型企业高端技术人才比较缺乏，工业控制、人工智能、大数据、操作系统等关键核心技术人才相对较少；三是据部分科技型中小企业反映，其业务涉及学科领域交叉并需要复合型人才，技术人员既要掌握软件编程技能，也需要了解诸如环保学、密码学等与企业业务相匹配的特定领域专业知识，因此在原本紧缺的技术人才市场中对跨专业人才的引进难上加难。

（六）新业态崛起带动增量需求，引发新型人才缺口扩大

随着新经济企业的迅速发展，以 5G、人工智能、工业互联网为代表的"新基建"成为国家重点投入的发展领域，也扩大了相关行业的就业规模，成为新的就业增长点。数字化、信息化技术应用场景的不断扩容，使得与物联网相关的新一代信息技术的人才需求量大增，此类高新技术企业，一方面在全国范围内业务量大幅增加，另一方面却陷入了引才难的窘境。以浙江省对 878 家高新企业调查结果为例，其面临技术人才短缺的企业占比达到 47.3%，高水平技术带头人紧缺的企业占 22.8%，主要集中在关键基础件、新材料、高端装备、电子信息等战略性新兴产业领域。

新基建方面，调查显示新基建行业人才缺口较大。根据猎聘大数据研究院数据，2020 年新基建七大相关领域在线职位增长迅速，总体比 2019 年一季度增长了 42.96%。在新基建涉及的 5G、大数据、人工智能、工业互联网、新能源汽车五大领域中，5G 在线职位同比增长最高，超过了 80%。中国新基建核心技术人才缺口达 417 万人，并将长期存在。同时，随着各地陆续推出新基建相关政策，北京、上

海、广州、深圳、杭州、成都、武汉等城市的新基建人才需求量迎来增长。

排行	城市	增幅
1	杭州	28%
2	成都	22%
3	深圳	20%
4	北京	18%
5	上海	16%
6	广州	14%
7	武汉	13%

图10-1-4 2020年初新基建人才需求情况

资料来源：《2020年新基建人才报告》。

随着企业数字化进程提速，技术已成为大部分企业数字业务的驱动力。但当前在数字化转型中，中小企业面临着人才短缺等诸多困境，加大对技术人才的储备也成为中小企业数字化转型的重中之重。另外，经济新常态下，实现"中国制造2025"，推动经济提质增效，迈向中高端水平，必须有一支数量充足、素质优良的技能人才队伍。高技能人才也是创新技术技能、创造社会财富的重要力量，此类人才尤其是在传统制造业向高端制造业转变中起到了决定性作用，同时在高端制造业生产领域中占据主导地位。数据报告显示，硕士学历以上中高级人才的需求量较以往有明显提升，虽然比例依旧不高，但是增长却非常迅速。从趋势上看，高学历的中高级人才尤其是高技能人才必将成为人才需求的主力军。

二 中国中小企业人才流动的现状及问题

（一）人才流入分析——中小企业人才引进

1. 中小企业具备自身特点，引进人才优劣并存

在与知名大型企业的优质人才争夺战中，中小企业以其"小而美"的特质保持着人才吸引力。调查发现，灵活的机制、多样化的岗位、偏平化的组织架构，是很多人才选择中小企业的重要因素。同时与大企业相比，中小企业具有对环境反应灵敏、发展潜力大等优点，人才在企业的发展机会较多，更能体现自身能力。

另外，由于各种原因，中小企业在吸引人才方面困难重重，而这些问题大多是由中小企业自身特点所决定的，这主要表现在以下四个方面。

（1）企业规模小，抗风险能力弱。中小企业不管是生产规模，还是人员、资产的拥有量以及影响力都要小于大企业，这使得大部分中小企业难以提供较大企业的高福利来吸引人才。而且，一般来讲，中小企业的稳定性比大企业差，不管内部还是外部环境的变化，对中小企业的影响要比对大企业影响大得多，所以对于人才而言，在中小企业发展的风险要高于大企业。

（2）行业分布广，但地域性强。中小企业分布在各行业中，从手工作坊的加工业到高科技技术产业，对人才的需求更具多样性和复杂性。中小企业往往活动范围不广，地域性强，尤其是人员的构成更具明显的地域性，有时容易形成排外的企业氛围，不利于企业引进新的

人才。有的企业位于中小城市、城镇甚至偏远的地方，更是很难吸引人才。

（3）个体对企业的贡献度大，影响也大。无论是经营者还是每一个职工，对企业稳定地进行生产经营活动都很重要。大企业持续正常的运作依靠完善的制度，而中小企业往往对个体的力量依赖性更大，它们往往没有一个系统的、完善的管理制度体系和一个持续的、完整的人力资源管理体系，不利于中小企业有针对性、有计划地引进人才。

（4）缺乏良好的企业文化。大多数中小企业不注重企业文化的建设，员工缺乏共同的价值观念，对企业的认同感不强，往往会造成个人的价值观念与企业理念的错位，这也是中小企业难以吸引和留住人才的一个重要原因。

2. 中小企业招聘策略有待完善，引入人才面临挑战

有限的预算和资源通常会阻碍中小企业获取可使用的人力资源专业知识、技术解决方案和数据分析的能力，使其在招聘等人才引进方式上无法与大型公司相竞争。

一是人力资源管理机构和人员的设置不到位。当前，中国大部分中小企业在部门设置的时候没有单独设立人力资源部，而是由办公室或行政部等部门兼任，忽略了人力资源部是现代企业架构中不可或缺的重要组成部分。

二是对招聘工作不够重视。相当多的中小企业对人员的招聘较为随意，更多时候是在人手紧缺或者员工大规模流失的情况下仓促招聘，缺乏人力资源计划作指导，在一定程度上对招聘结果产生了不良影响。

三是招聘渠道相对单一。人才招聘的渠道有很多种,包括现场招聘会、劳动力市场、网络招聘、猎头公司、校园招聘等,每种招聘方式都有其特定的优缺点以及人才储备的倾向性,如中高端人才可委托猎头公司物色。而多数中小企业多采用参加现场招聘会、网络招聘等相对单一的招聘方式,未能有效利用不同的招聘渠道。

四是招聘手段缺乏信息化、智能化。中小企业的各类系统和工具配备不完善,可能无法使用诸如候选人跟踪系统、内部沟通系统、人力资源管理系统等工具。

3. 多方力量加大布局力度,积极拓宽人才引进渠道

从政府层面来看,针对目前企业存在的技术人员短缺、与岗位适配人才不足等结构性问题,有关部门可以降低职业技能培训准入门槛,加大职业技能培训支持力度。为缓解中小企业用工难等问题,优化中小企业人才结构,工信部联合教育部开展2021年全国中小企业网上百日招聘高校毕业生活动。此外,对中小企业加大财政资金支持力度、落实和完善税收优惠政策,并进一步减轻中小企业社会负担等政策利好,减缓了中小企业资金、负担等方面的问题,从间接层面帮扶了中小企业的招人难问题。

从各地方来看,近年来,中国部分省份主要通过住房、户籍、家属安置等优惠政策及科研、创业等人才引进支持政策,引进国内外高层次人才,使得人才战略也成为地方政府管理的重要环节。海口、西安、南京、深圳等多个城市升级了人才引进政策,降低落户门槛、发放住房补贴,积极发展地区优势产业,为人才提供了充分的就业机会。图10-2-1为烟台市对高端创新创业人才提供的支持政策。

从第三方机构来看,专业人才平台、高校人才网、各类招聘网站

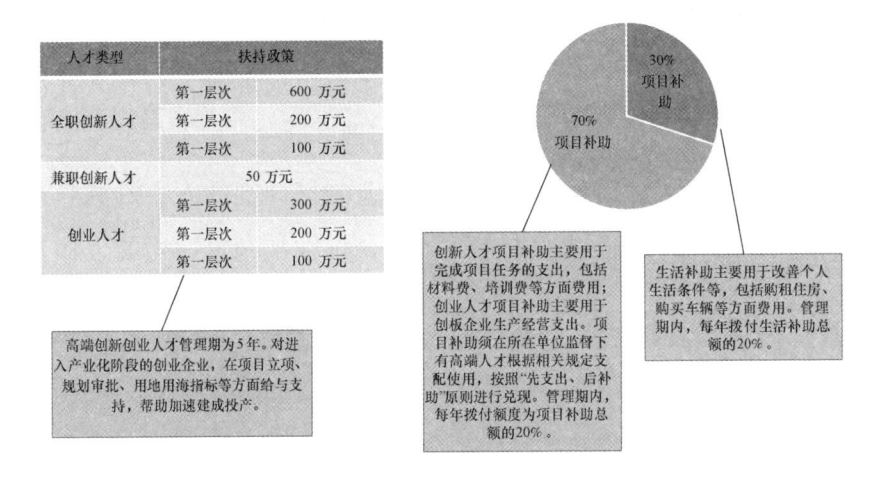

第十章 推进人才向中小微企业流动 **305**

人才类型	扶持政策	
全职创新人才	第一层次	600万元
	第一层次	200万元
	第一层次	100万元
兼职创新人才		50万元
创业人才	第一层次	300万元
	第一层次	200万元
	第一层次	100万元

70% 项目补助
30% 项目补助

高端创新创业人才管理期为5年。对进入产业化阶段的创业企业，在项目立项、规划审批、用地用海指标等方面给予支持，帮助加速建成投产。

创新人才项目补助主要用于完成项目任务的支出，包括材料费、培训费等方面费用；创业人才项目补助主要用于创办企业生产经营支出。项目补助须在所在单位监督下有高端人才根据相关规定支配使用，按照"先支出、后补助"原则进行兑现。管理期内，每年拨付额度为项目补助总额的20%。

生活补助主要用于改善个人生活条件等，包括购租住房、购买车辆等方面费用。管理期内，每年拨付生活补助总额的20%。

图10-2-1　烟台市高端创新创业人才支持政策

及人才引进公共服务平台等渠道，为中小企业的人才引进提供了更多专业性的对接通路。如可在全国中小企业人才引进公共服务示范平台上，为中小企业提供公益招聘专场、论坛、培训和搭建产业园区等服务，并为企业的人力资源提供人才测评、招募甄选、薪酬管理的相关服务。

(二) 人才成长分析——中小企业人才留用

1. 中小企业人才管理规范性较差，缺乏人才留用机制

中小型民营企业由于其自身的局限性，管理制度尚不够完善且存在诸多问题，如资金不足、制度不完善和人才使用不合理等，在这些问题中，人才管理制度不规范最为突出，因此导致大量人才的流失，严重限制了企业的进一步发展。领英报告中显示，50%的中小企业在人力资源方面缺乏战略规划，导致人力资源团队架构与资源配备难以支持人才管理的需求。中小企业 HR 常常身兼数职，比如兼任行政、秘书等职能，无法细化职能，实现精细化管理。

人才留用机制作为人力资源管理的重要组成部分，对于人才而言具有很强的吸引力和安全感，因此，需要企业领导层重视人才的使用，在充分了解人才市场供给的情况下，制订详细的人力资源管理和人才留用计划，一方面保证人才结构的合理性，制定适当的工作任务和目标，使所有人才都能够充分发挥出自己的价值和作用；另一方面，计划的制订要充分尊重人才，让他们精神上和心理上得到满足，这样才能对人才产生很强的感染力与号召力。

2. 中小企业培训意识薄弱，难以满足人才自我提升需求

企业之所以展开培训，目的是让员工更加熟悉自身岗位所需要的知识技能，改善员工的工作态度，提高员工的工作积极性，使员工的个人价值观与企业整体价值观更加契合，从而发挥员工的最大价值，使组织和个人都往可持续化方向发展。但中国很多中小企业，其培训意识是非常淡薄的，缺乏长期的战略谋划。

一是管理者缺少对员工培训的重视程度，即使有一些企业展开了一些培训工作，却无法坚持。此外，企业管理者的观念上也会存在一定误解，他们认为培训仅仅只是提高了员工的工作能力，而不会影响他们的思想等，也有管理者把培训的期许看得过高。

二是中国中小企业在企业培训过程中大多以训练为主，过分强调实践的效果而忽略了理论指导，在一定程度上阻碍了中小企业培训的有效展开。在整个培训过程中，中小企业对员工培训时也没有切实了解员工的学习进度和实际学习状况。

三是中小企业掌握的培训资源很少，并且越来越匮乏。很多中小

企业不能为员工培训提供大力支持，在培训一段时间后，考虑到成本问题，压缩了企业培训的时长，这样短暂的员工培训效果不尽如人意。

3. 中小企业激励机制待完善，人才留存面临诸多挑战

任何活动的开展都需要有健全的管理制度，而人力资源管理活动也需要健全的管理机制，尤其是激励机制的建设。但是当前一些企业在激励机制方面做得非常不到位，企业任职的员工走完一批又一批，企业的经济效益看似没有太大的下降，但是实际情况则是既损害了企业自身形象，又失去了老员工创造的额外价值，这种人才的流失很难实现企业的发展壮大，因此公司总处于起步阶段，很难有实质性的突破。

据领英人才统计数据显示，在人才管理和留存方面，中小企业面临三大方面的挑战，包括晋升机会和薪酬涨幅不能满足员工期待、人才发展空间小、缺乏有效的绩效考核，而这三方面的根源都可归为企业缺乏完善的激励机制。

(三) 人才流出分析——中小企业人才流失

1. 不同层级人才流失有差异，中小企业人才流失率高

当前中国中小企业人才流失率较高。过高的人才流失率给企业带来相当大的负面影响，最终可能影响企业的持续发展和竞争力。中小企业人才流失的现状主要表现在两方面：一方面是中小企业人才流动率较高，大大增加了人力的重置成本；另一方面，流动人员中较大部分是中、基层管理人员和专业技术人员。据脉脉数据研究院统计数据

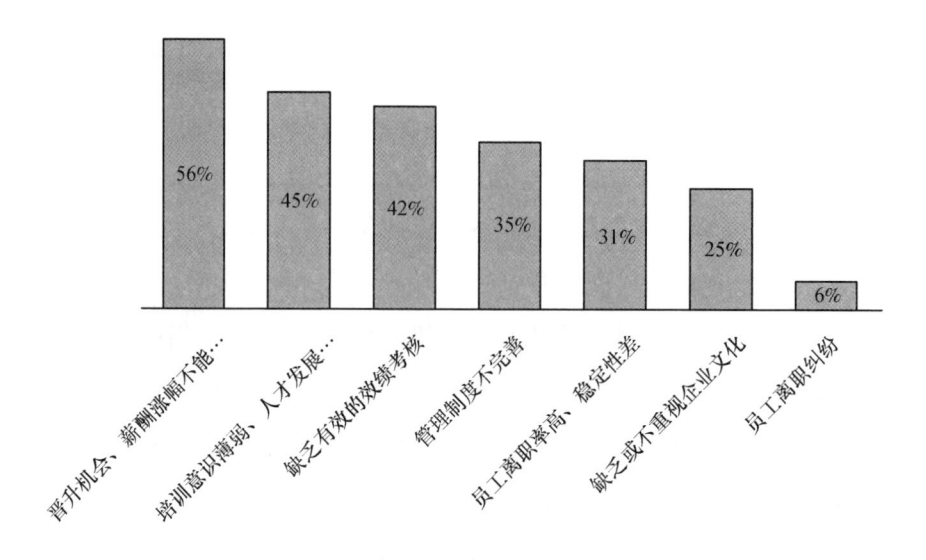

图中柱状图数据：晋升机会、薪酬涨幅不能… 56%；培训意识薄弱、人才发展… 45%；缺乏有效的绩效考核 42%；管理制度不完善 35%；员工离职率高、稳定性差 31%；缺乏或不重视企业文化 25%；员工离职纠纷 6%。

图10-2-2 企业面临的人才管理和留存问题

资料来源：《领英中小企业人才市场环境洞察报告》。

显示，处于不同层级的企业人员流失原因略有差异：对于高层管理者来说，公司价值观与企业文化问题在选择离职原因中占比最高，公司业务发展不佳其次；对于中层和基层人才来说，薪酬不够在其选择离职原因中占比最高，其次为工作内容不喜欢、缺乏成就感。

2. 人才流失带来系列问题，企业发展受到影响

从中小企业实际发展的内外部情况来看，由于中小企业资金总量少、规模小、抗风险和抗打击能力弱，相对于大型的国有企业甚至是大型的民营企业，其发展始终处于"如履薄冰、如临深渊"的状态，很难抽出专门的精力与资金开展专业化程度较高的人力资源管理工作，可获取的外部支持有限，人才流失及其所带来的系列问题仍是困扰中小企业发展的主要问题之一。

一是人才流失会导致公司的技术或者机密的泄露。中小企业的流失人员中较大部分是中、基层管理人员和专业技术人员，这些人才在离职时，其手上掌握的该职位的技术、相关的客户信息也会随之流失，一些商业机密也会被泄露，从而对企业的发展非常不利。

二是人才流失会增加企业的运营成本。人才流失造成的损失会反映在公司的运营成本上面，如一些老员工离职会带来生产成本、新员工的失误与浪费所产生的成本等。同时，企业要重新招聘、进行新员工培训。这些都需要消耗一定的成本。

三是人才流失会影响企业员工的士气。人才流失对企业产生的负面效果或者造成的损失，都会对员工们的工作态度或者情绪产生消极的影响。特别是当看到流失的人才得到了更好的发展机遇或者得到了更多收益时，留在岗位上的人员就会心动，工作积极性受到影响，也许以前从未想过跳槽的人也会开始或者准备着手寻找新的工作。

四是人才流失会提高竞争对手的竞争力。人才流失大多发生在本行业内，他们或者选择自己创业，或者到竞争对手企业上班，而无论哪种情况都会提高竞争对手的竞争力。

◇ 三　国外促进人才流动的经验与启示

（一）韩国企业注重人才持续培养及人才吸引

韩国企业近年来取得的成功，与其注重人才持续培养、建立卓越的人才培训体系密不可分。

在职业教育方面，韩国政府不仅对高级人才十分重视，在基础人才培养方面也非常成功，比如通过设立职业高中，专门培养专业技术工人。其职业教育的主要目标是建立一个"终身职业教育体系"，实现一个"终身开放的学习社会"，它以最大限度地确保每个人根据其才能和兴趣得到发展，成为高质量人才，而不仅仅是反映劳动力市场的需要。

员工培训方面，在韩国，很多企业对员工的培训都非常重视，部分企业每年用于培养人才的经费甚至相当于美国、西欧国家企业的2倍。同时企业根据员工个人素质和具体工作岗位的差异，为员工"量身定做"各种个性化的培训课程。韩国企业纷纷实行"外国人韩国专家培训制"，将在海外聘用的人力召到国内，对其进行长期的韩国语和企业文化、职业方面的培训，将其培养成韩国专家。

政府立法支持方面，韩国制定了《产业技术基础设施促进法》等法规，旨在通过大学、研究机构和中小企业基础设施与技术信息网络的互联共享，构筑"产学研"三位一体的合作体制，加强专业技术人员的培养，从而进一步支持高新技术企业的孵化和创业。

通过吸引海外研发中心，留住留学人才的方式，这一点对于韩国来说尤为明显。韩国努力创造条件，吸引外国企业和公司在韩国设立研发机构，为韩国带来科技人才、高新技术和最新信息。为了更有效地吸引外国研发机构来韩投资，国家不仅为外国在韩机构提供咨询，建立更为广泛的国际科技联系渠道，还专门成立了相关的咨询与服务机构，并提供"一站式"服务。

（二）日本中小企业重视人才管理制度建立

"企业即人"是日本企业对人才重要性的基本认识。经营者们确信企业的兴与衰都由人而起，有了人才，企业的发展才有保证。日本企业不论规模大小，都非常重视人才管理，并积累了相当丰富而有效的经验。

对于人才引入，日本企业对人才的管理是从员工进公司之前就开始的。企业在招聘人才时会举行多次应聘考试，对人才严把录用关。这种应聘考试的目的，除测验有关的必要知识外，最重要的是鉴别报考者的素质，企业经过严格筛选录用员工后，就通过教育与培训把新员工培养成为高素质和高水平的"企业战士"，帮助他们称职地从事本公司的各项业务。

在人才留用方面，首先，日本企业特别重视对新员工的企业文化教育，培养新员工的归属意识、忠诚心、集体观念、团队意识和敬业精神。其次，通过提高员工的素质和业务水平，帮助员工适应国际和国内社会、经济和经营环境的变化，是日本企业不断对人才进行培训的主要目的。这种培训每年都要进行，根据不同的级别和业务范围分别举行不同内容的培训，在日本，员工培训早已成为企业管理不可或缺的一部分。

在绩效考评方面，每个企业都有对员工的考评制度，其操作性很强，并且十分严格，绝对不流于形式，并将考评结果记录在人事档案，成为晋级、加薪和发放奖金的重要依据，这也是企业发现和留住有能力的人才、淘汰不合格者的重要手段。许多企业近年来也在改革过时的人事管理制度，引入根据能力和业绩等"论功行赏"式的办法，以调动员工的工作积极性。

人才流动方面，为了充分发挥人才的积极性和合理使用人才，日本部分企业的下属公司之间设立人才双向自选的流动制度，公司可以开出使用条件，个人可以自选公司，每个公司可在其他公司招募优秀人才，以提高其事业上的竞争力。

（三）德国企业不断升级人力资源管理体系

德国各大企业为留住人才，不断升级其人力资源管理体系，在薪酬制度和人才培养制度上进行新的改革。

一是重视人才。德国企业非常重视人才，对人才进行全面的社会保护，并就解决疾病、事故和养老等福利问题进行专项立法。国际化后也会把"德国式HR"搬到海外公司或是工厂，四处俘获员工人心，效果卓著。进入德国企业后工作20年以上是很常见的现象，随处可见的员工高忠诚度是德企的特色，这与德国企业重视人才密不可分。

二是德国式HR。德国企业，或者说欧洲企业对员工的尊重，已经成为欧洲特色，主要体现为关怀普通员工的身心健康。但在其他一些国家企业看来，股东价值可能更重要。德国企业努力创造适合各年龄段的工作环境和生产线，即使是年轻的工人，也要保证他们在岁数增长的同时身体健康，可以长期保持生产力。

三是有效的劳工政策和保障。德国联邦政府虽然很专注于保持就业增长率和提升生产力，但首要前提是公民实际收入必须增加，这个原则一直十分明确。《哈佛商业评论》表示，德国人的薪水和各项福利比美国高出66%。2015年，德国政府开始发福利，其中一条就是最低工资定在85欧元/小时，并对职工两地分居、双职工带孩子的"父母金"等进行了规定，减轻了社会人才的后顾之忧。

四是劳动市场改革。在过去的十年间，德国政府针对劳工市场，进行了多项改革，其中除了对有孩子的家庭或单亲父母有很多特殊政策，政府还催生了很多"迷你工作"，即以短工形式存在的工作，工资低但雇主缴纳社会保险。这种工作时间灵活的小零工大大丰富了德国的就业市场，保证了就业率，减轻了很多企业的负担。

此外，德国近年来一直被列入创新领导型国家行列，这与其在吸引全球顶尖科学家、管理高层次科研人才、培养青年后备方面实施的相关政策、采取的一系列行之有效的措施密不可分，其中突出体现在薪资制度、人才评价机制、高端人才引进和激励措施、青年后备培养计划、立法保障等方面。为保持德国科技创新强国地位和持续的创新活力，德国政府面向高层次科技人才，从制定高层次科技人才管理政策和激励措施、创建大型科研机构人才引进模式、实施国家层面的后备科研人才培养和激励计划以及加强后备人才培养的立法保障等方面开发制定和实施了一系列卓有成效的政策和措施。

（四）欧盟多方保障促进中小企业人才流动

欧盟和各成员都把促进人才流动、鼓励和培养人才作为一项重要举措，由欧洲社会基金等机构提供资金，委员会通过与中小企业定期对话，促进其成员在实施培训计划方面侧重中小企业，并且鼓励各大学机构和中小企业合作，在实施国际化研究的同时，开展人才培训。

一是注重从社会保障入手解决劳动力流动问题。社会保障问题是限制劳动力流动的主要问题，欧盟促进各成员之间劳动力流动注重从社会保障问题入手，推进各国社会保障系统一体化，消除各国在社会保障领域的歧视行为。欧盟劳动力流动计划从劳动者最关心的医疗保险问题和养老金问题入手，要求各成员推行通用医保卡，使医保卡持有者在欧盟任一国家都能获得所需医疗服务，并要求解决养老金的移动问题，使劳动力流动不受医保和养老金等社会保障问题限制。

二是注重从职业能力互认入手解决劳动力流动问题。欧盟各国的教育和培训体系存在差异，这阻碍了成员之间的职业能力资格互认，劳动者在本国获取的劳动力技能无法在他国得到认可必将限制劳动力流动。欧盟劳动力流动计划提出要改善各国对他国劳动力职业能力的认证，欧盟资格认证框架为各国资格互认建立了参考标准。这些措施使欧盟劳动者在本国获得的劳动技能参照标准进行转化后，可在欧盟各个成员中得到认可，保证劳动者在他国也可以获得满意的工作。

三是注重从搭建就业信息平台入手解决劳动力流动问题。就业信息获取的难易程度是影响劳动力流动的重要因素，劳动者有意到他国就业却难以获取岗位需求信息，同样会阻碍劳动力流动。欧盟注重搭建就业信息平台，帮助劳动者获取各国的岗位需求信息，如欧盟注重升级和完善欧洲就业流动入口网站，为劳动者提供欧洲各国的就业信息。欧盟劳动力流动计划提出建立欧盟内部一站式就业服务网站，为劳动者提供更有针对性的职位需求和学习机会等信息，帮助劳动者在地区间流动。

四是注重促进科研人员在各国间的流动。欧盟十分注重促进各国科研人员之间的交流，目的在于促进各国合作研发，避免重复研究，同时加强科技先进地区与落后地区的合作交流，提高落后地区的学术水平。欧盟不仅支持到他国交流的研究人员，还支持欧盟成员之外的高水平研究人员到欧盟各国交流。为促进欧盟各成员研究人员之间的交流，欧盟研发框架计划专门设立了科研人员流动基金，并要求研发项目必须由多国共同承担。欧盟还专门制定了到他国开展研究的科研人员返回原在国的机制，鼓励科研人员到他国从事研究活动。

◇◇ 四 中国促进人才向中小企业流动的机制与模式

(一) 中国人才流动的动力机制

随着中国经济的发展与劳动力人口结构的转变,人才已成为保持中国经济中高速增长的新动能,人才流动也已成为推动经济社会发展的新常态。人才流动机制作为人才制度和政策创新的有效途径,是激发人才创新活力的重要保障,让人才充分流动,推进人才流动机制发展需从以下几方面进行考虑。

一是尊重人才的市场化。人才也是市场的一部分,需要市场化的引进机制、激励机制、服务机制以及管理与评价机制。当前,市场配置人才已经在传统机制上撕开了一个大口子,人才与机构的关系已经被颠覆,如果还是只想着通过行政命令和优厚待遇吸引人才已不现实。我们更需深入思考如何为人才提供更好的工作环境和更好的上升通道,让他们能够充分实现自己的价值。

二是尊重人才的流动性。人才是流动的,当人才充分流动时,我们的各行业各领域才能不断地更新换代、充满活力。受制度和观念的限制,加上学历和身份等因素的约束,很多地方将人才限制在了固定的岗位上,成了笼中之鸟、牢中之凤。只有人尽其才,才能发挥更大的作用。尊重人才的流动性规律就要破除制度性的障碍,畅通各类人才流动的渠道,完善人才交流与合作的常态化机制。

三是尊重人才的个性化。每个人的个性不同,对自我的定位也不同,对价值实现的理解也不同。在制定人才管理机制的时候不能"一刀切"，泯灭了每个人不同的特点。推进人才发展机制改革需要尊重人才的个性化规律，通过分类服务和管理机制、差异化培育机制等办法进行管理，激发各类人才的活力和创造力。

（二）推进人才向中小企业流动的模式分析

人才流动是人才市场开放程度提升和数字化发展的必然结果，面对新形势下的竞争压力，中小企业招人难、用人难、留人难的现状使中小企业在人才问题上面临困境。从中小企业发展所面临的内外部环境出发，在政府、企业、市场的互相协调下，统筹推进人才向中小企业流动，是促进中小企业产业创新发展、提升行业竞争力的有效措施，能够帮助人才和企业达到共赢。

从外部环境来看，中央和各地纷纷出台系列政策促进人才畅通流动，同时信息扁平化将人才与中小企业快速连接，降低了招聘成本，间接地成为人才流动的催化剂。

一是流动方向推动方面，通过提高人才横向和纵向流动性，解放和增强人才活力的总体要求，可破除中小企业和大企业间的人才流动障碍，并打破身份、学历、职称和人事关系等制约，促进人才资源合理流动和有效配置。如北京市人社局发布的《北京市职称评审管理暂行办法》规定，实行京津冀职称资格互认，京津冀三地人社部门通过明确互认范围、简化互认方式、享受同等待遇、服务京津冀产业布局调整等措施，打破人才跨区域流动壁垒，人才在京津冀三地的自主流动变得更加便利。

二是流动渠道推动方面，通过畅通中小企业的人才流动渠道，完善社会保险和人事档案等配套政策，为人才跨地区、跨行业、跨体制流动提供便利，通过促进人才向基层一线中小企业流动，完善东中部地区对口支持西部地区人才开发机制，可提供基层一线企业的人才保障水平，以促进城乡、区域、行业间人才协调发展。

三是人才流动保障方面，通过建立协调机构，沟通与协调地市与地市之间不能单独解决的人才问题，促进各地求同存异，实现合作共赢。解决好流动人员的社会保障问题，重点解决社保互通问题，使人才在区域范围内的省市任一地方享受同等福利待遇。规划建设一定数量的租赁型人才公寓，为科技人才提供只租不售的周转性住房，解决人才居住问题，消除人才要素的流动障碍。

四是市场推动方面，2019年，人力资源和社会保障部印发的《关于充分发挥市场作用促进人才顺畅有序流动的意见》中指出，健全人才流动市场机制，包括健全统一规范的人力资源市场体系、完善人才市场供求、价格和竞争机制、全面落实用人主体自主权，以及完善人才柔性流动政策，支持通过规划咨询、项目合作、成果转化、联合研发、技术引进、人才培养等方式；构建更加开放的国际人才交流合作机制，积极开辟高端引才聚才渠道，建立国际人才资源对接平台。

从企业内部环境来看，中小企业在发展过程中，其所处阶段、企业文化、企业管理、市场运营等因素都与其人才流动密不可分，应着重从以下几方面对人才流动进行考虑。

一是从发展阶段分析。中小企业需根据自身所处阶段制定针对性的人才流动机制，如初创期的中小企业运行管理规范性差，可重点在管理人才上发力；成长期的企业处于蓬勃发展阶段，需重点引进具备创新能力的技术人才及管理人才；成熟稳定期的中小企业，更关注的是利润的增长，需侧重市场、经营方面的人才。

二是从企业管理分析。中小企业需完善其人力资源管理制度，从招聘环节就开始为其人才留用做好准备，并研究各招聘渠道的投资回报率、人才储备计划等。在引进人才后，需从福利待遇、个人提升、身心发展等方面给予人才充分的机会与关注，帮助、指导人员建立一个适应变化需要和发展需要的个人期望，使其在组织中有所期盼，有所满足。

三是从企业文化战略分析。中小企业的组织文化是企业重要的软实力，有助于中小企业增强核心凝聚力。企业的未来决定了员工的命运，决定了员工在企业中可能的发展前景，而发展战略则是企业目标实现的保障，因此应让员工更多地了解企业的未来与战略，让员工为战略的实现而做出更多的努力，提高员工参与管理的积极性及在战略实施过程中的发挥主人翁作用。

（三）科技创新型中小企业人才流动机制

在中小企业对相关人才的需求中，科技创新企业因需要依靠其技术创新获取市场竞争优势和持续发展，对人才的需求、引入、培育及留用更为重视，是以创新型人才为核心的新型企业。对于科技创新型中小企业来说，其人才流动机制可从以下几点进行分析。

一是人才引进机制。科技型企业在发展中，首先要抓住人才的创新，抓紧通过政策乃至法定手段，确立企业各级人才的竞争聘用。企业的领导者在引进人才时，要拥有识才的慧眼，善于发现那些具有创新思维、有巨大创新潜力的人才。政府及相关主管部门通过支持创新型企业人才引进专项计划等方式，鼓励并支持科技创新企业采用如国内外科研项目合作或招标等灵活的人才引进方式，同时通过打造引进平台，像招商引资一样筑巢引凤，搭建研发平台，吸引人才。

二是人才培养机制。人才培养是一个系统、复杂的体系，同时涉及企业、高校和政府，需要建立政产学研协同的系统培养方式。对于企业来说，需提高人才培训意识，健全其内外部的人才培养体系，增强企业的核心竞争力。政府及相关主管部门除了态度上重视对企业人才培训的扶持、对培训进行资金投入外，也需设专业培训机构，如中小企业领军人才培训。

三是人才保障机制。科技创新型中小企业要根据创新型人才的贡献和价值制定相应的薪酬标准，通过建立合理并具有竞争性的薪酬制度，凝聚高素质人才。同时也要建立包容性强的企业文化，建立创新型人才生存的"土壤"。政府及相关主管部门除提供强有力的政策支持保障外，也需通过承办国际学术会议等方式，为科技创新人才的合理流动提供平台保障。同时，通过设立基金、资源共享等方式，为创新型企业人才提供良好的创新环境保障。

◇ 五　中小企业人才不足对创新的约束分析

目前，中国多数中小企业仍处于以劳动密集型为主的粗放式经营阶段，要想提高规模经济效益、技术进步效益、科学管理效益和结构优化效益，必须走投入少、产出多、质量好、效益高的新发展道路。这就要求中小企业加强创新，切实依靠科技进步和提高人才素质来发展企业。

企业创新类项目具有高投入、高收益、高风险等特点。例如一项技术创新成果从创造、设计、研发到应用的整个过程需要经过诸多环节，会受到各种风险因素的影响，如技术风险、资金风险、市场风险等。由于中小企业规模较小、资源和生产能力有限，以及其注册资本投入较少、资金薄弱和筹资能力差，随之则会影响其自身抵御经营风险的能力也较弱。中小企业没有与大企业相竞争的条件，从而无法利用与大企业相媲美的优势条件来吸引优秀人才的加入，很大程度上导致了中小企业内部创新型人才严重缺乏，这也是导致其创新约束的主要原因。

表 10 - 5 - 1　　　　　人才不足造成的创新约束情况矩阵

人才需求情况 \ 创新人才情况	创新人才较为丰富	创新人才较为匮乏
人才需求强	管理约束	人才约束
人才需求弱	模式约束	综合约束

总体来看，根据人力资源的匮乏程度与企业创新对人才的需要程度，中小企业由于人才缺乏造成的创新约束可划分成以下几种情况。

（一）管理约束

此类中小企业多为高技术人才或者高学历人才创业型中小企业，企业中技术人才资源丰富，可独立开展创新研究或者技术成果转化，对于技术研发方向与业务发展方向有较为清晰的判断。困扰此类中小企业创新的约束应为企业管理的约束。公司管理架构多为扁平化管理，公司技术人员往往身兼多职，公司日常管理需要拖累了技术研发进展，公司存在技术人员不懂或者疏于财务管理的情况，公司融资需求较为集中但难以专业化运作处理。

（二）人才约束

此类中小企业多为传统行业类中小企业或家族类企业，在传统行业（如纺织业、印刷业、维修行业）有成熟的盈利模式，对于技术发展有迫切需求。困扰此类中小企业创新的约束应为人才缺乏的约束。公司多数为劳动密集型行业，公司亟待转型升级，需进行数字化、智能化改造，以突破市场发展瓶颈，对于高学历、专业化人才需求较为突出，但对专业人才所给予的薪资水平又往往不如国企、大型民企或外企。

（三）模式约束

此类中小企业多为中型企业，有一定行业影响力，已建立完善了现代化企业管理模式，有较为稳定的市场盈利模式，对于人才的多元化利用有迫切需求。困扰此类中小企业创新的约束应为管理模式的约束。公司管理模式较为成熟，业务发展稳定，积累了一定的人才资源，但是对于人才资源的多元化管理缺少方式方法，企业人才活力有待激发。

（四）综合约束

此类中小企业多为初创型企业，业务发展处于不稳定阶段，市场拓展艰难，资金不充裕，存在较大生存风险，对于初创型企业的创新约束应该是综合资源约束。该类企业人才、资金较为匮乏，抗风险能力弱,容易陷入"没有资金→人才招聘不到位→市场开拓难→收入减少"的恶性循环中。

◇ 六 推动中小企业吸引人才流入的对策建议

根据国家知识产权局数据显示,目前中国4000多万家企业中,55%以上的中小企业提供了80%以上的就业岗位,特别是科技型中小企业,成为创新创造的重要源泉,贡献了70%以上的技术创新。随着中小企业创新活动更加活跃、创新领域更加广泛,在原有的传统产业中保持旺盛活力的同时,这些企业也在信息、生物、新材料等高新技术产业和信息咨询、工业设计、现代物流、电子商务等服务业中成为新兴力量。因此,推动人才向中小企业流动对于促进创新发展有积极意义,对此提出以下建议。

(一) 加大人才向中小企业流动的推进力度

1. 为中小企业减轻人才负担

可将中小企业与大型企业、龙头企业区别开来,有针对性地对中小企业研发投入给予适当优惠政策。同时,建议各级税务部门给予中小企业人才较为优越的财税优惠政策,减轻中小企业的用人压力,鼓励优秀毕业生积极投身重点行业企业,为中小企业吸引优秀人才,促进大、中、小企业全面开花,推进产业的高质量发展。

2. 完善劳动力市场资源配置

中国应当构建人才职业体系，明确各项岗位需要的技能，以促进教育机构的人才培养，进而优化劳动力市场的资源配置，满足中小企业的人才输送需求。同时，国家要尽快建立以劳动力市场需求为导向的就业培训体系。通过加强劳动力市场培训体系的建设来提高劳动者的技能素质，增强劳动者的就业能力，提高企业人才素质。

3. 加大高层次人才培养和激励力度

为确保重点领域和关键领域的人才供给，建议国家建立行业人才库，进行年度行业优秀人才和杰出团队评选，根据贡献程度给予荣誉、资金、积分等方面的奖励。建议面向短板行业及有关键核心业务的中小企业，制定针对性的人才输送机制，定向培养新基建、新一代信息技术等高端专业人才，充分发挥人才引进政策优势，加强对海归型高层次人才和团队的引进。

（二）多方协同打好中小企业人才"组合拳"

1. 健全人才引进和培养机制

在当前教育制度基础上，建议建立行业人才机制，建设一批由政府、企业、学校联合参与的产教融合基地，鼓励企业与高等院校联合创办实训基地，充分发挥社会组织和社会各界的作用，形成校企结合、产学研结合、多种形式的人才培养机制，一方面为企业定期提供人才培训、技术指导、人才输出；另一方面让高校人才下沉到企业，将理论知识进行落地实践。

2. 建立劳动力供需监测预警平台

在破解中小微企业招工难问题上,要加强人才需求预测等基础性工作,在专业设置和课程体系上做到超前布局、动态调整,对中小微企业组团打包,对如 HR 联盟等形式的招聘进行鼓励和宣传。依托人力资源服务业、行业协会等第三方机构,建立劳动力供需监测预警平台,为中小企业的人才供给提供固定渠道及保障措施。

3. 地方联动促进人才引进协同发展

在互联网时代,各地区的信息流通障碍和空间沟通障碍已逐步消除,跨区域资源配置体系也正在逐步成熟,千城"共享一人"与千人"共建一城"的实施难度逐步缩小,跨地区人才共享机制创新能降低引才、用才成本,提升利用率。可考虑通过建设区域协作平台,形成跨领域、跨区域协同支持的生产方式,对稀缺、紧俏型人才逐步推广视频会议、直播研讨等远程介质的柔性引才方式,为企业长期发展提供更全面的人力资源支撑。

(三)完善中小企业内部人才管理机制

1. 转变传统的管理模式

中小企业要将人力资源的开发和管理工作放到首要的位置,需要树立人力资源是企业重要资产的理念,用以人为本的思维来影响企业的管理与发展。中小企业视人为企业资本,设身处地为员工着想,要站在员工的角度思考问题,让员工自身发展与企业发展同步进行,实现企业和员工之间的共赢。此外,员工参与管理本身也是其中的一个关键环节，对于企业把握问题和处理问题的决策科学性和全面性有重要意义，并能充分调动员工的积极性、主动性，发挥其主人翁意识，能有效地提升企业的绩效。

2. 差异化的人才管理

首先，要做好人才选拔和岗位匹配的调整。在选拔人才和安排岗位过程中，可结合岗位的需求与员工的差异化个性，通过匹配的方式，尽量在工作环境中找到推动其工作积极性的优势方法。其次，做好人才个性化的职业规划，通过组织的协调和指导，让员工发挥其专长，从而带来更多的创造力，优化资源配置。同时，帮助员工充分认识组织的文化，承担工作职责，并在组织发展中实现成长和自我价值。

3. 健全完善管理制度

在中小企业中，人事管理规划工作的缺失在中小企业中表现得比较广泛，只有做好人事管理规划工作，才能确保人力资源管理其他环节的科学性及其有效性。中小企业要健全和不断规范人事管理制度，在招聘制度、培训制度、薪酬制度、激励制度、晋升制度、职业规划制度等方面进行优化，吸引相关人才加入企业。同时，企业要全面提升管理人员素质，将人力资源管理制度建设上升到企业的管理发展之中，将人力资源投入视为长期发展的战略观念的转变和深刻认识。

4. 有效防控企业人才引进风险

为消除人才引进给企业带来的一系列风险，一是需要加大人才审核力度，通过对招聘环节进行严格把控，加大审核力度来保障企业利益，消除人才引进风险；二是提高企业人力资源管理者的风险意识，强化企业风险管理和防控能力，使其能够针对其中的风险问题，给出及时的判断和有效的处理，最大化消除人才引进风险给企业发展带来的影响；三是在对新引进人才实施岗前培训时，需将培训成本列入考虑范围，保证投入的价值性和回报性，有效规避风险。

第十一章

影响中小企业创新因素——基于问卷调查

◇ 一 中小企业创新调查背景

为响应"十四五"规划,从微观层面了解中小企业创新影响因素,笔者借助工业和信息化部中小企业监测平台于 2021 年 5 月发起了一次问卷调查。本次调查共计得到 290 个企业样本,从行业分布看,第二产业占比最大(81.03%);从地区分布看,主要集中在华东、东北和西南地区;企业性质以私营企业为主;成立时间、员工数、年销售额分布比较均匀。

表 11-1-1　　　　　　　　样本分布表

行业	企业数(家)	占比(%)	成立时长	企业数(家)	占比(%)
第一产业	18	6.21	1—10 年	98	33.79
第二产业	235	81.03	11—20 年	120	41.38
第三产业	37	12.76	21 年以上	72	24.83
省份	企业数(家)	占比(%)	企业性质	企业数(家)	占比(%)
山东	75	25.86	国有企业	14	4.83
江苏	10	3.45	私营企业	262	90.34
浙江	106	36.55	合资企业	6	2.07

续表

省份	企业数（家）	占比（%）	企业性质	企业数（家）	占比（%）
黑龙江	24	8.28	外资企业	4	1.38
辽宁	10	3.45	其他	4	1.38
云南	26	8.97	员工人数		
贵州	15	5.17	1—50人	92	31.72
青海	16	5.52	51—300人	122	42.07
其他	8	2.76	300人以上	76	26.21
年销售额（2020年）	企业数（家）	占比（%）			
500万元以下	36	12.41			
500万—2000万元	32	11.03			
2000万—1亿元	77	26.55			
1亿元以上	145	50.00			

二 中小企业创新基本表现

对问卷基本统计发现，过半数（53.79%）的企业既是高新技术企业，又是"专精特新"企业。有16.21%的企业仅是高新技术企业，有10.34%的企业仅是"专精特新"企业。还有近两成（19.66%）的企业既不是高新技术企业，也不是"专精特新"企业（见图11-2-1）。从不同规模的企业来看，规模越大的企业既是高新技术企业又是"专精特新"企业的比例越高，规模越小的企业两者都不是的比例越高（见图11-2-2）。

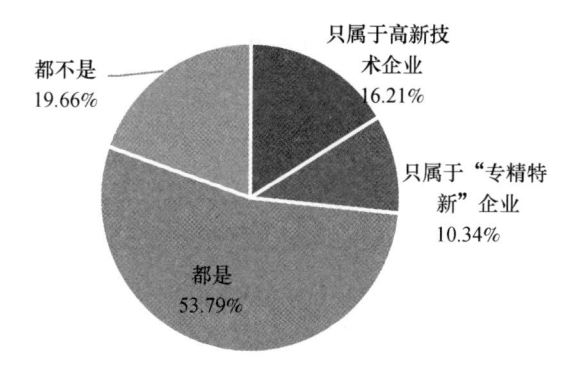

图 11-2-1 高新技术企业和"专精特新"企业占比

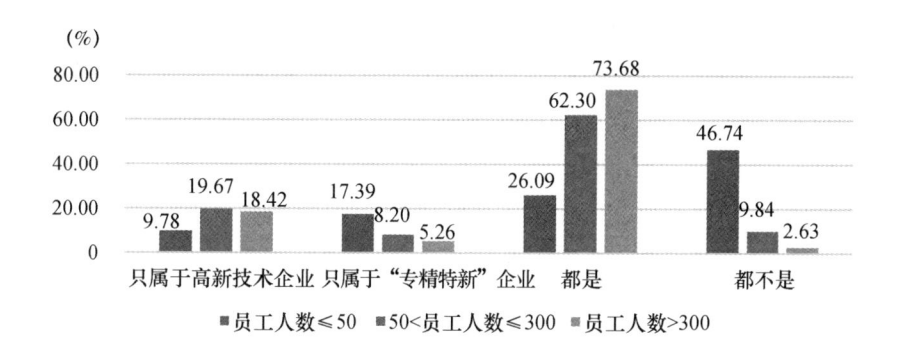

图 11-2-2 企业规模与高新技术企业、"专精特新"企业占比

（一）创新投入

从创新投入来看，受调查中小企业投入研发占销售额比例集中在 10% 以下。有近六成（58.27%）的企业投资不足 5%，仅有一成的企业投资在 10% 以上（见图 11-2-3）。整体上看企业规模越大，研发投入的比例越高。微型企业中有超三成企业的研发投入在 3% 以下，

这一比例在小型企业和中型企业中分别为 8.20% 和 2.63%。但是在研发占比超过 5% 的企业中，规模更小的企业比例更大（见图 11 - 2 - 4）。

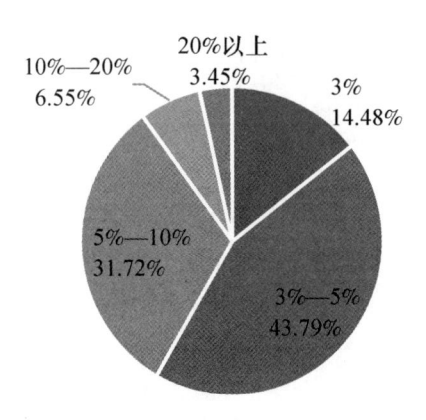

图 11 - 2 - 3　研发投入占企业销售额比情况

从研发人员来看，样本企业平均有 47 名研发人员。但是，有

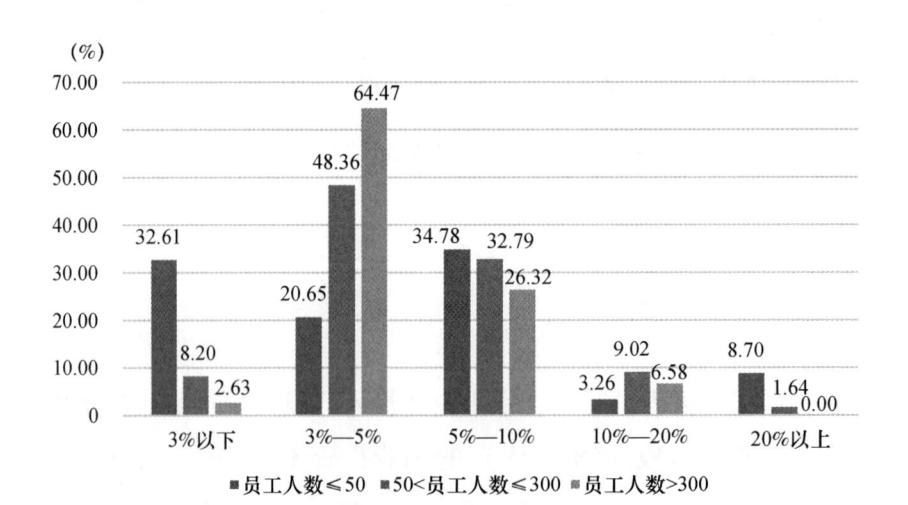

图 11 - 2 - 4　企业规模与研发投入占销售额比例

第十一章 影响中小企业创新因素——基于问卷调查

5.9%的企业没有研发人员,有近三成(29.7%)的企业有研发人员但不足 10 人。研发人员超过 50 人的企业仅有 30.1%,超过 100 人的企业仅有 8.3%(见图 11-2-5)。由此看出,企业规模越大,拥有的技术研发人员越多,微型企业平均拥有技术研发人员 6 人,小型企业平均拥有技术研发人员 31 人,中型企业平均拥有技术研发人员 95 人。近两成(17.39%)微型企业没有技术人员,近九成(85.87%)的微型企业的技术研发人员在 10 人以内(见图 11-2-6)。

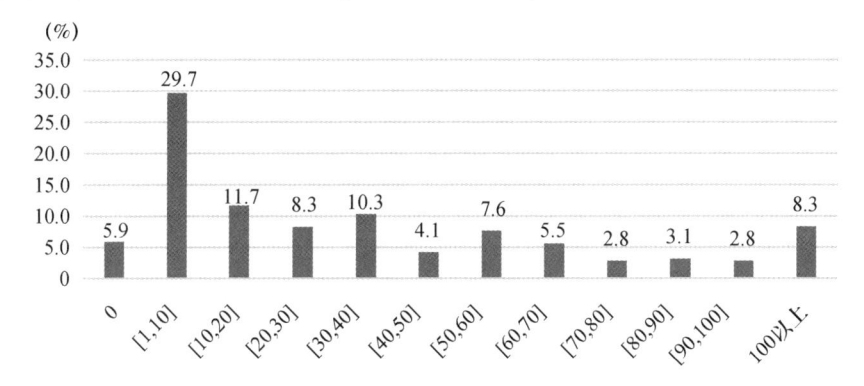

图 11-2-5 从事技术研发的人员数(人)

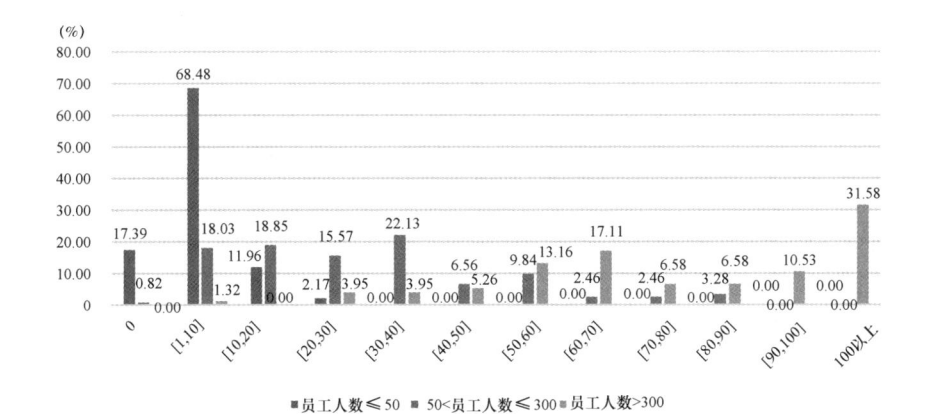

图 11-2-6 企业规模与技术研发人员数量

（二）创新产出

从创新投入的回报来看，有六成（60.34%）的企业表示有可观回报，有近三成（28.62%）的企业表示收益勉强补偿投入，还有4.48%的企业表示得不偿失，另外有6.55%的企业表示没有创新投入（见图11-2-7）。由此可知，企业规模越大，企业有理想回报的比例越高。超七成（75.00%）的中型企业表示创新投入有可观回报，该比例在微型企业中不到四成（39.13%）（见图11-2-8）。

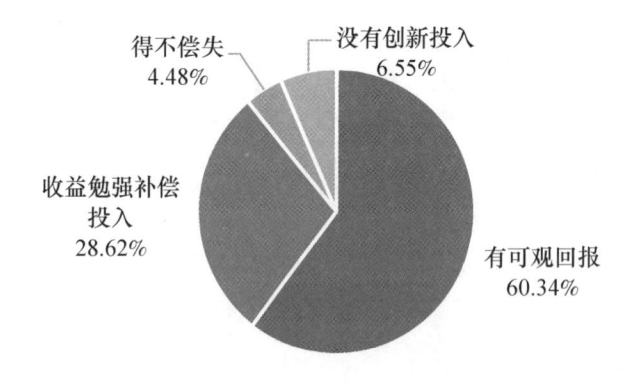

图11-2-7 创新投入的回报情况

从企业的专利数表现来看，样本企业平均拥有39.5件专利。但是有15.17%的企业没有专利，有近半数（49.65%）的企业专利数不超过20件（见图11-2-9）。企业规模越大，持有的专利数越多。微型企业平均持有专利9件，小型企业平均持有专利39件，中型企业平均持有专利71件。超三成（34.78%）的微型企业没有专利，超七成（70.65%）的微型企业专利数不足10件（见图11-2-10）。

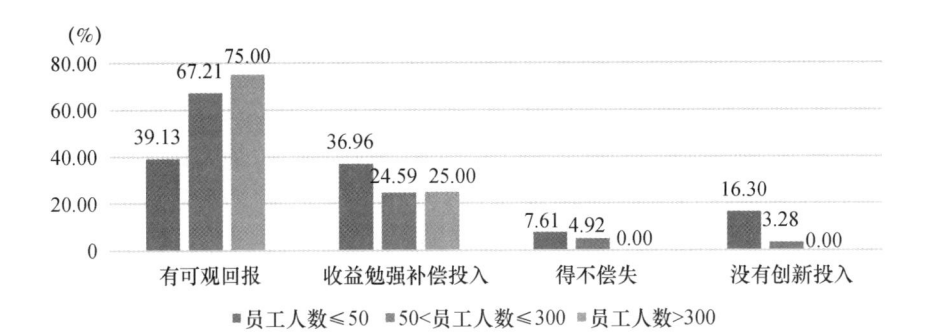

第十一章 影响中小企业创新因素——基于问卷调查 **333**

图 11-2-8 企业规模与创新投入的回报

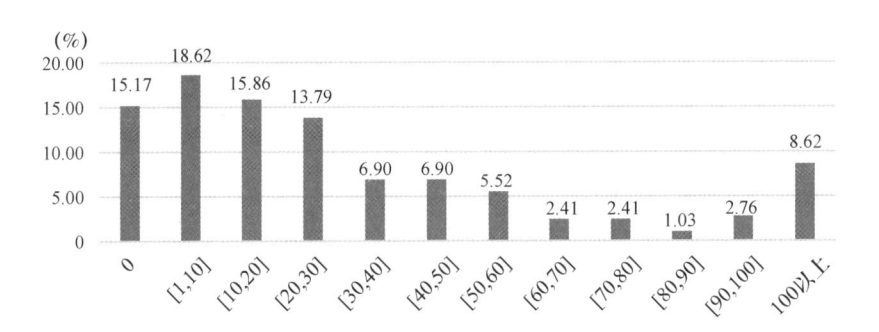

图 11-2-9 当前持有的有效专利数（件）

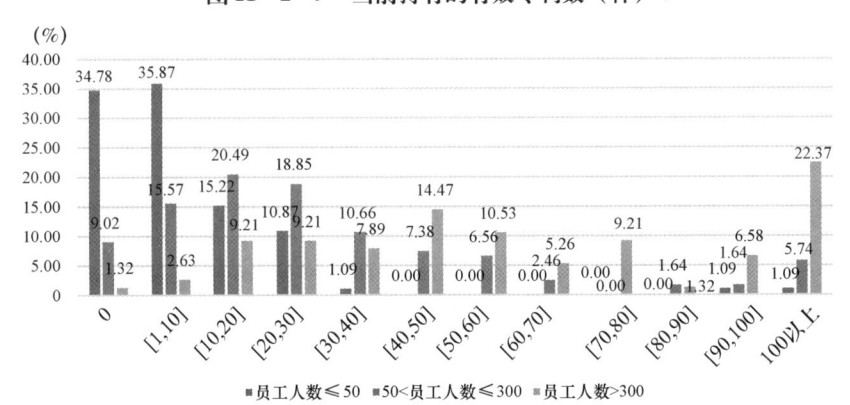

图 11-2-10 企业规模与当前持有有效专利的数量占比

(三) 创新方式

企业的创新行为以产品创新、技术创新为主，有超八成的企业表示在过去三年（2018—2020）进行了产品创新（82.76%）和技术创新（80.34%）。还有56.90%、42.41%和36.90%的企业进行了管理、服务和营销创新（见图11-2-11）。由此可知，企业规模越大，在创新各方面的表现越佳。

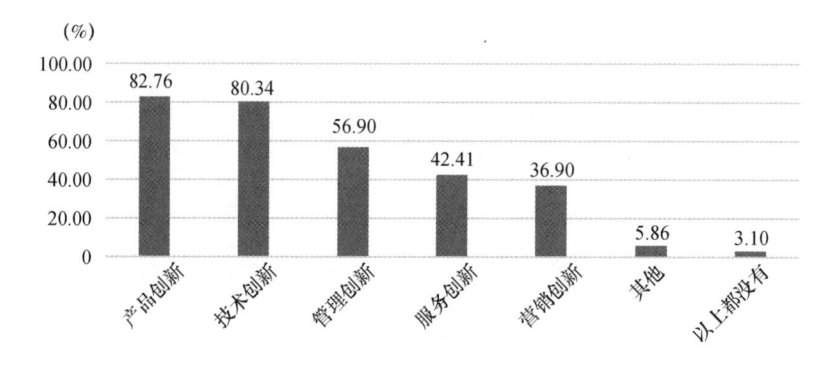

图11-2-11 （2018—2020）企业创新行为情况

自主研发是企业创新的主要方式，有近九成（86.90%）的企业通过自主研发进行了企业创新。还有近六成（58.62%）的企业通过合作研发进行了创新，两成左右的企业通过模仿创新、委托其他单位研发、引进技术的方式进行了创新（见图11-2-13）。规模越大的企业，对各种技术研发方式的采用比例都越高（见图11-2-14）。

从创新活动的长期合作对象来看，有九成左右的企业通过与企业和高校合作进行了创新（见图11-2-15）。企业规模越大，合作创新的机会越多（见图11-2-16及图11-2-17）。

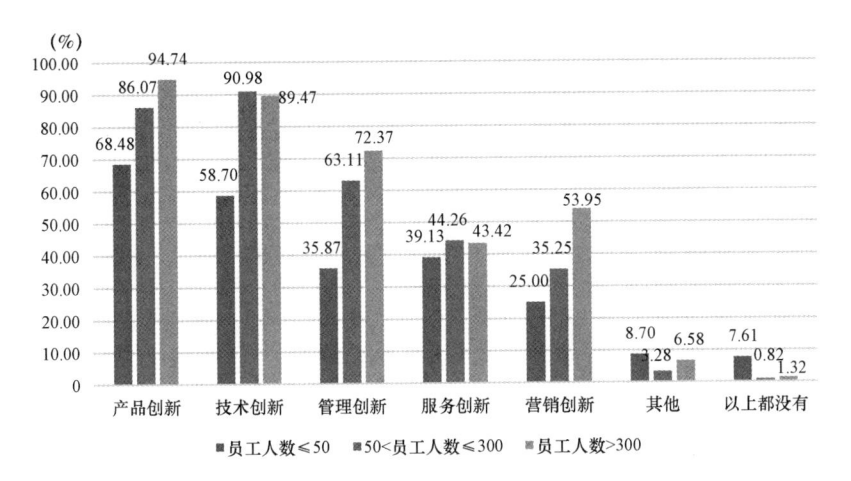

图 11-2-12 企业规模与创新行为类别

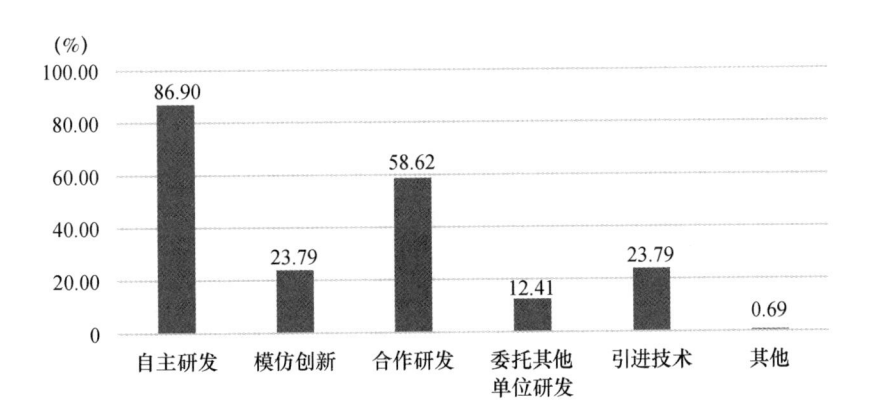

图 11-2-13 企业技术研发方式（多选）

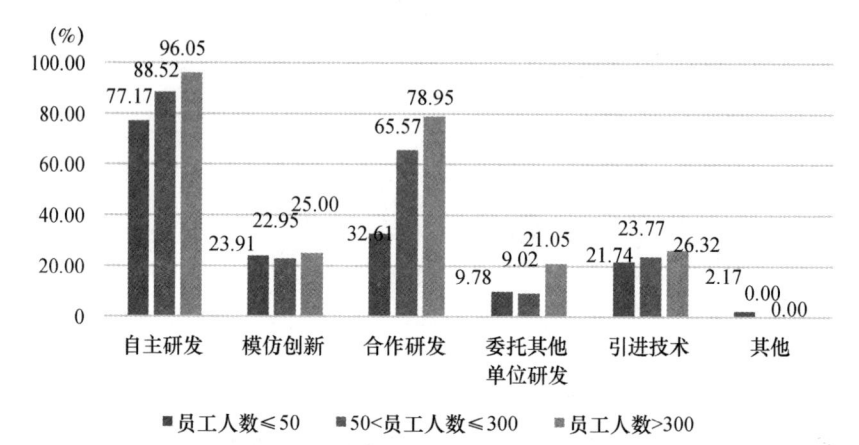

图 11-2-14 企业规模与技术研发方式（多选）

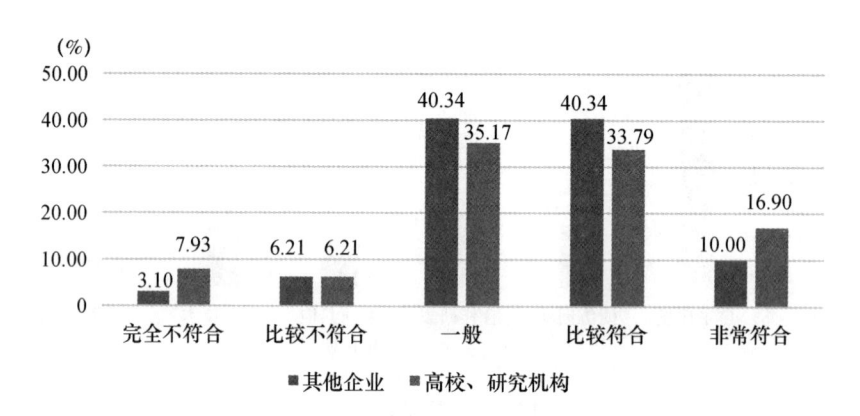

图 11-2-15 创新活动中存在长期合作对象的情况

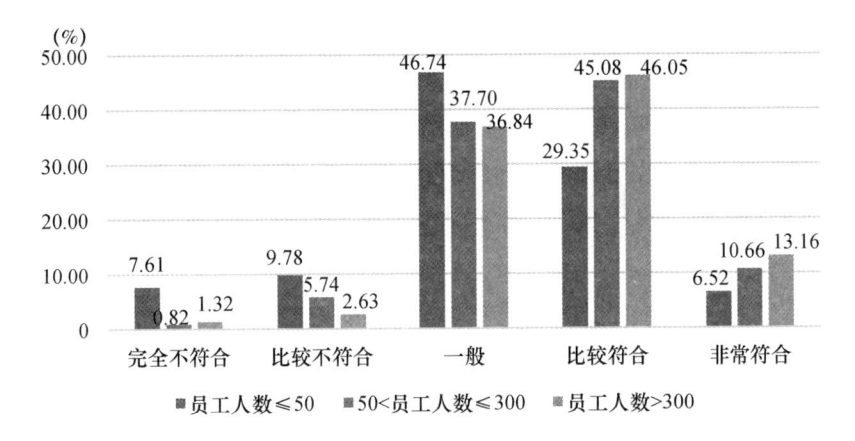

第十一章 影响中小企业创新因素——基于问卷调查 **337**

图 11-2-16 企业规模与选择其他企业长期合作的比例

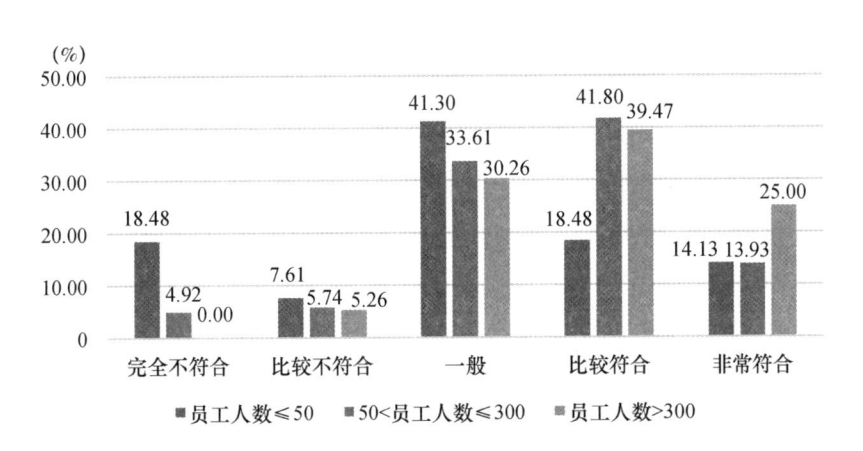

图 11-2-17 企业规模与选择高校长期合作的比例

三 影响中小企业创新的因素

(一) 内部因素

研发人员不足是限制企业技术水平提升的最重要的原因(56.90%),另有超三成企业认为资金不足(36.90%)、技术引入存在困难(33.10%)限制了企业技术水平提升,另外,参与政府科技项目难(24.48%)、缺少合作研发伙伴(15.86%)、缺乏技术咨询(15.17%)等也限制了企业技术水平的进一步提升。只有5.17%的企业认为当前暂不需要提高技术(见图11-3-1)。企业规模越大,研发人员不足、技术引入困难、缺少合作研发伙伴的限制越强;企业规模越小,资金不足的限制越强(见图11-3-2)。

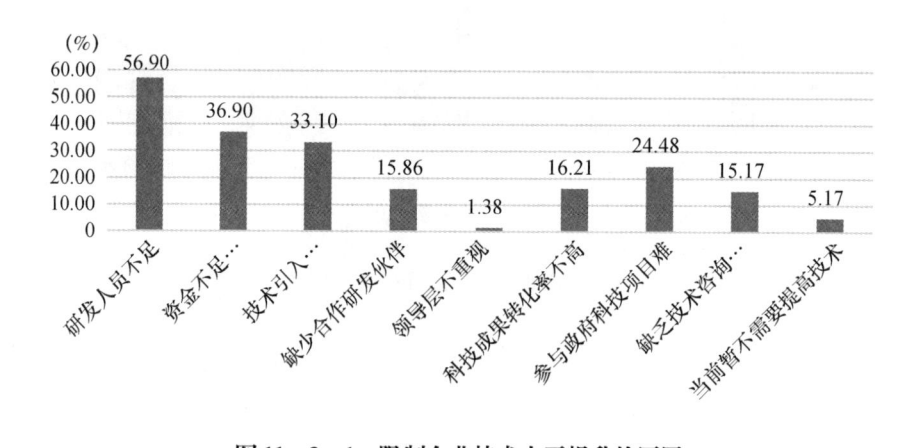

图11-3-1 限制企业技术水平提升的原因

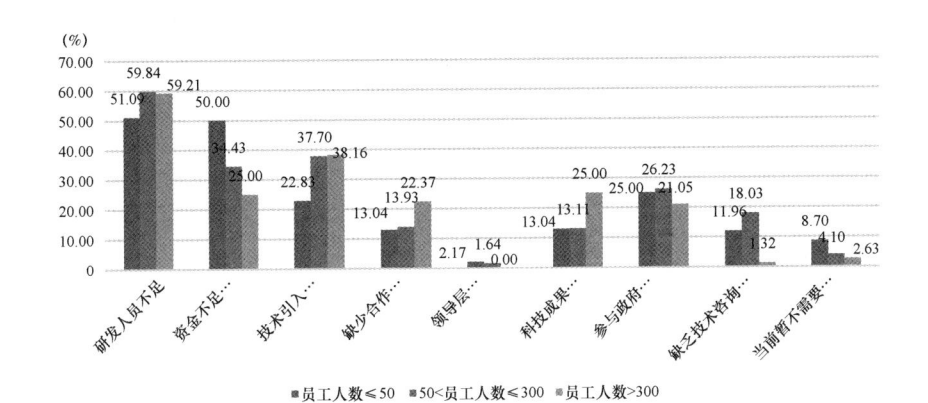

第十一章　影响中小企业创新因素——基于问卷调查 **339**

图 11-3-2　不同规模企业技术水平提升受限的原因

企业员工的受教育程度不高，其中有近四成（38.97%）的企业员工文化水平以大专为主，还有四成企业的员工文化是高中及以下水平（见图 11-3-3）。企业的规模越大，企业员工的平均受教育程度越高（见图 11-3-4）。

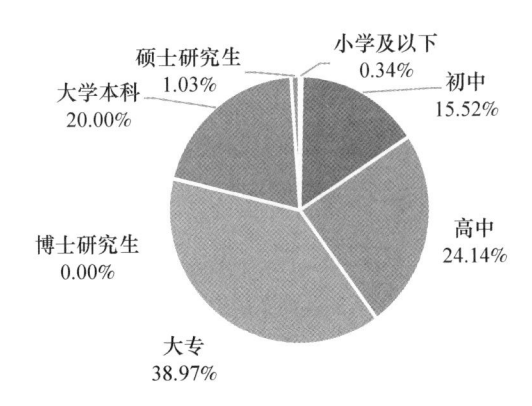

图 11-3-3　企业员工的受教育程度占比

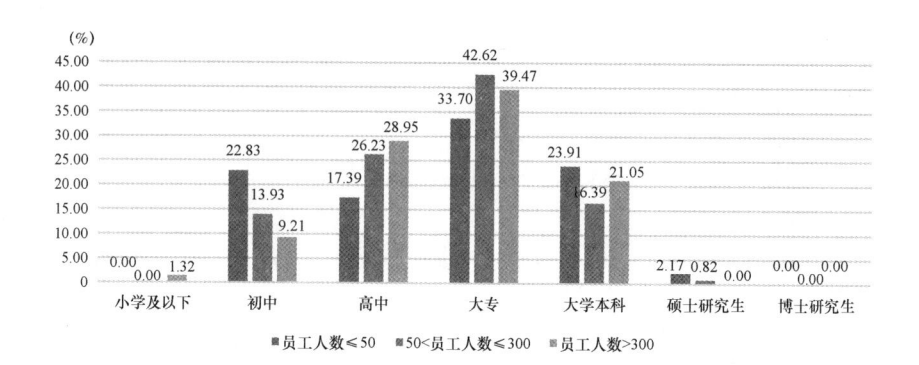

图 11-3-4　企业规模与员工主要受教育程度分布

为了开展创新活动，企业对技术人才的需求最高。近六成（58.97%）的企业表示希望引进高级技术人才，有超四成（42.76%）的企业表示希望引进专业技术工人，有超三成（30.69%）的企业希望引进中级技术骨干。另外，有超两成（22.07%）的企业希望引进中高层管理人才（见图11-3-5）。企业对市场营销和工业设计人才需求较低，只有一成左右。企业规模越大，对中高层管理人才和高级技术人才的需求越高，微型企业对市场营销人才的需求更高。

从企业的组织制度和管理模式来看，企业信心充足。有超六成企业（62.76%）认为组织管理有利于创新，只有4.83%的企业认为不利于创新（见图11-3-7）。企业规模越大，越认为组织制度和管理模式有利于创新。

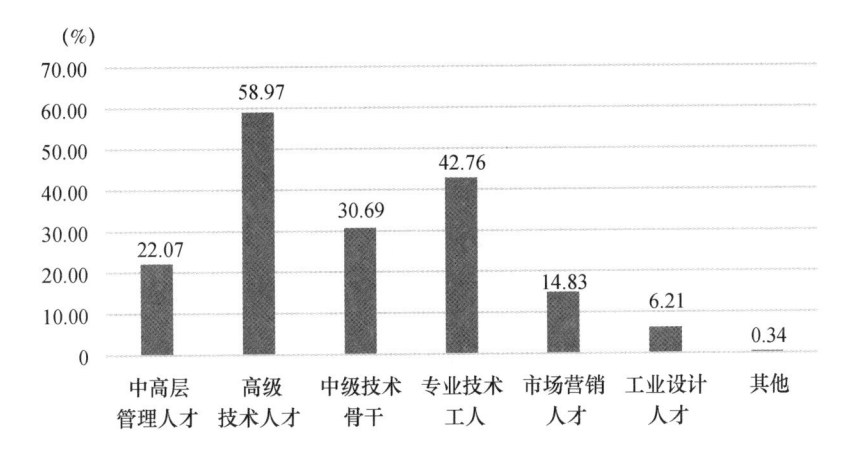

第十一章 影响中小企业创新因素——基于问卷调查 **341**

图 11-3-5 公司开展创新活动最急需引进的人才类型

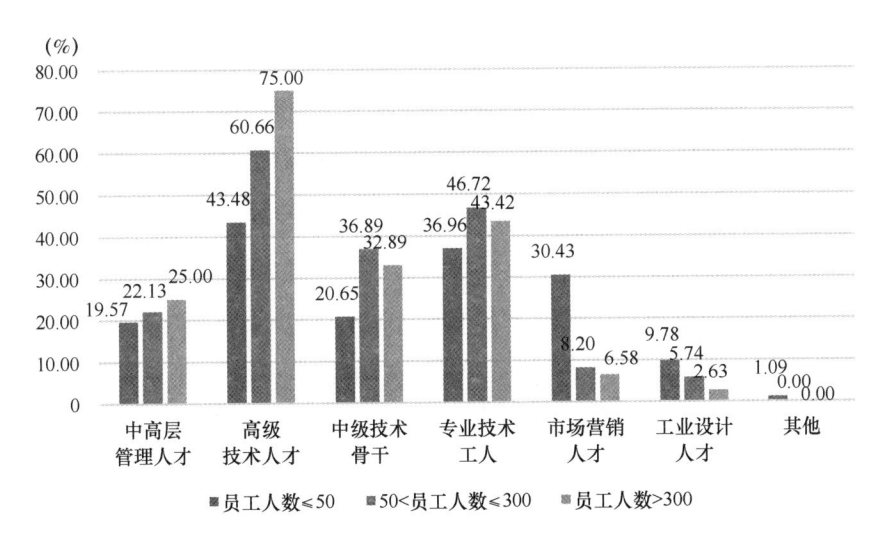

图 11-3-6 不同规模企业开展创新活动最急需引进的人才类型

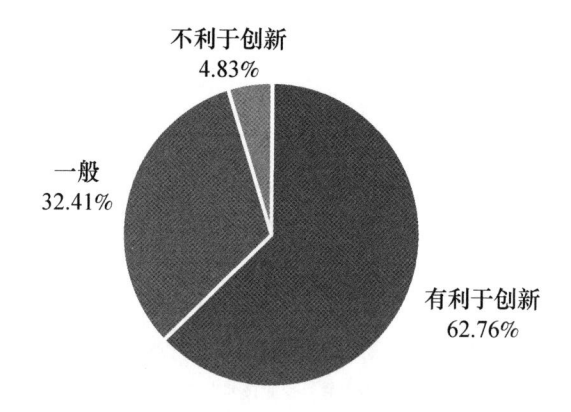

图 11-3-7　企业的组织制度和管理模式对创新的影响

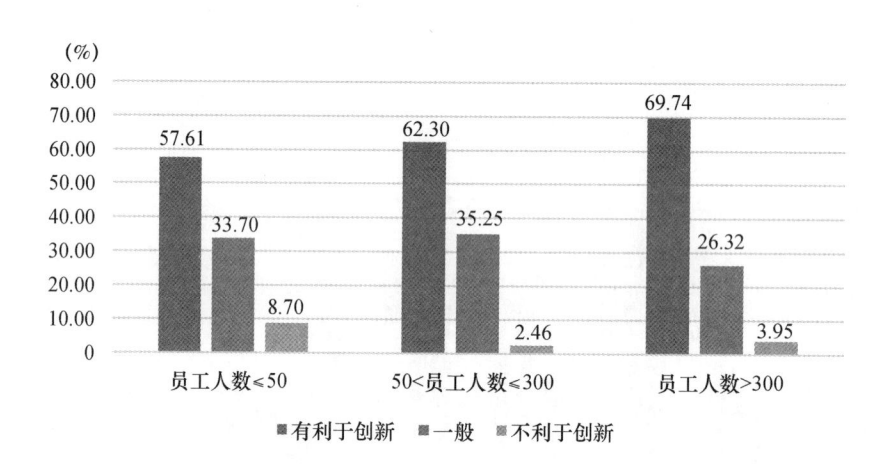

图 11-3-8　不同企业规模与企业的组织制度和管理模式对创新的影响

（二）外部因素

从营商环境来看，企业面临的市场竞争激烈。有超七成（71.04%）的企业认为市场竞争激烈，其中有16.21%的企业认为市场竞争非常激烈（见图11-3-9）。企业规模越大，面临的市场竞争程度越激烈（见图11-3-10）。

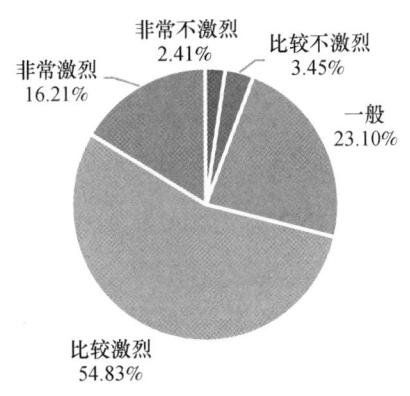

图11-3-9 企业面临的市场竞争程度

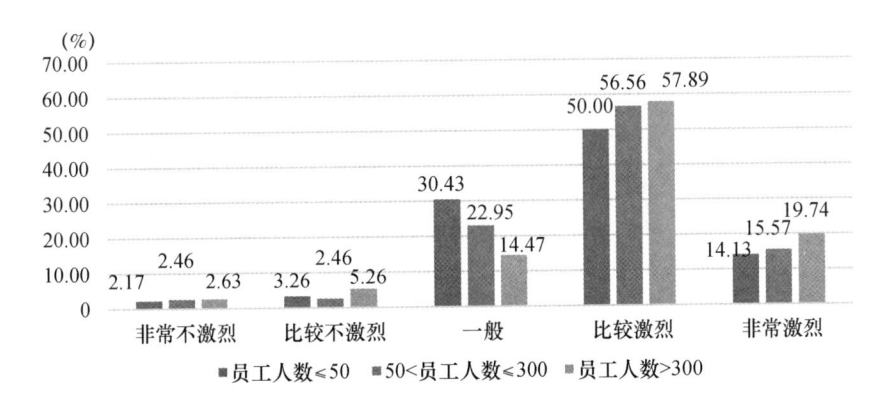

图11-3-10 不同规模企业面临的市场竞争程度

从样本企业看，垄断型大企业不是挤压企业业务的主要原因。只有不到一成（9.31%）的企业认为垄断型大企业对企业业务形成了挤压，还有超六成（63.79%）的企业认为行业内没有垄断型大企业（见图11-3-11）。但如果从存在垄断型大企业的中小企业群体看，则有25.71%（9.31/36.21）的中小企业受到负面影响，仍然不可忽视。不同规模的企业受垄断型大企业影响的差别不大（见图11-3-12）。

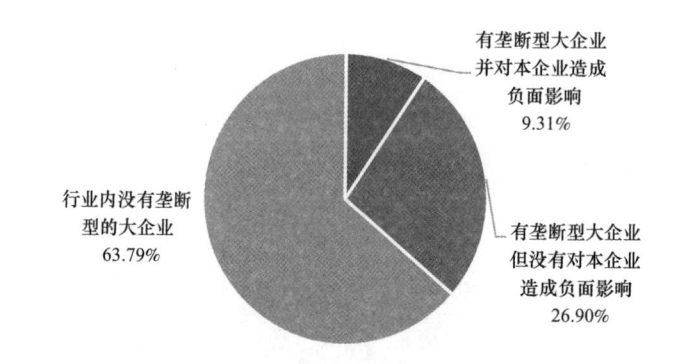

图11-3-11 行业内垄断型大企业对企业业务形成挤压的比例

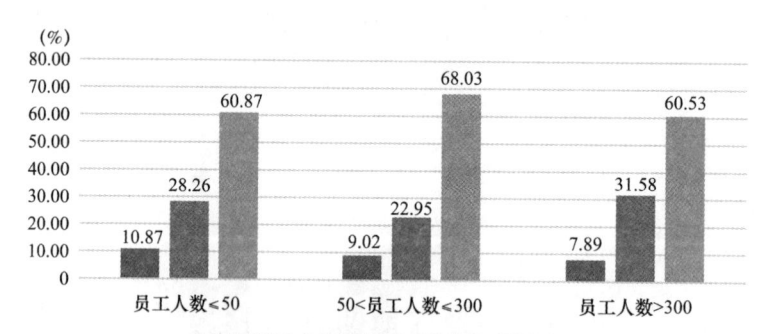

图11-3-12 企业规模与行业内垄断型大企业造成业务挤压情况

新冠肺炎疫情对企业的影响已经不大。有过半数（52.41%）的企业认为已经恢复正常，还有超两成（23.10%）的企业表示好于疫情前，只有不足四分之一的企业认为疫情产生了较差的影响（见图11-3-13）。企业规模越大，恢复的情况越好，近九成（85.53%）较大型企业已经恢复至疫情前水平或比疫情前更好，而这一比例在中小型企业中只有七成左右（见图11-3-14）。

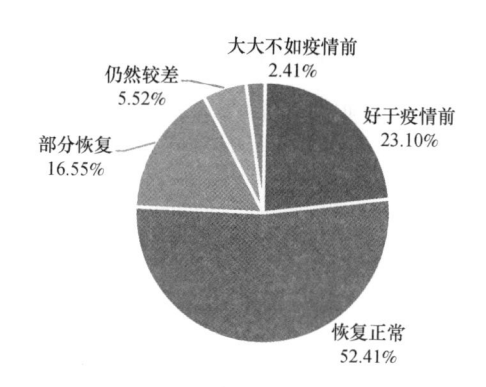

图11-3-13　目前疫情对企业的影响

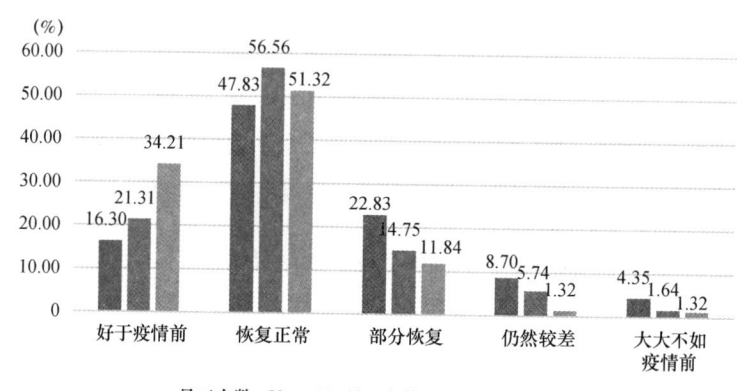

图11-3-14　目前疫情对不同规模企业的影响

◇ 四 创新的政策支持

从各部门的表现来看，企业对政府的支持比较满意，近七成（67.93%）的企业认可政府的政策指导和有效支持。但是，各类金融机构和公共服务平台的表现略差，只有不到半数（46.20%）的企业认为经常受到中介和公共服务平台的支持，只有三成的企业认为受到金融机构的大力支持。企业规模越大，受到政府和各类机构的支持越多。

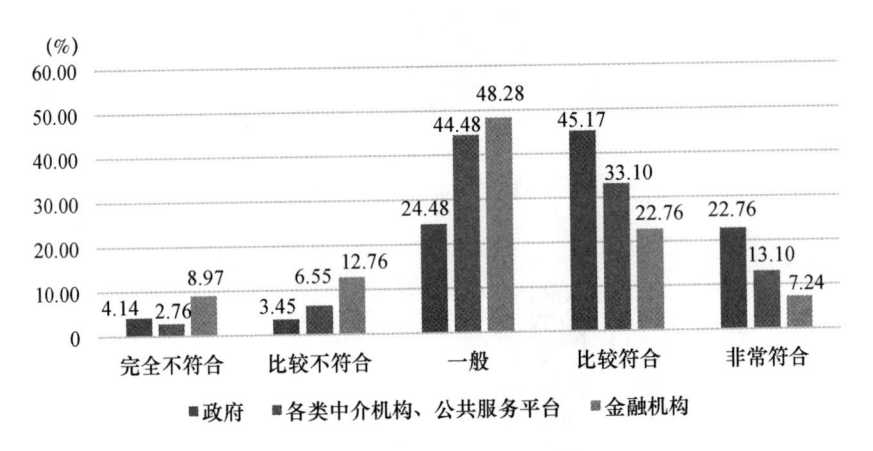

图11-4-1 创新活动得到支持的部门

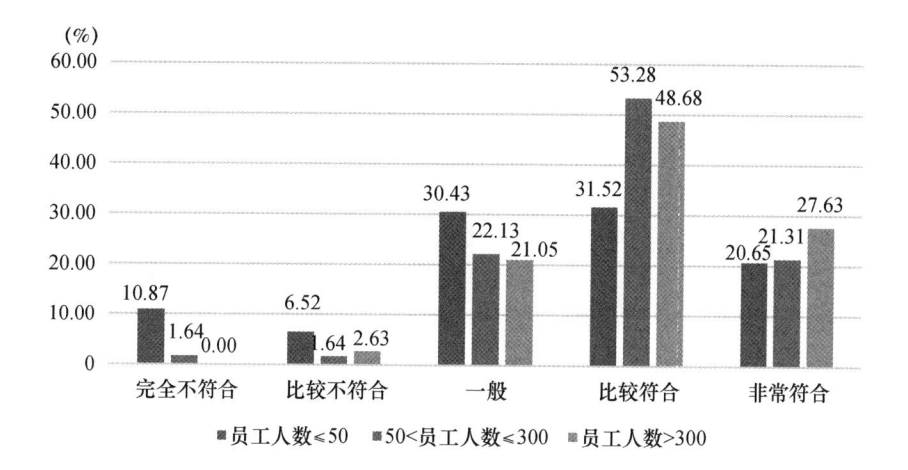

第十一章 影响中小企业创新因素——基于问卷调查 **347**

图11-4-2 不同规模企业受政府支持情况

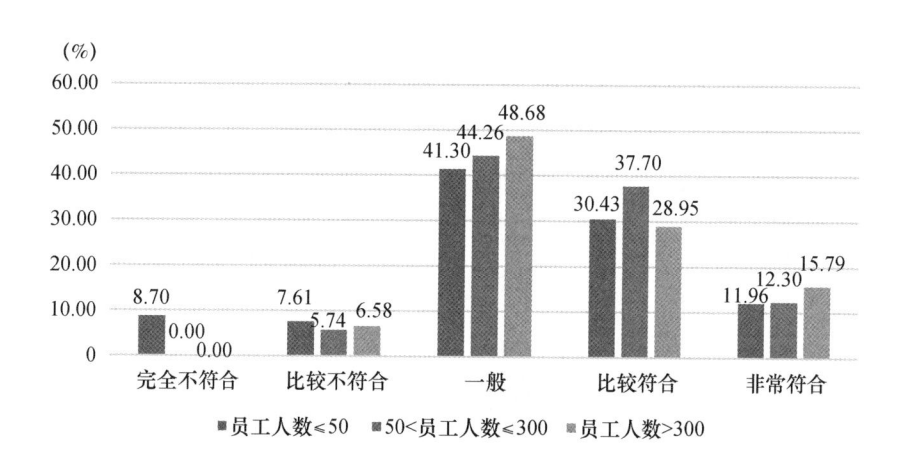

图11-4-3 不同规模企业受平台支持情况

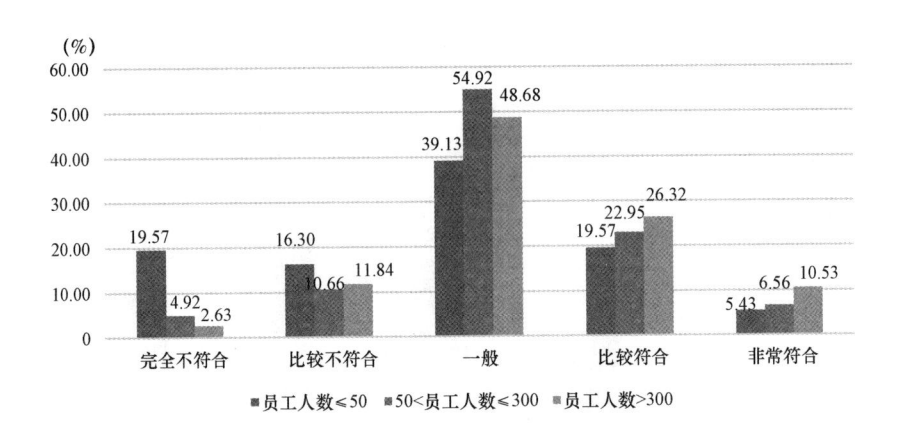

图 11-4-4 不同规模企业受金融支持情况

过去企业在创新研发中享受到的政府帮助主要体现在项目资金支持和税收减免上，其中各有七成左右的企业表示认可。另外，13.10%的企业表示享受到了手续办理绿色通道，享受到政府采购的企业只有4.14%（见图11-4-5）。企业规模越大，受到项目资金支持和税收减免的比例越高；企业规模越小，受到政府采购帮助和手续办理绿色通道帮助的比例越高（见图11-4-6）。

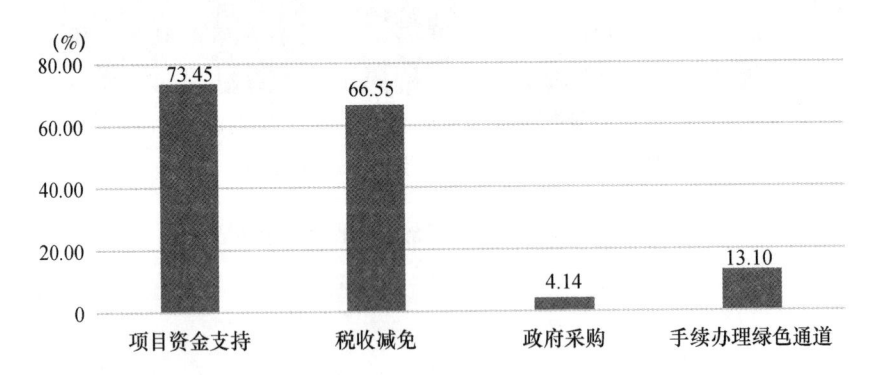

图 11-4-5 过去三年内在创新、研发中享受到的政府帮助

从法律环境来看，超八成（80.34%）的企业认为当前法律环境

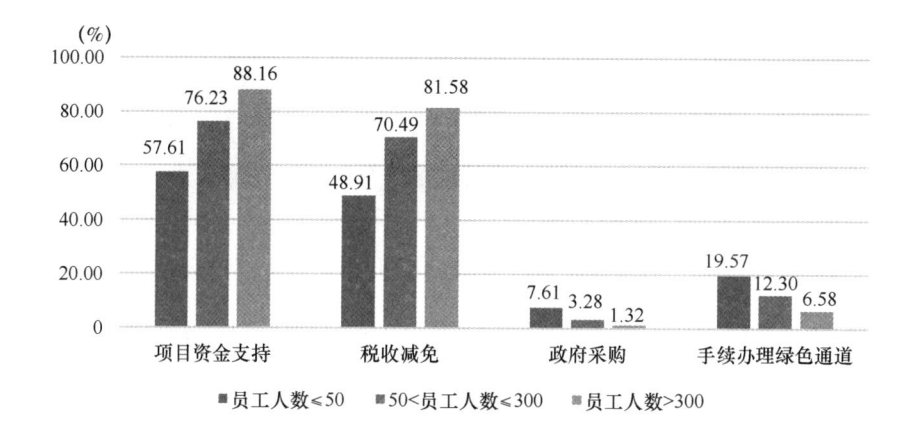

图 11-4-6 不同规模企业过去三年内在创新、研发中享受到政府帮助

有利于鼓励企业创新（见图 11-4-7）。不同规模的企业的态度差别不大。

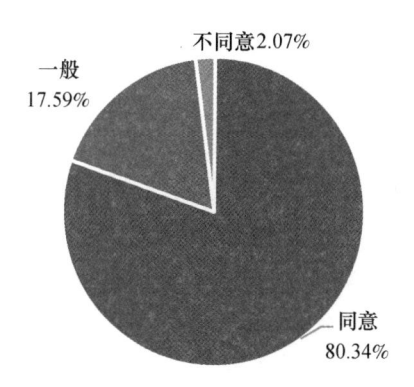

图 11-4-7 是否同意当前法律环境有利于知识产权保护，从而鼓励企业创新

(%)

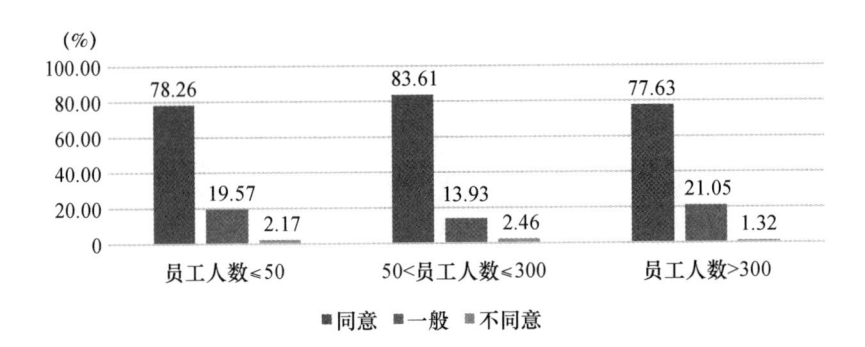

员工人数	同意	一般	不同意
员工人数≤50	78.26	19.57	2.17
50<员工人数≤300	83.61	13.93	2.46
员工人数>300	77.63	21.05	1.32

图 11-4-8　不同规模企业对当前法律环境是否有利于知识产权保护鼓励创新的看法

从融资环境来看，有近四成（39.66%）的企业表示融资需求不能得到满足，有6.90%的企业表示融资总是不能满足（见图11-4-9）。企业规模越小，融资的满足程度越差。超八成（80.26%）的中型企业表示融资需求基本能够满足，而这一比例在小型和微型企业中分别只有60.66%和43.48%（见图11-4-10）。

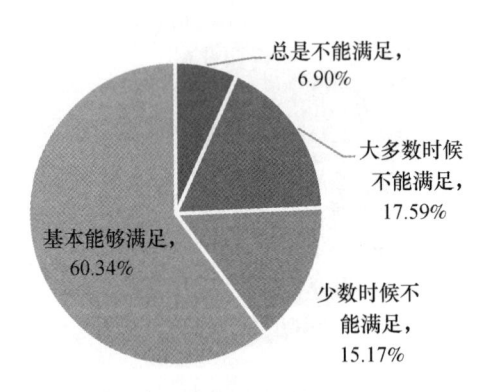

- 总是不能满足，6.90%
- 大多数时候不能满足，17.59%
- 少数时候不能满足，15.17%
- 基本能够满足，60.34%

图 11-4-9　融资需求得到满足的比例

图 11-4-10　企业规模与融资需求得到满足的比例

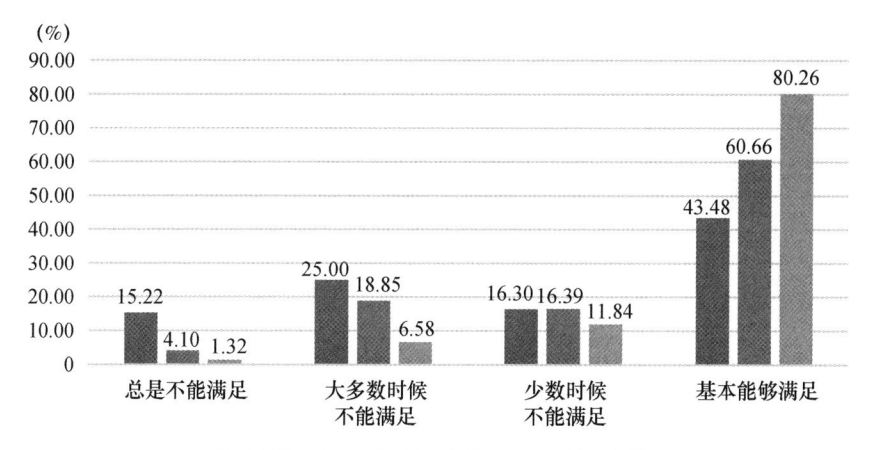

企业的政策需求主要体现在政府资助方面，有超七成（72.76%）的企业认为增加政府资助将有效推动企业创新。另外，有超六成的企业希望能推动产学研结合（60.69%）和进一步降低税收（62.41%），超五成的企业认为需要对接技术人才（53.45%）和保护知识产权（56.55%），四成企业认为应该推动大中小企业协同创新（40.00%），三成左右的企业认为应该推动多层次金融体系建设促进融资（30.34%）和提供共性技术支持（29.66%）（见图 11-4-11）。企业规模越大，对各类政策的需求越大（见图 11-4-12）。

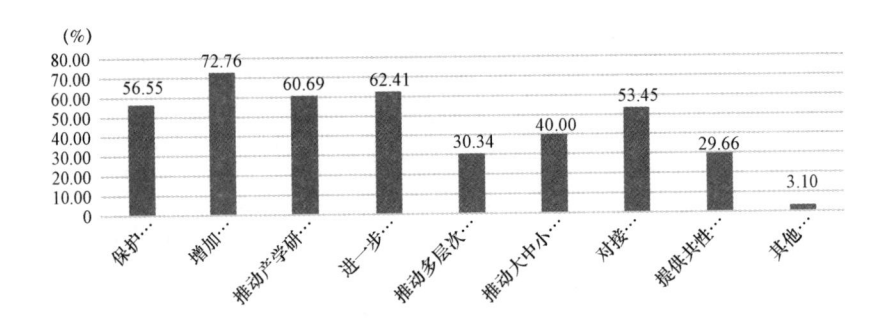

图 11-4-11 要推动企业创新，政府应该增加力度的方面

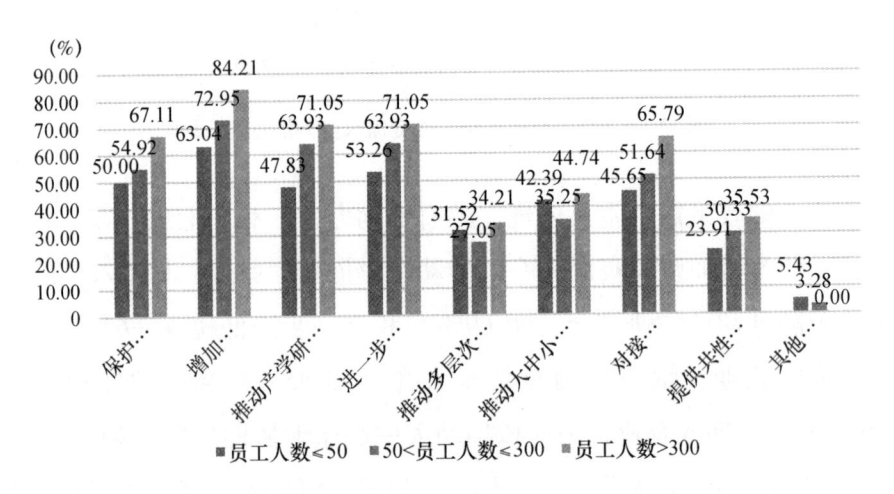

图 11-4-12 不同规模企业对推动企业创新，政府需增加力度方面的看法

第十二章

"专精特新"政策及总体效果

2019年中央财经委员会第五次会议上,习近平总书记提出"要发挥企业家精神和工匠精神,培育一批'专精特新'中小企业"。《国民经济和社会发展第十四个五年规划和2035远景目标纲要》中也明确提出,要"推动中小企业提升专业化优势,培育"专精特新"'小巨人'企业和制造业单项冠军企业"。通过鼓励中小企业走"专业化、精细化、特色化、创新型"发展道路,提升其自身创新能力和专业化水平,使实现高质量发展成为必然性选择。

自2019年培育工作开展以来,国家批准认证了三批"专精特新""小巨人"企业,共计4762家,包括中型企业2720家、小型企业2033家、微型企业9家,其中民营企业占比达84%。对促进中国中小微企业和民营企业高质量发展起到了重要引领作用。当前"专精特新""小巨人"企业呈现出专业化和精细化程度高、数字赋能力度大、创新能力强等特点。为全面评估"专精特新""小巨人"企业发展成绩,总结培育工作开展以来的经验教训,特撰写本报告,从背景、政策和成绩三方面对"专精特新""小巨人"企业培育工作进行分析介绍。

一 "专精特新""小巨人"企业培育背景

"专精特新"中小企业是中小企业这一庞大群体中的精华和最具成长潜力的部分。这其中，涌现出一批专注细分市场、创新能力强、质量效益优、带动作用大的"专精特新""小巨人"企业。在此基础上，又有一批掌握关键核心技术、主导产品聚焦短板弱项的重点"小巨人"企业脱颖而出，成为中小企业群体的"领头羊"。

（一）时代背景

1. 新时代社会主要矛盾转变

党的十九大报告明确指出，"中国特色社会主义进入新时代，中国社会主要矛盾已经转化为人民日益增长的美好生活需要和不平衡不充分的发展之间的矛盾"。随着经济社会的发展和科技的进步，人民生活水平持续提高，过去物质匮乏的情况得到极大缓解，人民不再满足于简单的有饭吃、有衣穿、有房住和有学上，而是想吃得更好、穿得更美、住得更舒服，在衣食住行各个方面都有更高期盼，人民更高层次的需求亟须满足。走"专精特新"路线的优质中小企业就可以更好地满足大众的个性化、定制化需求。

2. 对外开放和专业化分工不断深化

随着中国改革开放的不断深化，中国参与国际化分工不断加深。随着国际垂直专业化分工形态演变，复杂产品系统的专业化分工程度和范围愈加细化深化。越来越多的中小企业面临的市场由过去封闭的国内市场转向高度开放的全球市场，企业竞争方式也越来越多地由内部竞争转向开放竞争，竞争难度和激烈程度快速提升，过去小作坊、乡镇小企业和个体私营企业依靠简单的模仿、粗放经营和低价竞争的发展模式越来越不适应新时期的形势。培育"专精特新""小巨人"企业对于应对全球竞争、寻求中小企业新成长路径、突破价值链低端锁定、构筑新市场竞争优势起到至关重要的作用。

3. 各国布局抢占第四次产业革命先机

随着科技的发展，以5G通信、先进材料、人工智能等为代表的突破性技术簇群涌现为核心特征，全球进入第四次产业革命。在新技术的推动下，市场需求呈现出个性化、定制化、柔性化和品质化等特点，尤其是数据要素属性的提升，意味着产品质量取代数量、生产效率取代生产规模作为衡量企业竞争力的核心指标。世界的主要工业化国家为了在第四次产业革命中再抢占先机，纷纷从国家层面进行战略规划。2013年德国政府在汉诺威工业博览会上率先提出"工业4.0"战略，此后美国、日本、英国也先后制定了"先进制造业国家战略"、"科技工业联盟"和"工业2050战略"。为更好地整合资源，在第四次工业革命中走在前列，中国于2015年5月由国务院正式印发《中国制造2025》，部署全面推进实施制造强国战略。培育"专精特新""小巨人"企业是制造强国战略在中小企业方面的具体实施措施，可以使国家政策更具针对性地覆盖"专精特新"中小微型企业，为中国在第四次产业革命中对发达国家实现赶超提供更强助力。

（二）"专精特新""小巨人"企业内涵

"专精特新"中小企业是走"专业化、精细化、特色化、创新型"发展道路的中小企业。"小巨人"企业是由工业和信息化部认证并公布的"专精特新"中小企业[①]中的佼佼者，其特点是专注于细分市场、创新能力强、市场占有率高、掌握关键核心技术、质量效益优。

1. 专业化

专业化的内涵表现为各个企业基于自身比较优势进行专业化生产，并通过能力交换对接，从专业化生产的规模经济中获得递增报酬。企业把经营重点聚焦于特定顾客群体和某一细分区段的产品市场，从而产生差别化的竞争或更低的成本优势。

专业化的特征如下。其一，企业可以发现利基市场，挖掘空白领域，瞄准特定目标，与其他企业的生态位重叠度低，形成产品专用线、技艺专有性或渠道专属性。其二，企业集中精力深耕，确定核心业务方向，长期专注于特定产品或生产环节，形成技术领跑、标准化优势和批量生产定制规模。其三，企业提供专业配套，为龙头企业提供关键零部件、元器件和优质配套，与合作企业建立起可靠、稳定的专业化协作体系。

---

① 中小微型企业规模的划分按照中华人民共和国工业和信息化部《中小企业划型标准规定》[2011] 300号文件，2011年6月18日发布。

2. 精细化

精细化的内涵包括：精益创业、精益生产、质量管理和工匠精神四个层面。精益创业即企业开发追求快速迭代以更好地适应市场。精益生产即注重加工流程和各个环节的高效协同，强调小资源投入、低消耗生产、短周期交付。质量管理即企业自主强调产品质量，提高品质控制标准，不依赖检验来保证产品质量。工匠精神是对企业的职业道德要求，即要求工匠淬炼匠艺，打磨器物至尽善尽美。

精细化的特征如下。其一，研发精深。持续跟踪产品反馈并及时调整，精心设计造出精致产品。其二，管理精细。构建流程控制规范、机制约束有力的现代企业制度。强化精准供应链管理并升级拓维，提升全要素生产率。其三，品质精良。产品质量性能与国际先进对标，在行业标准、技术规范制定上有话语权。塑造自主品牌，增厚品牌价值实现高溢价。其四，匠心营造。以敬业严谨、一丝不苟的匠心态度对待产品制作，铸就不凡，赢得高认可度、高美誉度。

3. 特色化

特色化的内涵表现为：产品具有与同类产品的差异化特征、特殊性效用，并在产品使用者中形成突出印象。能否获得与众不同、难以模仿和复制的资源优势是打造核心竞争力的关键所在。

特色化的特征如下。其一，"差异性"定位。采用独特工艺、配方或特殊原料，研制差异化产品，做到人无我有，人有我特。其二，"小单元"经营。以小规模、大协作方式完成与大企业的产业链供应配套。其三,"趋势性"引领。前瞻性洞察行业趋势,牵引产品迭代开发,推动消费提档升级,最大化满足特定用户的需求。

4. 创新型

创新型的内涵:一方面指创造新范式的技术创新、增效节能降耗的工艺创新;另一方面指架构优化重组的组织创新、商业策略调整的营销创新等"软创新"。

创新型的特征如下。其一,厚植源头创新优势。领导者有企业家精神,团队有革新内涵,企业自身拥有创新识别评估能力、创新消化吸收能力、创新持续性投入能力以及与大型企业的融通创新能力等。其二,数字化和工业设计赋能。推进研发设计、生产管理等核心业务环节的数字化转型、网络化协同、智能化改造,以"上云用数赋智"大幅提升创新效率。其三,完善领域专利布局。通过持续研发、技术迭代和高质量专利申请,构建具有自主知识产权的高新技术产品矩阵,形成隐形技术壁垒。

(三)培育"专精特新""小巨人"企业的意义

"专精特新""小巨人"企业聚焦实业、做精主业,持续性创新投入力度大,前沿领域自主创新成果多,与产业链上下游协作配套能力强,是促进经济循环流转和产业关联畅通的重要支撑,是助力实体经济做实做强做优的重要推动力,在提振市场微观主体信心、实现中小微企业高质量发展过程中具有重要作用。

1. 构建新发展格局的有力支撑

习近平总书记指出,构建新发展格局关键在于经济循环的畅通无阻，最本质的特征是实现高水平的自立自强。维护关键核心产业链供应链稳定安全并始终保持竞争力是推动形成新发展格局的基本前提，这一过程不仅需要龙头企业，更需要"小巨人"企业与之形成协调互补格局。

补强产业链供应链。近年来，中美贸易战等暴露出中国产业链供应链的部分核心环节和关键细分领域的空白和弱项，"小巨人"企业优势产品聚焦堵漏补缺，助力在重点行业和领域形成必要的产能备份。同时，"小巨人"企业头雁带动效应显著，引领众多优质中小企业同步跟进、共同参与制造业强链补链行动和产业基础再造工程，对于破解瓶颈制约，穿透循环赌点，增强产业供应链韧性和竞争力具有积极意义。

促进高水平供求关系动态平衡。各主要经济体产业链回流、供应链回缩趋势明显，国际经济循环格局步入深度调整。从2016年开始，全球外国直接投资（FDI）流量整体呈下滑趋势且降幅主要集中在发达经济体，2020年FDI流量较上年骤降35%[①]。"小巨人"企业与行业龙头协同创新、产业链上下游紧密协作，持续发力研发设计端、核心技术端、服务型制造端，不断向全球产业链、供应链的中高端位置攀升。同时，"小巨人"企业贴近竞争性市场，拥有敏锐的潜在需求捕捉能力，且主动适应、引领需求而进行创新的意愿强烈，能满足并激发多层次、多样化的消费需求，助推内需消费升级倒逼产业提质增效，并借此形成更高水平的供需动态平衡。

2. 做实做优做强制造业实体的迫切需求

制造业是立身之本、强国之基，实体经济为国家经济命脉所系，

[①] 联合国贸易和发展会议（UNCTAD）：《2021年世界投资报告》。

制造业之于实体经济和国家发展意义重大。

夯实强化制造业基础建设。受要素成本快速上涨和资源环境约束趋紧等因素影响,2010—2020年,中国制造业固定资产投资增速快速下行,从27%跌至-2.2%;2020年制造业增加值占GDP比重为26.2%,波动下降5.4个百分点。"小巨人"企业作为制造业领域的优秀代表,集中涌现在装备制造、电子信息产品制造等先进制造业和新兴产业领域,具备核心技术公关能力和复杂产品制造能力,是产业技术基础和共性技术研发的重要载体,是保持制造业比重基本稳定以及提升制造业整体素质的重要发力点。

引领提升金融服务实体质效。由于实体经济回报率低、回报周期长以及金融机构风险偏好等因素,金融向实体经济领域渗透不足或是更多流向大企业,中小实体信贷可及性和贡献匹配度总体偏低。OECD数据显示,中国中小企业中长期贷款余额占比为58.4%,低于发达经济体70%的平均水平[①]。"小巨人"企业融资吸引力强、长期投资价值高,极具发展潜力与成长性,有利于社会资源向此类中小微企业加强信贷资源倾斜、拓宽债权融资渠道、扩大股权投资规模,进一步放大普惠金融政策效果,扭转资金"脱实向虚"趋势。

3. 实现中小企业高质量发展的必由之路

习近平总书记强调,新时代新阶段的发展必须贯彻新发展理念,必须是高质量发展。推动中小企业高质量发展,必须坚定不移地把创新、协调、绿色、开放、共享的发展理念贯穿到

---

① 经济合作与发展组织(OECD):《2020年中小企业与创业融资OECD比较计分卡》。

中小企业发展的全过程，切实转变企业发展方式，转换发展动能。

"小巨人"企业可率先转变发展方式，向价值链高端跃迁。一、质量效益突出。"小巨人"企业锚定"增品种、提品质、创品牌"路径，广泛参与国内外行业标准、技术规范制定，产品普遍获得发达国家权威机构认证，拥有良好市场声誉和品牌标杆优势，形成高效率和高质量的投入产出关系。二、绿色低碳循环。部分行业"小巨人"企业积极参与工业低碳行动和绿色制造工程，实施节能技术改造，提升清洁生产水平，确保能耗、排放指标优于国家标准，在探索实现碳达峰和碳中和路径目标中发挥示范导向作用。

"小巨人"企业可率先实现动能转换，激发内在发展活力。一、融通创新添动能。政策实施以来，三批"小巨人"企业平均研发投入强度达到5.9%，远超2019年全国规模以上工业企业1.3%的平均水平，约为当年高技术制造业平均水平的2.4倍[1]。二、数字化转型增动能。"小巨人"企业培育认定的相关条件中明确要求加大数字化投入改造，率先成为数字化赋能标杆中小企业。三批"小巨人"企业的信息系统支撑率达到100%，业务系统云端迁移率达到62%，是数字化赋能转型升级的先行者、实践者，为其他企业转变发展理念规划转型路径提供了借鉴参考和模式指引。

---

[1] 国家统计局：2020年《中国统计年鉴》。

二 "专精特新""小巨人"企业培育的相关政策

(一) 中央推进"专精特新""小巨人"企业工作的历史沿革

1. 第一阶段：概念提出与实施，促进中小企业"专精特新"发展

2011年7月，工业和信息化部提出，"十二五"时期，将大力推动中小企业向"专精特新"方向发展。同年9月，工业和信息化部《"十二五"中小企业成长规划》将"专精特新"发展作为促进中国中小企业转型升级的重要着力点，"专精特新"作为一个整体首次被提出。2012年，国务院发布《关于进一步支持小型微型企业健康发展的意见》（国发〔2012〕14号文），鼓励小型微型企业走"专精特新"和与大企业协作配套发展的道路。2013年，工业和信息化部印发《关于促进中小企业"专精特新"发展的指导意见》（工信部企业〔2013〕264号），其中第一次以国家级专门政策文件形式明确了促进中小企业"专精特新"发展的总体思路、重点任务及培育措施。"十三五"期间，支持中小企业发展的"一法一条例三意见"相继出炉，为"专精特新"中小企业发展壮大引路领航，其中，三个意见都明确提到要促进中小企业"专精特新"发展。

2. 第二阶段：系列政策出台，培育"专精特新""小巨人"企业

2018年，工业和信息化部发布《关于开展"专精特新""小巨人"企业培育工作的通知》（工信部企业函〔2018〕381号），其决定在各省级中小企业主管部门认定的"专精特新"中小企业及产品基

础上，培育一批"专精特新""小巨人"企业。同年8月起，财政部会同工业和信息化部、科技部支持实体经济开发区打造创新创业特色载体，促进中小企业成长为"专精特新""小巨人"企业。2019年4月，中共中央办公厅、国务院办公厅印发《关于促进中小企业健康发展的指导意见》提出，以"专精特新"中小企业为基础，在工业"四基"领域（指核心基础零部件、关键基础材料、先进基础工艺和产业技术基础）培育一批主营业务突出、竞争力强成长性好的"专精特新""小巨人"企业。此后工业和信息化部依照标准对"专精特新""小巨人"企业进行了三个批次的认定。如表12-2-1列出了工业和信息化部认定的"小巨人"企业批次和数量。

表12-2-1　　　　工业和信息化部认定的"小巨人"企业数量

批次	认定时间	企业数量
第一批	2019年5月	248家
第二批	2020年11月	1584家
第三批	2021年7月	2930家

3. 第三阶段：政策加码，支持重点"小巨人"企业发展

2021年2月，财政部、工业和信息化部联合印发《关于支持"专精特新"中小企业高质量发展的通知》（财建〔2021〕2号），聚焦重点行业和领域，通过中小企业发展专项资金累计安排100亿元以上奖补资金，以直达方式分三批重点支持1000余家国家级"专精特新""小巨人"企业高质量发展，做强梯度培育优质企业的关键环节。同时，将支持符合条件的"小巨人"企业对接资本市场，加快上市步伐。2021年7月，工信部发布公告，支持第一批727家重点"小巨人"企业。

（二）培育"专精特新""小巨人"企业的政策落实

近年来，国家和地方出台了一系列政策，引导中小企业聚焦主业、打造优势、规范管理、提升质量、坚持创新、勇于开拓，走"专精特新"发展道路。

1. 完善培育"专精特新"中小企业的公共服务体系

为提升对中小企业服务的及时性和有效性，全国已构建起覆盖省、市（州）、县三级联动的公共服务体系，为中小企业"专精特新"发展提供信息、技术、咨询、培训、融资、市场等各类服务支撑。

全方位加快公共服务基础设施建设。国家和地方均发布相关政策文件，大力推进"专精特新"中小企业的公共服务体系建设。截至目前，已搭建完成了以升级公共服务平台为枢纽、地市和行业窗口平台为依托的中小企业公共服务平台网络，覆盖全国30多个省、自治区、直辖市和5个计划单列市，集聚平台1100多个，形成服务体系的骨干架构。通过提升中小企业公共服务平台网络的服务能力，以政府购买服务的形式，建立健全服务规范、服务评价和激励机制，调动和优化配置服务资源，完善政策咨询、创业创新、知识产权、投资融资、管理诊断、检验检测、人才培训、国内外市场开拓、财务指导、权益维护、信息化服务等各类服务功能，为中小微企业提供质优价廉的普惠服务。以北京市为例。北京市依托中小企业公共服务平台打造北京通企服版APP，打造惠企服务"万能工具箱"，仅2021年2月上线至5月，上线十大类服务产品299款，十大类专业培训课程538个，提供信息 14997 条，总数超 80 万人次。

高标准加强创新创业示范载体建设。示范平台和示范基地是基于区域和行业属性精准服务中小企业的特色载体，是具有示范带动作用的服务窗口。目前，工业和信息化部培育认定了国家中小企业公共服务示范平台 585 家、国家小型微型企业创业创新示范基地 343 家，带动各地认定省级示范平台 3400 多家、省级示范基地 2400 多家，支持 101 家实体经济开发区打造大中小企业融通型等创新创业特色载体，共带动 10 万家社会化服务机构。它们通过提高服务资源集聚能力，创新服务模式，提升信息、技术、培训、融资、创业等公共服务水平，大力发展成果转化、科技评估、创业投资、知识产权等中介服务，增强企业技术创新与产业化能力，提高入驻企业创业成功率和创新能力，打造管理规范、业绩突出、公信度高、服务面广的示范平台和示范基地，为中小企创新驱动发展提供有力支撑。

多渠道助推供需对接国内外市场拓展。目前有 25 个省、自治区、直辖市或计划单列市开展了"专精特新"企业市场开拓服务，2020 年举办各类活动 300 余次，举办专题展览近 80 次。一是依托中国国际中小企业博览会、APEC 中小企业技术交流暨展览会等国际高端展会帮助"专精特新"中小企业开拓国内外市场，借助中小企业中外交流合作活动深化"一带一路"合作机制建设。二是建立对外合作公共服务平台助力企业开拓市场。大连市相关部门建立中小企业全球贸易信息咨询公共服务平台系统，为中小企业（特别是"专精特新"企业）提供全球贸易数据、市场研究、供求商情、分析报告等一对一免费服务。三是加强国内市场开拓线上线下活动。2020 年湖北省举办市场开拓专题对接活动 32 场次，其中专题展览 25 场次。天津市举办市级产业撮合对接会 21 场。广东省举办 3 场"专精特新"新品发布会，发布了涉及高端装备制造业、生物医疗、新兴信息产业、节能环保、新材料五大领域的60个新品，其中参与直播平台8家共计直播18次，观看直播人数超过235万人次。

加大主流媒体宣传推广。工业和信息化部将"注重示范引导"作为重要的服务内容，各级地方政府充分利用媒体渠道和中小企业示范平台资源设立"专精特新""小巨人"企业专栏和系列报道，帮助企业提升品牌影响力和社会知名度。部分省份编写了"专精特新""小巨人"案例集和年度"专精特新"企业发展报告，开展政策宣介，发布典型案例，归纳成长路径，总结推广经验，营造良好舆论氛围。

2. 构建利于"专精特新"中小企业发展的融资支持体系

加大政府财税扶持。一是国家层面出台专项财税资金。2021年，财政部联合工业和信息化部印发《关于支持"专精特新"中小企业高质量发展的通知》（财建［2021］2号），提出"十四五"期间将通过中小企业发展专项资金累计安排约100亿元奖补资金，分三批重点支持1000余家国家级"专精特新""小巨人"企业高质量发展。通过中央财政资金引导，进一步带动地方加大"专精特新"中小企业培育力度，强化政策措施精准性，做强梯度培育优质企业的关键环节；国家税务总局组织开展"春雨润苗"专项行动，为"专精特新"，特别是"小巨人"企业提供精细服务，通过精准宣传辅导、税收直通服务、优化服务等方式，支持"专精特新"中小企业高质量发展。二是各省推出配套专项政策。各省相关主管部门在"专精特新"中小企业管理认定政策的基础上，推出包括财政补贴、税收减免、信用担保、专项基金、区域股权市场等财税支持专项政策以解决"专精特新"企业融资难融资贵问题。

加强金融服务供给。一、搭建直接融资平台。积极组织开展优质"专精特新"中小企业上市培育，不少地方加大对小升规、规改股、股上市企业的支持力度，组织开展投融资对接及项目路演，推动符合条件的"专精特新"中小企业对接资本市场。目前全国共有9个省（自治区、直辖市）的区域股权交易中心专门设立"专精特新"板，挂牌企业近2000家，融资金额达到85亿元。二、构筑间接融资政策框架。综合运用货币、财政政策工具及差异化监管措施，引导金融机构加大对"专精特新"中小企业信贷支持力度，促进形成敢贷、愿贷、能贷、会贷的长效机制。工业和信息化部分别与交通银行、中国建设银行、中国农业银行、中国邮政储蓄银行、中国工商银行、中国银行等单位签署《中小企业金融服务战略合作协议》，为探索行之有效的中小企业金融服务模式，包括推动产融项目对接、开展投贷联动、推进供应链融资、加快小微金融业务中心建设、开展中小企业金融知识普及教育等。同时进一步规范涉企金融服务收费，使"专精特新"中小企业综合融资成本稳中有降。三、搭建间接融资平台，促进银企直接对接。搭建平台收集"专精特新"企业融资需求信息并推荐给银行，联合银行组织以"专精特新"企业为主的银企融资对接会，帮助企业融资。推动银行出台针对"专精特新"企业专属融资产品或服务方案。向企业广泛介绍投融资服务产品、金融机构服务，帮助"专精特新"企业产投对接，达成投资意向。目前已有22个省（自治区、直辖市）与金融机构联合印发专项融资服务方案，服务企业1.6万余家，融资金额超2000亿元。

3. 营造促进"专精特新"中小企业创新的环境

加强科技创新。一、加快技术改造。首先，地方政府利用资金扶持方式，支持"专精特新"中小企业开展技术改造。其次，利用技术改造专业化服务加快企业技术改造。如浙江省以"专精特新"培育企业为重点，每年组织实施1000项专项服务，来推动企业生产设备升级。再次，推动工业设计赋能中小企业。如深圳市设立工业设计走进中小微制造企业扶持项目，对"专精特新"企业设计费用予以50%最高30万元的补贴。二、加快科技成果转化。地方政府采用奖补、产学研对接及发布等形式，推动科技成果转化。三、支持、引导、奖励中小企业，尤其是"专精特新"企业建立"技术创新中心"。四、地方政府积极组织本地企业参加创新创业大赛，助力"专精特新"企业对接国内外优势资源，激发创新活力，发掘和培育优秀的创新项目和团队。

推动管理创新。一、提升产品质量标准。在"专精特新"培育企业中推行全面质量管理、精细化管理、6S管理、六西格玛管理等有效的质量管理方法。实施对标发达国家制造标准的行动，分行业开展对比，引导精品制造。二、开展管理咨询诊断活动，开展管理提升活动等。如安徽省通过政府购买服务的方式，为企业提供精准服务，2020年共诊断"专精特新"企业100家，企业总体满意度达98.1%。

强化人才支撑。一、多层次引进人才。首先，通过资金奖励、开设绿色通道、建立绿卡制度等人才政策，加大对于海内外高层次人才的吸引力度。其次，通过联合高校开展"订单式"人才培养，引进技工人才，实现引进人才与企业需求相一致。二、多元化培训人才。根据企业需求，精准设计"专精特新"企业高级研修班公益培训，引导企业上规模发展、规范化发展，快速提升企业综合竞争力。同时开展国家级、省级、市级等不同级别和不同主题的人才培训活动或组织企业家赴国外培训学习。2020年,36个省、自治区、直辖市及计划单列市中的近七成开展了"专精特新"企业人才培训活动,平均举办10.39期,培训969人次。安徽每年组织培训"专精特新"中小企业高管1000人次,组织领军企业家赴德国、日本学习借鉴国际先进管理经验。

4. 完善"专精特新"中小企业发展的配套体系

构建培育体系机制。一、国家优质企业梯度培育体系基本成型。对"专精特新"中小企业采取分层级梯度培育。2021年7月,工业和信息化部等六部门印发《关于加快培育发展制造业优质企业的指导意见》提出,分类指定完善遴选标准,选树"小巨人"企业、单项冠军企业、领航企业标杆。二、各省"专精特新"企业培育库快速扩容。使各地立足实际,设立差异化的"专精特新"中小企业认定标准,部分省份针对"专精特新"中小企业培育明确了评价导向性指标体系和培育路径。截至2020年年底,29个省级行政区建立企业培育库,全国范围内已认定省级"专精特新"企业4万多家,入库培育企业11万多家,初步形成各地共同推进"专精特新"中小企业培育工作的格局。

系统推动数字化赋能。一、培育一批数字化可信服务商。针对"专精特新"中小企业典型应用场景,引导数字化服务商面向中小企业搭建技术水平高、集成能力强、行业应用广的数字化平台,开发使用便捷、成本低廉的数字化解决方案,推广一批符合需求的数字化产品和服务,促进"专精特新"中小企业加快生产设备和工艺流程数字化改造。二、推动上云服务。支撑"专精特新"中小企业加快传统制造设备上云和业务向云端迁移,满足研发设计、生产制造、经营管理、市场营销等云化服务需求。支撑大型企业立足"专精特新"中小企业共性需求,搭建资源和能力共享平台,在重点领域实现设备共享、产能对接、生产协同,促进"专精特新"中小企业深度融入大型企业的供应链、创业链。三、推动智能制造。加快新一代信息技术在先进制造业中的应用,着力推进智能制造,促进"专精特新"中小企业生产过程柔性化及系统服务集成化,建设智能生产线、智能车间和智能工厂,发展个性化定制、网络化协同服务型制造等新模式新业态。

5. 促进大中小企业融通发展

"专精特新""小巨人"企业是打造创新协同、产能共享、供应链互通的大中小融通发展产业生态的关键环节。工业和信息化部等四部委联合印发的《促进大中小企业融通发展三年计划》中推出,将培育"专精特新""小巨人"企业作为重要内容。近20个省、自治区、直辖市和计划单列市将推动产业协同创新、促进大中小企业融通发展列入促进中小企业"专精特新"发展的政策措施中,推出了多项务实举措。

鼓励产业链协作配套。为提升产业链供应链现代化水平,工业和信息化部推动产业链的重要节点形成一批"专精特新""小巨人"企业,促进大中小企业融通发展。中央及地方政府将支持"小巨人"企业以专业化分工、服务外包、订单生产等方式与大企业建立长期稳定的合作关系,为龙头企业、大项目、大工程协作配套产业链提供零部件、元器件、配套产品和配套服务。

支持特色平台载体建设。工业和信息化部会同财政部、科技部由中央财政通过中小企业发展专项资金,分三年投入100亿元支持200

家优质实体经济开发区打造包括大中小企业融通型特色载体在内的四类创新创业特色载体，依托特色载体打造大中小企业融通发展的新型产业创新生态。各级政府充分利用现有中小企业公共服务示范平台、小型微型企业创业创新示范基地等平台，发挥平台载体作为大中小企业信息、资源、能力、品牌对接渠道的融通支撑能力。

打造重点产业集群。工业和信息化部等六部门共同发布的《关于加快培育发展制造业优质企业的指导意见》中提出要"联合中小企业建设先进制造业集群、战略性新兴产业集群、创新型产业集群"。各级地方政府也鼓励"专精特新""小巨人"企业作为产业链"链主"或产业集群龙头企业，引领带动上下游企业开展技术研发和创新联动，形成以"小巨人"企业为核心、产业集聚度高、创新能力强的重点产业集群，提升中小企业"专精特新"集聚发展水平和区域产业配套能力，提升产业协同效率，增强制造业竞争优势。

推动产业协同创新。《关于加快培育发展制造业优质企业的指导意见》中提出，要依托优质企业组建创新联合体或技术创新战略联盟，开展协同创新，加大重点领域关键核心技术、产品、装备公关和示范应用。推动国家科研基础设施和大兴科研仪器向优质企业开放，建设生产应用示范平台和产业技术基础公共服务平台。地方政府也将大力支持"专精特新""小巨人"企业与大型企业共建产业创新联盟或创新联合体，实现大中小企业之间的创新能力共享、成果转化和品牌协同，支持"专精特新""小巨人"企业参与共建国家级重点实验室、工程技术研究中心、制造业创新中心等，开展共性技术研发供给，开展订单式研发、投放式创新、供应链互通的融通创新产业生态。

三 培育"专精特新""小巨人"企业的政策成效

(一)"专精特新""小巨人"企业基本情况

1. 小微型企业占比逐年提高,规模分布趋于均衡

如图 12-3-1 所示,中型企业和小微型企业占比总体较为均衡。中型和小微型企业分别为 2720 家和 2042 家,其占比分别为 57.1%、42.9%。分批次看,小微型企业占比逐年提高。第一批"小巨人"企业中,中型企业 176 家,占比 71%,小微型企业 72 家,占比 29%;第二批"小巨人"企业中,中型企业 1016 家,占比 64.1%,小微型企业 568 家,占比 35.9%;第三批"小巨人"企业中,中型企业 1528 家,占比 52.2%,小微型企业 1402 家,占比 47.8%。中型企业与小微型企业占比差距逐步缩小,企业规模分布逐步平均。

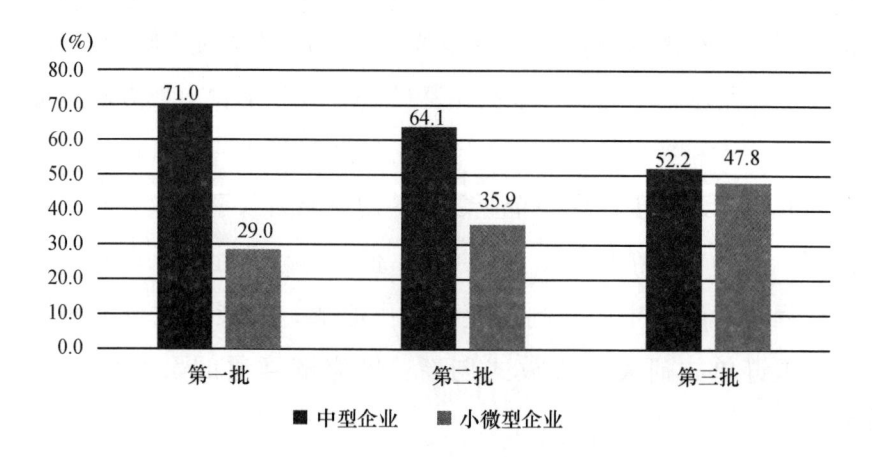

图 12-3-1 三批"小巨人"企业规模分布

2. 所有制性质多样，总体以民营企业居多

如图12-3-2所示，民营企业每批占比均保持在80%以上，总体占比达84%；国有企业在三批中所占百分比分别为6.5%、7.4%和8.4%，总体占比为8%；合资企业占比保持在5%左右。

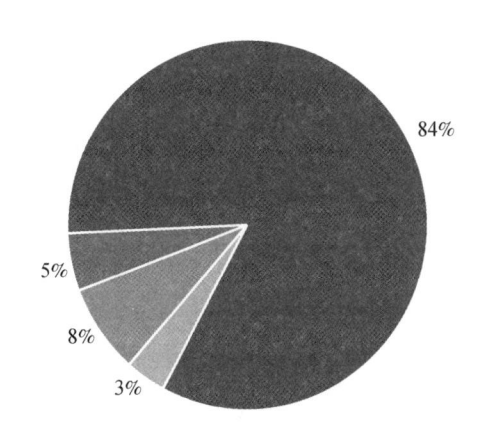

图12-3-2 "小巨人"企业所有制的总体分布

3. 区域分布不平衡，东部企业数量与营收多于西部

如表12-3-1和图12-3-3所示。企业数量上东部地区分布最多，浙江领跑全国。三批"专精特新""小巨人"企业中，东部地区占比半数以上，达2626家。中部地区1084家。东中部地区占比达77.9%。浙江、广东、山东三省的企业数量均超过300家，其中浙江省达到481家，领跑全国；企业数量集中在100—300家之间的省份最多。包含上海、北京、安徽、福建等17个省区市，占31个省、自治区、直辖市半数以上。

表 12-3-1　　　　三批"小巨人"企业的区域分布（家）

	第一批	第二批	第三批	总计
东部地区	129	861	1636	2626
中部地区	52	329	703	1084
西部地区	54	306	411	771
东北地区	13	88	180	281

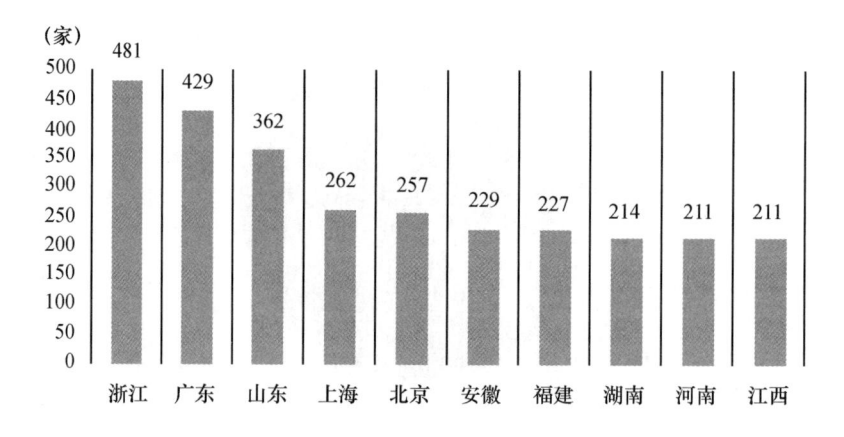

图 12-3-3　"小巨人"企业数量排名前十的省份分布

浙江 481、广东 429、山东 362、上海 262、北京 257、安徽 229、福建 227、湖南 214、河南 211、江西 211

如图 12-3-4 至图 12-3-6 所示。企业营收上，东部地区营收占比持续扩大，西部地区企业潜力巨大。企业总体营收方面，第一批"专精特新""小巨人"企业中，东部地区营收 285.3 亿元，在全国"专精特新""小巨人"企业营业总收入中占比约 49.7%，中部、西部、东北地区企业营收分别为 132.2 亿元、128.3 亿元和 28.1 亿元，在全国"专精特新""小巨人"企业营业总收入中占比分别为 23%、22.4% 和 4.9%；第二批中，东部地区营业总收入中占比超过 56%，中部、西部、东北地区占比分别为 19.7%、19.6% 和 4.7%。第三批中，东部地区营收占比达 58.2%，中部、西部、东北地区占比分别为 22.9%、14.2% 和 4.7%。在企业平均营收额方面，东部地区二、三批企业的户均营收分别为38145万元和32994万元,西部地区分别为37650万元和32000万元。西部地区企业平均营收与东部地区相差不大。

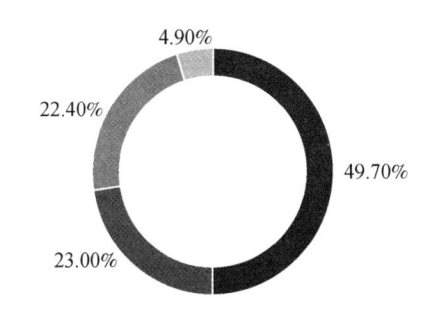

图12-3-4 第一批"小巨人"企业营收总额分布

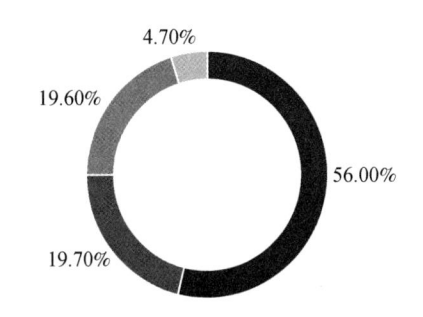

图12-3-5 第二批"小巨人"企业营收总额分布

```
         4.70%
  14.20%
                58.20%
  22.90%

■ 东部地区 ■ 中部地区 ■ 西部地区 ■ 东北地区
```

图 12-3-6　第三批"小巨人"企业营收总额分布

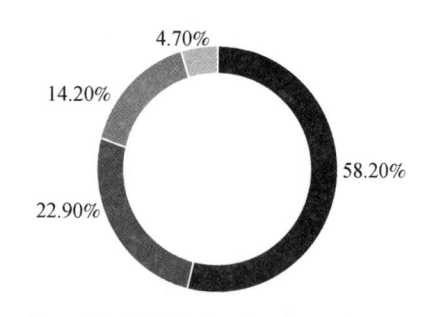

4. 制造业比重高

"小巨人"企业中，制造业企业 3445 家，占总数的 72.3%。数量排名前六的行业均为制造业，分别为专用设备制造业（656 家），通用设备制造业（587 家），计算机、通信设备和其他电子设备制造业（587 家），电气机械和器材制造业（439 家），化学原料和化学制品制造业（388 家），汽车制造业（276 家），其中排名前五的行业均占各批企业总数的 50% 以上，分别占比 50%、53% 和 58%，比重逐步上升。图 12-3-7 显示的是"小巨人"企业数量排名前十的行业分布情况。

（二）"专精特新""小巨人"企业特质

1. 专业化程度高，配套能力强

聚焦主业。三批"专精特新""小巨人"企业主营业务收入占营业收入比重均在 97% 以上，主营业务聚焦性强。从事特定细分市场十年以上的企业达到 3911 家，占比 82.1%。其中，第二批为 1104 家，

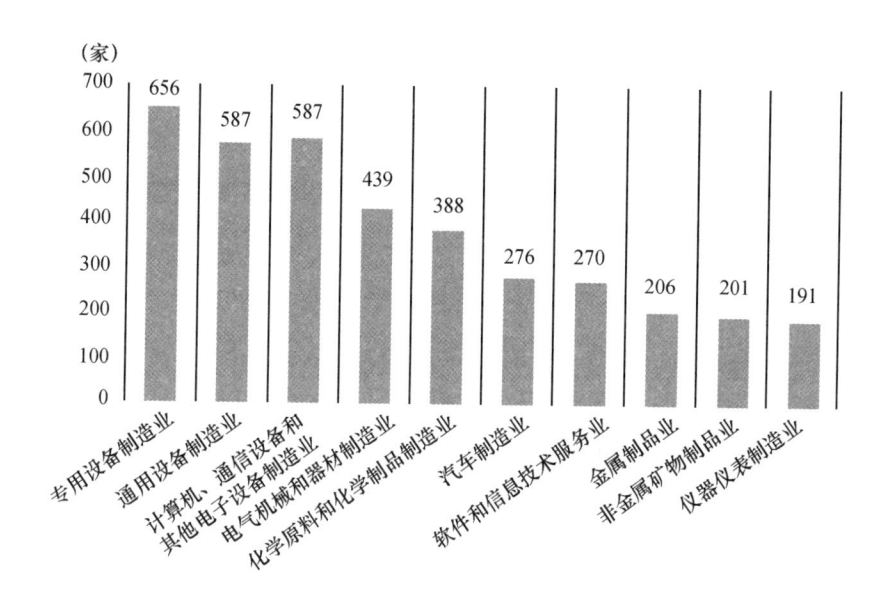

(家)
700
656 587 587
600
500   439
400   388
300   276 270
200   206 201 191
100
0
专用设备制造业 通用设备制造业 计算机、通信设备和其他电子设备制造业 电气机械和器材制造业 化学原料和化学制品制造业 汽车制造业 软件和信息技术服务业 金属制品业 非金属矿物制品业 仪器仪表制造业

图 12-3-7 "小巨人"企业数量排名前十的行业分布

占比 69.7%；第三批达到 2810 家，占比 95.9%；比例大幅上升。

主导产品市场竞争力强。根据主导产品国内市场占有率的区分，其分布处于 10% 至 30% 之间的企业最多，处于 10% 至 50% 之间的企业占"小巨人"企业总数的一半以上，还有 165 家企业在国内市场占有率达到 90% 以上。根据主导产品国内市场本省排名情况，79% 的企业主导产品在本省细分领域排名首位。第三批"专精特新""小巨人"企业主导产品国内市场本省排名中，排名前三的企业比例达到 99.9%。

产业链配套能力强。第二、第三批"专精特新""小巨人"企业至少为一家国内外知名大企业直接配套的占比已达 90% 以上，其中至少为两家国内外知名大企业直接配套的占比超过 89.8%，至少为三家国内外知名大企业直接配套的占比超过 86%。"小巨人"企业普遍与大企业建立了良好的合作关系，进一步凸显出产业链专业协同性。

2. 创新能力强，补短板填空白、替代进口能力强

研发强度大，研发经费投入远高于中小企业平均水平。第二批"专精特新""小巨人"企业平均研发经费为2068.7万元，研发经费投入强度为6.4%，第三批"专精特新""小巨人"企业平均研发经费1920.7万元，研发强度经费投入约为6.1%，远高于中小企业平均研发经费投入强度（3%），第二批"专精特新""小巨人"企业连续两年研发强度超过10%的为152家，第三批达到了410家，增长迅猛。

研发人员占比高，是高新技术企业认定标准2倍多。第二、第三批"专精特新""小巨人"企业平均研发人员占企业全部职工的比重分别为24.6%和26.6%，远高于高新技术企业认定标准（10%）。第二批"专精特新""小巨人"企业连续两年研发人员占比超过50%的为64家，第三批则达到了227家。

有效专利持有量大，远高于高新技术企业平均水平。第一批"专精特新""小巨人"企业平均持有有效专利37.3项，其中发明专利9.2项；第二批"专精特新""小巨人"企业平均持有有效专利51.4项，其中发明专利11.8项；第三批"专精特新""小巨人"企业平均持有有效专利54.6项，其中发明专利11.9项。在有效专利数上，三批"专精特新""小巨人"企业的平均有效专利数均超过高新技术企业的平均有效专利数（8.5项）。

补短板、填空白，进口替代能力强。第二、第三批"专精特新""小巨人"企业中，属于关键领域"补短板"企业3556家，占比达78.8%，涉及填补国内市场空白的企业1986家，占比44%，实现进

口替代的企业1915家，占比达42.4%。

研发体系不断完善。第二、第三批"专精特新""小巨人"企业中，高新技术企业占比达到98.3%。国家级技术研究院、企业技术中心、企业工程中心、工业设计中心有312个，省级技术研究院、企业技术中心、企业工程中心、工业设计中心有4999个。2442家企业设有国家级或省级企业技术中心，占比达54.1%；1635家企业设有国家级或省级企业工程中心，占比达36.2%。超过480家企业设有院士专家工作站，超过660家企业设有博士后工作站。

3. 精细化水平高，数字赋能力度大

精细化管理水平高。"专精特新""小巨人"企业注重精细化管理，广受权威管理体系认证。第二批"专精特新""小巨人"企业中，96%的企业获得管理体系认证，其中获得ISO9000质量管理体系或同级认证企业达1483家，ISO14000环境管理体系认证企业有1182家，OHSAS18000职业安全健康管理体系认证企业达978家。第三批"专精特新""小巨人"企业中，96%的企业获得管理体系认证。其中获得ISO9000质量管理体系或同级认证企业达2612家，ISO14000环境管理体系认证企业共2051家，OHSAS18000职业安全健康管理体系认证企业共1570家。

执行标准的企业不断增多。第一批"专精特新""小巨人"企业产品生产执行国际标准的企业共37家，执行国家标准的企业共175家，执行行业标准的企业共132家；第二批"专精特新""小巨人"企业产品生产执行国际标准的企业共205家，执行国家标准的企业共847家，执行行业标准的企业共450家，执行地方标准的企业共82家；第三批"专精特新""小巨人"产品生产执行国际标准的企业共

406家，执行国家标准的企业共1587家，执行行业标准的企业共805家，执行地方标准的企业共132家。

数字化赋能全面开展。企业积极运用新一代信息技术与制造业融合发展，提升数字化水平，超六成"专精特新""小巨人"企业的业务系统实现向云端迁移。第二批"专精特新""小巨人"企业平均数字化应用率达66.3%，数字化赋能金额超过682万元，签订工业互联网平台等协议的企业占比为54.6%；第三批"专精特新""小巨人"企业拥有制造业与互联网融合试点示范项目企业达862家。

4. 成长性好，发展潜力大

营收利润表现良好。三批"专精特新""小巨人"企业平均主营业务收入增速良好，同比增速分别达到25.1%、30.2%和30.2%。受疫情及国际形势叠加影响，第三批"专精特新""小巨人"企业平均净利润有所回落，但依然保持较快增长。三批"小巨人"企业平均净利润增速分别达到39.6%、40.0%和29.9%。

债务风险总体可控。三批"专精特新""小巨人"企业资产负债率基本维持在40%左右。其中，第一批"专精特新""小巨人"企业平均资产负债率为34.6%，第二批平均资产负债率为42.6%，第三批平均资产负债率为40.2%。

拟上市企业较多。第二批"小巨人"企业中，已上市企业共258家，占总数的16.3%，新三板挂牌企业12家，有上市计划企业超过780家。拟筹备上市的企业聚焦科创板与创业板，拟在此两板上市的企业数量分别达到298家与205家。第三批"小巨人"企业中，已上市企业共320家，占总数的10.9%，新三板挂牌企业14家，有上市及挂牌计划的企业达1611家，计划在科创板和创业板上市的企业达

1256 家，占比达到 78%。

广泛获得发达国家或地区权威机构认证。第一批"小巨人"企业中，通过 UL[①] 认证产品的企业 22 家，通过 CSA[②] 认证产品的企业 2 家，通过 ETL[③] 认证产品的企业 2 家，通过 GS[④] 认证产品的企业 9 家，获得其他认证方式认证产品的企业 115 家。第二批"小巨人"企业中，通过 UL 认证产品 D 企业 143 家，通过 CSA 认证产品的企业 34 家，通过 ETL 认证产品的企业 38 家，通过 GS 认证产品的企业 32 家，获得其他认证方式认证产品的企业 787 家。第三批"小巨人"企业中，通过 UL 认证产品的企业 296 家，通过 CSA 认证产品 62 家，通过 ETL 认证产品的企业 51 家，通过 GS 认证产品的企业 81 家，获得其他认证方式认证产品的企业达 1569 家。

[①] UL 认证品牌由全球检测认证机构、标准开发机构美国 UL 有限责任公司创立，迄今发布了将近 1800 部安全、质量和可持续性标准。经 UL 认证的产品，代表符合相关的 UL 安全标准。

[②] CSA 加拿大标准协会，成立于 1919 年，是加拿大首家专门制定工业标准的非营利性组织，对机械、建材、电器、电脑设备、办公设备、环保、医疗防火安全、运动及娱乐等方面的所有类型的产品提供安全认证。

[③] ETL 标志是质量与安全机构天祥集团的标志，获得 ETL 标志的产品代表满足北美强制标准，可顺利进入北美市场销售。

[④] GS 认证以德国产品安全法（GPGS）为依据，按照欧盟统一标准 EN 或德国工业标准 DIN 进行检测的一种自愿性认证，是欧洲市场公认的德国安全认证标志。

第十三章

创新政策效果——基于某市企业的调查统计分析

◇ 一 调查研究背景

(一) 某市企业基本情况

某市是中国制造业大市，同时与中国人民大学国家中小企业研究院联系紧密。基于这个原因，笔者于2021年7月率团考察了该市制造业情况，尤其是创新政策效果。

根据该市政府提供数据，某市企业数量约31万家，规模以上企业数量1万家，中小微企业占比约为97%。自2016年至2020年，除2020年因新冠肺炎疫情原因导致大部分企业利润总额下降外，其余年份企业利润总额基本处于增长的状态。该市（区、县）政府性融资担保机构共18家，这18家融资机构所获市级与中央财政资金补贴由2014年的1043万元增加至2019年的3142.37万元，并且在2020年达到6800.3万元。

该市被评为国家级企业或产品单项冠军的共有45家，其中国家级制造业单项冠军示范企业22家,国家级制造业单项冠军产品23个。该市国家级"专精特新"小巨人企业共55家,其中第一批5家,第二批50家,国家级重点"小巨人"企业名单30家,服务平台共10家。根据财政部、工业和信息化部联合印发的《关于支持"专精特新"中小企业高质量发展的通知》(财建〔2021〕2号)精神,重点"小巨人"所获得的中央财政奖补资金与该企业完成的目标情况有关,具体金额与绩效考核挂钩,2021年每家重点"小巨人"约获得财政奖励200万元。根据《某市人民政府办公厅关于加快推进制造业高质量发展的实施意见》,对获评国家级"专精特新""小巨人"企业,市级财政给予最高100万元的分档奖励。

(二)某市实行政策统计

某市执行国家、省级和市内政策,总结大致有如下几类政策。

1. 产业创新服务综合体

为深入贯彻落实浙江省产业创新服务综合体建设现场推进会精神,高水平推进产业创新服务综合体建设,浙江省科学技术厅、浙江省财政厅研究制定了《浙江省省级产业创新服务综合体管理考核办法(试行)》。

浙江省级产业创新服务综合体(以下简称"综合体")的功能是集聚技术研发、工业设计、检验检测、标准信息、知识产权、成果转化、创业孵化、人才培育、科技金融等创新资源要素,强化创新、深化服务,为提升块状经济和现代产业集群产业链现代化水平提供全链条服务。

综合体坚持政府引导、企业主体，高校院所及专业机构等共同参与，以"最多跑一次"为理念，因地制宜、因业施策。支持各地打破部门管理界限，深度整合科技、发展改革、经信、市场监管（知识产权）、商务、金融等各类服务产业的创新资源，按照"政府搭平台、市场化运作"的要求，构建科学高效的运行机制。

2. 科技发展专项资金

为进一步规范和加强浙江省科技专项资金的分配、使用管理，提高财政资金使用绩效，推进"创新强省"和"两个高水平"建设，根据《中华人民共和国预算法》和《国务院关于优化科研管理提升科研绩效若干措施的通知》（国发［2018］25号）、《浙江省人民政府关于全面加快科技创新推动高质量发展的若干意见》（浙政发［2018］43号）等规定，制定《浙江省科技发展专项资金管理办法》。

浙江省科技发展专项资金（以下简称"专项资金"）是指由省级财政预算安排或中央授权省级统筹安排，用于支持浙江省开展科研攻关活动、提升科技创新能力、优化科研环境条件等方面的专项资金。专项资金实行滚动预算，具体支持范围原则上以三年为一周期，到期（中期）后进行综合评价，视绩效评价和监督检查情况进行动态调整。

浙江省财政厅负责专项资金的预算管理和资金下达，会同省科技厅和省级有关部门组织开展专项资金监督检查。省科技厅负责专项项目管理，提出专项资金分配建议方案，细化编制年度专项资金预算。省科技厅会同省财政厅开展专项资金预算绩效管理。专项资金按照"集中财力，突出重点；分类支持，合理配置；公开透明，科学规范"的原则管理和使用。

3. 企业研发费用税前加计扣除

2015年119号财税新规《关于完善研究开发费用税前加计扣除政策的通知》于2016年1月1日起施行，允许企业开展研发活动中实际发生的研发费用，未形成无形资产计入当期损益的，按照本年度实际发生额的50%，从本年度应纳税所得额中加计扣除；形成无形资产的，按照无形资产成本的150%在税前摊销。

2017年34号财税新规《关于提高科技型中小企业研发费用税前加计扣除比例的通知》于2017年1月1日起施行，其明确科技型中小企业的研发费用未形成无形资产计入当期损益的，可按照本年度实际发生额的75%，从本年度应纳税所得额中加计扣除；形成无形资产的，按照无形资产成本的175%在税前摊销。

2021年3月24日，国务院召开国务院常务会议，部署实施提高制造业企业研发费用加计扣除比例等政策，激励企业创新，促进产业升级。会议决定，从2021年1月1日起，将制造业企业研发费用加计扣除比例由75%提高至100%，相当于企业每投入100万元研发费用，可在应纳税所得额中扣除200万元。

4. 科技型中小企业融资保证保险服务

《国务院关于强化实施创新驱动发展战略进一步推进大众创业万众创新深入发展的意见》（以下简称《意见》）于2017年7月21日发布。《意见》中提出，不断完善金融财税政策，创新金融产品，扩大信贷支持，发展创业投资，优化投入方式，推动破解创新创业企业融资难题。

《意见》提出，完善债权、股权等融资服务机制，为科技型中小企业提供覆盖全生命周期的投融资服务。稳妥推进投贷联动试点工作。推广专利权质押等知识产权融资模式，鼓励保险公司为科技型中小企业知识产权融资提供保证保险服务，对符合条件的由地方各级人民政府提供风险补偿或保费补贴。持续优化科技型中小企业直接融资机制，稳步扩大创新创业公司债券试点规模。支持政府性融资担保机构为科技型中小企业发债提供担保。鼓励地方各级人民政府建立政银担、政银保等不同类型的风险补偿机制。

为更好地发挥保险对经济结构调整和转型升级的支持作用，促进科技保险深入发展，近期，中国银行保险监督管理委员会浙江监管局（以下简称"浙江银保监局"）积极推动科技型中小企业专项贷款保证保险，助力解决科技型中小企业融资难题。截至2013年7月末，浙江银保监局已为31家科技企业提供7175万元贷款额度的风险保障。

推动省科技厅出台扶持政策，明确建立2400万元的风险补偿基金池，对投保人保险费补贴50%，并对赔付率200%以上的部分赔款进行风险补偿，进一步优化了发展环境。该局鼓励辖内保险公司积极参与试点工作，积极为科技企业创新开发适用产品。

目前，信贷保证保险是浙江银保监局引领保险行业服务浙江民营经济发展的一个重要领域，科技型中小企业是小额信贷保证保险发展规划中率先推动的"重点行业"。下一步，浙江银保监局将切实发挥保险增信服务功能，让信贷保证保险逐渐成为中小企业融资的重要工具。

5. 孵化器、众创空间

为进一步加强浙江省科技企业孵化器和众创空间的规范管理，构建良好的创新创业生态，激发全社会创新创业活力，加快高水平创新型省份建设，浙江省科技厅根据《科技企业孵化器管理办法》（国科发区〔2018〕300号）、《国家众创空间备案暂行规定》（国科火字〔2017〕120号），结合浙江省实际，制定了《浙江省科技企业孵化器管理办法》和《浙江省众创空间备案管理办法》。

科技企业孵化器（以下简称"孵化器"）是以促进科技成果转化，培育科技企业和企业家精神为宗旨，提供物理空间、共享设施和专业化服务的科技创业服务机构，是浙江省区域创新体系的重要组成部分、创新创业人才的培养基地、大众创新创业的支撑平台。

孵化器的主要功能是围绕科技企业的成长需求，集聚各类要素资源，推动科技型创新创业、提供创业场地、共享设施、技术服务、咨询服务、投资融资、创业辅导、资源对接等服务，降低创业成本，提高创业存活率，促进企业成长，以创业带动就业，激发全社会创新创业活力。

孵化器的建设目标是落实创新驱动发展战略，构建完善的创业孵化服务体系，不断提高服务能力和孵化成效，形成主体多元、类型多样、业态丰富的发展格局，持续孵化新企业、催生新产业、形成新业态，推动创新与创业结合、线上与线下结合、投资与孵化结合，培育经济发展新动能，促进实体经济转型升级，为加快构建新发展格局提供支撑。

众创空间是指为满足大众创新创业需求，提供工作空间、网络空间、社交空间和资源共享空间，积极利用众筹、众扶、众包等新手段，以社会化、专业化、市场化、网络化为服务特色，实现低成本、便利化、全要素、开放式运营的创新创业平台。

众创空间的发展目标是降低创业门槛、完善创业生态系统、激发全社会创新创业活力、加速科技成果转移转化、培育经济发展新动能、以创业带动就业。

众创空间的主要功能是通过创新与创业相结合、线上与线下相结合、孵化与投资相结合，以专业化服务推动创业者应用新技术、开发新产品、开拓新市场、培育新业态。

众创空间主要提供创业场地、投资与孵化、辅导与培训、技术服务、项目路演、信息与市场资源对接、政策服务、国际合作等方面的服务。

6. 高新技术企业认定及管理

为扶持和鼓励高新技术企业的发展，根据《中华人民共和国企业所得税法》（以下简称《企业所得税法》）、《中华人民共和国企业所得税法实施条例》（以下简称《实施条例》）有关规定，来制定高新技术企业认定管理办法。

高新技术企业认定管理办法所称的高新技术企业是指：在《国家重点支持的高新技术领域》（见附件）内，持续进行研究开发与技术成果转化，形成企业核心自主知识产权，并以此为基础开展经营活动，在中国境内（不包括港、澳、台地区）注册一年以上的居民企业。

高新技术企业认定管理办法认定的高新技术企业，可依照《企业所得税法》及其《实施条例》、《中华人民共和国税收征收管理法》及《中华人民共和国税收征收管理法实施细则》等有关规定，申请享受税收优惠政策。

国务院印发《关于加快科技服务业发展的若干意见》对认定为高新技术企业的科技服务企业，减按15%的税率征收企业所得税。企业经认定为"高新技术企业"，可以减按15%的税率征收企业所得税。企业研究开发投入可以进行研发费用确认享受所得税加计扣除优惠。企业经过技术合同登记的技术开发、技术转让技术咨询合同可以享受免征营业税优惠。

7. "专精特新""小巨人"企业

工业和信息化部于 2018 年 11 月 26 日发布《关于开展"专精特新""小巨人"企业培育工作的通知》（以下简称《通知》）。在《通知》中，工业和信息化部明确，"专精特新""小巨人"企业是"专精特新"中小企业中的佼佼者，是专注于细分市场、创新能力强、市场占有率高、掌握关键核心技术、质量效益优的排头兵企业。申报范围和申报条件中小企业，可按相关要求进行申报。"专"，即专业化与专项技术。"精"即产品的精致性、工艺技术的精深性和企业的精细化管理。"特"即产品或服务的独特性与特色化。"新"即自主创新、模式创新与新颖化。

国家"专精特新""小巨人"，主要指代那些集中于新一代信息技术、高端装备制造、新能源、新材料、生物医药等中高端产业领域的尚处于发展早期的小型企业，它们始终坚持专业化发展战略，普遍具有经营业绩良好、科技含量高、设备工艺先进、管理体系完善、市场竞争力强等特点，并且极具发展潜力与成长性，有望在未来成为相关领域国际领先的企业。

8. 单项冠军

2016 年 3 月 16 日，为引导制造企业专注创新和产品质量提升，推动产业迈向中高端，带动中国制造走向世界，工业和信息化部决定开展制造业单项冠军企业培育提升专项行动。印发《制造业单项冠军企业培育提升专项行动实施方案》。

制造业单项冠军企业是指长期专注于制造业某些特定细分产品市场，生产技术或工艺国际领先，单项产品市场占有率位居全球前列的企业。制造业单项冠军企业是制造业创新发展的基石，实施制造业单项冠军企业培育提升专项行动，有利于引导企业树立"十年磨一剑"的精神，长期专注于企业擅长的领域，走"专特优精"发展道路；有利于贯彻落实《中国制造 2025》，突破制造业关键重点领域，促进制造业迈向中高端，为实现制造强国战略目标提供有力支撑；有利于在全球范围内整合资源，占据全球产业链主导地位，提升制造业国际竞争力。

9. 地方性融资担保

为了支持普惠金融发展，促进资金融通，规范融资担保公司的行为，防范风险，自 2017 年 10 月 1 日起施行《融资担保公司监督管理条例》。国家推动建立政府性融资担保体系，发展政府支持的融资担保公司，建立政府、银行业金融机构、融资担保公司合作机制，扩大为小微企业和农业、农村、农民提供融资担保业务的规模并保持较低的费率水平。各级人民政府财政部门通过资本金投入、建立风险分担机制等方式，对主要为小微企业和农业、农村、农民服务的融资担保公司提供财政支持，具体办法由国务院财政部门制定。

◇ 二 政策利用及效果

为分析这些政策效果，笔者对某市进行了企业问卷调查。

（一）企业享受政策概况

2021 年 8 月，利用该市经济和信息化局调查网络，笔者收集了近 200 份有效企业问卷。企业问卷包括非政策部分、政策部分和个体信息三个部分，涉及包括企业基本情况、对政策的感知和受益情况、企业创新能力等多方面多层次问题。根据这个问卷我们可以分析该市企业如何受到政策影响。

我们首先对企业政策感知方面进行描述。

1. 产业创新服务综合体政策

被调查企业中，61.82%的企业了解产业创新服务综合体政策，有23.03%的企业享受了该政策（见图13-2-1）。

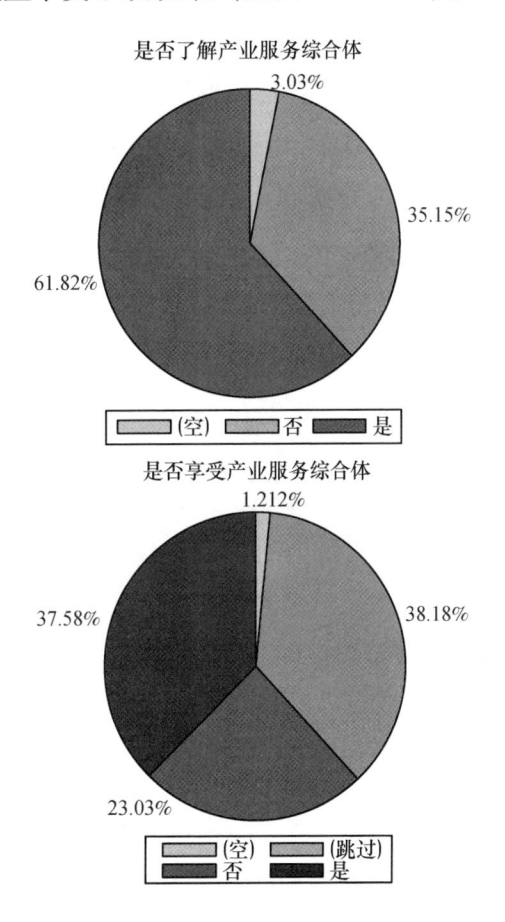

图13-2-1 是否了解及享受产业创新服务综合体政策

2. 科技发展专项资金

调查企业中，76.97%的企业了解科技发展专项资金政策，有40.61%的企业享受了该政策（见图13-2-2）。

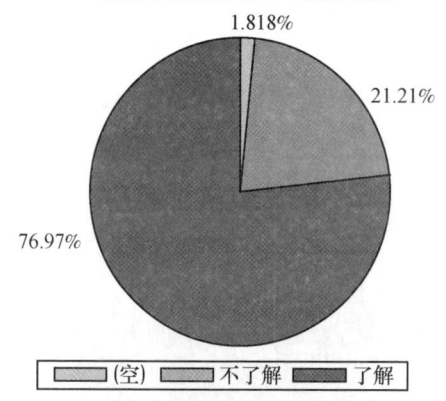

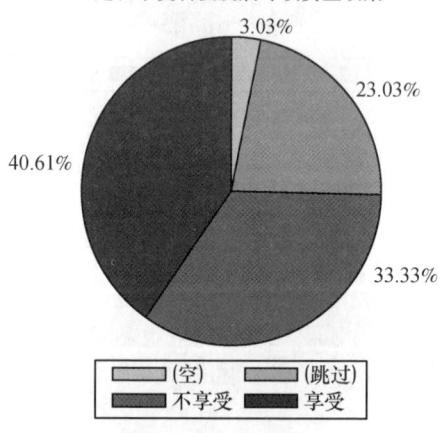

图13-2-2　是否了解及享受科技发展专项资金政策
（1＝了解/享受；0＝不了解/不享受）

3. 科技型中小企业融资保证保险服务

调查企业中，51.22%的企业了解科技型中小企业融资保证保险服务政策，48.78%的企业享受了该政策（见图13-2-3）。

是否了解科技型中小企业融资保证融资保险服务政策

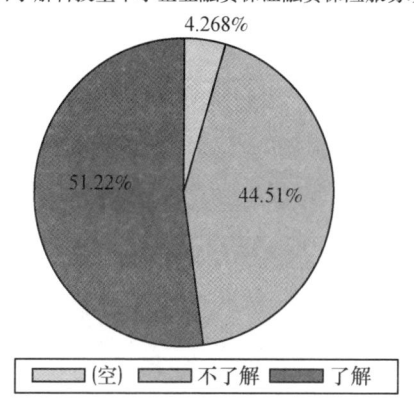

是否享受科技型中小企业融资保证融资保险服务政策

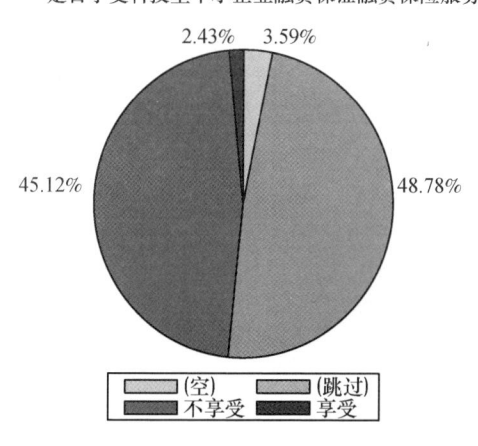

图13-2-3 是否了解及享受科技型中小企业融资保证保险政策
（1=了解/享受；0=不了解/不享受）

4. 孵化器、众创空间

调查企业中,45.63%的企业了解孵化器、众创空间政策,但仅有3.043%的企业享受了该政策(见图13-2-4)。这是由于受调查企业规模较大,而孵化器、众创空间入驻企业相对较小。

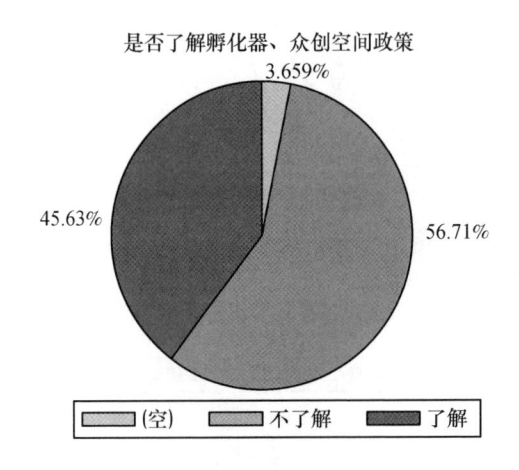

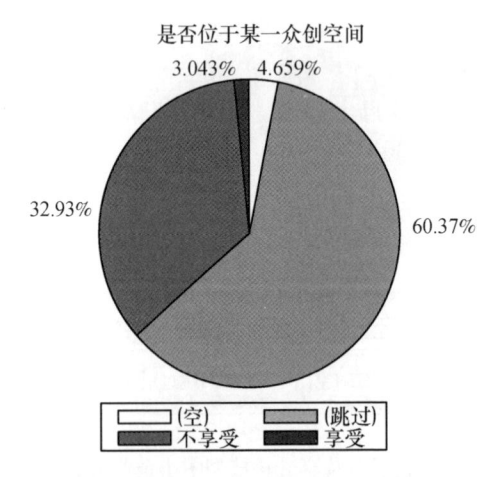

图13-2-4 众创空间政策对企业人才招聘效果的影响
(1=了解/享受;0=不了解/不享受)

第十三章 创新政策效果——基于某市企业的调查统计分析

5. 高新技术企业及"专精特新""小巨人"企业

调查企业中,79.27%的企业被评为高新技术企业,70.12%的企业被评为"专精特新""小巨人"企业(见图13-2-5)。

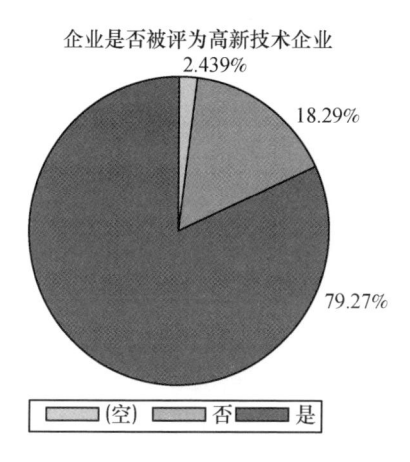

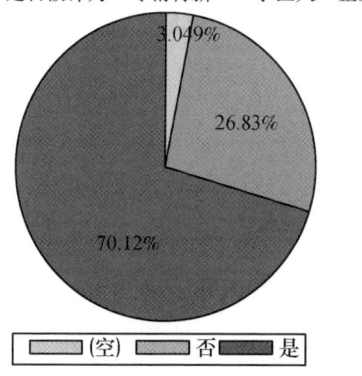

图13-2-5 企业是否被评为高新技术或"专精特新""小巨人"企业
(1=是;0=否)

6. 单项冠军

调查企业中，18.29%的企业被评为单项冠军企业，1.829%的企业被评为单项冠军产品企业。

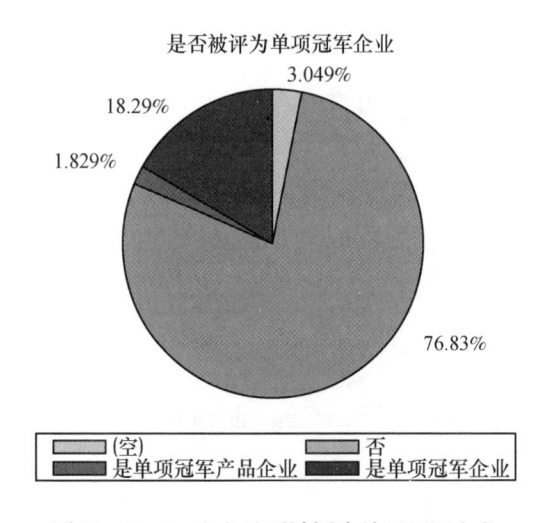

图 13-2-6 企业是否被评为单项冠军企业

（二）政策效果

1. 产业创新服务综合体

我们定义处理组为享受该政策的企业，对照组为未享受该政策的企业。从图 13-2-7 左图可见，享受该政策的企业创新项目数增长明显快于对照组。同时，享受创新服务综合体政策的企业研发投入和专利产出增长明显快于对照组，进一步从过程和结果角度说明了政策的有效性。

第十三章 创新政策效果——基于某市企业的调查统计分析 | 397

图 13-2-7 企业享受创新综合服务对创新项目、研发投入和专利数影响

2. 科技发展专项资金政策

对于科技发展专项资金政策，不同年份有不同企业享受了该政策。以一直没有享受该政策企业为对照组，从图 13-2-8 可以看到，受政策影响企业研发投入和专利数近年增长相对较快。

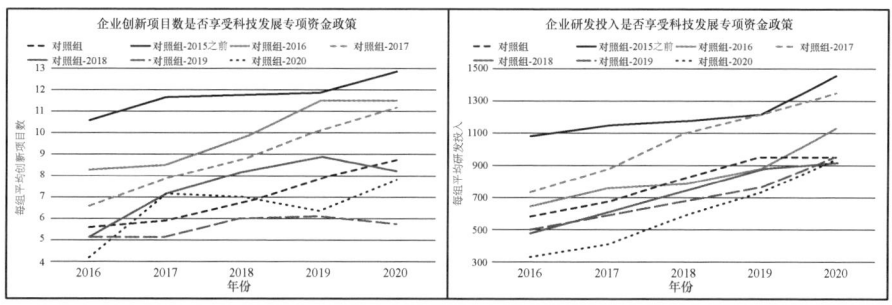

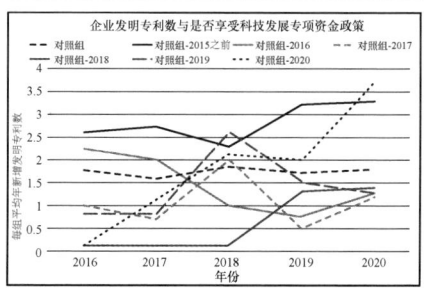

图 13-2-8 企业享受科技发展专项资金对创新项目、研发投入和专利数影响

3. 融资保险服务政策

依据是否享受科技型中小企业融资保险服务划分为处理组与对照组，对比处理组与对照组的创新投入与产出指标，包括研发投入、创新项目数量和发明专利数量。由图13-2-9可见，对照组研发投入远高于处理组，且呈现明显上涨趋势，但处理组的创新项目数量略高于对照组，发明专利数量远高于对照组，并且这二者增速更明显。这意味着对该政策可能有一定效果。但由于研发投入改善不明显，该效果也可能是由于其他政策带来。

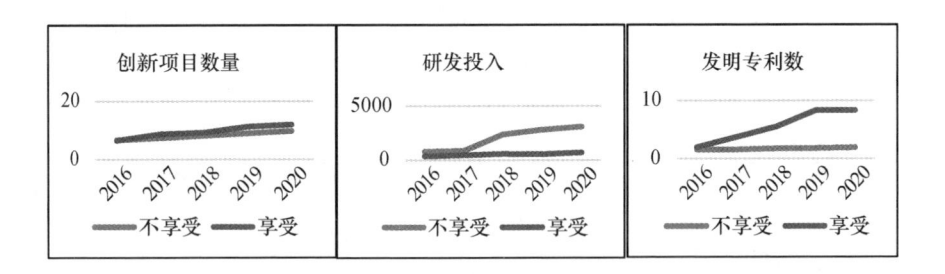

图13-2-9 企业享受融资保险服务对创新项目、研发投入和专利数影响

4. 众创空间政策

虽然享受众创空间政策的企业较少，但仍然可以对是否享受该政策企业对比。由图13-2-10可见，享受该政策企业虽然研发投入较低，但创新项目数量和专利增长速度较快，这可能是由于众创空间政策减少了其成本，增加了创新可能。

5. 高新技术企业效果

不同企业在不同年份被评为高新技术企业。被评选为高新技术企

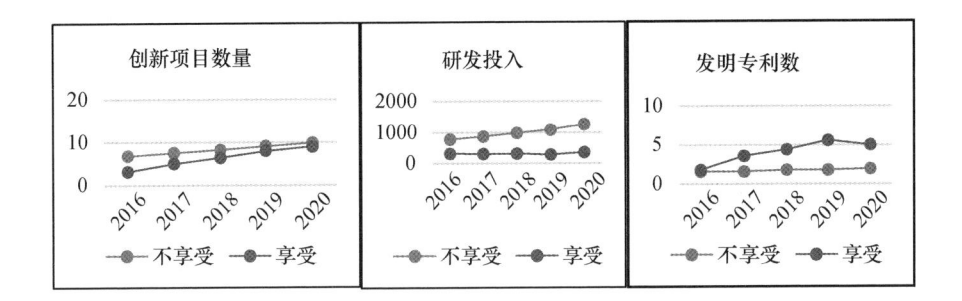

第十三章　创新政策效果——基于某市企业的调查统计分析 | **399**

图 13 – 2 – 10　企业享受众创空间政策对创新项目、研发投入和专利数影响

业的处理组在主营业务收入、主营业务成本、净利润等经营方面都显著高于对照组，且增速较快。从图 13 – 2 – 11 可见，被评为高新技术企业的处理组的研发投入和专利数增长快于对照组，可见该政策有一定效果。

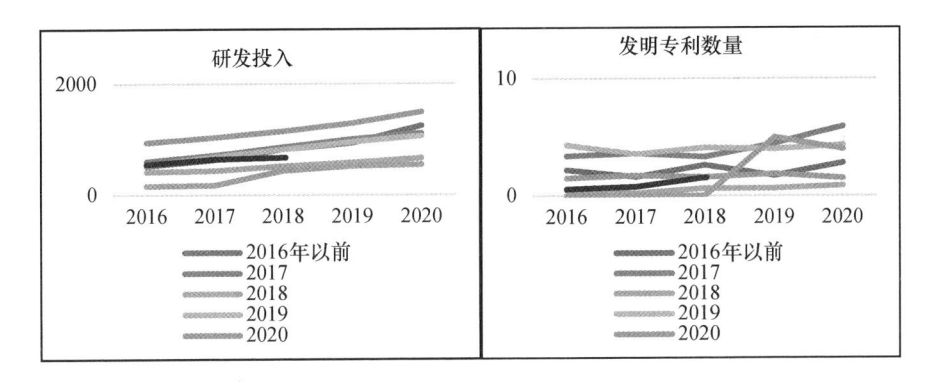

图 13 – 2 – 11　企业被评为高新技术企业对研发投入和专利数影响

6. "专精特新"企业政策

表 13 – 2 – 1 显示企业在不同年份被评为"专精特新"企业，有些是国家级，有些是省级，本处不做区分。

表13-2-1　　　　　评上"专精特新"企业年份分布

	频率	占比（%）
一直未评上	69	37.9
2019年评上	4	2.1
2020年评上	43	23.6
2021年评上	66	36.3
总计	182	100

从图13-2-12可见，相比于未评上"专精特新"的企业，评上"专精特新"企业在创新项目、研发投入和专利产出增长趋势上并未看到明显更快。评上"专精特新"的企业在创新项目数和专利数上有"评估年"现象，即在评估当年或前一年项目和专利数快速提高以应对评估，之后下降。当前"专精特新"政策实施方式值得重新思考。

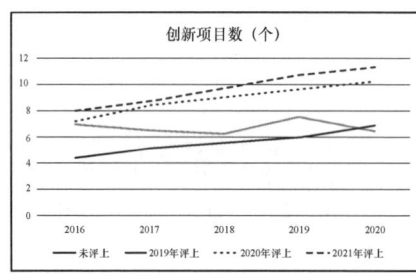

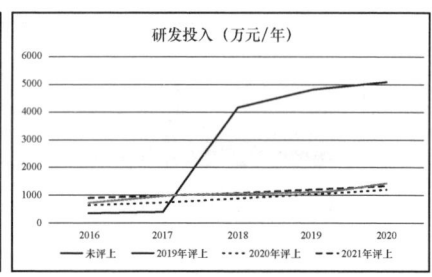

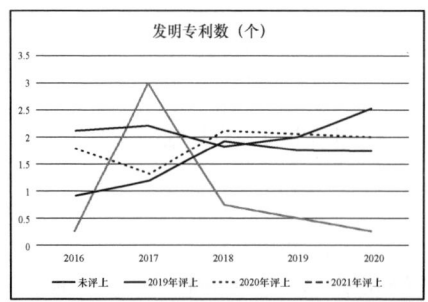

图13-2-12　企业被评上"专精特新"企业对创新项目、研发投入和专利数影响

第十三章 创新政策效果——基于某市企业的调查统计分析

7. 单项冠军企业

企业在不同年份被评上单项冠军，如表13-2-2所示。

表13-2-2　　　　被评上单项冠军企业年份分布

单项冠军_评估年份	频率	占比（%）
一直未评上	149	81.9
2018年评上	5	2.7
2019年评上	6	3.3
2020年评上	20	11
2021年评上	2	1.1
总计	182	100

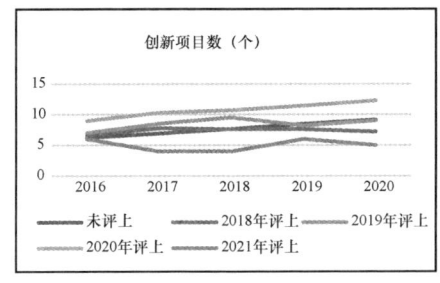

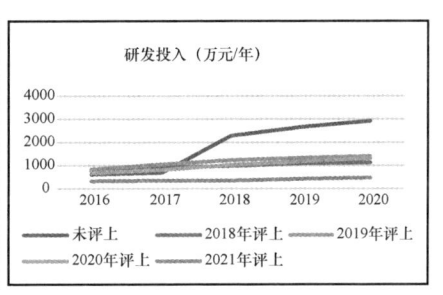

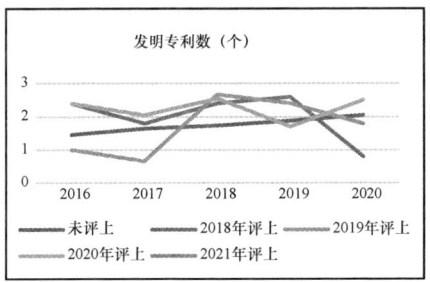

图13-2-13　被评上单项冠军企业对企业创新项目、研发投入和专利数影响

定义评上单项冠军企业后为处理组，未评上企业为控制组。从图13-2-13可见，和"专精特新"企业类似，处理组企业各项创新指标增长趋势并未比控制组更快，甚至出现"评估年"现象。可见，当前相关政策执行方式值得反思。

三 政策建议

由于问卷调查要求企业填写近五年信息，因此笔者可以将收集到的数据形成面板。采用更严谨的面板数据固定效应分析后，得出的结果和上节描述分析基本一致，限于篇幅不在此处列出结果。

整体上看，目前政策中减税和提供服务类对创新效果较好，而对"专精特新"、单项冠军企业直接补贴等政策效果一般。这意味着在政策执行过程中，一定要注意实施方式，激发企业内生创新动力才能提高政策引导效果。

第十四章

国外促进中小企业创新政策

"十四五"规划和2035年远景目标纲要把"坚持创新驱动发展"作为全面塑造发展新优势的重要举措,突出企业在创新中主体地位,"提升企业技术创新能力,强化企业创新主体地位,促进各类创新要素向企业集聚"。中小企业是拉动经济增长的重要引擎,技术创新的核心主体,实现高质量发展的主要驱动力,中小企业的创新活力和创新能力直接关系到经济发展的总体质量。

当前中小企业面临多重挑战。一是新冠肺炎疫情给中小企业生存发展造成巨大挑战。二是贸易保护主义升温恶化中小企业外部环境。三是新技术、新政策给中小企业提供更广阔发展空间。

技术创新是中小企业发展的成功之本,在市场经济条件下,传统的外延扩张难以支撑企业的有效发展,唯有不断进行技术创新,才是中小企业永葆活力、立于不败的法宝。中小企业的技术创新对于整个社会的创新有着不可替代的作用。但是中小企业技术创新有其自身难以克服的缺陷,在发展过程中遭遇了不少困难,需要政府的大力扶持。许多发达国家政府在立法保护、金融支持、税收优惠、技术援助、中介服务等方面,实施中小企业技术创新扶持政策,积累了许多成功经验,值得中国政府和中小企业借鉴。

为充分学习和借鉴国外促进中小企业发展的经验，发现和解决中国中小企业发展与创新中面临的问题，促进中小企业发展与创新潜力的释放，本报告系统梳理了美国、日本、英国、意大利、新加坡、德国等支持中小企业创新政策体系较完善的几个发达国家的政策措施，并在第十五章对美国、日本和欧洲国家新冠疫情期间支持中小企业的主要政策措施进行了简单总结。

◇ 一 美国促进中小企业创新的政策

（一）金融扶持

1. 直接贷款

以美国小企业管理局（SBA）为例。美国小企业管理局的主要职责是帮助小企业解决资金不足问题，可以为有较强创新能力、市场前景较好的科技型中小企业提供专用贷款，或为中小企业提供长期贷款并准予贷款延期偿还，贷款期限最长为25年。最重要的资金帮助是对贷款提供担保支持，引导创业投资和风险资本对科技型中小企业进行投资。1991—2000年，美国小企业管理局大约帮助43.5万家小企业获得了946亿美元贷款。

2. 担保贷款

通常由小企业管理局向商业银行为小企业贷款担保，最高担保额为50万元，如果贷款逾期不还，由小企业管理局保证支付90%的本金偿还债务。

3. 特别贷款

小企业管理局与地方开发公司和金融机构共同提供贷款。小企业管理局通过特许和资助私营小企业投资公司向从一般渠道难以得到投资支持的从事高风险行业的小企业提供投资和长期贷款。

4. NASDAQ 市场

美国的 NASDAQ 市场专为中小科技型企业提供直接融资渠道，其最具成长性的公司中有 90% 以上在该市场上市。2012 年 4 月 5 日，美国总统奥巴马签署了全名为 Jump Start Our Business Start-ups Act 的创业企业融资法案（简称"JOBS 法案"）。该法案旨在通过放宽金融监管要求来鼓励美国中小企业融资，扶植企业成长并创造就业机会。

5. 中小企业金融服务投资公司

目前美国有上万家专门为中小型企业提供金融服务的投资公司，它们一方面为那些融资困难的科技型中小企业提供贷款和无担保或担保不充分的贷款，促进科技型中小企业的科技开发和创新能力建设；另一方面对勇于创新的科技型中小企业进行投资以获取高额回报。

（二）财政支持

1. 设立研究开发基金

国家科学基金会与国家研究开发经费的 10% 要用于支援中小企业的技术创新；美国的许多州政府把支持从事高新技术的中小企业作为主要政策，设立研究开发基金，联合产业界和教育、学术部门创建

"企业保育器（孵化器）"等。

2. 小企业创新研究计划（SBIR）

SBIR是根据美国1982年《小企业创新发展法案》建立的一项政府计划，由美国小企业管理局负责协调，旨在将小企业纳入美国国家科研体系，通过鼓励小企业参与具有商业化潜力的联邦研发项目，刺激高科技创新，满足特定的研发需求。而SBIR定义的小企业，除业主国籍、营业场所所在地等规定外，最重要的一条标准就是员工人数少于500名。为保证SBIR的持续稳定发展，国会立法规定，每年非本单位使用的研发预算超过1亿美元的联邦机构，必须将一定百分比的预算资金用于该计划。近些年，联邦机构中SBIR资金占比在逐步上调，2017年上调至3.2%。目前，已有农业农村部、商务部、国家能源局、国防部等11个联邦机构参加了SBIR计划，2019财年为SBIR提供的预算资金达到了32.8亿美元。计划实施以来，小企业创新研究计划SBIR累计支持小企业接近2万家，提供研究经费超200亿美元，累计申请专利项目5万余项。

作为分阶段实施的资金计划，小企业创新研究计划实施过程分为三个阶段：第一阶段为期6个月，援助资金达150000美元，通过11个部门的报告并提出申请，确认项目内容与部门所管辖的范围相一致，以检验项目的科学性和可行性。第二阶段为期不超过两年，所有通过第一阶段的项目均可以竞争参与第二阶段，这个阶段的项目补助金是1000000美元。项目的最后一阶段是商业化阶段，如果最后政府认证该项目符合公共需求则联邦资金将被启用支持项目的继续发展。

3. 小企业技术转移计划（STTR）

在SBIR创立10年后，1992年，美国政府推出了STTR。该计划以 SBIR 为蓝本，旨在刺激技术创新，通过推动公私合作促进技术转让，推动联邦研发创新的商业化。项目的核心内容是扩大公共部门与私营部门的伙伴关系，其中包括企业和非营利性科研机构的合资机会。STTR 要求拥有超过 10 亿美元非本单位使用的研发预算资金的联邦机构，为小企业和非营利机构保留一定比例（目前为 0.4%）的研发资金。

目前，国防部、国家能源局、国家卫生健康委员会、国家航空航天局（NASA）、国家科学基金会等 5 个机构参与了 STTR，2019 财年为 STTR 提供的预算资金达到 4.5 亿美元。

STTR 的大目标与 SBIR 近似，但更关注创新成果的商业化，也更鼓励小企业与非营利研究机构的正式合作，要求小企业与合作机构签署知识产权协议，详细规定知识产权的分配以及开展后续研究、开发或商业化活动的权利。

4. 中央与地方联合计划（FAST）

FAST 是一个竞争性捐款计划，用以提高中小企业的市场竞争力。通过推进小企业的创新性技术联合研发和商业化，从而助力美国前沿科技的持续创新。FAST 计划为美国 50 个州的小企业提供关于小企业创新研究计划（SBIR）和小企业技术转移计划（STTR）的申请协助（例如产品推广、技术援助）。

科技型小企业可以通过 FAST 计划获得资金援助，通常每个申请企业可以高达 100000 美元。资金援助方面包括小企业的技术研发、大学机构的技术研发、益于小企业创新的技术转移、提案开发和针对小企业的小企业创新研究计划（SBIR）项目申请协助，通过小企业创新研究计划（SBIR）促进创新技术的开发和商业化。

（三）税收支持

1. 对中小企业科技投资税进行长期减免

为了让中小企业有足够的资金投入技术与产品创新，美国政府在税收上对中小企业进行减负，按个人所得税率征收中小企业的企业所得税。凡是未达到当地人均年收入水平的业主，都可以申请政府补贴。为了缓解科技型中小企业的资金压力，还对其实施6个月的延期纳税和加速折旧措施。

2. 研发投入可抵扣企业应付税款

为鼓励企业进行科技创新，自1954年以来，美国税收法典就规定研发费用可由企业选择一次性扣除或作资本化处理，若当年的研发费用超过过去3年平均数的25%，则可在当年应纳税额中抵免，并规定：凡购买用于研发的使用年限超过5年的新机器设备，其购入价格的10%可直接抵扣当年的应付税款。同时为了鼓励产学研合作，美国联邦政府规定：科技型中小企业委托大学或科研机构进行基础性研究，可以根据合同支付的研究费用的65%从所得税中抵免。这些措施都极大地促进了美国的科技进步。

（四）公共服务政策支持体系

1. SCORE-退休高管服务企业项目

20世纪50年代以来，美国小企业管理局开始通过与志愿者和专业服务组织合作的方式为小企业提供管理和技术援助培训服务。1964

年小企业管理局与"教育和其他非营利组织、协会及机构"合作为小企业提供管理和技术援助服务。随后，退休高管服务企业项目启动，并将其作为一个全国性的志愿者组织。该组织有2000名会员。是联合了50余个独立非营利组织而共同组成的一个全国性非营利组织。

2. 微型企业投资技术援助项目

微型企业投资技术援助项目旨在为非营利性微型企业发展组织、中介组织、印第安部落等提供援助，按照法律要求，小企业管理局应保证援助项目资金的50%以上用于扶持低收入人群。

3. 弱势人群企业管理与技术援助项目

该项目通过一系列扶持政策帮助弱势人群小企业改善经营状况，提升企业管理效率。该项目覆盖目标是弱势人群企业和贫困地区的小企业。项目内容重点涵盖两方面：一是从资金管理、财务审计、员工档案保存及市场营销几个方面为小企业提供培训和辅导；二是帮助小企业拓宽经营范围，协助企业开发新的商机。

◇ 二 日本促进中小企业创新的政策

（一）金融扶持

1. 设立专门面向中小企业的民间金融机构

日本除了专门设立面向中小企业的金融机构（如中小企业金融公库、中小企业投资育成公司等政府金融机构）外，还在民间设有专为中小企业服务的金融机构，如互助银行、信用合作社等，民间中小金融机构及其分支机构众多而密集，全国共有2000多家，构成了官民结合的中小企业融资网络体系。日本政府建立并不断充实和完善中小企业信用担保制度，有效地解决了中小企业找不到担保的问题，使大约三分之一的中小企业在利用这一体系中收益。

2. 设立风险基金和中小企业基金

鼓励创业和设立风险企业，设立风险基金和中小企业基金，实行无担保、无利息的新创业融资制度，在金融和财务方面给予优惠。如对中小企业海外市场调研、国际差旅费及专利申请费用等进行补贴，以提高其国际化水平。日本通过立法明确政府必须向中小企业订货。

3. 建立"中小企业信用保险公库"

出资由政府全部承担，中小企业进行技术创新的相关债务由政府买单，具体偿还由信用担保协会执行；向中小型科技企业提供贷款优惠。由政府从国家预算中划拨一定比例的基金给民间社团，民间社团利用这部分基金对中小型科技企业实施无抵押贷款，增强竞争优势。

4. 建立"微型企业经营改善资金融资制度"

对融资能力较弱的中小企业提供低利息、无担保、无保证的融资服务。专门设立了信用保证协会和中小企业信用保险公库，为中小企业贷款提供担保和再担保业务，制定了《信用金库法》等法律，将信用金库的会员主要限定为中小企业或者个人，主要为会员提供金融服务。20世纪70年代后，日本的都市银行也开始面向中小企业开展业务，到20世纪90年代初期，对中小企业的贷款额已占其贷款总额的

50%以上。2006年，日本经济产业省的中小企业厅宣布，根据《民事复兴法》和《公司重组法》的规定，对于申请经营破产并得到执行的中小企业，日本经济产业省推出新的融资制度，以便破产的中小企业能迅速融资，重新发展。2007年春季日本政府建立了中小企业金融公库，当年夏季，日本政府推出新的措施，以便破产后的中小企业可以通过日本全国信用保证协会的官方担保继续取得融资。目前，日本的中小企业金融公库、国民金融公库、商工组合中央金库为中小企业提供长期低息贷款及多项免费或优惠的金融服务，并通过政府财政资金引导民间金融机构为科技型中小企业提供风险投资。

（二）财政支持

1. 设立利息补助制度

日本各县政府设立利息补助制度，为微型企业提供地方性财政贴息。规定符合标准的中小企业进行技术创新，可以获得政府一半的资金补助，且资助金额不少于500万日元，最高可达2000万日元；日本政府每年划拨中央财政的0.25%作为资助中小企业进行技术研发和创新的预算。

2. 中小企业创新研究计划（SBIR）

从1999年起，日本政府参照美国的中小企业创新研究计划，针对员工总数不满500人的中小企业，开始实施日本的中小企业创新研究计划。该计划不再单纯地将中小企业当作保护对象，而是注重发挥其技术创新的作用。

SBIR的具体内容是：动用国家科学研究经费，以补助金的形式援助中小企业进行可行性研究、开发研究和事业化研究。该项目把重点放在中小企业技术创新成果的商业化上，相关的中小企业可以享受中小企业信用保险法的特例（开拓新事业保险制度）、投资中小企业发展成股份公司法的特例（投资对象企业的扩大），以及中小企业金融公库的新事业（引入革新技术的促进资金）、技术振兴的贷款制度（利用SBIR特定补助金，向需要资金的、开展技术创新活动的企业提供贷款）。

日本SBIR计划的主管部门是中小企业综合事业团，该计划根据技术创新的4个阶段而设计，包括设想萌生、可行性研究、研究开发、市场化。具体实施方式如下：

第一阶段，国家各部门发布技术开发课题。第二阶段，对课题涉及的新技术进行可行性研究调查。委托中小企业对政府提出的技术开发课题进行可行性研究，然后根据企业自身的实际情况进行申请。计划规定，对于满足条件的中小企业，都可以申请"研究调查项目"，每个项目的补助金为500万日元以内。第三阶段，研究开发。凡获得了"研究调查项目"补助费的中小企业，在项目合同结束时，要在技术和商品化两方面达到可实施的水平，才有资格申请"研究开发项目"。每个项目的补助金额为2500万日元以内（年度额）。该项目在合同期满时要达到可商品化的水平。第四阶段，市场化。在研究项目结束后，对获得委托研究经费的企业进行评估及实地调查。SBIR计划产生的知识产权和技术，根据具体的情况归企业或"合作研究共同体"和中小企业综合事业团所有。

3. 提供专利申请补贴

一是减少知识产权申请费用。为促进中小企业开展研发活动，日本政府对中小企业专利审查请求费和专利费（从第一年起 10 年内）减半征收。政府扶持包括两项内容：第一是考试请求费，从第一年起十年内的专利费和海外专利调查，转发和初步审查的行政费用减少三分之一；第二是补贴中小企业在国际专利管理费和处理费中支付金额的三分之二。其中二是为中小企业提供国际专利申请补贴。为了鼓励中小企业提交国际专利的战略申请，将提供补贴部分资助中小企业国际专利申请的费用（如向海外专利局申请费用、聘请日本代理商和海外当地代理商的费用以及翻译成本）。

（三）税收支持

1. 法人税减免

旨在强化中小企业财务、避免企业因亏损等造成流动资金不足，主要体现在法人税的减税措施方面，除法人税税率优惠外，另有"亏损冲抵"和"亏损退税"两项措施。前者适用于所有企业，后者仅面对资本金在 1 亿日元以下的中小企业。"亏损冲抵"是指企业在本年度出现的净亏损额可以与下一年度的计税收入冲抵，冲抵期限为 9 年，而"亏损退税"是指企业把本年度净亏损额计入上一年度计税收入，然后从税务机关获得一定"退税"，保证中小企业业主有生存的机会。

2. 投资税减免

旨在鼓励中小企业加大设备、研发、人才投资，主要包括中小企业投资促进税制、环保投资减税、小额资产即时折旧、人才投资促进税制等。对中小企业新购机器设备在第一年里给予 30% 的特别折旧。

对科技型中小企业给予所得税减免且试验研究费可税前列支，为鼓励科技型中小企业的科技投入，规定科技型中小企业可按当年研发支出总额的10%抵免企业所得税，但不超过所得税的15%。日本还对中小企业实行10个月的纳税宽限期。日本财务省的数据显示，在2009年度，利用"中小企业投资促进税制"和"小额资产即时折旧"这两项制度的中小企业分别达到31万家和28万家，实际减税额分别为1322亿日元和268亿日元。

3. "雇用促进税制"

旨在保护就业、鼓励企业增加员工的税率优惠。中小企业是日本最重要的就业单元。为了鼓励企业增加员工，日本政府于2011年推出了"雇用促进税制"。根据这一税制，2011年4月1日到2014年3月31日，企业新增就业岗位时净增加1人就可享受20万日元的特别减税。

4. 企业交际费减免

此措施主要将企业90%的交际费计入费用等。日本财务省数据显示，仅交际费这一项税收优惠在2010年度就减税2577亿日元，共计有64.2万个企业主受益。鼓励企业主敢于在营销上投入资金，在市场上争取商业机会。

（四）公共服务政策支持体系

1. 构建一站式服务区域创新平台

在地方政府支持下，以各区域的各类创新支援机构为核心，形成为企业的创业及事业经营提供一站式服务的区域创新平台。在每个地区都设立了全面知识产权服务台，配备有专业支持人员，为中小企业提供知识产权问题和管理问题方面的一站式服务。通过与知识产权专家、中小企业服务机构及其他相关机构的合作推进中小企业知识产权的保护，同时帮助企业高效率利用知识产权。2017财年，知识产权支援框架进一步完善，通过与区域性支持组织的进一步合作，依照由专利局经产业结构委员会下属的知识产权小组讨论制定的《区域知识产权振兴行动计划》（2016年9月26日），进一步提升服务区域中小企业的效率。

2. 成立中小企业振兴事业团体

推行"机构事业研发制度"，对中小企业进行技术创新所急需的先进机械设备进行第一年设计，第二年试制和第三年公开普及；实行"特别研究开发事业"制度，集中全社会先进技术，解决中小企业技术难题；推行"新技术验证事业"，不断普及新技术成果。建立技术顾问制度。设立诸如"国际技术创造研究"试验机构，帮助中小企业利用国外先进技术；鼓励民间团体承担中小企业不能独立完成开发的核心基础技术；直接派遣具有丰富经验的技术专家深入中小企业进行专项指导，解决新产品研发中遇到的技术难题。

3. 建立以企业为主体的产学研合作

合作模式。不断加强与高校、中小企业的联系，积极推动双方的技术合作与交流，提高中小企业的技术研发效率和速度，强化政府的重要角色。通过实施"中小企业地方资源利用项目""地方创新催生研究开发项目""新协作支援项目"等一系列计划，鼓励中小企业进行二次创业和经营革新。加强对中小企业信息化的支援，包括IT人才培训、技术咨询、系统建设等。日本为中小企业建立了专门的情报网络和数据库。

4. 建立产权数据库

一是发布专利战略门户网站。专利局网站上的专利战略门户网站提供线上的数据分析，包括专利申请数量、申请数量、过去10年专利许可费率的个人数据和申请人的密码修改等信息。二是建立新兴国家知识产权信息数据库。该数据库汇总了在发展中国家和类似地区开展业务法律和知识产权信息，包括申请程序，审查和诉讼程序，许可程序以及统计和体制趋势方面的信息。三是建立工业产权数字图书馆（IPDL）为中小企业提供专利信息。

5. 为中小企业知识产权保护提供咨询服务

2015年2月2日，国家工业产权信息与培训中心（INPIT）成立了商业秘密/知识产权战略咨询中心，同时开通了商业秘密热线，制定了商业秘密一站式支持框架，为中小企业提供知识产权专家，对企业知识产权进行咨询服务。咨询中心的咨询范围主要是知识产权战略，例如如何保护相关专利权和商业秘密，如何管理商业秘密以及如何防止商业秘密泄露和后续措施。若是涉及商业秘密保护、信息安全措施和网络攻击案件等，中心将根据磋商内容与国家警察厅和日本信息技术促进局（IPA）密切合作。2017年，中心开展了保护商业秘密和知识产权的研讨会，提高中小企业经营者在相关领域的认识。

协助中小企业进行海外专利诉讼。一是实施中小企业海外专利侵权诉讼援助项目。为了维护中小企业在海外的专利所有权，日本贸易振兴会（JETRO）将对中小企业在海外进行仿制产品调查、对仿制品制造商发出警告声明以及政府扣押程序中产生的费用进行补贴。同时，JETRO也对中小企业在对海外企业侵权诉讼过程中聘请的律师及其他机构、诉讼费用以及企业商标无效或撤销等方面产生的费用进行补贴。二是建立快速审查和申诉制度。对于中小企业或小微企业申请或上诉的专利，企业可借助提交"加速审查的情况说明"或"加速申诉审查的情况说明"来加速追踪审查和上诉审查。对于满足要求的申请，将会加快办理专利设计和商标申请的审查或上诉。三是对中小企业海外知识产权诉讼进行贸易保险补贴［2017财年预算：6000万日元］。为了鼓励中小企业在海外采取手段打击知识产权侵权，对全国性中小企业会员运营的海外知识产权诉讼保险体系进行支持，为海外知识产权诉讼的成本提供资金。日本政府对全国性中小企业组织给予补贴，补贴海外知识产权诉讼保险费的1/2，减轻中小企业在海外购买诉讼保险的保费负担，进一步提升中小企业对相关保险的认购率。

6. 推进中小企业标准化战略运用

2016年，日本标准协会（JSA）与地方政府机构、产业促进组织、区域金融机构以及大学和公共研究机构（合作机构）合作，强化标准化支持伙伴关系系统框架，鼓励其提供更多关于标准化战略性地区利用的信息和建议。

通过该系统，JSA举办了一系列对中小企业标准化战略应用的研讨会。此外，通过与日本贸易振兴机构和检测/认证机构的合作，制定提供海外认证的框架，小企业获取海外认证的支持框架得到了进一步强化。

◇ 三　英国促进中小企业创新的政策

（一）金融扶持

1. SFLGS 计划

政府通过政府资金担保，引导银行向新创建的小企业贷款。英国贸工部作为贷款担保计划中的担保方，小企业向贸工部提交书面申请报告，获准后再与指定银行签订贷款协议。在该计划中，政府担保金额为贷款额的75%—85%。当贷款失败时，银行一方面可通过政府担保金规避较大的风险，同时根据贷款协议，银行还拥有对贷款方私人财产的处置权，以此来规避剩余的风险。这种由政府出资担保并承担较大风险的做法，有效地促进了银行对小企业的贷款。

2. 设立地区性风险投资基金

英国的地区性风险投资基金（RVCF）由中小企业服务局（SBS）、欧洲投资基金、私营机构投资者分别出资30%、20%、50%组成，专门用于引导对中小企业的风险投资，实现了政府资金与私人资本的结合。同时，英国由很多小型金融公司组成的"风险资本协会"主要从事科技型中小企业风险投资，为其研发提供大量资金援助。

3. 设立高技术开发专款

推进科技金融合作，解决中小企业融资难问题。英国商业、创新和技能部将政府资金中的33%作为发展高技术的专款，其中20%作为支持高技术产业的开发费用。针对高技术小企业投资风险高，难以得到资金贷款的现象，英国政府通过小公司贷款担保计划、高技术基金等计划，由政府出面为借方提供最高至85%的贷款担保，鼓励商业银行和其他金融机构向小企业提供贷款。企业以2.5%的比例缴纳保费，如果企业最后无法偿还债务，则由政府按2.5%的年利息偿还所担保的债务款。

4. 通过金融工具鼓励创新

英国政府利用经营者期权、高新技术债券、知识产权抵押担保等新的金融工具支持企业技术创新。英国政府于2000年指定英国Westport私人证券经营有限公司建立英国高科技基金，主要目的是鼓励更多的社会机构向处于初始增长阶段的高科技企业进行投资。该基金首先由政府贸工部投资了基础资金2000万英镑，用来吸引私人部门的机构投资者。该基金计划将为处于初始增长阶段的英国高科技企业筹集到总量为1.26亿英镑的可用的风险资金。

（二）财政支持

对于创办中小企业的失业者，英国政府每周补贴其40英镑。英国的小企业研究和技术奖励计划对符合条件的中小企业研发和创新进行资助。

（三）税收支持

1. VCT计划

英国政府向社会招标基金管理公司（VCT），符合条件的VCT公司获准在伦敦股票交易所向公众募集资金，吸纳愿对小企业进行5年期以上投资的私人资金，VCT公司所融资金要求至少70%的资金在3年内投向小企业。投资者通过向VCT投资，将享受到一系列的税收优惠：在投资当年减征相当于其投资额20%的所得税；免征VCT原始股红利所得税等。VCT公司本身也可在投资退出时享受免征资本利得税的优惠待遇。

2. 对中小企业实行低税率

英国的《科技创新信托法案》支持科技型中小企业融资，对向科技创新信托基金投资的个人实行税收优惠政策，对持有5年以上科技创新信托基金股份，可按其投资额的20%抵减个人所得税；对科技创新信托基金的分红不征税；对科技创新信托基金股份的出售所得免征资本利得税。

3. 对中小企业投资高技术给予税收优惠

对创办中小企业者可免60%的投资税，对创办的中小企业免100%的资本税，公司税从38%降为30%，印花税由20%减为1%，起征点由2.5万英镑提高到3万英镑，还取消投资收入附加税。为避免中小企业因为缴税而减少在研发上的投入，对中小企业给予12.5%的税务补贴。向新成立的高技术公司提供2000万英镑的风险资本合作资金；对在高新技术小公司连续工作3年的管理者实行免税计划，解决小公司由于缺乏资金无力吸引管理人才的问题；对开展革新技术研究的50人以下的小企业予以4.5万英镑以下资助；开展新产品、新工艺和样品试制前的开发工作，250人以下的小企业最高可获20万英镑的资助，鼓励企业投资于定向性基础应用研究与开发。

4. 创新券计划

该计划推出的目的是为中小企业提供免费获得大学和学术机构的学术支持和专业服务的机会，促进中小企业利用外部知识等创新资源，提高创新能力。创新券计划是 TSB 最新推出的系列创新资助工具之一，也是一个新的专门支持中小企业创新的计划。创新券是针对本国中小企业经济实力不足、创新资源缺乏，大学和研发机构没有为中小企业服务的动力而专门设计发行的"创新货币"。TSB 的首轮项目实施于 2012 年 9 月，主要涉及三个领域：农产品、建筑环境和空间。农产品和建筑环境领域累计投入 200 万英镑，每个项目 5000 英镑；空间领域累计投入 45 万英镑，每个项目最多 5000 英镑。评审人员每三个月从申请者中随机抽取企业评审，每批资助 100 个项目。该计划已实施了两轮，效果较好，目前正在实施第三轮。TSB 的创新券计划已从首轮的三个领域扩大到了七个领域，分别为：农产品、建筑环境、空间、能源、水资源、废弃物利用、开放数据。创新券计划基本流程是政府向企业发放创新券，企业用创新券向研发人员购买科研服务，科研服务人员持创新券到政府部门兑现。创新券计划申请的操作流程十分简单、高效。

（四）公共服务政策支持体系

1. 联系计划

联系计划促进了研究单位和工业界在政府资助研究项目商业化前期的开发工作的推进，帮助建立更紧密的产学研合作伙伴关系，从而对有潜力的项目进行研究，开发新产品、新工艺、新系统或新服务。列入这一项目的成员至少包括一家企业和一个学术机构。"联系"项目下的研究须符合"预见项目"确定的范围,包括:传感器及传感系统、食品质量和安全、持续可耕地生产、分析生物技术、催化剂及催化程序、油气开采技术等。政府对参与的中小企业支持所需经费的25%—60%不等。

2. 知识转移合作伙伴资助项目

主要用于鼓励大学毕业生在各种公司转移技术。通过高校—企业协作的方式建立科学企业中心,为科学工程领域的本科生和研究生提供接触创业技能的机会,为新技术企业提供孵化条件,强化了知识转移工作,促进了高科技企业的问世。

3. 政府采购中小企业科技研发计划(SBRI)

英国商业、创新和技能部于2001年推出政府采购的中小企业科技研发计划(SBRI),旨在通过政府财政资金支持和激励中小企业创新发展。鉴于初期效果不明显,2009年,新的申请—评审三阶段中小企业科技研发计划(SBRI)开始实施。从2009年开始,英国政府多部门联合共同支持中小企业创新发展,提高了财政资金使用效率的同时,也让更多中小企业享受到了政府扶持。

四 意大利促进中小企业创新的政策

(一) 金融扶持

1. 对开发国外市场计划提供优惠贷款

为了促进意大利企业开发国际市场,意大利对外投资促进公司向计划在非欧盟国家建立长期有效机构（代表处、分公司、服务中心等）的意大利企业发放低息贷款。贷款额可达单项计划金额的80%，贷款期限不超过7年，贷款期内维持固定利率，利息为签订贷款合同时出口信贷利率的40%。该贷款优先考虑中小型企业以及他们的康采恩或联合体，如贷款的最高金额一般为2065000欧元，而对中小企业及他们的康采恩或联合体的最高金额可达3098000欧元，此外在担保方面的要求也更为宽松。

2. 向参加国际招标的企业提供低息贷款

意大利对外投资促进公司通过提供低息贷款协助企业参与非欧盟国家的国际招标活动。企业可对从制作标书到招标结束期间的全部费用申请贷款，贷款额可达费用金额的100%，贷款期4年，贷款期内维持固定利率，利息为签订贷款合同时出口信贷利率的40%。优先考虑中小型企业和其他联合体。

3. 为对非欧盟国家进行先期可行性研究的企业提供优惠贷款

通过提供优惠贷款和技术服务，鼓励意大利企业特别是中小型企业和他们的联合体，以及农业行业企业对非欧盟国家进行可行性研究。可申请贷款的活动有：为获得商业订单而进行的前期可行性研究，贷款金额可达到预算费用的50%，总额贷款额不超过361000欧元；进行出口或与意大利对外投资有关的可行性研究，贷款金额可达到预算费用的100%，总额贷款额不超过361000欧元；进行与出口或意大利投资有关的技术支持计划，贷款金额可达到预算费用的100%，总额贷款额不超过516000欧元。对于前两种活动，贷款总期限不能超过3年零6个月，对技术服务的贷款期则为4年。贷款期内维持固定利率，利息为签订贷款合同时出口信贷利率的 25%。

4. 为实现有关意大利出口和对外投资的技术支持计划提供的优惠贷款

企业——特别是中小型企业和它们的联合体，在完成有关出口和对外投资的技术支持计划时可申请优惠贷款。贷款额可覆盖项目的全部费用，最多不超过 516000 欧元，贷款期限不超过 4 年，利息为签订贷款合同时出口信贷利率的 25%。

5. 设立研发基金（FAR）

该基金旨在鼓励国家科研机构和企业联合进行科研开发，为生产技术的改进提供技术支持。该基金由意大利教育、大学与科研部进行管理，主要资助企业独立承担的应用研究项目、国家研究计划、应用研究中的国际合作项目和一些授权实验室从事的应用研究项目等。只有由企业和大学或科研单位组成的科研联合体可以申请此资助，单独一方无权进行申请。资助形式一般是低息贷款，贷款额原则上不超过全部研究经费的 55%，但对中小企业和南方地区的企业，比例可达 65%。企业可申请部分赠款，但额度不能超过贷款额的 50%。若企业申请全部赠款，则赠款一般不超过全部研究经费的 35%，但对于中小企业和南方的企业，比例可达 40%。

（二）财政支持

1. 设立"技术创新特别滚动基金"

该基金是帮助中小企业筹措创新的基金，专门为中小企业采用先进技术、设备提供帮助。其中，对中小企业的无偿补助占 50%，其余的可以贷款。20世纪末，意大利政府向雇员在300人以下、技术设备不足115亿里拉的中小企业，以优惠的价格出售或出租数控自动化设备和电脑控制装置。

2. 设立技术创新基金（FIT）

该基金旨在支持中小企业的知识创新和成果转化，鼓励建立行业研究中心。该基金由意大利原生产活动部（现经济发展部）负责监管。该基金主要支持研究成果的工业化和商品化开发项目，以发展新技术、新工艺、新产品为目的。在大企业中，只有汽车及部件、电子、冶金、航空、精细化工、农产品加工、机械、摩托车及配件行业可申请资助；中小企业的申请则不受产业领域的限制。资助方式一般为贴息贷款，贷款额不超过项目总经费的35%。在项目执行阶段，拨付资助经费的80%，其余20%在项目完成后拨付。

（三）税收支持

鼓励中小企业购买、租赁高技术设备。以让税的方式资助为新建，或改建旧生产线而购买或租赁设备的企业，资助比例根据企业的规模和所在的地区而定，中小企业可获得较高的资助比例，最高可达总投资的39%，但最大资助额不超过1250万美元。

（四）公共服务政策支持体系

建立为中小企业提供专门服务的全国范围中介机构。主要有意大利工业家联合会（Confindustria）和意大利中小企业联合会（CONFA-

PI）。这两个联合会均由企业家自主创立，以代表并保护企业自身利益、进行自我服务、争取更好创业环境为宗旨，在有关法律法规之下执行自订的规则，受政府部门指导和支持，参加各级政府部门的有关会议并表达意见。

以意大利中小企业联合会（CONFAPI）为例。该协会成立于1947年，是一个全国范围内的工业和制造业中小企业联合会。在各地区、省、市设有分会，目前共有会员企业5万家。其主要职责为：通过分布广泛的分会网络，积极参与意大利的经济、政治和社会活动；与各级政府部门、部长办公室、经济委员会、外贸协会、研究机构、社会安全机构、职业培训协会等保持密切联系；与其他行会、联合会保持密切合作。同时，该联合会在布鲁塞尔的欧洲手工业、中小企业协会中设立永久性办事机构，以及时了解欧盟立法活动和有关中小企业的法令法规。

◇ 五 新加坡促进中小企业创新的政策

（一）金融扶持

1. 对研发投入提供低息贷款

针对雇员在10人以下，年营业额不足100万新元的技术型中小企业，政府提供高达10万新元的贷款支持，贷款利率最低为5.5%，年限最高为4年；保障贷款全部用在技术研发上，违规企业将被处以高达4倍非法获得资金的罚款，并额外缴纳最高5万新元的罚款。

2. 科技企业家投资基金

科技企业家创业投资基金是新加坡经济发展局全资的基金管理公司，成立于 2001 年 4 月。主要投资于创业投资基金，发挥杠杆作用，使之投资于高科技或高增长和处于发展期的行业，并激励国内外的创业投资家在新加坡开展更多的创业投资活动，加快创业投资业的发展。基金的直接目标是通过科技型私人股权投资，创造价值，并为股东和合作者获取长期回报。科技企业家创业投资基金的作用是为了发展创业投资群，主要通过公司三个主要方面的活动来实现：基金的基金投资（投资于创业投资基金）、直接投资和创业服务。科技企业家创业投资基金主要投资于创业投资基金，投资于高科技或高增长和处于发展期的行业。通过与名誉好的全球创业投资企业的战略性联系，科技企业家创业投资基金还催化私人部门机构和公司投资于创业投资业。为了促进新加坡创业投资业的发展，科技企业家创业投资基金通过推动更多对新加坡的创业投资，建立联系和工作网络，寻找世界一流的创业投资公司进行知识转化。

(二) 财政支持

1. 创新券计划

标新局设立针对中小企业的创新券计划（IVS）和创新与能力券计划（ICV），支持创新从技术领域扩展至生产、人力资源和财务管理等领域的创新，中小企业可申请价值 5000 新元的赠券，用于购买参与计划的服务供应商所提供的顾问咨询服务或解决方案；帮助中小企业建立内部研发机构，允许从研究机构中雇用科技人员进行本企业技术研发；另外推行技术顾问计划和实行设施共享计划。

2. 起步企业发展计划

起步企业在创业初期，可申请经济发展局发起的5000万新元的起步企业发展计划发行股票融资。在规定的条件下，起步企业从独立的第三方投资者处每获得1新元的投资，经济发展局将为之匹配1新元投资，即经济发展局和第三方投资者的出资比例为1∶1。经济发展局对一家起步企业的最高投资额为30万新元，每一个第三方投资者必须至少投资7.5万新元。经济发展局和第三方投资者按投资金额获得相应比例的起步企业的股份。能申请此计划的起步企业所处的行业包括通信科技、生物工程、电子和电子商务、传媒业和通信媒体以及纳米科技等。

（三）税收支持

新加坡针对进行技术创新的中小企业只征收企业利得税，分红免税，规定中小企业通过技术研发盈利的第一个10万新元3年内免征，盈利20万—30万新元征收8.5%，50万新元以上部分征收17%；简化中小企业创新项目的财政补贴审批手续，其补贴发放时间不超过两天。

（四）公共服务政策支持体系

科技企业家激励计划。为培育具有新理念、创新型、高增长的起步企业，新加坡经济发展局于1999年9月开始实施科技企业家投资激励计划。该计划对于投资技术型、初创期企业的投资者实行税收方面的优惠。在规定的条件下，投资损失可以从投资者的应纳税所得额中扣除。该计划的设立是为了促进技术型起步企业的私人股权投资。

六 德国促进中小企业创新的政策

在高科技战略的指引下，德国联邦政府对业已存在的中小企业创新促进项目进行了优化整合，推出了新的创新促进计划。其中最重要的是中小企业创新集中计划（ZIM）和中小企业创新计划（KMU-innovativ）。

（一）中小企业创新集中计划

中小企业创新集中计划（以下简称"ZIM 计划"）是一项覆盖全国范围、不限技术领域和行业的促进项目，支持对象除中小企业外，还包括与之合作的研究机构。该项目整合了以往促进项目，由联邦经济与技术部负责，于 2008 年 7 月开始实施至今。2015 年 1 月，联邦经济与能源部发布了最新的 ZIM 计划，扩大了受资助中小企业的范围（从低于 250 人提高到 499 人）并提高了资助资金的数额，将对企业资助的最高数额从 35 万欧元提高到 38 万欧元，对研究机构资助的最高数额从 17.5 万欧元提高到 19 万欧元。ZIM 计划中的中小企业为雇员人数不超过 499 人，同时年营业额低于 5000 万欧元或资产负债表总额低于 4300 万欧元的企业。

ZIM 计划资助的项目分为三类：单个项目、合作项目与合作网络。

一是单个项目。支持单个企业开发新产品、流程或服务，不受技术领域和行业限制，企业创新相关的服务及咨询也在资助范围内，目的在于发展和强化企业内部的创新能力。

二是合作项目。支持企业间或企业与研究机构间的合作研发项目。其中企业应符合欧盟的中小企业标准，相应的研发机构则包括公立及其他私人的非营利性研发机构，企业创新相关的服务及咨询也在资助范围内。

三是合作网络。支持合作网络管理和合作网络中产生的单个研发及合作项目。合作网络应由至少 6 个中小企业组成，研究机构、大学、其他类型企业及机构也可参与。对合作网络的要求包括对项目、人员和企业及机构的较高要求。

（二）中小企业创新计划

中小企业创新计划（以下简称"KMU-innovativ 计划"）于 2007 年提出，由联邦教育与研究部负责实施，资助对象是对德国未来发展至关重要的前沿技术领域进行研究的中小企业。

在德国，中小企业在很多行业（比如生物工程、纳米）都是技术进步的先驱者。中小企业创新计划面向那些特别有研发能力的中小企业，使其能够在（包括较大数额）促进资金的帮助下降低风险，完成高水平的专业计划。中小企业创新计划还设立了为申请企业提供咨询服务的专门机构。具体资助领域情况如下：

一是生物技术领域。生物技术是关乎未来发展的重要领域，医疗、健康等其他重点领域也以生物技术为基础。德国有大约700家致力于研究生物技术的企业，这些企业几乎都是雇员少于250人的中小企业，其经营状况很大程度上取决于现代生物技术发展进程。生物技术领域创新周期长、成本大、风险高，很大程度依赖风险投资和公共资助。

二是纳米技术领域。和生物技术一样，纳米技术能够为德国带来巨大的技术和经济发展潜力。德国有700多家致力于开发、应用和销售纳米技术产品的创新企业。

三是医疗技术领域。医疗技术是德国极具创新和增长能力的领域。除少数大企业外，约1200家中小企业共同组成了该行业的支柱。中小企业创新计划下的医疗技术支持重点关注研究成果的商业转化以及高风险科研项目。

（三）INNO-WATT 和 ERP 等项目

针对德国新联邦州（含柏林）经济实力弱、科技企业较少的问题，德国专门制定了促进新联邦州中小企业创新的措施和优惠政策，即 INNO-WATT 项目，主要任务是为新联邦州工商业领域的中小企业提供科研补贴。德国每年约有350个研发项目获得 INNO-WATT 项目补贴，很多刚刚起步的企业由此发展成了当地经济发展的主要力量。补贴额最高为企业科研投入的45%，其上限为37.5万欧元。

中小企业由于经济实力差，在一般条件下融资相对困难，而且办理抵押贷款的要求较大企业更严格，为减轻企业在进行创新融资时的抵押担保负担，同时也减少商业银行的投资风险，德政府委托德国复兴信贷银行为企业的创新计划提供长期低息贷款（ERP 贷款）。ERP

贷款一部分是普通商业贷款，需要担保，但前两年可暂缓支付利息；另一部分是免担保贷款，前7年可暂缓支付利息。企业可由此获得更加充裕的资金，提高资金流动性和增加自有资本率。

德国政府鼓励中小企业接受外部创新咨询服务。通过专业咨询服务，企业能够更好地适应日益复杂的经济环境和不断加快的技术更新速度，从而避免在竞争中被淘汰。促进创新管理项目是帮助新联邦州工商业和手工业的小企业接受创新咨询的促进措施。小企业标准是员工不足50人，且年营业额不超过1000万欧元。德国政府指定了20余家咨询机构为该项目的授权机构。符合条件的小企业与这些机构签订咨询合同，机构即可向政府申请补贴，补贴额为合同额的45%—55%。此外，很多全国范围内促进企业接受咨询的项目中也有对中小企业的优惠措施，如促进企业节约原料和提高能效项目、各种企业培训班和企业经验交流项目（POP）等。

七 新冠肺炎疫情中支持中小企业的政策措施

（一）美国

1. 缓解企业融资困难

一是经济伤害灾难贷款计划，为小型企业提供高达200万美元的低息运营资金贷款。二是7（a）计划，为小型企业提供最高500万美元贷款计划，主要用于支持企业营运资金需求、租赁权益改良、再融资等。三是快速贷款计划，为小型企业提供最长限期7年、最高额度35万美元、可循环使用的贷款，审批流程只需36小时。四是出口一揽子融资计划。包括出口快速贷款计划（Export Express loan program），即进出口企业提供最高 50 万美元快速资金；出口流动资金计划（Export Working Capital program），即为进出口小企业提供 500 万美元的循环信贷额度或资金；国际贸易贷款计划（International Trade loan program），即帮助进出口小企业重组或扩展，以及开拓新市场或将业务重新转移回美国。

2. 加大财政资金支持

一是实施 2 万亿美元经济刺激计划。其中，3500 亿美元用于实施工资保护计划；5000 亿美元用于为陷入困境的公司提供帮助；2500 亿美元直接现金补助给中低收入的个人和家庭，每个成年人 1200 美元，每个儿童 500 美元；至少 2500 亿美元用于失业保险；850 亿元用于专项救助。二是 4840 亿美元新一轮援助计划。其中，3100 亿美元继续用于小企业工资保护计划，600 亿美元用于美国小企业管理局的灾难援助贷款和赠款；750 亿美元用于医院拨款；250 亿美元用于支持新冠病毒检测。

3. 降低企业税费负担

一是实行"员工留任税收抵免"，对于因新冠肺炎疫情而暂停营业、符合法定条件且全职员工数不超过 100 人的雇主，可在 2020 年 3 月 13 日至 2020 年 12 月 31 日为每位员工所支付的薪资税享有税收抵免，抵免金额为每位员工可适用薪资（上限为 10000 美元）的 50%。二是延期支付薪资税，雇主及个体经营者可延期支付截至 2020 年年底的应纳薪资税额，一半延期税额的支付日期推迟至 2021 年 12 月 31 日，另一半推迟至 2022 年 12 月 31 日。三是暂停对净营业亏损的限制,对企业于2018年、2019年和2020年产生的净营业亏损可向前结转5年抵减以前5个年度的应纳税所得额,现行美国税法下对净营业亏损的80%应税所得额限制将推迟至2020年12月31日之后再实行。

(二) 日本

1. 缓解企业融资困难

一是提供无利息贷款,包括执行"新型冠状病毒传染病特别贷款""商工中金(商工组合中央金库)危机应对融资""特别利率补贴制度"。二是提供利率下调0.9%的优惠,包括执行"再特别贷款"和"小规模经营者经营改善资金贷款制度"。三是扶持其他担保贷款业务,涉及"SN贷款"等。四是提供资金周转。商工中金和日本政策投资银行提供规模2040亿日元的危机资金支持,帮助中小企业融资。五是进行债务转换。中小企业现有的特别贷款或危机应对融资的相关债务可转换为"新型冠状病毒传染病特别贷款"和"危机应对融资",享受无利息贷款。六是延长债务本金偿还时间。在保障债权人利益的前提下,为资金周转困难的中小企业提供最长1年的延期还款服务。

2. 加大财政资金支持

一是资本补贴,即对中小企业和小规模经营者的资本支出进行补贴,补贴金额为100万日元至1000万日元,中小企业和小规模经营者的补贴率分别为其资本支出的1/2和2/3。二是可持续发展补贴。用于支持小规模经营者发展销售渠道与提高生产力,补贴金额最高为50万日元,补贴率为相关支出的2/3。三是信息化改造补贴。支持企业引进可带来更高附加值的信息化设备或系统，补贴金额为 30 万日元至 450 万日元，补贴率为相关支出的 1/2。四是加大对本土品牌的支援。对在疫情期间积极开发市场、优化产品或服务的中小企业，给予最高 2000 万日元补助，其经营者每人最高 500 万日元的补助，补助率不超过 2/3。

3. 降低企业税费负担

一是实施延期纳税付款政策。新冠肺炎疫情期间总收入与上年同期相比下降超过 20%，且在 2020 年 2 月 1 日至 2021 年 1 月 31 日之前无法缴纳税款或社会保障款的中小企业，可延期缴纳税款，最长延期一年。二是净经营亏损向前结转。注册资本不超过 1 亿日元的中小企业，在 2020 年 2 月 1 日至 2022 年 1 月 31 日之前产生净经营亏损时，净经营亏损可向前结转退税。三是降低房地产税和城市规划税。对于在 2020 年 2 月至 10 月中任意三个月内，营业收入减少 30%—50% 的中小企业，在对其拥有的可折旧资产和用于经营的建筑物计算 2021 年应缴纳的地方房地产税和城市规划税时，税基减半；三个月内营业收入减少超过 50%，税基为零。

（三）欧洲各国

1. 缓解企业融资困难

一是提供低息贷款。例如，英国政府将为企业提供 3300 亿英镑的政府低息贷款，针对中小企业扩大之前的"商业中断"贷款计划，最高贷款额度提高到 500 万英镑；德国政府计划向企业提供不设上限的贷款，并在未来 4 年每年新增投资 31 亿欧元；丹麦政府计划为受疫情封锁措施疫情的中小企业提供达350亿丹麦克朗的新贷款。二是提供贷款担保。例如，意大利政府增加对中小企业的担保基金，为中小企业提供高达500万欧元的国家担保，直接担保的最高比例为80%，再担保的最高比例为90%；法国公共投资银行进一步加强信贷担保计划，国家担保范围将覆盖几乎所有中小企业贷款，比例由70%增加到90%；西班牙政府宣布实施2000亿欧元援助计划来缓解疫情影响，该计划金额达西班牙国内生产总值的20%，其中一半资金将用于企业信用担保。

2. 加大财政资金支持

一是提供企业专项资金补贴。例如，德国政府将启动的快速经济援助计划，成立400亿至500亿欧元困难基金，用于补助小企业3个月的运营资金和对困难企业及企业贷款的补贴；英国政府向企业发放价值200亿英镑的现金补助，包括为酒吧、餐馆等企业提供每家25000英镑的现金，且为70万家小规模企业提供3000英镑的现金补助；二是个人现金补贴。例如，英国政府正在考虑给每个英国家庭提供无条件基本收入（Unconditional Basic Income），金额在每人每周48英镑到每人每月1000英镑之间；意大利政府规定，自雇用人士或季节性工人可以在3月份申请600欧元的特别补助；父母因照顾孩子失业最高可申请600欧元补助；希腊政府计划向所有因企业关停而受影响的员工发放800欧元补偿金，其将动用4亿欧元来支付补偿金，覆盖人数约50万，对其代缴税务和社保费用，并暂停征税4个月。

3. 降低企业税费负担

一是减免企业增值税。例如，英国政府规定，应税价值不超过

5.1万英镑的酒店、商店、画廊、电影院、餐厅和音乐场所暂停缴纳营业税一年；意大利政府规定，年营业额不超过200万欧元的企业暂停纳税。二是延期缴纳税费。英国各大银行允许受疫情严重影响的人申请房贷还款延后三个月；葡萄牙政府允许受疫情影响失业或被解雇的人赎回动用退休储蓄计划且无须缴税；法国政府允许企业延期缴纳社会保险金；意大利为受疫情影响的中小企业提供债务延期。

第十五章

完善中小企业创新的政策建议

根据以上各章报告，我们可以看到：首先，中国经济进入新常态后，经济增速下行，同时国际贸易争端带来"卡脖子"技术难题，创新正成为中国发展大战略。其次，中小微企业创新在中国创新中占据重要地位，加大推动中小微企业创新既有利于企业，也有利于中国整体长期发展。最后，中小微企业创新面临众多问题，需要更合理政策解决；现行政策有些在操作上需要改进。

基于这些研究报告，我们总结如下政策建议。

◇ 一 对金融体系的建议

（一）发展资本市场，通过风险投资加大对初创期、成长期企业科技创新的支持

处于初创期和成长期的企业前景不明朗、失败风险高。此时，风险投资对于识别优质项目和引入资金极其重要。但是，风险投资要有更多退出渠道，目前新三板针对中小微企业的资本市场发展还亟待完

善，需要更加活跃。

（二）继续加大政府担保力度

政府担保是推动银行等金融机构参与初创期、成长期中小企业科技创新信贷活动的基础保障。如果政府提供担保的力度不够，那么银行的积极性也不足。从目前情况看，政府成立的科技创新担保公司为企业科技创新提供了重要支持，后续还需要政府有更多的资金投入。

（三）减少金融市场歧视

调查显示民营企业和规模稍大企业信贷利率较高，难度较大，应进一步避免信贷歧视带来的资金配置偏误。

（四）参考美国经验对中小微企业申请创新类贷款的审批标准进行优化，不是基于抵押品价值，而是注重创新项目的可行性

二 对财税体系的建议

（一）税收优惠政策适当前移，增加创新准备阶段和研发环节专门针对中小微企业的税收优惠政策

从中国促进中小微企业创新的税收优惠政策来看，大部分政策都是少数高新技术企业、针对担保机构或者投资者，然而真正能够惠及

中小微企业的政策有限。再者，研发环节基本没有专门针对中小微企业创新的税收优惠政策，对比美国的政策，事前扶持的税收优惠政策能够引导企业进行创新行为，更具针对性。建议中国促进中小微企业创新的政策适当前移。

（二）扩大针对中小微企业创新的财政补贴规模，全面细化财政补贴制度

虽然总量上中国已经对中小微企业创新给予了金额庞大的财政补贴，但不论是考虑到中国总体庞大的财政支出水平，还是考虑到中小微企业巨大的数量和税费贡献，总体上财政资金对中小微企业的补贴力度仍有欠缺。对高新技术企业的分析已经证明这一点。对于中小微高企，2019年，来自政府部门的科技活动经费和直接投入费用占全部高企比重分别为46.34%、48.81%，而2017—2019年，中小微高企的数量规模为大型高企的20—29倍。因此，平均而言，中小微高企的户均研发投入水平还有较大的上升空间，未来政府应制定合宜的企业创新激励政策，鼓励中小微高企加大研发投入。因此，首先，中国需要进一步加大对中小微企业创新的财政补贴力度。其次，中国针对中小微企业创新的财政补贴制度比美国晚了将近20年，相关制度需全面细化。最后，中国针对中小微企业创新的财政补贴制度应注重企业创新环境的营造，以培育出更多未来具有创新潜力的中小微企业。

（三）以政府采购支持中小微企业创新的政策需落到实处

虽然中国已经设立了若干面向中小微企业创新的政府采购政策，

也规定了一定的采购额度和标准，但政策较为粗略，尚需细化和落实。

（四）打造共性技术平台，促进大中小微企业资源对接

目前，中国的中小微企业和大型企业之间相对割裂，2018年开始实施的"关于支持打造特色载体推动中小企业创新创业升级实施方案"在引导产业融通、大中小企业之间融通走出了关键一步，但具体实施都在地方层面，比如各省中小企业主管部门，行业协会等，中央层面的具体政策较少。在统筹产业链发展、企业间合作方面，需要在中央层面出台更能够统筹全行业、更具约束力的相关政策。

三 对人才市场的建议

（一）完善人才培养体系

应建立人才职业体系，明确各项岗位需要的技能，以促进教育机构的人才培养，进而优化劳动力市场的资源配置，满足中小企业的人才输送需求。同时，要尽快建立以劳动力市场需求为导向的就业培训体系。通过加强劳动力市场培训体系的建设来提高劳动者的技能素质，增强劳动者的就业能力，提高企业人才素质。

(二) 加大高层次人才培养和引入力度

为确保重点领域和关键领域的人才供给，建议建立行业人才库，进行年度行业优秀人才和杰出团队评选，根据贡献程度给予荣誉、资金、积分等方面的奖励。建议面向短板行业及有关键核心业务的中小企业，定制针对性的人才输送机制，定向培养新基建、新一代信息技术等高端专业人才，充分发挥人才引进政策优势。以灵活的人口管理制度加强对海归型高层次人才和团队以及外籍专家的引进力度。

(三) 建立劳动力供需监测预警平台

在破解中小微企业招工难问题上，要加强人才需求预测等基础性工作，在专业设置和课程体系上超前布局、动态调整，对中小微企业组团打包，对如HR联盟等形式的招聘进行鼓励和宣传。依托人力资源服务业、行业协会等第三方机构，建立劳动力供需监测预警平台，为中小企业的人才供给提供固定渠道及保障措施。同时，加大信息透明度，对各地劳动力市场情况进行公开。

(四) 加大中小微企业内部人才管理

对中小微企业领导人员或领军人物进行重点培育。同时鼓励中小微企业人力资源规范管理。

（五）继续积极打破体制对人才流动的壁垒

调查显示高等教育人才多积聚于体制内各部门，而体制外中小微企业获取高素质人才困难。因此，应继续打破体制壁垒，减小二者各项待遇差异。同时，通过数字技术或产学研结合推动体制内人才和成果流入体制外。

◆ 四 对市场环境的建议

（一）推进产学研有实效发展，改革高校考核机制

研发人员不足是限制企业技术水平提升的最重要的原因，大量人才积聚于高校等部门但并不能为实体经济发展做出贡献，则应继续加大产学研结合环境创造。2017—2019年，高新技术企业委托境内高校研发比重出现了明显的下降趋势。因此，未来政府应加大对高企科技活动资金的扶持力度，尤其是鼓励高企加强"校企合作"模式。改革高校考核机制，增加对横向课题、研究成果市场化的认可程度。

（二）提高开放质量

继续大力引进国外拥有先进技术的企业和人才，互相学习，促进中国中小微企业进步。

(三) 减少大企业垄断负面影响

大企业经常利用市场地位优势在中小企业交易中进行利益侵夺，如拖欠应收账款等，不利于中小企业发展，应对其类似行为进行限制。

(四) 推动数字技术进步和更广泛使用

数字技术作为一项推动整个社会交易成本下降的手段，政府应该更多推动，使其在融资、知识共享、更多平台搭建、物联网等推进上尽快发挥实质性作用。

◇ 五 政策执行中的建议

(一) 政策应激发企业内生动力

整体上看，目前政策中减税和提供综合服务类对中小微企业创新效果较好，而对"专精特新"、单项冠军企业直接补贴等政策效果一般。这意味着在政策执行过程中，一定要注意实施方式，激发企业内生产创新动力才能提高政策引导效果，简单直接补贴不如合理机制设计调动企业研发动力。

（二）应重视自主研发

统计发现，高新技术企业引入、购买国外技术占据了很大比重，近年数据则显示中小微高企投入了大量技术改造资金，加强对原有技术进行升级改造。政策应该发力引导企业自主创新，最终打破现有技术瓶颈，突破"卡脖子"技术。

附 录

中小企业创新调查问卷

您好！非常感谢您参与本次关于中小企业创新中面临问题的调查。此次调查是匿名调查，您的回答只用于统计分析，非常感谢您的支持。

1. 贵企业所在地：_____省_____市 ［填空题］ *
2. 贵企业已经成立_____年 ［填空题］ *
3. 贵企业目前的员工人数为_____人，其中，从事技术研发的人数为_____人 ［填空题］ *
4. 贵企业当前持有有效专利数为：_____ ［填空题］ *
5. 2020年全年贵企业的销售额为_____ ［单选题］ *

　　○A. 500万元以下

　　○B. 500万—2000万元

　　○C. 2000万—1亿元

　　○D. 1亿元以上

6. 2020年贵企业研发投入占销售额比为_____ ［单选题］ *

　　○A. 3%以下

　　○B. 3%—5%

　　○C. 5%—10%

　　○D. 10%—20%

　　○E. 20%以上

7. 贵企业所属行业为_____ ［单选题］ *

　　○A. 农林牧渔业

　　○B. 制造业

　　○C. 建筑业

　　○D. 批发零售业

　　○E. 金融业

　　○F. 住宿餐饮业

　　○G. 交通运输业

　　○H. 租赁和商务服务业

　　○I. 居民服务与修理业

　　○J. 旅游业

　　○K. 教育及咨询业

　　○L. 信息及互联网服务业

　　○M. 其他行业

8. 贵企业性质为_____ ［单选题］ *

　　○A. 国有企业

　　○B. 私营企业

　　○C. 合资企业

　　○D. 外资企业

○E. 其他（请注明：）_____ *

9. 贵企业是否属于高新技术企业或"专精特新"企业？［单选题］*

　　○A. 只属于高新技术企业

　　○B. 只属于"专精特新"企业

　　○C. 都是

　　○D. 都不是

10. 过去三年企业的创新投入是否取得了理想回报？［单选题］*

　　○A. 有可观回报

　　○B. 收益勉强补偿投入

　　○C. 得不偿失

　　○D. 没有创新投入

11. 行业内是否有垄断性大企业并对贵企业业务形成挤压？［单选题］*

　　○A. 有垄断性大企业并对本企业造成负面影响

　　○B. 有垄断性大企业但没有对本企业造成负面影响

　　○C. 行业内没有垄断性大企业

12. 贵企业员工的受教育程度以哪类为主？［单选题］*

　　○A. 小学及以下

　　○B. 初中

　　○C. 高中

　　○D. 大专

　　○E. 大学本科

　　○F. 硕士研究生

　　○G. 博士研究生

13. 您认为贵企业的组织模式和管理制度是否适合创新？［单选题］*

○A. 有利于创新

○B. 一般

○C. 不利于创新

14. 您是否同意当前法律环境有利于知识产权保护，从而鼓励企业创新？［单选题］*

○A. 同意

○B. 一般

○C. 不同意

15. 贵企业融资需求是否能得到满足？［单选题］*

○A. 总是不能满足

○B. 大多数时候不能满足

○C. 少数时候不能满足

○D. 基本能够满足

16. 贵企业当前经营状态相比于疫情前是否已经恢复？［单选题］*

○A. 好于疫情前

○B. 恢复正常

○C. 部分恢复

○D. 仍然较差

○E. 大大不如疫情前

17. 贵企业面临的市场竞争程度有多大［矩阵量表题］*

○非常不激烈

○比较不激烈

○一般

○比较激烈

○非常激烈

18. 在创新活动中与其他企业有长期、经常性合作 [矩阵量表题] *
    ○完全不符合
    ○比较不符合
    ○一般
    ○比较符合
    ○非常符合

19. 在创新活动中与高校、研究机构有长期、经常性合作 [矩阵量表题] *
    ○完全不符合
    ○比较不符合
    ○一般
    ○比较符合
    ○非常符合

20. 在创新活动中经常得到政府有关部门的政策指导和支持 [矩阵量表题] *
    ○完全不符合
    ○比较不符合
    ○一般
    ○比较符合
    ○非常符合

21. 在创新活动中经常得到各类中介机构、公共服务平台的支持 [矩阵量表题] *
    ○完全不符合
    ○比较不符合
    ○一般

○ 比较符合

○ 非常符合

22. 创新活动所需经费能够得到金融机构的大力支持 [矩阵量表题] *

○ 完全不符合

○ 比较不符合

○ 一般

○ 比较符合

○ 非常符合

23. 贵企业近三年有以下哪些方面创新行为？[多选题] *

○ A. 产品创新

○ B. 技术创新

○ C. 管理创新

○ D. 服务创新

○ E. 营销创新

○ F. 其他

○ G. 以上都没有

24. 贵企业技术研发主要采用下列哪些方式？[多选题] *

○ A. 自主研发

○ B. 模仿创新

○ C. 合作研发

○ D. 委托其他单位研发

○ E. 引进技术

○ F. 其他_____ *

25. 限制贵企业技术水平提升的原因有哪些？[多选题] *

○ A. 企业研发人员不足

○ B. 企业资金不足难以投入过多资金研发

○ C. 技术引入存在困难

○ D. 缺少合作研发伙伴

○ E. 企业领导层不重视

○ F. 科技成果转化率不高

○ G. 参与政府科技项目难

○ H. 缺乏技术咨询、技术交易、知识产权评估等专业服务支持

○ I. 当前暂不需要提高技术

26. 过去三年内是否在创新、研发中享受到政府如下帮助：[多选题] *

○ A. 项目资金支持

○ B. 税收减免

○ C. 政府采购

○ D. 手续办理绿色通道

27. 您认为要推动企业创新，政府应该在以下哪些维度增加力度：[多选题] *

○ A. 保护知识产权

○ B. 增加政府资助

○ C. 推动产学研结合

○ D. 进一步降低税收

○ E. 多层次金融体系建设促进融资

○ F. 推动大中小企业协同创新

○ G. 对接技术人才

○ H. 提供共性技术支持

○I. 其他

28. 贵公司开展创新活动最急需引进的人才是 [多选题] *

　　○A. 中高层管理人才

　　○B. 高级技术人才

　　○C. 中层技术骨干

　　○D. 专业技术工人

　　○E. 市场营销人才

　　○F. 工业设计人才

　　○G. 其他_____ *

问卷到此结束，非常感谢您的配合！祝您生活愉快，工作顺利！

参考文献

Arner, Douglas W. , Barberis, Jànos. , and Buckley, Ross P. , "The Evolution of FinTech: A New Post-Crisis Paradigm", 2015, University of Hong Kong Faculty of Law Research Paper, 47.

Bruque, Sebastian. , and Moyano, Jase. , "Organizational Determinants of Information Technology Adoption and Implementation in SMEs: The Case of Family and Cooperative Firms", Technovation, 2007, 27 (5): 241 -253.

Chemmanur, Thomas J. , Loutskina, Elena, and Tian, Xuan, "Corporate Venture Capital, Value Creation, and Innovation", Review of Financial Studies, 2014, 27 (8): 2434 -2473.

Gomber, Peter, Koch, Jascha-Alexander, and Siering, Michael, "Digital Finance and Fintech: Current Research and Future Research Directions", Journal of Business Economics, 2017, 3: 537 -580.

Hall, Bronwyn H. , "The Financing of Research and Development", Oxford Review of Economic Policy, 2002, 18 (1): 35 -51.

Hsu, Po-Hsuan, Tian, Xuan, and Yan Xu, "Financial Development and Innovation: Cross-Country Evidence", *Journal of Financial Economics*, 2014, 112 (1): 116 – 135.

Moshiriana, Fariborz, and Tian, Xuan, Zhang, Bohui, and Zhang, Wenrui, "Stock Market Liberalization and Innovation", *Journal of Financial Economics*, 2021, 139 (3): 985 – 1014.

Romer, Paul M., "Endogenous Technical Change", *Journal of Political Economy*, 1990, 71 – 103.

Schueffel, Patrick, "Taming the Beast: A Scientific Definition of Fintech", *Journal of Inovation Management*, 2016, 4: 32 – 54.

Tian, Xuan, and Wang, Tracy Yue, "Tolerance for Failure and Corporate Innovation", *Review of Financial Studies*, 2014, 27 (1): 211 – 255.

毕守峰、孔欣欣：《中小企业创新面临的主要问题及对策研究》，《中国科技论坛》2012 年第 9 期。

曹宗平：《科技型中小企业技术创新的资金支持——基于生命周期视角的研究》，《科学管理研究》2009 年第 27 期。

曾凯华：《欧盟人才流动政策对粤港澳大湾区发展的启示》，《科学管理研究》2018 年第 36 期。

陈思等：《风险投资与企业创新：影响和潜在机制》，《管理世界》2017 年第 1 期。

成海燕等：《科技金融政策促进科技企业发展的资源配置效率研究——来自北京市的实证调查》，《科技进步与对策》2020 年第 37 期。

褚蓬瑜、郭田勇：《互联网金融与商业银行演进研究》，《宏观经济研究》2014 年第 5 期。

戴晨、刘怡：《税收优惠与财政补贴对企业 R&D 影响的比较分析》，《经济科学》2008 年第 3 期。

郭田勇、丁潇：《普惠金融的国际比较研究——基于银行服务的视角》，《国际金融研究》2015 年第 2 期。

国家税务总局政策法规司编：《中国税收政策前沿问题研究》（第 9 辑），中国税务出版社 2018 年版。

侯文斌：《新时期我国中小企业人力资源管理困局及对策研究》，硕士学位论文，山东大学，2015 年。

黄海涛等：《科技保险运行模式及创新研究》，《上海保险》2021 年第 3 期。

黄益平：《金融支持经济创新的逻辑与深圳观察》，北京大学国家发展研究院，2020 年。

吉凤竹：《产学研对接，为中小微企业插上创新翅膀》，《新华日报》2020 年 10 月 22 日。

姜连梅：《民营企业人力资源管理问题研究》，《企业改革与管理》2020 年第 17 期。

鞠晓生：《中国上市企业创新投资的融资来源与平滑机制》，《世界经济》2013 年第 36 期。

拉勾大数据研究院：《2020 年新基建人才报告》，2020 年 6 月 22 日。

李峰：《促进企业自主创新税收政策研究》，中国社会科学院财经战略研究院博士后出站报告，2016 年。

李佩珈：《加快创新协同发力完善金融支持科技创新体系》，《金融时报》2021 年 3 月 19 日。

李诗林：《以色列风险投资产业发展经验及借鉴》，《区域与全球发展》2018 年第 2 期。

李诗林等:《风险投资、企业家创新创业与多层次资本市场协同演化发展》,《区域与全球发展》2019 年第 3 期。

李伟:《流空间视角下人力资本促进创新的机制研究》,北京交通大学,2020 年。

李希义等:《我国科技担保行业存在的问题及对策分析》,《创新科技》2014 年第 9 期。

李旭红:《美国新税改中折旧政策的变化》,《第一财经日报》2018 年 1 月 25 日。

猎聘大数据研究院:《2020Q1 报告:大数据解析疫情对中高端人才招聘与求职的影响》,2020 年 4 月 22 日。

猎聘大数据研究院:《2020 高端人才就业大数据报告》,2020 年。

林毅夫、孙希芳:《信息、非正规金融与中小企业融资》,《经济研究》2005 年第 7 期。

领英:《领英中小企业人才市场环境洞察报告》,2020 年 4 月 26 日。

刘笑彤、杨德勇:《互联网金融背景下商业银行并购重组选择差异的效率研究——基于商业银行异质性的 Malmquist 指数实证分析》,《国际金融研究》2017 年第 10 期。

刘元春、孙文凯:《我国中小微企业发展现状、问题与对策》,中国人民大学国家发展与战略研究院,《政策简报》,2019 年。

陆园园:《切实推动产学研深度融合》,人民网,2019 年 8 月 19 日,http://www.theory.people.com.cn/nl/2019/0819/c40531 - 31302326. html。

吕劲松:《关于中小企业融资难、融资贵问题的思考》,《金融研究》2015 年第 11 期。

Michael Page(中国):《2021 人才趋势报告》,2021 年 1 月 8 日。

马晨征、崔鹏伟：《国家科技金融发展情况及地方科技金融工作模式探索》，《山西科技》2020年第35期。

[美]尼克尔斯等著：《认识商业》（第10版），2016年2月。

欧阳资生、许晓庆：《推进湖南省科技保险发展的策略探讨》，《湖南商学院学报》2013年第20期。

裴春艳：《担保行业现状及未来发展方向》，《现代营销（信息版）》2020年第3期。

彭志文、宋旺：《我国科技保险市场的问题、根源及对策——基于中关村高新技术企业抽样调查的分析》，《保险研究》2010年第9期。

前程无忧：《2021离职与调薪调研报告》2020年第12期。

邱兆祥、罗满景：《科技保险支持体系与科技企业发展》，《理论探索》2016年第4期。

任辉：《科技保险国内研究现状及展望》，《广西财经学院学报》2019年第32期。

万钢：《科技创新支撑引领供给侧结构性改革》，《行政管理改革》2017年第9期。

王斌：《小微企业人员岗位配置存在的问题及对策研究》，东北师范大学，2017年。

王波、蒋玉：《科技型中小企业融资现状调查及对策研究——以宁夏为例》，《生产力研究》2020年第9期。

王蕾、顾孟迪：《科技创新的保险支持模式——基于上海市的调研分析》，《科技进步与对策》2014年第31期。

王婉芬、郭春燕：《我国科技保险的发展及国际经验借鉴》，《江南论坛》2019年第12期。

王媛媛：《高新技术产业科技保险投保需求的实证研究》，《科技管理研究》2016 年第 36 期。

吴晓求：《互联网金融：成长的逻辑》，《财贸经济》2015 年第 2 期。

熊鸿儒：《中国企业创新动力不足，创新能力存在多重短板》，澎湃新闻，2016 年 9 月 23 日，https：//m. thepaper. cn/newsDetail_ forward_ 1533293。

徐海龙、王宏伟：《科技型中小企业全生命周期金融支持研究——基于风险特征的分析视角》，《科学管理研究》2018 年第 36 期。

杨美玲、钟惠泉：《我国小微企业创新研究现状与趋势》，《现代企业》2017 年第 8 期。

杨青、桑芝芳：《中国专利权质押融资状况研究》，《中国发明与专利》2018 年第 15 期。

喻平：《数字普惠金融、企业异质性与中小微企业创新》，《当代经济管理》2020 年第 12 期。

袁建明：《科技型中小企业创业发展生命周期特征分析》，《合肥工业大学学报（社会科学版）》2000 年第 4 期。

袁喆奇：《金融科技监管追踪：创新归本源，行稳以致远》，平安证券，2021 年 4 月 8 日。

曾凯华等：《中小企业产学研合作存在的问题及对策》，《科技创新与生产力》2012 年第 7 期。

张洁：《企业人才留用机制与人力资源管理问题框架构建》，《企业改革与管理》2021 年第 5 期。

中国人民大学中国就业研究所、智联招聘：《2020 年大学生就业力报告》，2020 年 4 月 22 日。

中国人民大学中国就业研究所、智联招聘：《2021Q1：中国就业市场景气报告》，2021 年 1 月。

朱晓琴、罗曼婷：《中小微企业创新研究的现状、热点及前沿分析——基于 Cite Space 的可视化分析》，《改革与开放》2020 年第 12 期。

朱兴明：《我国商业银行科技专营支行发展的困境与建议》，《纳税》2019 年第 13 期。